2022. 2. 14. 시행

가족관계등록법에 의한

획수별 인명용 한자사전

(대법원 선정 8,319字)

대윤 홍 성 지 편저

明文堂

劃數別 人名用 漢字辭典

(대법원 선정 8,319字)

발 간 사

가족관계 등록법(구, 호적법)(1991. 4. 1.)에 의해 출생신고나 개명(改名) 신고할 때는 한글 이름이 아닌 한문자(漢文字) 이름은 대법원에서 선정한 인명용 한자만으로 신고하는 것은 이미 국민들에게 알려져 상식화되어 있다.
2022년 2월 14일, 대법원 규칙 제3,030호로 인명용 한자 8,319자로 증가 발표되어 사용 등록하게 되었다.

우리글과 말은 오랜 세월 한글과 한자가 혼용되어 사용해온 까닭으로 언어·생활·문화에 관습으로 자리 잡기에 이르렀다. 그러므로 한문자를 혼용하면 이해가 쉬울 뿐만 아니라 아름답게 표현할 수 있다.
우리 한글은 표음문자로 자음 모음의 조합이고, 영어도 알파벳의 조합으로 단어가 이루어지는 것은 모두가 잘 아는 사실이다. 한문자 역시 표의문자라 하더라도 변의 조합이라 하여도 과언이 아니다. 변(부수)을 익히고 나면 한문자도 쉽게 이해하고 접할 수가 있으므로 본서는 변(부수)과 변 이름을 알아보기 쉽게 첨가하여 반복 학습으로 한문자에 대한 이해를 돕도록 하였다.
작명할 때는 성명학(姓名學)에 의한 획수, 음양오행 등 나름대로 기준이 있다. 이 기준에 의해 이름 자(字)를 선명(選名)할 때 변, 획수, 훈, 음양오행 등에 대해서 혼동이 많았다. 본서(本書)에서는 혼동이 우려되는 한자에는 주의를 달아 기준을 삼고자 하였다. 작명 등에 혼동 없이 활용하기를 바라며, 일부 글자 중에는 전산화 과정에 프로그램 폰트 자형(字形)이 조금씩 획수가 상이한 점을 정획수로 주의를 달았으므로 참고하기 바란다.

공자께서 정명순행(正名順行)이라 하여 "좋은 이름은 만사가 형통한다"라고 하였기에 좋은 이름을 선명하기 위해 표제자마다 해당하는 자원오행(字源五行)을 기술하였다. 성명학에서는 용신(用神)에 의한 자원오행의 접목을 매우 중요하게 여기나, 일부 자(字)에 대해 학자마다, 역술가마다 이견이 분분하여 선뜻 어느 누구도 이를 내놓지 못하거나 역술가 자신만의 소중한 비법이라 감춰놓고 활용하고 있는 것이 현실이다.
초학자들은 자 오행(字 五行)이라는 것이 있다는 정도만 알고, 실제 어떤 자(字)가 어느 오행에 속하는지를 몰라 중요한 오행을 활용하지 못하는 누(累)를 범하고 있는 것은 불행한 현실이다. 이에 감히 학자나 선배 역술가 앞에 자원오행 내용이 있는 책을 내놓아, 많은 역술가나 한자 관련 학문을 연구하는 학자, 관공서의 업무용으로, 특히나 초학자들에게 수학(受學) 및 연구에 활용되는 지침서가 되기를 바란다.

한문학에서는 부수(변) 순이지만 작명할 때는 획수와 오행, 훈 및 변 등이 우선시되기에 작명하는데 편리를 도모하고자 획수별·오행별 순, 오행별·획수별 순으로 두 가지로 편집하였으며, 일선 실무자로서 오랜 경험을 바탕으로 실무에 사용하기 편리하도록 하였으므로 더 이상의 혼동이 없었으면 하는 바람이다.
특히나 작명에 종사하는 역술가는 신생아 이름자, 개명자, 호, 상호 등 작명할 때는 본 인명용 한자사전을 지침서로 활용함으로써 오행에 맞는 좋은 글자로 선명(選名), 한문자 활용의 폭이 넓어지기를 바란다.
효율적으로 편리하게 사용할 수 있도록 편집하였으며, 본 저자는 선배, 동료 여러분의 질책과 가르침을 겸허히 받아들여 한문자 연구에 더욱더 정진할 것을 약속드린다.

본서(本書)를 발간할 수 있도록 도와주신 스승이신 석수은사 스님과 도반인 봉산 스님, 그리고 여러모로 도움을 준 분들과 특별히 명문당 김동구 사장께 감사한 마음을 전한다.

편저자 성명학 전문역술가

대윤(大昀) **홍 성 지**

추천사

인간은 누구나 태어나면서 이름을 가지게 되고 만물이 존재하는 지구상에서 이름의 영향력에 따라 개인, 또는 가족의 운명이 결정되기도 한다. 특히 본인의 사주에 맞는 오행이 부족할 때는 이를 보완해서 불행과 고난을 극복할 수 있도록 하는 것이 성명학의 근본 원리이다.
흔히 사주를 살피다 보면 도저히 사주와 맞지 않는 이름을 접하게 되는데, 이것은 본인은 물론이요 부모와 자식 간에, 또는 부부간에 가정불화 등 일상생활 및 사회생활에 많은 영향을 끼쳐 큰 풍파 등을 겪게 되는 통계를 많이 접하게 된다.
사주의 용신(用神)에 의한 자 오행(字 五行)을 근본으로 수리, 음, 훈 등으로 작명을 하는 것이 성명학의 근본원리이나, 지금까지 자 오행의 한문자(漢文字) 관련 책이 없어 사주에 맞는 이름이 선명(選名)되지 못하는 경우가 많았다.
이러한 현실에 대윤(大昀) 홍성지(洪性智) 당 사찰 전(前) 영산교육원장이, 스승이신 석수은사 스님에게서 전수받은 자료와 오랜 수학과 연구 정진 끝에 자 오행의 한문자를 체계화하여 인명용 한자사전(8,319자)을 획수별 · 오행별로 저술하게 된 것을 늦게나마 다행으로 생각하며, 역학계의 지침서로서 큰 축복이 아닐 수 없다.

또한 요즘 젊은 신세대는 물론 기성세대까지도 한문자가 어렵다 하여 거리를 두는 현실에 쉽게 친숙해지도록 한문자의 변과 변 이름을 한눈에 알아볼 수 있도록 노력한 흔적이 엿보인다.

성명학에서는 정자(正字) 본자(本字)로 선명하는 것이 원칙이나 자전(字典)마다, 저자마다, 출판사마다 획수가 상이하여 역술가나 교육자, 이를 배우는 수학자들이 혼란을 겪었다.

이 책의 발간 취지가 정자, 본자, 속자 등 정 획수를 정하는 데 기준을 삼고자 하였으므로, 이를 성명학에 활용함으로써 혼란이 야기되는 한문자 획수가 정리되어 성명학에 지대한 공로가 되기를 바란다.

본서(本書)는 앞으로 한자 시대가 도래함에 있어 한자 교육에 필요성을 느끼는 초등학생부터 일반인, 초학자, 전문가, 역술가 모두에게 두루 교육용으로, 연구용으로, 관공서 직무용으로 활용되기에도 손색이 없는 자료로, 많은 분들이 활용하여 한문자의 기준이 되고 좋은 이름자가 선명되기를 바라며 추천하는 바이다.

끝으로 지체 장애의 불편한 몸을 이끌고 대법원 가족관계 관련 부서와 국가기술표준원, 국립 국어원 등을 드나들며 한문자 전산화와 표준 정획수가 완성되도록 노력한 홍성지 저자가 더욱더 정진하여 역학계는 물론, 인명용 한자와 관련된 성명학 발전에 크게 이바지하기를 바란다.

한국불교 태고종 강원교구 춘천 보타사

주 지 **진 철**

차 례

1. 인명용 한자 사용에 관한 관계 법규

가. 가족관계등록법

제 1 조 (목적)
이 법은 국민의 출생·혼인·사망 등 가족관계의 발생 및 변동사항에 관한 등록과 그 증명에 관한 사항을 규정함을 목적으로 한다.

제 2 조 (관장)
가족관계의 발생 및 변동사항에 관한 등록과 그 증명에 관한 사무(이하 '등록사무'라 한다)는 대법원이 관장한다.

제 3 조 (권한의 위임)
① 대법원장은 등록사무의 처리에 관한 권한을 시·읍·면의 장(도농복합 형태의 시에 있어서 동 지역에 대하여는 시장, 읍·면 지역에 대해서는 읍·면장으로 한다. 이하 같다)에게 위임한다.

제 4 조 (등록사무처리)
제3조에 따른 등록사무는 가족관계의 발생 및 변동사항의 등록(이하 '등록'이라 한다)에 관한 신고 등을 접수하거나 수리한 신고자의 시·읍·면의 장이 처리한다.

제 44 조 (출생신고의 기재사항)

① 출생신고는 출생 후 1개월 이내에 하여야 한다.

② 신고서에는 다음 사항을 기재하여야 한다. 〈개정 2010. 5. 4〉

1. 자녀의 성명 · 본 · 성별 및 등록기준지
2. 자녀의 혼인 중 또는 혼인 외의 출생자의 구별
3. 출생의 연월일시 및 장소
4. 부모의 성명 · 본 · 등록기준지 및 주민등록번호(부 또는 모가 외국인인 때는 그 성명 · 출생연월일 · 국적 및 외국인등록번호)

③ 자녀의 이름에는 한글 또는 통상 사용되는 한자를 사용하여야 한다. 통상 사용되는 한자의 범위는 대법원 규칙으로 정한다.

제 99 조 (개명신고)

① 개명하고자 하는 사람은 주소지(재외국민의 경우 등록기준지)를 관할하는 가정법원의 허가를 받고 그 허가서의 등본을 받은 날로부터 1개월 이내에 신고하여야 한다.

나. 가족관계등록에 관한 시행 규칙

제 37 조 (인명용 한자의 범위)

① 법 제49조 제3항의 규정에 의한 한자의 범위는 다음과 같다. 〈2009.12.31.〉

1. 교육과학기술부가 정한 한문교육용 기초한자.
2. 별표 1에 기재된 한자.

② 제1항의 한자에 대한 동자(同字) · 속자(俗字) · 약자(略字)는 별표 2에 기재된 것만 사용할 수 있다.

③ 출생자의 이름에 사용된 한자 중 제1항과 제2항의 범위에 속하지 않는 한

자가 포함된 경우에는 등록부에 출생자의 이름을 한글로 기록한다.

부 칙

이 법은 2022. 2. 14일부터 시행한다.

• **지 침**

1. 위 한자는 이 표에 지정된 발음으로만 사용할 수 있다. 그러나 첫소리(初聲)가 "ㄴ" 또는 "ㄹ"인 한자는 각각 소리 나는 바에 따라 "ㅇ" 또는 "ㄴ"으로 사용할 수 있다.
2. 동자(同字)·속자(俗字)·약자(略字)는 별표 2의 ( ) 내에 기재된 것에 한하여 사용할 수 있다.
3. "示" 변과 "礻" 변, "艹" 변과 " 艹"변은 서로 바꾸어 쓸 수 있다.

2. 일러두기

1. 인명용 한자 8,319자에는 기초교육한자 1,800자가 포함되어 있다. 이 중에는 통상 인명용으로 선호하지 않는 일부 자, 蛇(뱀 사), 邪(간사할 사), 死(죽을 사), 盜(도둑 도), 殺(죽일 살) 자 등도 포함되어 있다.
기초교육한자 1,800자는 〔•〕로 표시하였다.

2. 〔통용〕 동자이음(同字異音)으로 대법원이 인명용으로 병용하여 사용할 수 있다고 허용한 字
〔본음〕 본음(本音)을 표시
〔본자〕 본자(本字)를 표시
〔약자〕 약자(略字)를 표시
〔속자〕 속자(俗字)를 표시
〔고자〕 고자(古字)를 표시
〔동자〕 동자(同字)를 표시
〔두〕 두음법칙에 의해 본음과 다른 소리가 나며 대법원에서 두 가지 소리를 모두 인정한 字
〔소〕 인명용에서는 인정되는 것은 아니고, 字典에서 동의어 및 통용이 가능한 字
〔 〕 대법원에서 두 가지 이상을 인정하지 않는 발음으로 두 발음으로 쓰이는 字를 표시

3. 본부수 및 약부수 표시

약 235개의 한자 부수(部首 : 변)가 사용되고 있는 가운데 약부수로 사용되는 字는 字典의 획수와 관계없이 성명학에서는 본부수로서 획수를 정하기에 본부수와 약부수와 각각의 획수를 표기하고 혼동이 우려되거나 난해하여 모호한 字는 **주의**를 달아 기준을 삼았다.

■ 본부수 및 획수 (왼쪽은 약부수, 오른쪽은 본부수)

	〔약부수〕			〔본부수〕	
재방 변	扌 (3획)	+1 →	手 (4획)	손수 변
심방 변	忄 (3획)	+1 →	心 (4획)	마음심 변
삼수 변	氵 (3획)	+1 →	水 (4획)	물수 변
개사슴록 변	犭 (3획)	+1 →	犬 (4획)	개견 변
보일시 변	礻 (4획)	+1 →	示 (5획)	보일시 변
임금왕 변	王 (4획)	+1 →	玉 (5획)	구슬옥 변
풀초 변	艹 (4획)	+2 →	艸 (6획)	초두 변
옷의 변	衤 (5획)	+1 →	衣 (6획)	옷의 변
육달월 변	月 (4획)	+2 →	肉 (6획)	고기육 변
그물망 변	罒 (5획)	+1 →	网 (6획)	그물망 변
책받침 변	辶 (4획)	+3 →	辵 (7획)	갖은책받침 변
늙을로 변	耂 (4획)	+2 →	老 (6획)	늙을로 변
좌방 변 (左)	阝 (3획)	+5 →	阜 (8획)	언덕부 변
우방 변 (右)	阝 (3획)	+4 →	邑 (7획)	고을읍 변

◘ 숫자의 획수

一 (1), 二(2), 三(3), 四(4), 五(5), 六(6), 七(7), 八(8), 九(9), 十(10)은 성명학에서는 字典의 획수와 관계없이 수의 의미를 획수로 한다. (단, 百은 6획, 千은 3획임)

◘ 보기 예시

예시 - ①

↱ 획수

↱ 기초상용한자 1,800자 표시

土 05 加 • 더할. 보탤

力 ↳ 표제자 ↳ 訓

힘력변

↳ 해당 부수(변)

↳ 해당 부수(변) 이름

→ 字源五行

예시 - ②

↱ 약부수(필획) 획수

↱ 성명학에 해당되는 본부수 획수

木 09 11 茄 가지. 연줄기

艹 艸 ↳ 표제자 ↳ 訓

풀초변 초두변

↳ 본부수(변)

↳ 본부수(변) 이름

↳ 약부수(변)

↳ 약부수(변) 이름

→ 字源五行

* 작명할 때 혼동하지 않고 쉽게 알아보기 위해, 약부수(변)과 필순 획수, 성명학의 본부수(변)와 획수, 두 획수를 모두 표기하였다.

예시 - ③

↱ 약부수(필획) 획수

↱ 성명학에서는 수 의미 그대로 9획

水 02 09 **九** 아홉. 많을.

乙 ↳ 표제자 ↳ 訓

새을변

↳ 부수(변)

↳ 부수(변) 이름

→ 字源五行

* 작명할 때 혼동하지 않고 쉽게 알아보기 위해, 두 획수를 모두 표기하였다.

* 羅(라, 나), 柳(류, 유)氏의 배열은 字典의 관례에 따라 편의상 라음, 류음으로 표시하였다.

* 漢字(표제자)의 뜻〔訓〕은 다양하므로 아래 참고 문헌의 字典에 의해 이해를 돕고자, 의미하는 내용을 모두 여러 가지로 표기하도록 노력하였으며, 字典간에 이견이 있을 때는 명문당의 명문대옥편을 기준하였다.

■ 달 월(月) 과 육달월(月)〔고기육(肉) 변〕자의 차이

가로 지른 선이 떨어지면 달 월변 月 月 月

가로 지른 선이 붙으면 육달월변 月

● 참고 문헌

- 명문대옥편 (명문당 2015. 1. 10. 刊)
- 동아백년옥편 (두산 동아 2012. 1. 10. 刊)
- 동아프라임 중한사전 (두산 동아 2007. 1. 10. 刊)
- 교학대한한사전 (주)교학사 2015. 1. 30. 刊)
- 한한대사전 (민중서림 2015. 1. 10. 刊)
- 한한대사전 (단국대학교 부설 동양학연구소
  단국대학교출판부 2000. 8. 1 刊)
- 한한대사전 (주식회사 삼성출판사 장삼식 저
  1990. 6. 20. 刊)
- 대한한사전 (진현서관 장삼식 저 1979. 6. 25. 刊)
- 중국옥편 (湖北出版社 1996. 1. 刊)
- 최신국한자원오행수암대자전 (역리대학사 채수암 편저 刊)
- 한국인의 성보 (한국실록출판문화사
  한국성씨총람편찬위원회 편저 1990. 3. 25. 刊)

3. 인명용 한자표 목록

한 자 목 록

4. 인명용 한자와 해설

(8,319字)

ㄱ

가

오행	획수	부수	한자	뜻
土	05	力 힘력변	加·	더할. 보탤. 베풀.
水	05	口 입구변	可·	옳을. 허락할. [극]
火	07	人 사람인변	伽	절. 사찰. 음역자(音譯字).
火	08	人 사람인변	佳·	아름다울. 좋을. 착할.
土	08	土 흙토변	坷	평탄하지 않을. 길 험할.
水	08	口 입구변	呵	웃을. 꾸짖을. 헐뜯을.
木	09	木 나무목변	枷	도리깨. 칼. 횃대.
木	09	木 나무목변	柯	가지. 줄기. 메밀잣밤나무.
木	09	木 나무목변	架·	건너지를. 시렁. 횃대. 세울.
水	08 09	氵 삼수변 / 水 물수변	泇	물 이름. 강 이름.

주의
氵 삼수 변 3획은 성명학에서는 水 물수 변 4획으로 사용됨

오행	획수	부수	한자	뜻
木	10	宀 갓머리변	家·	집. 전문가. 집안.
金	09 10	王 임금왕변 / 玉 구슬옥변	珂	옥 이름. 말굴레 치장. 백마노.
金	09 10	王 임금왕변 / 玉 구슬옥변	珈	머리꾸미개.

주의
王 구슬옥 변(임금 왕) 4획은 성명학에서는 玉 구슬옥 변 5획으로 사용됨

오행	획수	부수	한자	뜻
水	10	口 입구변	哥	노래. 형. 코펙 (copeck).
水	10	口 입구변	哿	좋을. 옳을. 아름다울.
水	10	疒 병질엄변	痂	헌데딱지. 딱지.
木	09 11	艹 풀초변 / 艸 초두변	苛	독할. 잔풀. 까다로울. 매울.
木	09 11	艹 풀초변 / 艸 초두변	茄	가지. 연줄기. 연 (蓮).

주의
艹 풀초 변 4획은 성명학에서는 艸 초두머리 변 6획으로 사용됨

오행	획수	한자	뜻
木	11 衣 옷의변	袈	승려 옷. 가사. (범어 kasaya의 음역).
木	11 竹 대죽변	笳	갈잎피리.
木	11 舟 배주변	舸	큰 배.
火	11 人 사람인변	假·	거짓. 빌릴. 임시. 잠시.
金	11 耒 쟁기뢰변	耞	도리깨.
火	12 斗 말두변	斝	옥잔. 술잔.
火	12 行 다닐행변	街·	거리. 한길.
火	12 車 수레거변	軻	높을. 가기 힘들. 수레. 차축.
土	12 ⻊ 足 발족변	跏	책상다리할.
土	09 12 ⻌ 辵 책받침변 갖은책받침변	迦	부처 이름. 범어의 ka. 막을.
金	12 言 말씀언변	訶	꾸짖을. 꾸지람. 노할.
木	13 木 나무목변	椵	나무 이름. 유자나무. 말뚝. 틀가락.
火	13 日 날일변	暇·	한가할. 겨를. 여유.
土	13 女 계집녀변	嫁	시집갈. 떠넘길.
金	13 貝 조개패변	賈	값. 가격. 값어치. 장사. 姓. 가 ↔ 고 [통용]
木	14 木 나무목변	榎	개오동나무.
金	14 欠 하품흠변	歌·	노래. 노래할.
水	14 口 입구변	嘉	아름다울. 좋을. 착할.
水	14 口 입구변	嘏	클. 크다. 장대하다. 가 ↔ 하 [통용]
木	15 禾 벼화변	稼	심을. 농사.
木	13 15 艹 艸 풀초변 초두변	葭	갈대. 갈피리.
火	15 人 사람인변	價·	값. 가치.
火	15 馬 말마변	駕	수레. 가마. 멍에할.
木	17 木 나무목변	檟	개오동나무.

金 17 言 謌 노래. 읊을. 장단 맞출. 말씀언변

각

水 06 口 各· 각각. 제각기. 따로따로. 입구변

木 07 角 角· 뿔. 다툴. 모서리. [록] 뿔각변

火 07 卩 却· 물리칠. 발어사. 문득. 병부절변

金 08 刂 刀 刻· 새길. 조각. 벗길. 시각. 선칼도변 칼도변

水 09 卩 卻 물리칠. 물러날. 사양할. 병부절변

水 09 口 咯 울. 꿩소리. 토할. 입구변

火 09 10 忄 心 恪 공경할. 정성. 심방변 마음심변

주의	忄 심방 변 3획은 성명학에서는 心 마음심 변 4획으로 사용됨

土 10 土 埆 메마를. 땅 평평치 못할. 흙토변

金 09 10 王 玉 珏 쌍옥. 임금왕변 구슬옥변

木 11 木 桷 서까래. 가지. 나무목변

金 12 殳 殼 씨. 껍질. 등깍지. 갖은등글월문변

水 11 13 月 肉 脚· 다리. 종아리. 정강이. 발. 육달월변 고기육변

木 13 14 扌 手 推 칠. 두드릴. 헤아릴. 재방변 손수변

木 14 門 閣· 집. 선반. 빗장. 누각. 문문변

火 14 心 愨 성실할. 삼갈. 착할. 마음심변

火 15 心 慤 愨자와 통용 마음심변

참고	통용자는 획수, 부수, 자원오행에 관계없이 정자 밑에 배열하였음

木 17 18 扌 手 擱 놓을. 버릴. 버려둘. 재방변 손수변

火 20 見 覺· 깨달을. 감각. 터득할. 볼견변

간

木 03 干 干· 방패. 막을. 천간. 구할. 姓. 방패간변

金 | 05 刊· 刂 刀 선칼도변 칼도변 | 책 펴낼. 새길. 깎을.

주의: 刂 선칼도방 변 2획은, 刀 칼도 변 2획과 혼용 사용됨

土 | 06 奸 女 계집녀변 | 범할. 간음할. 구할.

土 | 06 艮 艮 괘이름간변 | 간방 (동북방). 그칠. 괘 이름.

木 | 07 杆 木 나무목변 | 나무 이름. 박달나무. 방패.

木 | 11 桿 木 나무목변 | 杆자와 통용

火 | 06 07 忓 忄 心 심방변 마음심변 | 다할. 요란할. 방해할. 간 ↔ 한 [통용]

木 | 08 秆 禾 벼화변 | 볏짚. 벼 줄기.

火 | 08 侃 人 사람인변 | 굳셀. 강직할. 화락할.

金 | 07 08 玕 王 玉 임금왕변 구슬옥변 | 옥돌. 아름다운 돌.

金 | 08 矸 石 돌석변 | 돌이 정결한 모양. 간 ↔ 안 [통용]

木 | 09 柬 木 나무목변 | 분별할. 가릴.

木 | 07 09 肝· 月 肉 육달월변 고기육변 | 간. 마음. 중요할.

주의: 月 육달월 변 4획은 성명학에서는 肉 고기육 변 6획으로 사용됨

주의: 字源五行의 肉변은 水에 해당되나 訓에 의거, 肝은 木에 해당 木으로 기준

木 | 09 看· 目 눈목변 | 볼. 지켜볼. 관찰할.

木 | 09 竿 竹 대죽변 | 장대. 대줄기. 죽순. 횃대.

火 | 09 衎 行 다닐행변 | 믿을. 즐길. 흡족히 여길.

土 | 09 姦· 女 계집녀변 | 간사할. 간음할.

木 | 10 栞 木 나무목변 | 표할. 도표.

火 | 10 赶 走 달릴주변 | 달릴. 달아나는 모양. 쫓을.

土 | 07 10 迀 辶 辵 책받침변 갖은책받침변 | 구할. 권할. 나아갈.

火 | 11 偘 人 사람인변 | 강직할. 굳셀. 화락할.

木 | 12 稈 禾 벼화변 | 벼 줄기. 짚.

자원오행	획수	부수	한자	뜻	부수 이름
木	10 12	艹 艸	茛	물풀. 미나리. 봉숭아. 독초 이름. 단장초.	풀초변 초두변
土	12	門	間·	사이. 틈. 이간할. 때.	문문변
木	13	干	幹·	줄기. 등뼈. 기둥. 근본.	방패간변
木	12 13	扌 手	揀	구별할. 가릴. 분간.	재방변 손수변
木	14	木	榦	담기둥. 담틀. 줄기. 몸통.	나무목변
火	14 15	忄 心	慳	아낄. 인색할. 굳을.	심방변 마음심변
土	16	土	墾	개간할. 다스릴. 따비질할.	흙토변
金	16	言	諫	충고할. 간할.	말씀언변
水	15 16	氵 水	澗	산골 물. 골짜기.	삼수변 물수변
火	17	心	懇·	정성. 간절할.	마음심변
土	17	艮	艱	어려울. 괴로울. 가난할.	괘이름간변
金	17	石	磵	골짜기. 산간 골짜기. 澗 [同字]	돌석변
水	17	疒	癇	경풍 (소아병의 일종).	병질엄변
水	17	疒	癎	癇자와 통용	병질엄변
木	18	竹	簡·	편지. 대쪽. 문서. 간략할. 姓.	대죽변
金	21	齒	齦	물다. 깨물. 씹을. [은]	이치변

갈

자원오행	획수	부수	한자	뜻	부수 이름
土	06	乙	乫	땅 이름.	새을변
水	09	曰	曷	언제. 어느 때. 어찌.	가로왈변
木	11	禾	秸	볏짚. 짚고갱이.	벼화변
水	12	口	喝	큰소리. 부를. 꾸짖을. 더위먹을.	입구변
木	13	木	楬	푯말. 표할.	나무목변
水	12 13	氵 水	渴·	목마를. 갈증. 급할.	삼수변 물수변
木	14	立	竭	다할. 마를. 올릴.	설립변

金 14 石 돌석변 **碣** 문채 이름. 우뚝 솟을. 돌 세울. 비석.

木 13 艹 풀초변 15 艸 초두변 **葛** 칡. 넝쿨. 姓.

木 14 衤 15 衣 옷의변 **褐** 털옷. 베옷. 솜옷. 姓.

土 15 羊 양양변 **羯** 종족 이름. 땅 이름. 불깐 양.

水 15 虫 벌레충변 **蝎** 전갈. 수궁. 도마뱀붙이. 나무좀.

水 16 口 입구변 **噶** 맹세할. 다짐할. 땅 이름. 음역자.

金 18 革 가죽혁변 **鞨** 종족 이름. 말갈.

水 19 虫 벌레충변 **蠍** 전갈.

감

土 05 甘 달감변 **甘**· 달. 맛 좋을. 姓.

土 07 土 흙토변 **坎** 구덩이. 험할. 괘 이름.

土 08 土 흙토변 **坩** 흙그릇. 도가니. 항아리.

木 09 木 나무목변 **柑** 감자나무. 홍귤나무.

土 09 廾 스물입발변 **弇** 사람 이름. 뚜껑. 덮을. [엄]

金 08 王 임금왕변 09 玉 구슬옥변 **玪** 옥돌. 감 ↔ 림 [통용]

水 08 氵 삼수변 09 水 물수변 **泔** 쌀뜨물. 삶을.

水 10 疒 병질엄변 **疳** 감질. 감창. 만성소화불량.

木 11 糸 실사변 **紺** 감색. 야청빛 (검은빛을 띤 청색).

土 11 力 힘력변 **勘** 생각할. 헤아릴. 다스릴.

土 11 土 흙토변 **埳** 웅덩이. 구덩이. 험할.

土 12 土 흙토변 **堪** 뛰어날. 견딜. 하늘.

土 12 山 메산변 **嵁** 험준할. 산 험한 모양.

土 12 山 메산변 **嵌** 새겨놓을. 끼워넣을. 산골짜기.

土 08 阝 우방변 12 邑 고을읍변 **邯** 땅 이름. [한. 함] 감 ↔ 한 [통용]

金 12 欿 서운할.
欠 시름할. 근심하는 모양.
하품흠변

金 12 敢· 굳셀.
夊 攴 용감스러울. 감히.
등글월문변 칠복변

주의	夊 등글월문 변 4획은 攴 칠복 변 4획과 혼용 사용됨

金 12 酣 흥겨울.
酉 즐길. 술 취할.
닭유변

水 11 12 淦 물 이름.
氵 水 배에 괸 물.
삼수변 물수변

火 13 感· 감동할.
心 느낄.
마음심변

金 13 戡 이길.
戈 칠. 승리할. 평정할.
창과변

水 12 13 減· 덜.
氵 水 감할. 줄다. 가볍게 할.
삼수변 물수변

金 14 監· 볼.
皿 살필. 벼슬 이름.
그릇명변

木 16 橄 감람나무.
木 姓.
나무목변

火 16 憨 미련할.
心 어리석을.
마음심변

水 15 16 澉 싱거울.
氵 水 씻을. 맛없을.
삼수변 물수변

木 16 17 撼 감동시킬.
扌 手 흔들. 움직일.
재방변 손수변

木 17 瞰 볼.
目 굽어 볼. 멀리 바라볼.
눈목변

火 16 17 憾 서운할.
忄 心 섭섭할. 한할. 한.
심방변 마음심변

金 17 歛 바랄.
欠 탐할. 줄. 거둘.
하품흠변

火 20 轗 가기 힘들.
車 길 험할.
수레거변

水 21 鹻 소금.
鹵 간수. 잿물.
소금밭변

土 22 龕 이길.
龍 감실. 탑.
용룡변

金 22 鑑· 모범.
金 거울. 비칠.
쇠금변

金 22 鑒 金 쇠금변	鑑자와 통용

木 25 矙 볼.
目 엿볼.
눈목변

갑

木 05 甲· 갑옷.
田 첫째 천간. 으뜸. 껍질.
밭전변

주의	字源五行의 田변은 土에 해당되나 訓에 의거, 天干 甲은 木에 해당 木으로 기준

오행	획수	한자	뜻
木	07 匚 터진입구변	匣	갑. 궤. 작은 상자.
土	08 山 메산변	岬	산중턱. 산허리.
水	09 月 육달월변 / 11 肉 고기육변	胛	어깨. 어깨뼈. 견갑골.
木	13 門 문문변	閘	물문. 수문(水門).
金	13 金 쇠금변	鉀	갑옷.

강

오행	획수	한자	뜻
木	07 木 나무목변	杠	깃대. 작은 다리.
木	06 扌 재방변 / 07 手 손수변	扛	마주 들. 들.
水	06 氵 삼수변 / 07 水 물수변	江·	물. 강. 큰 내. 姓.
火	07 忄 심방변 / 08 心 마음심변	忼	강개할. 탄식할. 분개할.
土	08 山 메산변	岡	언덕. 메. 산등성이.
土	11 山 메산변	崗	岡자와 통용
土	08 羊 양양변	羌	종족 이름. 강할. 굶주릴. 오랑캐.
金	07 王 임금왕변 / 08 玉 구슬옥변	玒	옥 이름.
金	08 石 돌석변	矼	징검다리. 성실한 모양.
木	09 舟 배주변	舡	선박. 오나라 배.
土	09 女 계집녀변	姜	강할. 굳셀. 姓.
金	10 刂 선칼도변 / 刀 칼도변	剛·	굳셀. 강할. 강철. 姓.
水	10 豆 콩두변	豇	광저기. 콩 이름.
木	11 广 엄호변	康·	편안할. 몸 튼튼할. 姓.
木	10 罒 / 11 网 그물망변	罡	별 이름. 북두칠성의 다른 이름.

주의	罒 그물망 변 5획은 성명학에서는 网 그물망 변 6획으로 사용됨

오행	획수	한자	뜻
土	11 土 흙토변	堈	밭두둑. 언덕. 독(오지 그릇). 항아리.

金 11 弓 활궁변 **強**· 강할. 힘쓸. 굳셀. 나머지. 마흔 살.

金 12 弓 활궁변 **强** 強자와 통용

木 10 艹 풀초변 12 艸 초두변 **茳** 강리풀. 천궁 모종.

木 12 糸 실사변 **絳** 진홍색.

火 12 人 사람인변 **傋** 어리석을. 아첨 많을. 순직할.

火 11 忄 심방변 12 心 마음심변 **悾** 믿을. 정성스러울. [공]

土 13 田 밭전변 **畺** 지경 (地境). 밭두둑.

土 13 𧾷 足 발족변 **跭** 세울. 우뚝 설.

木 14 糸 실사변 **綱**· 벼리. 대강. 다스릴.

土 14 女 계집녀변 **嫝** 편안할. 여자 이름.

土 14 羊 양양변 **羫** 뼈대. 양의 갈빗대.

土 09 阝 좌방변 14 阜 언덕부변 **降**· 내릴. 강 ↔ 항 [통용]

水 12 月 육달월변 14 肉 고기육변 **腔** 속 빌. 빈 속. 가락. 곡조.

火 15 人 사람인변 **僵** 넘어질. 쓰러질.

火 14 忄 심방변 15 心 마음심변 **慷** 강개할. 개탄할. 슬플.

木 16 禾 벼화변 **穅** (쌀) 겨. 겨 (미곡의 껍질).

土 16 土 흙토변 **壃** 지경. 밭두둑.

金 16 弓 활궁변 **彊** 강할. 굳셀. 힘쓸. 強 [同字]

金 16 金 쇠금변 **鋼**· 강철. 단단할.

金 18 金 쇠금변 **鏹** 鋼자와 통용

木 17 木 나무목변 **橿** 나무 이름. 싸리. 감탕나무.

木 17 糸 실사변 **繈** 돈꿰미. 포대기.

木 16 衤 17 衣 옷의변 **襁** 포대기. 띠. 업을.

木 17 衤 18 衣 옷의변 **襁** 襁자와 통용

木 17 米 **糠** (쌀) 겨.
겨 (미곡의 껍질).
쌀미변

金 17 言 **講**· 강론할.
익힐. 외울. 읽다.
말씀언변

水 17 歹 **殭** 굳어질.
죽어 썩지 않을.
마른 누에.
죽을사변

木 17 19 艹 艸 **薑** 생강.
풀초변 초두변

火 19 頁 **顜** 밝을.
곧을. 바를.
머리혈변

土 19 田 **疆** 지경 (地境).
지경 정할.
밭전변

金 19 金 **鏹** 돈.
돈꿰미에 꿰어둔 돈.
쇠금변

金 20 金 **鏹** 돈 꿰미.
금의 딴 이름.
쇠금변

金 22 革 **韁** 고삐.
말고삐. 속박할.
가죽혁변

水 22 魚 **鱇** 아귀.
꺽저기.
물고기어변

개

火 04 人 **介**· 클.
도울. 낄. 소개할. 姓.
사람인변

金 05 勹 **匃** 구할.
베풀. 줄. 빌. 청구할.
쌀포변

火 06 人 **价** 클.
착할.
사람인변

金 07 攵 攴 **改**· 고칠.
바꿀.
등글월문변 칠복변

火 09 白 **皆**· 모두.
다. 함께. 같을.
흰백변

金 08 09 王 玉 **玠** 큰 서옥.
큰 홀.
임금왕변 구슬옥변

水 09 疒 **疥** 옴 (전염 피부병).
병질엄변

木 08 10 艹 艸 **芥** 겨자.
티끌. 먼지.
풀초변 초두변

火 10 人 **個**· 개수.
낱. 단위.
사람인변

木 14 竹 **箇** 個자와 통용 [同字]
대죽변

水 10 豆 **豈** 화락할.
개가 (凱歌).
개 ↔ 기 [통용]
콩두변

木 12 几 **凱** 화할.
개선할.
안석궤변

火 12 門 **開**· 열.
개척할.
문문변

金 | 12 刂 刀 선칼도변 칼도변 | **剴** | 알맞을. 간절할. 큰 낫.

木 | 12 13 扌 手 재방변 손수변 | **揩** | 닦을. 씻을. 문지를.

土 | 13 土 흙토변 | **塏** | 밝을. 높고 건조할. 높은 땅.

火 | 13 14 忄 心 심방변 마음심변 | **愷** | 편안할. 즐거울. 클.

火 | 13 14 忄 心 심방변 마음심변 | **愾** | 가득할. 성낼. 분개할.

木 | 15 木 나무목변 | **概**· | 기개. 절개. 대개.

木 | 15 木 나무목변 | **槩** | 고르게 할. 평미레. 말깎이.

火 | 14 15 忄 心 심방변 마음심변 | **慨**· | 강개할. 개탄할. 슬퍼할.

金 | 15 石 돌석변 | **磕** | 돌소리.

水 | 14 15 氵 水 삼수변 물수변 | **漑** | 물 댈. 씻을. 닦을.

木 | 14 16 艹 艸 풀초변 초두변 | **蓋**· | 덮을. 뚜껑. 대개.

木 | 11 皿 그릇명변 | **盖** | 蓋자와 통용

木 | 18 門 문문변 | **闓** | 기쁠. 열. 풀. 활깍지.

金 | 18 金 쇠금변 | **鎧** | 갑옷. 갑옷 입을.

객

木 | 09 宀 갓머리변 | **客**· | 손님. 나그네. 과객.

水 | 12 口 입구변 | **喀** | 뱉을. 토할. 구토할. 기침할.

갱

土 | 07 土 흙토변 | **坑** | 구덩이. 구덩이에 묻을.

金 | 07 日 가로왈변 | **更**· | 다시. 고칠.　갱 ↔ 경 [통용]

金 | 12 石 돌석변 | **硜** | 돌소리.

木 | 13 米 쌀미변 | **粳** | 메벼.

金 | 15 貝 조개패변 | **賡** | 이을. 연속. 갚을.

土 | 19 羊 양양변 | **羹** | 땅 이름. 국. 국 끓일.

金 19 金 쇠금변 **鏗** 금옥 소리. 칠.

갹

金 20 酉 닭유변 **醵** 돈 걷을. 추렴할.

거

火 05 工 장인공변 **巨**· 클. 많을.

水 05 厶 마늘모변 **去**· 갈. 지날. 물리칠.

火 07 車 수레거변 **車**· 수레. 거 ↔ 차 [통용]

木 08 尸 주검시변 **居**· 살. 있을. 어조사.

水 08 口 입구변 **呿** 입 벌릴.

木 08 09 扌 手 재방변 손수변 **拒**· 맞설. 물리칠. 막을. 방어할.

火 09 火 불화변 **炬** 횃불. 사를. 태울.

火 09 日 날일변 **昛** 밝을.

木 10 示 보일시변 **祛** 셀. 깨끗이할. 강할. 보낼. 실마리.

木 10 禾 벼화변 **秬** 검은 기장. 찰기장.

火 10 人 사람인변 **倨** 걸터앉을. 굽을.

木 09 11 艹 艸 풀초변 초두변 **苣** 횃불. 상추. 흑임자.

木 10 11 衤 衣 옷의변 **袪** 옷소매.

水 09 11 月 肉 육달월변 고기육변 **胠** 옆구리. 겨드랑. 갈비. 열.

木 11 12 扌 手 재방변 손수변 **据** 일할. 의거할. 근거. 의지할.

土 12 𧾷 足 발족변 **距**· 이를. 클. 막을. 떨어질.

木 13 竹 대죽변 **筥** 광주리. 볏단. 둥구미.

木 11 13 艹 艸 풀초변 초두변 **莒** 나라 이름. 감자. 모시풀.

金 13 金 쇠금변 **鉅** 클. 강할. 어찌.

水 12 13 氵 水 삼수변 물수변 **渠** 클. 개천. 도랑.

오행	획수	한자	뜻
木	13 14 衤 衣 옷의변	裾	옷자락. 거만할.
水	12 14 月 肉 육달월변 고기육변	腒	건치 (乾雉). 꿩 포. 새 포.
火	15 馬 말마변	駏	버새 (짐승 이름). 거허. 거공벌레. 트기.
土	𧾷 15 足 발족변	踞	걸터앉을. 웅크릴.

주의	𧾷, 足 발족 변 7획은 혼용 사용됨

오행	획수	한자	뜻
金	16 金 쇠금변	鋸	톱. 켤. 자를.
木	16 17 扌 手 재방변 손수변	據·	웅거할. 의지할. 근거. 증거.
木	18 18 臼 手 절구구변 손수변	擧·	들. 다. 일으킬. 거사.
木	16 18 艹 艸 풀초변 초두변	蕖	연꽃. 연.
土	17 20 辶 辵 책받침변 갖은책받침변	遽	역말. 급히. 갑자기.
木	21 23 艹 艸 풀초변 초두변	蘧	풀 이름. 커리. 양양할. 석죽화. 패랭이꽃.
木	23 竹 대죽변	籧	대자리. 대광주리. 양잠 그릇.

건

오행	획수	한자	뜻
木	03 巾 수건건변	巾	수건. 두건. 헝겊.
火	06 人 사람인변	件·	조건. 사건. 구별할. 물건.
木	09 廴 민책받침변	建·	세울. 일으킬. 베풀.
土	10 13 辶 辵 책받침변 갖은책받침변	逮	建자와 통용 건 ↔ 율 [통용]
木	10 虍 범호변	虔	공경할. 삼갈. 정성스럴.
火	11 人 사람인변	健·	건장할. 굳셀. 잘할.
金	11 乙 새을변	乾·	하늘. 마를. 남성. 강건. 괘 이름.

주의	字源五行의 乙변은 木에 해당되나 訓에 의거, 金에 해당(乾은 西方) 金으로 기준

오행	획수	한자	뜻
金	09 乙 새을변	乹	乾자와 통용
水	14 15 氵 水 삼수변 물수변	漧	乾자와 통용

참고	작명은 소리(音)로만, 뜻(訓)으로만, 또는 소리(音)와 뜻(訓)으로 모두 할 수 있다.

오행	획수	한자	뜻
木	13 木 나무목변	楗	문빗장. 방죽.
木	12 扌 재방변 13 手 손수변	揵	멜. 들. 닫을. 접할.
火	13 心 마음심변	愆	허물. 죄. 과실. 어그러질. 악질 (惡疾).
土	13 牛 소우변	犍	거세할. 불깐 소 (거세한 소).
水	12 氵 삼수변 13 水 물수변	湕	물 이름.
木	14 手 손수변	搴	빼낼. 뽑아낼. 들어올릴.
木	14 目 눈목변	睷	헤아릴. 눈으로 셈할.
水	13 月 육달월변 15 肉 고기육변	腱	힘줄. 힘줄의 밑동.
木	16 衣 옷의변	褰	걷어 올릴. 옷 걷을. 바지.
土	𧾷 16 足 발족변	踺	밟을. 가는 모양.
土	17 足 발족변	蹇	절뚝발. 느릴. 굼뜰. 고생할.
金	17 言 말씀언변	謇	어눌할. 말 더듬거릴.
金	17 金 쇠금변	鍵	자물쇠. 열쇠. 비녀장.
金	18 革 가죽혁변	鞬	동개. 활. 화살집.
火	20 馬 말마변	騫	이지러질. 고개를 들. 빼.

걸

오행	획수	한자	뜻
金	03 乙 새을변	乞·	구할. 빌. 가난할. 구걸할.
木	06 乙 새을변	乬	걸을. 걸. 매달. [국] (우리나라 글자)
木	10 木 나무목변 10 舛 어길천변	桀	홰. 뛰어날. 사나울.
火	12 人 사람인변	傑·	호걸. 뛰어날. 훌륭할.
木	08 木 나무목변	杰	傑자와 통용

참고	통용자는 획수, 부수, 자원오행에 관계없이 정자 밑에 배열하였음

오행	획수	한자	뜻
木	14 木 나무목변	榤	닭의 홰 (닭이 올라앉는 대).
火	14 曰 가로왈변	朅	갈. 떠날. 씩씩한 모양.

검

오행	획수	한자	뜻
木	08 艹 풀초변 / 10 艸 초두변	芡	가시연. 마름.
金	12 金 쇠금변	鈐	비녀장. 자물쇠. 도장 찍을.
火	15 人 사람인변	儉·	검소할. 적을.
金	15 刂 선칼도변 / 刀 칼도변	劍·	칼. 찌를.
金	16 刀 칼도변	劒	劍자와 통용
水	16 黑 검을흑변	黔	검을. 검어지다.
木	16 扌 재방변 / 17 手 손수변	撿	살펴볼. 검사할. 단속할.
木	17 木 나무목변	檢·	교정할. 금제할. 법. 검사할.
木	18 目 눈목변	瞼	고을 이름. 눈꺼풀. 눈시울.

겁

오행	획수	한자	뜻
金	07 刂 선칼도변 / 刀 칼도변	刦	약탈할. 겁탈할. 구속할.
金	07 刀 칼도변	刧	겁탈할. 약탈할. 구속할.
水	07 力 힘력변	劫	위협할. 겁낼. 무서워할. 패.
火	08 忄 심방변 / 09 心 마음심변	怯	겁낼. 겁 많을.
土	09 辶 책받침변 / 12 辵 갖은책받침변	迲	단위 이름. 나뭇단을 세는 단위 이름. 자래. [거, 가]

게

오행	획수	한자	뜻
火	11 人 사람인변	偈	쉴. 휴식. 중의 귀글. 범어 (梵語).
木	12 扌 재방변 / 13 手 손수변	揭	높이 들. 보일. [갈. 걸]
火	16 心 마음심변	憩	쉴. 휴식.

격

오행	획수	한자	뜻
木	09 扌 재방변 / 10 手 손수변	挌	칠. 싸울. 공격할.
木	10 木 나무목변	格·	품위. 격식. 이를. 대적할. 바로잡을.
土	10 鬲 솥력변	鬲	막을. 땅 이름.

火 14 覡 박수 (남자 무당).
見
볼견변

金 14 轂 부딪칠. 충돌할.
殳
갖은등글월문변

火 15 鴃 백로. 때까치.
鳥
새조변

土 14 16 膈 흉격. 가슴속. 종틀.
月 肉
육달월변 고기육변

金 16 骼 마른 뼈. 백골.
骨
뼈골변

木 17 擊· 마주칠. 칠. 부딪칠.
手
손수변

木 17 檄 격문. 격서. 편지.
木
나무목변

木 17 闃 고요할. 조용할.
門
문문변

水 16 17 激· 격동할. 격할. 물결 부딪칠.
氵 水
삼수변 물수변

土 13 18 隔· 칸막이. 막을. 사이 뜰.
阝 阜
좌방변 언덕부변

주의	阝 좌방 변 3획은 성명학에서는 阜 언덕부 변 8획으로 사용됨

참고	이름의 성(姓)은 반드시 漢字로 출생신고 해야 하나, 이름(名)은 한자(인명용 한자 중에서) 또는 한글로 신고해야 한다.

견

土 04 犬· 개.
犬
개견변

火 07 見· 볼. 보일. 견 ↔ 현 [통용]
見
볼견변

土 09 甽 땅 이름. 밭도랑.
田
밭전변

水 08 10 肩· 어깨. 견갑골. 굳셀.
月 肉
육달월변 고기육변

土 11 堅· 굳셀. 강할. 굳을.
土
흙토변

土 10 11 狷 고집할. 편협할. 성급할.
犭 犬
개사슴록변 개견변

土 11 牽· 이끌. 끌어당길. 이을.
牛
소우변

木 13 筧 대홈통. [현]
竹
대죽변

木 13 絹· 비단. 명주. 깁.
糸
실사변

土 14 甄 질그릇 구울. 살필.
瓦
기와와변

木 17 縳 명주. 올. 낳이실. → 전 [本音]
糸
실사변

오행	획수·부수	한자	뜻
土	14 17 辶 辵 책받침변 갖은책받침변	遣·	보낼. 파견할.
火	18 鳥 새조변	鵑	소쩍새. 두견.
木	18 19 罒 网 그물망변	羂	그물. 옭을. 올무. 걸릴.
木	19 糸 실사변	繭	고치. 솜옷. 비단.
木	20 糸 실사변	繾	정 깊을. 곡진할. 다정스러울. 떨어지지 않을.
金	21 言 말씀언변	譴	꾸짖을. 책망. 성낼.
水	22 魚 물고기어변	鰹	큰 가물치.
水	23 虫 벌레충변	蠲	깨끗할. 밝을. 노래기.

결

오행	획수·부수	한자	뜻
木	07 08 扌 手 재방변 손수변	抉	긁을. 들추어 낼. 도려낼.
火	08 火 불화변	炔	불 피울. 불 붙을. 연기 모양. 姓.
水	07 08 氵 水 삼수변 물수변	決·	결단할. 판단할. 정할.
土	09 女 계집녀변	契	맑을.
金	08 09 王 玉 임금왕변 구슬옥변	玦	패옥. 노리개.
土	10 缶 장군부변	缺·	이지러질. 흠. 모자랄. 빌.
木	11 角 뿔각변	觖	서운할. 원망할.
火	11 火 불화변	焆	밝을. 불빛.
金	11 言 말씀언변	訣	비결. 헤어질. 이별할. 송별.
木	12 糸 실사변	結·	맺을. 마칠. 엉길.
土	10 13 辶 辵 책받침변 갖은책받침변	迼	뛸.
水	15 16 氵 水 삼수변 물수변	潔·	깨끗할. 맑을. 조촐할.

오행	획수·부수	한자	뜻
水	10 水 물수변	絜	潔자와 통용

오행	획수·부수	한자	뜻
水	14 冫 이수변	潔	潔자와 통용

오행	획수	한자	뜻
木	17 門 문문변	闋	문 닫을. 쉴. 다할. 그칠.
金	17 金 쇠금변	鍥	새길. 조각. 자를. 풀 베는 낫.
金	18 金 쇠금변	鐭	鍥자와 통용

겸

오행	획수	한자	뜻
土	07 山 메산변	岒	산 이름. 산 작고 높을.
木	08 扌 재방변 / 09 手 손수변	拑	입 다물. 끼울. 재갈 물릴.
金	10 八 여덟팔변	兼·	겸할. 아우를. 모을. 쌓을.
火	12 人 사람인변	傔	시중 들. 하인. 종.
土	13 山 메산변	嵰	산 높을. 산 우뚝할. 산 가파를.
金	13 金 쇠금변	鉗	칼 (죄인의 목에 씌우는 형구). 재갈. 시기할.
水	13 口 입구변	嗛	겸손할. 부족히 여길. 모자랄. 흉년들.
木	14 木 나무목변	槏	창설주. 문. 창틀. 문설주.
木	14 竹 대죽변	箝	끼울. 칼 씌울. 재갈 물릴.
火	13 忄 심방변 / 14 心 마음심변	慊	정성. 마음에 맞을. 앙심먹을.
金	14 欠 하품흠변	歉	흉년들. [감]
木	14 艹 풀초변 / 16 艸 초두변	蒹	갈대. 어린 갈대. 어린 물억새.
木	16 糸 실사변	縑	합사(合絲) 비단. 책 표지.
金	17 言 말씀언변	謙·	겸손할. 공손할. 괘 이름.
水	17 黑 검을흑변	黚	옅은 금향색. 검을. 물 이름.
金	18 金 쇠금변	鎌	낫. 모서리.
水	23 鼠 쥐서변	鼸	두더지. [혐]

경

오행	획수	한자	뜻
土	02 冂 멀경변	冂	멀. 멀다.
火	07 冂 멀경변	冏	빛날. 밝을. 창 맑을.

五行	획수/부수	한자	뜻
火	07 口 큰입구변	冏	冋자와 통용

주의: 字源五行의 口변은 水에 해당되나 訓에 의거, 火에 해당 火로 기준

五行	획수/부수	한자	뜻
金	07 曰 가로왈변	更	고칠. 개선할. 바꿀. 경 ↔ 갱 [통용]
水	07 巛 개미허리변	巠	물줄기. 물 질펀히 흐르는 모양.
火	08 火 불화변	炅	빛날.
土	08 亠 돼지해머리변	京·	서울. 클. 수도. 도읍. 경 (數의 단위).
土	09 亠 돼지해머리변	亰	京자와 통용

주의: 字源五行의 亠변은 火에 해당되나 訓에 의거, 土에 해당 土로 기준

五行	획수/부수	한자	뜻
土	08 土 흙토변	坰	들. 교외. 야외.
金	08 广 엄호변	庚·	별. 일곱째 천간. 길.

주의: 字源五行의 广변은 木에 해당되나 訓에 의거, 天干 庚은 金에 해당 金으로 기준

五行	획수/부수	한자	뜻
木	09 戶 지게호변	扃	문 빗장.
火	09 人 사람인변	俓	곧을. 지름길. 굳을.
土	09 田 밭전변	畊	밭 갈.
金	09 刂 刀 선칼도변 칼도변	剄	목 벨.
金	09 力 힘력변	勁	굳셀. 힘.
水	09 氵 이수변	涇	차다. 찰.
火	10 人 사람인변	倞	굳셀.
火	10 彳 두인변	徑·	지름길. 곧을.
火	10 耳 귀이변	耿	빛날. 깨끗할. 빛.
土	10 耒 쟁기뢰변	耕·	밭 갈. 고를. 땅을 고르다.

주의: 字源五行의 耒변은 木에 해당되나 訓에 의거, 土에 해당 土로 기준

五行	획수/부수	한자	뜻
金	10 力 힘력변	勍	강할. 셀. 굳셀.
水	10 口 입구변	哽	목 멜. 목마름.

木 | 11 木 | **梗** | 가시나무. 줄기. | 나무목변

木 | 11 糸 | **絅** | 당길. 바짝 죌. 홑옷. | 실사변

火 | 11 火 | **烱** | 빛날. 불꽃. 밝을. 무더울. | 불화변

火 | 11 頁 | **頃**· | 이랑 (밭 넓이의 단위). 잠깐. 요즈음. | 머리혈변

金 | 11 立 | **竟**· | 다할. 마칠. 끝낼. 마침. | 설립변

水 | 10 氵 11 水 | **涇** | 통할. 흐를. 물. 월경. | 삼수변 물수변

木 | 12 卩 | **卿**· | 벼슬. 경. 선생. 姓. | 병부절변

木 | 12 卩 | **卿** | 卿자와 통용 | 병부절변

火 | 12 日 | **景**· | 볕. 밝을. 경치. 클. | 날일변

火 | 16 日 | **暻** | 景자와 통용 | 날일변

火 | 12 火 | **煢** | 외로울. 외톨이. 근심할. | 불화변

金 | 12 石 | **硬**· | 굳을. 단단할. 강할. | 돌석변

水 | 12 疒 | **痙** | 심줄 당길. 목 뻣뻣할. 경련. 중풍. | 병질엄변

木 | 11 艹 13 艸 | **莖** | 근본. 줄기. 밑기둥. | 풀초변 초두변

木 | 13 糸 | **綆** | 밧줄. 두레박 줄. [병] | 실사변

木 | 13 糸 | **經**· | 글. 경서. 경영할. 날. 세로. | 실사변

火 | 13 人 | **傾**· | 기울. 기울일. 위태로울. | 사람인변

火 | 12 忄 13 心 | **惸** | 독신자. 외톨이. 근심할. | 심방변 마음심변

火 | 13 火 | **煢** | 외로울. 근심할. 홀로. | 불화변

金 | 攵 13 攴 | **敬**· | 공경할. 삼갈. 姓. | 등글월문변 칠복변

水 | 11 月 13 肉 | **脛** | 정강이. 종아리. 정강이뼈. | 육달월변 고기육변

火 | 14 車 | **輕**· | 가벼울. 경솔할. 업신여길. | 수레거변

土 | 14 土 | **境**· | 경계. 지경. 장소. 국경. | 흙토변

土 | 11 辶 14 辵 | **逕** | 길. 좁은 길. 가까울. 지름길. | 책받침변 갖은책받침변

오행	획수	부수	한자	뜻
火	15	人 사람인변	儆	주의할. 경계할. 위급할.
火	15	心 마음심변	慶·	경사. 축하. 복. 姓.
火	15	火 불화변	熲	빛날. 빛. 불빛.
火	15	馬 말마변	駉	목장. 살찐 모양. 살찔.
木	16	衣 옷의변	褧	홑옷 (한 겹으로 지은 옷).
火	15 16	忄 心 심방변 마음심변	憬	깨달을. 동경할.
火	16	火 불화변	燛	밝을. 햇빛. 불 이름.
火	16	頁 머리혈변	頸	목덜미. 목 (물건의 목 모양 부분).
金	16	石 돌석변	磬	경쇠. 목 맬. 달릴. 다할.
木	17	手 손수변	擎	받들. 들. 높이 들.
木	17	木 나무목변	檠	바로잡을. 도지개. 등불. 등잔대.
木	17	木 나무목변	檄	檠자와 통용
火	17	心 마음심변	憼	공경할. 갖출.
火	17	日 날일변	曔	밝을. 마를.
火	17 17	糸 頁 실사변 머리혈변	顈	홑옷. 어저귀. [현]
土	17	缶 장군부변	罄	빌. 다할. 빈 그릇. 공허할.
金	16 17	王 玉 임금왕변 구슬옥변	璟	옥빛. 옥광채 날. 옥 이름.
金	15 16	王 玉 임금왕변 구슬옥변	璄	璟자와 통용
金	17 18	王 玉 임금왕변 구슬옥변	璥	옥 이름. 경옥 (아름다운 구슬).
金	18	言 말씀언변	謦	기침. 기침 소리.
水	18	魚 물고기어변	鯁	생선뼈. 목구멍에 가시 걸릴.
火	19	鳥 새조변	鶊	꾀꼬리.
金	19	金 쇠금변	鏡·	거울. 비추다. 모범. 안경.
水	19	魚 물고기어변	鯨	고래.

오행	획수	한자	뜻
木	20 立 설립변	競·	겨룰. 다툴. 높을. 성할.
金	19 20 王 玉 임금왕변 구슬옥변	瓊	아름다운 옥. 구슬.
金	20 言 말씀언변	警·	경계할. 일어날. 깨우칠.
水	20 黑 검을흑변	黥	자자할 (얼굴에 먹물을 새기는 형벌).
金	22 立 설립변	競	겨룰. 다툴. 굳셀.
火	23 馬 말마변	驚·	놀랠. 두려워할.

계

오행	획수	한자	뜻
木	07 糸 실사변	系·	이을. 계통. 맬. 실마리.
金	07 戈 창과변	戒·	경계할. 재계할. 삼가다. 주의할.
木	08 尸 주검시변	届	이를. 다다를. 지극할.
水	08 子 아들자변	季·	계절. 끝. 막내.
木	09 大 큰대변	契·	맺을. 계. 약속. 계약할. 계 ↔ 글, 설 [통용]
火	09 人 사람인변	係·	이을. 맬. 걸릴. 계통. 관계될. 계. 실마리.
土	09 田 밭전변	界·	지경. 한도. 경계. 세계.
土	12 土 흙토변	堺	界자와 통용
金	09 言 말씀언변	計·	셈할. 셀. 회계할. 꾀.
水	09 癶 필발머리변	癸·	북방. 열번째 천간.
木	10 木 나무목변	桂·	계수나무. 월계수. 姓.
火	10 火 불화변	烓	밝을. 조명등. 휴대 화덕.
木	11 木 나무목변	械·	기계. 기구. 형틀. 형구. 병기.
水	11 口 입구변	啓·	일깨울. 열. 인도할. 여쭐.
木	12 木 나무목변	棨	나무 창. 부절 (符節). 부신.
火	11 12 忄 心 심방변 마음심변	悸	두근거릴. 두려워할. 늘어질.
土	12 土 흙토변	堦	댓돌. 섬돌. 층계. 뜰.

오행	획수 / 부수	한자	뜻
木	14 示 보일시변	禊	제사. 푸닥거리(액운을 쫓는 제사) 할. 제사 이름.
木	14 糸 실사변	綮	비단. 발 고운 비단. 깃발 달린 창.
金	14 言 말씀언변	誡	훈계할. 경계할.
水	13 氵 삼수변 / 14 水 물수변	溪·	시내. 시냇물.
水	14 疒 병질엄변	瘈	미칠. 지랄병. 간질.
木	15 禾 벼화변	稽	헤아릴. 머무를. 상고할.

주의 대법원 인명용 한자 발표 字形은 上으로 16획, (전산폰트 오류로 사료) 字典에 匕로 15획이므로, 성명학은 15획 기준.

오행	획수 / 부수	한자	뜻
木	16 糸 실사변	縘	이을. 맬. 얽을. 약속.
火	16 髟 터럭발변	髻	상투. 묶은 머리.
土	12 阝 좌방변 / 17 阜 언덕부변	階·	계단. 섬돌. 사다리. 차례.
水	17 谷 골곡변	谿	계곡. 시내. 텅 빌.
金	15 石 돌석변	磎	谿자와 통용
木	17 罒 / 18 网 그물망변	罽	담요. 모직. 물고기 그물.
火	18 隹 새추변	雞	닭.
木	19 糸 실사변	繫·	묶을. 맬. 얽을.
木	17 艹 풀초변 / 19 艸 초두변	薊	엉겅퀴. 삽주 (국화과 풀). 땅 이름.
木	20 糸 실사변	繼·	이을. 계속.
火	21 鳥 새조변	鷄·	닭.

고

오행	획수 / 부수	한자	뜻
水	05 口 입구변	叩	두드릴. 조아릴. 물을.
水	05 口 입구변	古·	옛. 오랠. 비로소.
水	05 尸 주검시변	尻	꽁무니. 끝. 말단. 자리잡을.
火	07 人 사람인변	估	값. 값매길. 팔. 상인.
水	07 口 입구변	告·	고할. 알릴. 여쭐. [곡]

木 08 木 나무목변 杲 높을. 밝을. 고 ↔ 호 [통용]

土 08 女 계집녀변 姑· 시어미. 고모. 잠깐. 아직.

土 06 耂 08 老 늙을로변 考· 생각할. 상고할. 헤아릴.

주의 老6획 변과 耂4획 변은 혼용, 字典과 學者에 따라 6, 8획으로 혼용되나, 성명학에서는 필순 6획이라도 老변 6획에 속하므로 8획기준

金 06 攵 攴 등글월문변 칠복변 攷 考자와 통용

金 08 刂 刀 선칼도변 칼도변 刳 쪼갤. 가를. 속을 파낼.

水 08 口 입구변 呱 울. 갓난아이가 욺.

水 08 囗 큰입구변 固· 굳을. 단단할. 완고할. 진실로.

水 08 子 아들자변 孤· 부모 없을. 외로울. 홀로. 고아.

木 09 木 나무목변 枯· 마를. 시들. 물이 마르다.

土 09 牛 소우변 牯 암소. 거세한 소.

金 09 攵 攴 등글월문변 칠복변 故· 옛. 연고. 오래될. 죽을.

水 08 氵 09 水 삼수변 물수변 沽 팔. 살. 매매할. 거칠.

木 10 广 엄호변 庫· 창고. 곳집. 곳간.

木 10 木 나무목변 栲 북나무 (낙엽활엽교목).

木 09 扌 10 手 재방변 손수변 拷 두드릴. 칠. 매질할. 때릴.

火 10 高 높을고변 高· 높을. 공경할. 비쌀. 뽐낼. 姓.

土 10 羊 양양변 羔 어린 양. 새끼 양. 검은 양.

土 10 羊 양양변 羖 검은 암양.

水 10 冫 이수변 凅 얼다. 얼. 엉길. 얼어붙을.

水 08 月 10 肉 육달월변 고기육변 股 넓적다리.

木 09 艹 11 艸 풀초변 초두변 苦· 쓴맛. 쓸. 괴로울.

木 09 艹 11 艸 풀초변 초두변 菰 줄풀 (볏과의 수초水草).

木 10 罒 11 网 그물망변 罟 그물. 물고기 그물.

자원오행	획수	부수	한자	뜻
水	11	白 (흰백변)	皐	늪. 연못. 물가. 언덕.
水	10	白 (흰백변)	皋	皐자와 통용

주의: 字源五行의 白변은 金에 해당되나 訓에 의거, 水에 해당 水로 기준

자원오행	획수	부수	한자	뜻
木	12	禾 (벼화변)	稁	볏짚. 초고. 초안.
木	11 12	衤 衣 (옷의변)	袴	바지 (가랑이가 있는 아랫도리 옷).
木	12	角 (뿔각변)	觚	술잔. 세 되들이 잔. 그릇.
火	12	隹 (새추변)	雇	품 팔. 품을 살. 고용할.
金	12	辛 (매울신변)	辜	허물. 저버릴. 반드시.
金	12	言 (말씀언변)	詁	해석. 훈고. 고증. 주 낼. 문자 뜻 및 고어 해석.
金	12	酉 (닭유변)	酤	술 팔. 술 살. 단술. 계명주. [호]
水	10 12	月 肉 (육달월변 고기육변)	胯	사타구니. 샅. 다리.
金	13	貝 (조개패변)	賈	장사. 살. 구할. 팔. 고 ↔ 가 [통용]
金	13	金 (쇠금변)	鈷	다리미. [호]
金	13	鼓 (북고변)	鼓·	북. 치다.
金	13	鼓 (북고변)	鼔	북 칠. 연주하다. 두드릴.
水	13	疒 (병질엄변)	痼	고질병 (오래 낫지 않는 병).
木	14	木 (나무목변)	槁	마를. 고목. 짚.
木	14	木 (나무목변)	槀	여윌. 마를. 마르다.
木	14	目 (눈목변)	睾	못. 늪. 불알. 빠짐없이.
木	12 14	艹 艸 (풀초변 초두변)	菰	줄풀 (볏과의 수초).
木	14	竹 (대죽변)	箍	테 두를. 테. 둘레. 띠로 묶다.
火	14	日 (날일변)	暠	흴. 흰 모양. 밝을.
土	10 14	阝 邑 (우방변 고을읍변)	郜	고을. 나라 이름. [곡]
金	14	攴 (칠복변)	敲	두드릴.

金	14 言 말씀언변	誥	고할. 가르침. 경계.
木	15 禾 벼화변	稿·	볏짚. 짚. 원고.
水	15 非 아닐비변	靠	기댈. 붙일. 어길.
木	16 竹 대죽변	篙	상앗대. 삿대.
木	16 米 쌀미변	糕	떡. 인절미. 흰떡.
火	16 鳥 새조변	鴣	자고새 (꿩과의 새).
金	16 金 쇠금변	錮	막을. 맬. 고질. 땜질할.
水	14 月 육달월변 16 肉 고기육변	膏	고약. 기름. 연지.
木	18 目 눈목변	瞽	소경. 장님. 악공.
火	18 羽 깃우변	翺	날. 비상할. 노닐. 빈들거릴.
水	18 皿 그릇명변	盬	소금밭. 염지 (鹽池).
木	19 木 나무목변	櫜	활집. 칼집. 자루.
木	18 艹 풀초변 20 艸 초두변	藁	볏짚. 초고. 마를.
火	21 頁 머리혈변	顧·	생각할. 돌아볼. 마음 쓸.
火	23 鳥 새조변	鶻	새 이름. 작은 비둘기.
水	23 虫 벌레충변	蠱	뱃속벌레. 곡식 벌레. 해독.

곡

土	06 曰 가로왈변	曲·	굽을. 가락. 구석. 곡진할.
水	07 谷 골곡변	谷·	골. 계곡. 골짜기. 姓.
水	10 口 입구변	哭·	울. 곡할. 노래할.
木	11 木 나무목변	梏	묶을. 수갑. 뗄.
火	11 斗 말두변	斛	휘 (열 말의 용량 단위). 헤아릴.
木	15 木 나무목변	槲	떡갈나무. 참나무.
木	15 禾 벼화변	穀·	곡식. 낟알. 좋을.

木	16	糸 실사변	縠	고운 비단. 명주. 얇은 비단. 주름 비단.
木	17	角 뿔각변	觳	뿔잔. 다할. 두려워할. 얇을.
火	17	車 수레거변	轂	바퀴통. 사람 천거할.
火	18	鳥 새조변	鵠	고니. 정곡. 흰빛. 姓.
水	20	口 입구변	嚳	사람 이름. 급히 고할.

곤

火	07	口 큰입구변	困·	곤할. 지칠. 어려울. 괴로울.
火	08	日 날일변	昆	맏. 형 (兄). 뭇.
土	08	土 흙토변	坤·	땅. 대지. 여성. 괘 이름.
木	10	衣 옷의변	衮	곤룡포. 삼공 (三公). 재상의 예복.
木	11	衣 옷의변	袞	衮자와 통용
木	11	木 나무목변	梱	문지방. 두드릴. 이룰.
木	10 11	扌 手 재방변 손수변	捆	두드릴. 동등할. 같을. 묶을.
火	10 11	忄 心 심방변 마음심변	悃	정성. 지성스러울.
土	11	土 흙토변	堃	땅 이름. 곤괘. 괘 이름.
土	11	山 메산변	崐	산 이름. 곤륜산.
土	11	山 메산변	崑	산 이름.
木	12	木 나무목변	棍	몽둥이. 곤장. 일으킬.
木	12 13	衤 衣 옷의변	裍	걷어올릴. 옷 잡아맬. 묶을. 이룰. 너울을 한 옷.
火	13	髟 터럭발변	髡	사람 이름. 머리 깎을. 가지 칠.
金	12 13	王 玉 임금왕변 구슬옥변	琨	아름다운 옥. 옥돌.
木	14	糸 실사변	緄	수놓은 띠. 노끈. 띠.
木	14 15	衤 衣 옷의변	褌	잠방이. 속곳. 속고의.
木	15	門 문문변	閫	문지방. 문지방 턱.

水 14 15 滾 샘솟을.
氵 水 흐를. 끓을.
삼수변 물수변

金 16 錕 구리.
金 붉은 쇠. 칼 이름.
쇠금변

火 19 鵾 봉황의 딴 이름.
鳥 댓닭. 곤계.
새조변

水 19 鯤 곤이.
魚 곤어. 물고기 알.
물고기어변

火 20 鶤 봉황새.
鳥 댓닭. 곤계. [운]
새조변

金 22 齫 이 솟을.
齒 이 빠질. 씹을. 깨물.
이치변 [운]

골

水 07 08 汩 다스릴.
氵 水 골몰할. 통할.
삼수변 물수변

金 10 骨· 뼈.
骨 뼈대. 강직할. 벼슬. 姓.
뼈골변

木 13 14 搰 힘쓸.
扌 手 파내다. 팔. [홀]
재방변 손수변

木 14 榾 등걸.
木 살대나무. 마들가리.
나무목변

水 13 14 滑 다스릴.
氵 水 어지러울. 익살스럴.
삼수변 물수변 흐릴. 골 ↔ 활 [통용]

火 21 鶻 송골매.
鳥 산비둘기. [홀]
새조변

공

火 03 工· 장인.
工 공교할.
장인공변

金 04 公· 공평할.
八 공변될. 어른. 존칭. 姓.
여덟팔변

水 04 孔· 구멍.
子 매우. 심할. 姓.
아들자변

木 05 功· 공로.
力 공. 일.
힘력변

金 06 共· 함께.
八 한 가지. 같이.
여덟팔변

金 07 攻· 칠.
攵 攴 닦을. 다스릴. 공격할.
등글월문변 칠복변

火 08 供· 이바지할.
人 바칠. 받들. 공손할.
사람인변

水 08 空· 공간. 빌.
穴 하늘. 헛될. 부질없을.
구멍혈변

木 10 栱 큰 말뚝.
木 기둥머리. 두공.
나무목변

木 09 10 拱 껴안을.
扌 手 팔짱 낄. 두 손 마주 잡을.
재방변 손수변

火 10 人 사람인변 **倥** 어리석을. 지각 없을. 괴로울. 곤할.

火 10 心 마음심변 **恐**· 협박할. 두려울.

火 小 밑마음심변 10 心 마음심변 **恭**· 공경할. 공손할. 삼갈.

金 10 貝 조개패변 **貢**· 바칠. 공물. 천거할.

水 10 虫 벌레충변 **蚣** 지네.

土 11 山 메산변 **崆** 산 이름. 산 우뚝한 모양.

金 10 王 임금왕변 11 玉 구슬옥변 **珙** 옥 이름. 크고 둥근 옥.

金 11 金 쇠금변 **釭** 화살촉. 바퀴통 속의 쇠끝.

木 11 扌 재방변 12 手 손수변 **控** 당길. 고할. 아뢸.

水 12 虫 벌레충변 **蛩** 메뚜기.

水 12 虫 벌레충변 **蛬** 귀뚜라미.

土 13 足 발족변 **跫** 발자국 소리. 행인의 소리.

木 14 木 나무목변 **槓** 지렛대. 막대.

木 14 竹 대죽변 **箜** 악기 이름. 거문고. 공후 (하프와 비슷한 동양의 현악기).

金 15 革 가죽혁변 **鞏** 묶을. 굳을.

土 22 龍 용룡변 **龔** 공손할. 받들.

金 24 貝 조개패변 **贛** 줄. 하사할.

곶

金 07 丨 뚫을곤변 **串** 곶 (지명으로서의 곶). 땅 이름. 곶 ↔ 관[통용]

과

金 04 戈 창과변 **戈** 창.

木 05 瓜 오이과변 **瓜** 오이. 참외. 姓.

木 06 大 큰대변 **夸** 자랑할. 클. 큰 체할.

木 08 木 나무목변 **果**· 과실. 결과. 과연.

火 | 08 人 사람인변 | 侉 | 자랑할.

木 | 09 禾 벼화변 | 科· | 과목. 과정. 조목.

土 | 12 土 흙토변 | 堝 | 도가니 (쇠붙이를 녹이는 그릇).

土 | 11 犭 개사슴록변 12 犬 개견변 | 猓 | 꼬리 긴원숭이.

木 | 13 禾 벼화변 | 稞 | 보리. 알곡식.

土 | 13 ⻊ 足 발족변 | 跨 | 넘을. 건너갈. 점거할. 사타구니.

金 | 13 言 말씀언변 | 誇· | 자랑할. 뽐낼. 클.

水 | 13 穴 구멍혈변 | 窠 | 보금자리. 새의 집. 빌. 구멍.

木 | 14 宀 갓머리변 | 寡· | 적을. 과부. 나.

木 | 12 艹 풀초변 14 艸 초두변 | 菓 | 과자. 과실.

木 | 14 衣 옷의변 | 裹 | 꾸러미. 쌀. 얽을.

金 | 14 金 쇠금변 | 銙 | 대구 (帶具) 띠쇠 (혁대 등 띠를 매는 데 달린 쇠).

水 | 14 夕 저녁석변 | 夥 | 많을. 넉넉할. 한패. 동업할.

土 | 15 ⻊ 足 발족변 | 踝 | 복사뼈. 발꿈치.

金 | 15 言 말씀언변 | 課· | 공부. 매길. 시험할. 부과할.

水 | 15 虫 벌레충변 | 蝌 | 글씨체. 올챙이.

土 | 13 辶 책받침변 16 辵 갖은책받침변 | 過· | 지날. 건널. 지나칠. 넘을.

木 | 16 扌 재방변 17 手 손수변 | 撾 | 칠. 북 칠. 때릴.

火 | 17 頁 머리혈변 | 顆 | 낱알. 흙덩이.

金 | 17 金 쇠금변 | 鍋 | 노구솥. 냄비. 기름통.

火 | 18 馬 말마변 | 騍 | 암말 (말의 암컷).

곽

木 | 12 木 나무목변 | 椁 | 덧널. 관. 잴. 나무 이름.

木 | 14 广 엄호변 | 廓 | 둘레. 클. 넓을. 곽↔확 [통용]

木	15	槨	木 나무목변	덧널. 외관 (外棺).
土	11 15	郭·	阝 邑 우방변 고을읍변	성곽. 둘레. 바깥 성. 姓.
水	16	霍	雨 비우변	빠를. 나라 이름.
金	20	鞹	革 가죽혁변	날가죽. 생가죽. 가죽 다룰. 무두질한 가죽.
水	21	癨	疒 병질엄변	구토할. 곽란병 (亂吐病). (급성위장병)
木	20 22	藿	艹 艸 풀초변 초두변	콩잎. 풋잎.

관

木	05	丱	丨 뚫을곤변	쌍상투.
金	07	串	丨 뚫을곤변	익힐. 습관. 꿸. 관 ↔ 곶 [통용]
木	08	官·	宀 갓머리변	벼슬. 기관. 관가.
木	09	冠·	冖 민갓머리변	갓. 관. 으뜸. 어른.
木	11	梡	木 나무목변	네발 달린 도마. 관 ↔ 완 [통용]
金	11	貫·	貝 조개패변	꿸. 꿰뚫을. 관향. 익숙할.
木	12	棺	木 나무목변	널. 입관할.
金	12	款	欠 하품흠변	정성. 정성스러울. 공경할. 조목. 항목.
水	11 12	涫	氵 水 삼수변 물수변	끓을. 끓다. 대야.
木	13	祼	示 보일시변	강신제 (내림굿). 잔 부실.
木	13	筦	竹 대죽변	다스릴. 주관할. 쌍피리. 姓.
金	12 13	琯	王 玉 임금왕변 구슬옥변	옥피리. 옥저. 피리. 옥 장식.
木	12 14	菅	艹 艸 풀초변 초두변	골풀. 난초 (다년생풀).
木	14	管·	竹 대죽변	주관할. 관리할. 대롱.
木	14	綰	糸 실사변	얽을. 맬. 꿸.
木	15	寬·	宀 갓머리변	너그러울. 넓을. [本字]
木	13	寛	宀 갓머리변	寬자와 통용 [俗字]

주의	字典에 따라 13, 14획으로 혼용, 성명학에서는 13획 기준

오행	획수	부수	한자	뜻
火	14 15	忄 心 (심방변 마음심변)	慣·	익숙할. 익힐. 버릇.
火	15	車 (수레거변)	輨	바퀴통 쇠. 줏대. 주요한 곳.
金	16	金 (쇠금변)	錧	수레굴통의 쇠. 수레의 비녀장. 줏대.
水	16	皿 (그릇명변)	盥	손 씻을. 낯 씻을. 대야.
水	17	穴 (구멍혈변)	窾	빌 (空). 공허할. 마를.
水	17	食 (밥식변)	館·	객사. 집.
水	16	舌 (혀설변)	舘	館자와 통용 [俗字]
火	18	隹 (새추변)	雚	황새. 물억새. 풀 이름.
木	19	門 (문문변)	關·	빗장. 기관. 관계할. 닫을.
火	22	火 (불화변)	爟	횃불. 봉화. 벼슬 이름.
水	21 22	氵 水 (삼수변 물수변)	灌	물 댈. 씻을. 따를.
金	22 23	王 玉 (임금왕변 구슬옥변)	瓘	서옥. 옥 이름. 사람 이름.
土	24	缶 (장군부변)	罐	두레박. 단지.
火	25	見 (볼견변)	觀·	볼. 보일. 드러낼. 형용.
金	25	骨 (뼈골변)	髖	허리뼈. 엉덩이뼈.
金	26	金 (쇠금변)	鑵	두레박.
土	27	頁 (머리혈변)	顴	광대뼈. [권]
火	29	鳥 (새조변)	鸛	황새. 물새.

괄

오행	획수	부수	한자	뜻
火	08	人 (사람인변)	佸	이를. 만날. 모일. 힘쓸. [활]
金	08	刂 刀 (선칼도변 칼도변)	刮	깎을. 긁을. 갈. 닦을. 비빌.
木	10	木 (나무목변)	栝	전나무. 노송나무.
木	09 10	扌 手 (재방변 손수변)	括	묶을. 쌀. 맺을.

오행	획수/부수	한자	뜻
火	10 心 마음심변	恝	걱정 없을. 근심 없을. 여유 없을.
木	12 竹 대죽변	筈	그러할. 하늘타리. 오늬 (활을 활시위에 끼는 부분).
火	12 耳 귀이변	聒	떠들썩할. 시끄러울. 요란할.
土	10 13 辶 辵 책받침변 갖은책받침변	适	빠를. 신속할. 姓.
火	16 髟 터럭발변	髺	머리 묶을. 머리 빗을.
火	17 鳥 새조변	鴰	재두루미. 왜가리.

광

오행	획수/부수	한자	뜻
火	06 儿 어진사람인변	光·	빛. 빛날. 광택. 경치.
火	08 火 불화변	炛	光자와 통용
火	08 火 불화변	炚	光자와 통용
土	06 匚 터진입구변	匡	바로잡을. 바를. 도울.
火	08 人 사람인변	侊	성할. 클.
土	07 08 犭 犬 개사슴록변 개견변	狂·	미칠. 경망할. 사나울.
木	10 木 나무목변	桄	나무 이름. 광랑나무. 베틀.
木	10 木 나무목변	框	문테. 문틀. 문골.
火	09 10 忄 心 심방변 마음심변	恇	겁낼. 두려워할.
水	09 10 氵 水 삼수변 물수변	洸	물 솟을. 굳셀. 성낼. 姓.
金	10 11 王 玉 임금왕변 구슬옥변	珖	사람 이름. 옥 이름. 옥돌.
金	11 石 돌석변	硄	윤이 나는 돌. 돌 빛 윤택할. 돌 소리.
木	10 12 艹 艸 풀초변 초두변	茪	초결명. 풀.
木	12 糸 실사변	絖	고운 솜. → 纊 [同字]
木	12 竹 대죽변	筐	광주리. 평상.
水	10 12 月 肉 육달월변 고기육변	胱	방광. 오줌통.

자원오행	획수·부수	한자	뜻
金	13 言 말씀언변	誆	속일. 거짓말. 기만할. → 誑 [同字]
金	14 言 말씀언변	誑	속일. 유혹할. → 誆 [同字]
木	15 广 엄호변	廣·	넓을. 널리. 넓이. 姓.
木	05 广 엄호변	広	廣자와 통용 [略字]

참고	통용자는 획수, 부수, 자원오행에 관계없이 정자 밑에 배열하였음

자원오행	획수·부수	한자	뜻
金	17 石 돌석변	礦	쇳돌. 굳셀.
土	18 土 흙토변	壙	뫼. 광중 (壙中). 구덩이.
火	19 火 불화변	爌	밝을. 불빛 환할.
火	19 日 날일변	曠	빌. 휑할. 들판. 밝을. 멀.
土	18 19 犭 犬 개사슴록변 개견변	獷	사나울. 사나운 개. 추악할. 모질.
木	21 糸 실사변	纊	솜옷. 고운 솜. → 絖 [同字]

참고	작명은 소리(音)로만, 뜻(訓)으로만, 또는 소리(音)와 뜻(訓)으로 모두 할 수 있다.

자원오행	획수·부수	한자	뜻
金	23 金 쇠금변	鑛·	광물. 쇳돌. 광석.

괘

자원오행	획수·부수	한자	뜻
木	08 卜 점복변	卦	점괘. 괘. 점치다. 걸.
水	09 口 입구변	咼	입 비뚤어질.
木	09 10 扌 手 재방변 손수변	挂	걸다. 걸. 걸어놓을. 달. 그림 족자.
木	11 12 扌 手 재방변 손수변	掛·	걸어 놓을. 걸. 걸칠. 달.
木	11 12 罒 网 그물망변	罣	걸. 거리낄. 옭힐.
金	13 言 말씀언변	詿	기만할. 그르칠. 속일.
木	13 14 罒 网 그물망변	罫	줄. (가로 세로로 친 줄). (엇갈리게 친 줄).

괴

자원오행	획수·부수	한자	뜻
火	08 丿 삐침변	乖	어그러질. 거스를. 다를.
木	08 09 扌 手 재방변 손수변	拐	속일. 기만할. 유인할. 후릴.

오행	획수	부수	한자	뜻
火	08 09	忄 心 (심방변 마음심변)	怪·	괴이할. 기이할. 의심할. 도깨비.
火	12	人 (사람인변)	傀	성할. 클. 허수아비. 도깨비.
土	13	土 (흙토변)	塊·	흙덩어리. 무너질.
土	13	女 (계집녀변)	媿	부끄러울. 창피 줄. 수치심.
木	14	木 (나무목변)	槐	홰나무. 느티나무. 姓.
火	13 14	忄 心 (심방변 마음심변)	愧·	부끄러울. 책망할. 탓할.
火	14	鬼 (귀신귀변)	魁	우두머리. 클. 으뜸. 수령. 괴수.
金	14 15	王 玉 (임금왕변 구슬옥변)	瑰	구슬. 옥돌. 보배.
木	16	广 (엄호변)	廥	곳간. 여물 광. 별 이름.
木	14 16	艹 艸 (풀초변 초두변)	蒯	황모. 기물사초 (풀 이름). 땅 이름. 姓.
金	16 17	王 玉 (임금왕변 구슬옥변)	璝	구슬 이름. 보배. 옥돌. 아름다울.
木	18 19	衤 衣 (옷의변)	襘	띠 매듭. 띠 맬. 옷고름.
土	19	土 (흙토변)	壞·	무너질. 무너뜨릴.

괵

오행	획수	부수	한자	뜻
水	17	首 (머리수변)	馘	귀 벨. 목 벨. 머리 벨.

굉

오행	획수	부수	한자	뜻
木	07	宀 (갓머리변)	宏	클. 넓을.
金	09	言 (말씀언변)	訇	큰소리. 우렛소리.
木	10	糸 (실사변)	紘	갓끈. 밧줄. 클.
水	08 10	月 肉 (육달월변 고기육변)	肱	팔뚝. 팔.
水	10 11	氵 水 (삼수변 물수변)	浤	용솟음칠. 빨리 흐를.
木	12	門 (문문변)	閎	마을 문. 이문. 클. 넓을.
木	13	角 (뿔각변)	觥	뿔잔. 클. 강직할. 꼿꼿할.
火	21	車 (수레거변)	轟	울릴. 우렛소리. 떠들썩할.

교

火 05 工 장인공변 **巧**· 예쁠. 공교로울. 교묘할.

火 06 亠 돼지해머리변 **交**· 사귈. 섞일. 바꿀.

火 08 人 사람인변 **佼** 예쁠. 좋을. 굳셀.

土 09 女 계집녀변 **姣** 아름다울. 예쁘다.

水 09 口 입구변 **咬** 지저귈. 새소리. 깨물.

木 10 木 나무목변 **校**· 학교. 교정 볼. 장교.

火 10 日 날일변 **晈** 달빛. 달 밝을.

土 09 10 犭 犬 개사슴록변 개견변 **狡** 재빠를. 교활할. 간교할.

金 11 攵 支 등글월문변 칠복변 **敎**· 가르칠. 본받을.

金 11 攵 支 등글월문변 칠복변 **教** 敎자와 통용

金 11 白 흰백변 **皎** 깨끗할. 흴. 밝을. 姓.

木 12 糸 실사변 **絞** 새끼를 꼴. 목 맬. 姓.

水 12 口 입구변 **喬** 높을. 높이 솟을. 뛰어날.

水 12 穴 구멍혈변 **窖** 움. 구멍. 땅속 광.

水 12 虫 벌레충변 **蛟** 교룡. 뿔 없는 용.

火 13 車 수레거변 **較**· 비교할. 견줄. 간략.

土 09 13 阝 邑 우방변 고을읍변 **郊**· 교외. 들.

木 14 木 나무목변 **榷** 외나무다리. 쪽다리. [각]

火 14 人 사람인변 **僑** 높을. 객지에 살.

火 14 日 날일변 **暤** 밝을. 깨끗이 나뉠.

金 14 金 쇠금변 **鉸** 가위. 금장식.

水 14 口 입구변 **嘐** 닭 울. 닭 우는 소리.

水 14 口 입구변 **嗃** 웃는 소리. 부르짖을.

자원	획수	부수	한자	뜻
土	15	女 계집녀변	嬌	아름다울. 미녀. 여자 이름.
土	15	山 메산변	嶠	산봉우리. 뾰족하고 높을.
水	15	食 밥식변	餃	경단 (음식 이름).
木	16	木 나무목변	橋·	교량. 다리. 시렁.
木	15 16	扌 手 재방변 손수변	撟	손들. 들. 바로잡을.
火	15 16	忄 心 심방변 마음심변	憍	자랑할. 편안할. 교만할.
金	16	骨 뼈골변	骹	발목뼈. 발 회목.
水	16	口 입구변	噭	부르짖을. 외칠.
火	17	鳥 새조변	鵁	해오라기. 교청새. 푸른해오라기.
土	13 17	阝 邑 우방변 고을읍변	鄗	땅 이름. 산 이름. 교 ↔ 호 [통용]
金	17	矢 화살시변	矯·	바로잡을. 들. 날랠.
金	17	石 돌석변	磽	메마른 땅. 돌 자갈땅.
水	15 17	月 肉 육달월변 고기육변	膠	아교. 갖풀. 굳을. 붙을.
水	17	魚 물고기어변	鮫	상어.
木	16 18	艹 艸 풀초변 초두변	蕎	메밀. 대극 (大戟).
火	18	羽 깃우변	翹	발돋움할. 꼬리 위로 올릴.
水	18	口 입구변	嚙	깨물. 씹을.
火	19	走 달릴주변	趫	재빠를. 굳셀. 건강할.
火	19	車 수레거변	轎	가마.
土	19	⻊ 足 발족변	蹻	강직할. 강성할. 위엄스러울.
金	21	齒 이치변	齩	씹을. 뼈 깨물.
火	22	馬 말마변	驕	씩씩할. 교만할. 무례할. 뻣뻣할.
木	23 24	扌 手 재방변 손수변	攪	어지러울. 어지럽힐. 흔들. 뒤섞일.

참고	대법원에서 선정한 인명용 한자란 성(姓)을 제외한 이름(名)의 한자를 말한다.

구

오행	획수/부수	한자	뜻
水	03 丿 삐침변	久·	오랠. 기다릴.
水	03 口 입구변	口·	입. 말할. 구멍.
火	04 人 사람인변	仇	원수. 해칠. 원망할. 짝.
金	04 勹 쌀포변	勾	글귀. 굽을. 갈고리. 句의 [俗字]
金	04 厶 마늘모변	厹	세모 창. 기승부릴.
土	05 一 한일변	丘·	언덕. 모을. 姓.

주의 字源五行의 一변은 木에 해당되나 訓에 의거, 土에 해당 土로 기준

오행	획수/부수	한자	뜻
土	08 土 흙토변	坵	丘자와 통용 [俗字]
水	05 口 입구변	句·	글귀. 구 ↔ 귀 [통용]
水	05 口 입구변	叴	소리 높일. 높은 기운. 기승할.
土	06 臼 절구구변	臼	절구. 확 (곡식 찧는 기구). 姓.
水	06 水 물수변	求·	구할. 탐낼. 청할.

주의 字典에 따라 6, 7획으로 혼용, 水변에 속하므로 필순7획으로 보여도 성명학은 6획 기준.

오행	획수/부수	한자	뜻
木	06 扌 재방변 07 手 손수변	扣	두드릴. 칠. 덜.
火	07 人 사람인변	佝	곱사등이. 어리석다. 약하다.
火	07 火 불화변	灸	뜸. 뜸질할. 姓.
水	07 力 힘력변	劬	수고로울. 부지런할. 힘들일.
水	07 穴 구멍혈변	究·	연구할. 궁구할. 상고할.
土	08 山 메산변	岣	산 이름. 산봉우리 이름.
土	08 土 흙토변	坸	더러울. 때.
金	08 八 여덟팔변	具·	갖출. 연장. 온전할. 판단할. 姓.
金	07 王 임금왕변 08 玉 구슬옥변	玖	옥돌. 아홉.
水	08 口 입구변	咎	허물. 재앙. 미움. 미워할.

水 | 08 | 疒 병질엄변 | **疚** | 오래된 병. 오래 앓을. 고질병.

木 | 09 | 木 나무목변 | **枸** | 나무 이름. 구기자나무. 호깨나무.

木 | 09 | 木 나무목변 | **柩** | 관. 널 (시체 넣는 함, 관).

木 | 08 09 | 扌 手 재방변 손수변 | **拘**· | 체포. 잡을. 거리낄.

木 | 09 | 韭 부추구변 | **韭** | 부추. 겨우살이풀.

火 | 09 | 人 사람인변 | **俅** | 공손할. 정중할. 갓 꾸민 모양.

火 | 09 | 日 날일변 | **昫** | 따뜻할. 더울.

土 | 09 | 女 계집녀변 | **姤** | 만날. 예쁠.

土 | 09 | 土 흙토변 | **垢** | 때 묻을. 때. 수치. 치욕.

土 | 08 09 | 犭 犬 개사슴록변 개견변 | **狗**· | 개. 강아지.

水 | 02 09 | 乙 새을변 | **九**· | 아홉. 많을.

주의	필순은 2획이나, 성명학에서는 수의 의미를 획수로 하므로 9획 기준

주의	字源五行의 乙변은 木에 해당되나 訓에 의거, 水에 해당 水로 기준

木 | 10 | 冂 멀경변 | **冓** | 짤. 지밀 (至密). 침방. 재목 쌓을.

火 | 10 | 人 사람인변 | **俱**· | 함께. 다. 갖출.

金 | 10 | 矢 화살시변 | **矩** | 곡척 (曲尺). 법. 모서리.

金 | 09 10 | 王 玉 임금왕변 구슬옥변 | **玽** | 옥 이름. 옥돌.

水 | 10 | 疒 병질엄변 | **痀** | 곱사등이.

木 | 10 11 | 扌 手 재방변 손수변 | **捄** | 구원할. 두둔할. 움큼. 담을.

木 | 09 11 | 月 肉 육달월변 고기육변 | **朐** | 포 (乾肉). 멀. 굽은.

木 | 09 11 | 艹 艸 풀초변 초두변 | **苟**· | 진실로. 다만. 구차할.

火 | 11 | 毛 터럭모변 | **毬** | 공 (차거나 치는 구형 운동 용구).

土 | 11 | 匸 감출혜변 | **區**· | 구역. 나눌. 구분.

土 | 09 11 | 耂 老 늙을로변 | **耇** | 명 길. 오래 살. 늙을. 늙은이. 검버섯.

주의	필순이 9획으로 보이나 老변 6획에 속하므로 필순 9획이라도 성명학은 11획 기준

오행	획수	부수	한자	뜻
土	11	耂 老 늙을로변	耇	耉자와 통용
土	11	耂 老 늙을로변	耉	명 길. 오래 살. 늙을. 늙은이.
金	11	攵 攴 등글월문변 칠복변	救·	구원할. 도울.
金	11	金 쇠금변	釦	금테 두를. 그릇에 금테 두를.
水	11	宀 갓머리변	寇	도둑. 원수. 난리. 해칠.
水	11	虫 벌레충변	蚯	지렁이.
土	08 12	阝 邑 우방변 고을읍변	邱	언덕. 땅 이름.
金	11 12	王 玉 임금왕변 구슬옥변	球·	공. 구슬. 둥글. 덩어리.
木	13	衣 옷의변	裘	가죽옷. 갖옷 (가죽으로 만든 옷).
木	13	糸 실사변	絿	급할. 구할.
火	13	人 사람인변	傴	구부릴. 곱사등이.
火	13	鳥 새조변	鳩	비둘기. 편안할. 모을.
土	13	女 계집녀변	媾	겹사돈. 거듭 혼인할. 화친할. 사랑할.
土	13	臼 절구구변	舅	시아버지. 외숙. 장인. 호칭.
金	13	弓 활궁변	彀	활 당길. 활거리. 활 쏠.
金	13	言 말씀언변	詬	꾸짖을. 망신 줄. 욕할. [후]
金	13	金 쇠금변	鉤	갈고리. 끌어당길. 낚시. 띠쇠.
木	14	广 엄호변	廏	마구간. 姓.
木	14	广 엄호변	廐	廏자와 통용 [俗字]
木	14	木 나무목변	榘	곱자. 모날. 곡척. 법. 네모난 그릇.
木	14	木 나무목변	構·	얽을. 얽어 맞출. 꾀할. 맺을.
木	13 14	扌 手 재방변 손수변	搆	얽어 맬. 끌. 당길. 손 닿을.
土	14	山 메산변	嶇	험할. 울퉁불퉁할. 가파를.

자원오행	획수	부수	한자	뜻
土	14	女 계집녀변	嫗	할머니. 여자.
土	11 14	辶 辵 책받침변 갖은책받침변	逑	짝. 배우자. 모을.
水	14	口 입구변	嘔	토할. 게울.
水	13 14	氵 水 삼수변 물수변	溝	봇도랑. 도랑. 하수구. 홈통.
木	14 15	扌 手 재방변 손수변	摳	고울. 옷 걷어올릴. 더듬을.
火	15	馬 말마변	駒	말. 망아지. 새끼 말. 姓.
金	15	欠 하품흠변	歐	구라파. 토할. 뱉을.

주의	字源五行의 欠변은 火에 해당되나 訓에 의거, 金에 해당 金으로 기준

자원오행	획수	부수	한자	뜻
金	15	殳 갖은등글월문변	毆	칠. 때릴. 말을 몰. 달릴.
金	15	金 쇠금변	銶	끌. 구멍 뚫는 끌.
水	14 15	氵 水 삼수변 물수변	漚	담글. 오래 불릴. 물거품.
木	16	米 쌀미변	糗	미숫가루. 볶은 쌀. 건량.
木	14 16	艹 艸 풀초변 초두변	蒟	구약나물. 구장 (후춧과 풀). 필발.
木	16	竹 대죽변	篝	대그릇. 종다래끼. 배롱. 대롱.
土	16	瓦 기와와변	甌	질그릇. 주발. 사발. 姓.
金	15 16	王 玉 임금왕변 구슬옥변	璆	옥소리. 옥 이름. 아름다운 옥.
水	16	穴 구멍혈변	窶	가난할. 가난해 예절 없을.
水	16	龜 거북귀변	龜	땅 이름. 나라 이름. 구 ↔ 귀. 균 [통용]

주의	龜字는 일부 출판사, 옥편, 저자에 따라 16, 17획으로 혼용되나, 16획 기준

자원오행	획수	부수	한자	뜻
木	17	尸 주검시변	屨	신. 삼신 (麻鞋). 갖신.
木	17	風 바람풍변	颶	구풍 (급작스런 바람). 맹렬한 폭풍.
火	17	見 볼견변	覯	해후할. 만나 볼. 우연히 만날. 이룰.
土	14 17	辶 辵 책받침변 갖은책받침변	遘	만날.
金	17	貝 조개패변	購	구매할. 살. 풀릴.

木 18 瞿 目 눈목변 — 볼. 놀라 볼. 사람 이름. 가슴 두근거릴.

土 18 舊· 臼 절구구변 — 옛. 예. 오랠.

土 18 軀 身 몸신변 — 몸 (體). 신체.

주의	字源五行의 身변은 火에 해당되나 訓에 의거, 土에 해당 土로 기준

金 18 謳 言 말씀언변 — 노래할. 노래.

水 18 龜· 龜 거북귀변 — 땅 이름. 구 ↔ 귀. 균 [통용]

金 19 韝 韋 가죽위변 — 활깍지. 팔찌.

木 20 匶 匚 터진입구변 — 널. 관. → 柩의 [古字]

火 21 驅· 馬 말마변 — 달릴. 몰. 몰아낼.

火 21 鷇 鳥 새조변 — 새 새끼. 병아리.

火 22 鷗 鳥 새조변 — 갈매기.

火 21 22 懼· 忄 心 심방변 마음심변 — 두려워할.

金 22 戵 戈 창과변 — 창. 네 갈래진 창.

水 23 癯 疒 병질엄변 — 야윌. 파리할. 여윌.

火 24 衢 行 다닐행변 — 네거리. 거리. 갈림길. 姓.

金 28 鬮 鬥 싸울투변 — 제비뽑을. 심지.

주의	字典에 따라 26, 27획으로 혼용되나, (字典 오류로 사료됨) 실제 필순이 28획이므로, 성명학은 28획 기준

火 29 鸜 鳥 새조변 — 구관조 (때까치 비슷한 새).

국

木 07 局· 尸 주검시변 — 판. 사태. 부분.

木 08 匊 勹 쌀포변 — 움켜쥘. 움킬. 줌. 손바닥.

水 11 國· 口 큰입구변 — 나라. 국가. 도읍.

水	08 国 口 큰입구변	國자와 통용

木 11 12 掬 扌 手 재방변 손수변 — 움켜쥘. 두 손 움킬. 손 속.

五行	획수	부수	한자	뜻
木	12 14	艹 艸 풀초변 초두변	菊·	국화.
木	14	竹 대죽변	匊	대뿌리.
土	14	𧾷 足 발족변	跼	구부릴. 굽을. 재촉할.
火	15	走 달릴주변	趜	궁구할. 공명할.
木	17	麥 보리맥변	麯	누룩. 누룩 이름.
金	17	革 가죽혁변	鞠	기를. 굽힐. 궁할. 姓.
金	18	革 가죽혁변	鞫	국문할. 문초할. 궁할. 물가. 姓.
木	19	麥 보리맥변	麴	누룩. 술. 청황색. 姓.

군

五行	획수	부수	한자	뜻
水	07	口 입구변	君·	임금. 남편. 그대. 군자.
火	09	車 수레거변	軍·	군사. 진 칠.
木	11	木 나무목변	桾	나무 이름. 고욤나무.
木	10 11	扌 手 재방변 손수변	捃	주울. 줍다. 취할.
水	12	穴 구멍혈변	窘	군색할. 궁해질. 괴로울.
木	12 13	衤 衣 옷의변	裙	치마. 속옷.
土	13	羊 양양변	群·	무리. 떼. 많을.
土	10 14	阝 邑 우방변 고을읍변	郡·	고을. 관청.
金	14	皮 가죽피변	皸	얼어터질. 틀. 동상.

굴

五行	획수	부수	한자	뜻
土	08	尸 주검시변	屈·	굽힐. 굽을. 다할. 땅 이름.

주의	字源五行의 尸변은 水에 해당되나 訓에 의거, 土에 해당 土로 기준

五行	획수	부수	한자	뜻
火	10	人 사람인변	倔	굳셀. 고집 셀. 딱딱할.
土	11	土 흙토변	堀	굴. 토굴. 땅을 팔.
土	11	山 메산변	崛	우뚝 솟을. 산 높을.

木 11 扌 재방변 12 手 손수변 **掘** 파낼. 우묵하게 파낼. 암굴. 구멍.

金 12 言 말씀언변 **詘** 굽힐. 굽을. 말 막힐. 기뻐할.

水 11 氵 삼수변 12 水 물수변 **淈** 흐릴. 물 콸콸 나올.

水 13 穴 구멍혈변 **窟** 움집. 움. 토굴.

궁

火 03 弓 활궁변 **弓**· 활. 궁술. 姓.

水 08 穴 구멍혈변 **穹** 하늘. 깊을. 활꼴. 막을.

木 07 艹 풀초변 09 艸 초두변 **芎** 천궁. 궁궁이. 향풀.

木 10 宀 갓머리변 **宮**· 집. 궁궐.

水 10 身 몸신변 **躬** 몸 (身). 몸소. 자신.

水 14 身 몸신변 **躳** 몸 (身). → 躬 [同字]

주의	字源五行의 身변은 火에 해당되나 訓에 의거, 水에 해당 水로 기준

水 15 穴 구멍혈변 **窮**· 궁할. 다할. 궁리할. 막힐.

권

木 08 㔾 卩 병부절변 **卷**· 책. 접을. 말. 굽을.

주의	字源五行의 卩변은 火에 해당되나 訓에 의거, 木에 해당 木으로 기준

金 08 刀 칼도변 **券**· 문서. 증권. 어음.

木 10 手 손수변 **拳**· 주먹. 힘. 굳게 지닐.

火 10 人 사람인변 **倦** 게으를. 진력날. 고달플.

土 10 力 힘력변 **勌** 고달플. 수고로울. 게으를.

木 11 目 눈목변 **眷** 돌아볼. 돌볼. 겨레붙이. 姓.

水 11 口 큰입구변 **圈** 동물 우리. 바리.

木 12 木 나무목변 **棬** 나무그릇. 코뚜레.

木 11 扌 재방변 12 手 손수변 **捲** 힘쓸. 주먹. 거둘.

火 11 忄 심방변 / 12 心 마음심변 **惓** 삼갈. 정성스러울.

水 11 氵 삼수변 / 12 水 물수변 **淃** 물 모양. 물 돌아흐를.

木 13 目 눈목변 **睠** 돌아볼. 살필. 근념할. → 眷 [同字]

木 14 糸 실사변 **綣** 정다울. 서로 따를. 후한 마음.

水 14 虫 벌레충변 **蜷** 구부릴. 움츠러질. 굽을. 꿈틀 꿈틀 기어가는 모양.

土 20 力 힘력변 **勸**· 권할. 가르칠. 인도할.

木 22 木 나무목변 **權**· 권세. 권력. 권한. 방편. 저울질할. 姓.

木 15 木 나무목변 **権** 權자와 통용

궐

土 12 厂 민엄호변 **厥**· 그것. 그. 짧을. 다할. 숙일. 나라 이름.

土 15 犭 개사슴록변 / 16 犬 개견변 **獗** 창궐할. 날뛸.

木 16 艹 풀초변 / 18 艸 초두변 **蕨** 고사리. 고비.

木 18 門 문문변 **闕** 대궐 문. 빠질. 빌.

土 𧾷 19 足 발족변 **蹶** 넘어질. 미끄러질. 밟을.

궤

水 02 几 안석궤변 **几** 안석. 책상. 의자. 기댈 상.

木 06 木 나무목변 **机** 책상. 나무 이름.

水 05 氵 삼수변 / 06 水 물수변 **氿** 샘. 물가. 구멍 샘 (원줄기 외 곁에서 나오는 샘).

火 08 人 사람인변 **佹** 의지할. 괴이할. 어긋날. 어길.

火 09 車 수레거변 **軌**· 굴대. 궤도. 바퀴 사이. 법.

土 𧾷 13 足 발족변 **跪** 꿇어앉을. 무릎 꿇을.

土 13 鹿 사슴록변 **麂** 큰 노루.

金 13 言 말씀언변 **詭** 꾸짖을. 책망할. 헐뜯을. 속일.

木 14 匚 터진입구변 **匱** 궤. 갑. 함. 다할.

金 刂 刀 14 **劂** 조각칼. 새김칼. 새길. 끌. [굴. 괄]
선칼도변 칼도변

木 木 16 **樻** 나무 이름. 가마채 나무. 영수목.
나무목변

木 扌 手 15 16 **撅** 옷 걷을.
재방변 손수변

火 忄 心 15 16 **憒** 심란할. 어리석을.
심방변 마음심변

水 氵 水 15 16 **潰** 무너질. 흩어질. 문드러질.
삼수변 물수변

木 竹 17 **簋** 제기 이름. 보궤. 예의.
대죽변

木 木 18 **櫃** 궤. 함. 상자.
나무목변

木 糸 18 **繢** 수놓을. 토끝 (베를 짠 끄트머리). [회]
실사변

水 食 19 **餽** 음식 보낼. 제사. 보낼. 먹일.
밥식변

木 門 20 **闠** 저자 문. 저자 밖의 문.
문문변

水 食 21 **饋** 대접할. 식사. 보낼. 권할. 선사.
밥식변

참고	작명은 소리(音)로만, 뜻(訓)으로만, 또는 소리(音)와 뜻(訓)으로 모두 할 수 있다.

귀

水 口 05 **句** 글귀. 구절. 귀 ↔ 구 [통용]
입구변

火 鬼 10 **鬼**· 귀신. 도깨비.
귀신귀변

火 日 12 **晷** 해그림자. 햇빛. [구]
날일변

金 貝 12 **貴**· 귀할. 값 비쌀. 소중할. 높을.
조개패변

金 金 14 **⿰金危** 삽. 가래. 쟁기. 줄. → 궤 [本音]
쇠금변

水 龜 16 **龜** 거북. 등골뼈. 패물. 귀 ↔ 구. 균 [통용]
거북귀변

주의	龜字는 일부 출판사, 옥편, 저자에 따라 16, 17획으로 혼용되나, 16획 기준

水	18 龜 거북귀변	**龜**	龜자와 통용

土 止 18 **歸**· 돌아갈. 허락할.
그칠지변

규

水 口 05 **叫**· 부르짖을. 울.
입구변

자원오행	획수·부수	한자	뜻
土	06 土 흙토변	圭	서옥. 홀 (笏). 모날. (쌍토). 상서로운 구슬.
木	08 糸 실사변	糾·	꼴. 모을. 얽힐. 규명할.
木	07 糸 실사변	糺	糾자와 통용
金	08 刂 刀 선칼도변 칼도변	刲	찌를. 벨. 죽일.
水	08 虫 벌레충변	虯	규룡. 뿔 없는 용. 虬 [同字]
火	09 走 달릴주변	赳	굳셀. 용맹할. 재능. 헌걸찰.
土	09 大 큰대변	奎	별. 별 이름. 가랑이.
火	11 見 볼견변	規·	법. 법칙. 규범.
金	11 石 돌석변	硅	규소 (비금속 원소의 일종). 깨뜨릴.
金	10 11 王 玉 임금왕변 구슬옥변	珪	서옥. 홀. 상서로운 구슬.
水	11 首 머리수변	馗	거리. 한길 (사통팔달의 도로). 광대뼈.
木	10 12 艹 艸 풀초변 초두변	茥	딸기.
木	13 木 나무목변	楏	호미 자루. 감탕나무.
木	12 13 扌 手 재방변 손수변	揆	헤아릴. 법. 벼슬.
火	13 日 날일변	暌	어길. 어긋날. 해질.
火	13 火 불화변	烓	불꽃. 불타는 모양.
火	13 頁 머리혈변	頍	머리 들. 고깔비녀. 머리 드는 모양.
土	13 ⻊ 足 발족변	跬	반걸음. 한 발자국.
土	09 13 阝 邑 우방변 고을읍변	邽	고을 이름. 현 (縣) 이름.
水	12 13 氵 水 삼수변 물수변	湀	물 솟을. 물 솟아 흐를. 샘 날.
木	14 目 눈목변	睽	눈 흘길. 부릅 뜰. 땅 이름.
木	14 門 문문변	閨	안방. 규수.
土	14 女 계집녀변	嫢	예쁠. 작을. 가는 허리.
木	15 木 나무목변	樛	휠. 나뭇가지 휘어질.

오행	부수획	획수	한자	뜻
木		15 木 나무목변	槻	물푸레나무. 둥근느티나무.
木	13 艹 풀초변	15 艸 초두변	葵	해바라기. 헤아릴.
土		15 女 계집녀변	嫣	땅 이름. 姓.
土	12 辶 책받침변	15 辵 갖은책받침변	逵	한길. 대로. 큰길. 길거리. 姓.
水	15 氵 삼수변	16 水 물수변	潙	물 이름.
水		16 穴 구멍혈변	窺	볼. 엿볼.
水		18 穴 구멍혈변	竅	구멍. 구멍 뚫을. 통할.
木		19 門 문문변	闚	엿볼. 언뜻 볼.
火		19 馬 말마변	騤	말 건강할. 말 굳셀. 끗끗할.
土		20 山 메산변	巋	가파를. 우뚝 설. 높고 큰 모양.

균

오행	부수획	획수	한자	뜻
金		04 勹 쌀포변	勻	고를. 적을. 흩어지다. 균 ↔ 윤 [통용]
金		04 勹 쌀포변	匀	勻자와 통용
土		07 土 흙토변	均·	고를. 평평할. 균 ↔ 연 [통용]
土		08 口 큰입구변	囷	곳집. 둥근 곳집.
土		09 田 밭전변	畇	개간할. 밭 개간할. 따비. 쟁기.
金		12 金 쇠금변	鈞	무게 단위. 무거울. 30근. 고를.
木		13 竹 대죽변	筠	대나무. 껍질. 윤기.
木	12 艹 풀초변	14 艸 초두변	菌·	버섯. 세균. 곰팡이.
火		14 見 볼견변	覠	크게 볼. 사람 이름.
水		16 龜 거북귀변	龜	터질. 틀. 갈라질. 균 ↔ 구. 귀 [통용]

주의: 龜字는 일부 출판사, 옥편, 저자에 따라 16, 17획으로 혼용되나, 16획 기준

오행	부수획	획수	한자	뜻
水		18 龜 거북귀변	龜	龜자와 통용
土		18 鹿 사슴록변	麏	노루. 고라니.

귤

木	16 木 나무목변	橘	귤. 귤나무.

극

木	07 儿 어진사람인변	克·	이길. 능할.
火	09 二 두이변	亟	빠를. 급할.
金	09 刂 刀 선칼도변 칼도변	剋	이길. 능할.
木	10 尸 주검시변	屐	나막신.
金	10 寸 마디촌변	尅	이길. 깎일. 급할. → 剋 [同字]
木	12 木 나무목변	棘	가시나무. 멧대추나무. 꾸밀.
金	12 戈 창과변	戟	창. 갈라진 창. 찌를.
木	13 木 나무목변	極·	극진. 다할. 지극할. 가운데.
土	09 13 阝 邑 우방변 고을읍변	郤	틈. 틈새. 겨를. 땅 이름.
金	15 刂 刀 선칼도변 칼도변	劇·	연극. 심할.
土	13 18 阝 阜 좌방변 언덕부변	隙	틈. 틈날. 기회. 여가.

근

金	04 斤 날근변	斤·	날. 도끼. 자귀. 근 (무게). 姓.
金	06 力 힘력변	劤	힘이 셀. 힘이 많을. 강할.

주의	字源五行의 力변은 土에 해당되나 訓에 의거, 金에 해당 金으로 기준

木	09 角 뿔각변	觔	힘줄. 기운. 근(열 냥쭝, 무게 단위).
土	09 己 몸기변	巹	(혼례) 술잔. 합환주 잔. 이을.
木	10 木 나무목변	根·	뿌리. 근본. 별 이름.
木	08 10 艹 艸 풀초변 초두변	芹	미나리.
土	11 土 흙토변	堇	진흙. 찰흙. 흙 바를. 조금. 때. 시기.
土	08 11 辶 辵 책받침변 갖은책받침변	近·	가까울. 근처. 사랑할.

오행	획수	부수	한자	뜻
木	12	竹 대죽변	筋	힘줄. 힘. 기운. 체력. 姓.
金	12	金 쇠금변	釿	대패. 큰자귀. 도끼.
火	13	人 사람인변	僅·	겨우. 적을. 조금.
土	13	力 힘력변	勤·	부지런할. 근무할.
土	13	足 발족변 (⻊)	跟	발꿈치. 뒤따를.
金	13	革 가죽혁변	靳	말 가슴걸이. 아낄.
木	14	广 엄호변	廑	겨우. 부지런할. 오두막집.
木	12 14	艹 풀초변 艸 초두변	堇	제비꽃. 오랑캐꽃. 바곳.
土	14	土 흙토변	墐	진흙. 묻을.
土	14	女 계집녀변	嫤	여자 이름. 고울. 예쁠.
木	15	木 나무목변	槿	무궁화.
水	14 15	氵 삼수변 水 물수변	漌	맑을. 적실.
金	15 16	王 임금왕변 玉 구슬옥변	瑾	붉은 옥. 아름다운 옥.
火	17	心 마음심변	懃	은근할. 정성스러울. 姓.
火	18	見 볼견변	覲	뵐. 알현할. 만날.
金	18	言 말씀언변	謹·	공경할. 삼갈.
水	20	食 밥식변	饉	흉년. 흉년들.

글

오행	획수	부수	한자	뜻
土	06	力 힘력변	劤	뜻. 힘 있을.
木	09	大 큰대변	契	부족 이름. 나라 이름. 글 ↔ 계. 설 [통용]

금

오행	획수	부수	한자	뜻
火	04	人 사람인변	今·	이제. 오늘. 바로. 곧.
土	07	女 계집녀변	妗	외숙모.
火	08	日 날일변	昑	밝을. 환할.

오행	획수	부수	한자	뜻
金	08	金 쇠금변	金·	쇠. 돈. 누른빛. 황금. 금 ↔ 김 [통용]
木	08 10	艹 풀초변 艸 초두변	芩	풀 이름.
木	10	竹 대죽변	笒	첨대. 죽첨(竹籤). 말채찍과 안장.
木	09 10	衤 衣 옷의변	衿	옷깃. 맬. 띨. 앞섶.
木	10	衣 옷의변	衾	이불. 침구. 수의.
水	11	口 입구변	唫	입 다물. 말 더듬을.
木	13	示 보일시변	禁·	금할. 금지할. 꺼릴.
金	12 13	王 임금왕변 玉 구슬옥변	琴·	거문고. 姓.
金	13	内 짐승발자국유변	禽·	날짐승. 새. 사로잡을.

주의	字源五行의 内변은 木에 해당되나 訓에 의거, 金에 해당 金으로 기준

오행	획수	부수	한자	뜻
土	15	山 메산변	嶔	높고 험할. 우뚝 솟을. 산 어귀.
土	16	黃 누를황변	黅	누른빛.
金	16	金 쇠금변	錦·	비단. 아름다울.
水	16	口 입구변	噤	입 다물. 말 않고 꾹 참을.
木	17	木 나무목변	檎	능금나무.
木	16 17	扌 재방변 手 손수변	擒	사로잡을. 생포할. 포로.
木	18 19	衤 衣 옷의변	襟	옷깃. 깃. 가슴. 마음.

급

오행	획수	부수	한자	뜻
水	04	又 또우변	及·	미칠. 이를. 및. 와.
火	06	人 사람인변	伋	생각할. 바쁠. 거짓. 姓.
火	07	白 흰백변	皀	고소할. 향내 날. 낟알. [흡]
土	07	土 흙토변	圾	위태할. 휘뚝거릴. 산 높을.
土	07	山 메산변	岌	산 높을.
木	07 08	扌 재방변 手 손수변	扱	취급할. 곡식을 훑을. 닿을.

水	07 08 氵 水	汲	물 길을. 당길. 인도할.	삼수변 물수변
火	09 心	急·	급할. 급작스러울. 중요할. 빠를.	마음심변
木	08 10 艹 艸	芨	말오줌나무. 대왕풀. 제비꽃.	풀초변 초두변
木	10 竹	笈	책상자.	대죽변
木	10 糸	級·	등급. 순서.	실사변
木	12 糸	給·	줄. 선사할. 하사. 댈. 넉넉할.	실사변
金	18 石	礏	산 높은 모양. 산 우뚝 솟을.	돌석변

긍

火	06 二	亘	뻗칠. 긍 ↔ 선 [통용]	두이변
火	06 二	亙	亘자와 통용	두이변
金	09 矛	矜	자랑할. 공경할. 불쌍할. 아낄. 창자루.	창모변
水	08 10 月 肉	肯·	즐길. 긍정할.	육달월변 고기육변
水	11 歹	殑	까무러칠. 죽으려 할. 귀신 나올.	죽을사변
水	14 儿	兢	조심할. 공경할. 삼갈.	어진사람인변

기

土	03 己	己·	몸. 자기. 여섯째 천간.	몸기변
火	06 人	企·	바랄. 도모할. 발돋움할.	사람인변
火	06 人	伎	재주. 재능. 기술. 광대. 함께. 기생.	사람인변
土	06 山	屺	민둥산 (나무 없는 산).	메산변
木	07 广	庋	찬장. 시렁. 선반.	엄호변
木	07 廾	弃	버릴. 잊어버릴. → 棄의 [古字]	스물입발변
木	07 木	杞	나무 이름. 구기자. 버들.	나무목변
火	07 心	忌·	꺼릴. 기일 (忌日).	마음심변
土	07 女	妓	기생. 갈보. 창녀. 미녀.	계집녀변

오행	획수	한자	부수	뜻
土	07	圻	土 흙토변	언덕. 지경. 기↔은 [통용]
土	07	岐	山 메산변	갈림길. 산 이름.
木	07 08	技·	扌 手 재방변 손수변	기술. 재능. 재주. 능력. 기능.
木	08	祁	示 보일시변	성할. 클. 많을. 姓.
火	07 08	忮	忄 心 심방변 마음심변	욕심낼. 거스를. 모질. 해칠.
火	07 08	忯	忄 心 심방변 마음심변	공경할. 사랑할. 기↔지 [통용]
火	08	炁	灬 火 연화변 불화변	날씨. 기운. 기후. 정기. → 氣 [同字]
土	08	奇·	大 큰대변	기이할. 기특할. 홀수. 姓.
土	08	歧	止 그칠지변	갈림길. 길 갈라질.
金	08	其·	八 여덟팔변	어조사. 그. 그것.
金	07 08	玘	王 玉 임금왕변 구슬옥변	패옥. 노리개.

주의	王 구슬옥 변(임금 왕) 4획은 성명학에서는 玉 구슬옥 변 5획으로 사용됨

오행	획수	한자	부수	뜻
水	07 08	汽	氵 水 삼수변 물수변	증기. 끓는 김. 수증기.
水	07 08	沂	氵 水 삼수변 물수변	물 이름. [은]
水	06 08	肌	月 肉 육달월변 고기육변	피부. 살가죽.
木	09	祇	示 보일시변	편안할. 클. 땅귀신.
木	09	祈·	示 보일시변	기도할. 빌. 고할.
木	09	紀·	糸 실사변	벼리. 규율. 기록할. 해(年).
木	08 10	芪	艹 艸 풀초변 초두변	황기. 단너삼 (약초 이름).
木	08 10	芰	艹 艸 풀초변 초두변	세발마름. 마름(일년생 수초水草).
火	10	起·	走 달릴주변	일어날. 설. 시작할.
土	10	旂	方 모방변	기. 방울 단 깃발. 쌍룡 깃발.
土	10	耆	老 늙을로변	늙은이. 어른.
金	10	剞	刂 刀 선칼도변 칼도변	조각칼. 새김칼.

金 10 言 **記**· 기록할. 기억할. 책. 적을.
말씀언변

水 10 气 **氣**· 기운. 숨. 기후. 공기.
기운기변

水 08 月 10 肉 **肵** 도마. 담아 신에 바치는 도마. 적대 (炙臺). 공경할.
육달월변 고기육변

水 10 豆 **豈**· 어찌. 일찍. 오를.
콩두변
기 ↔ 개 [통용]

주의 字源五行의 豆변은 木에 해당되나 訓에 의거, 水에 해당 水로 기준

木 11 宀 **寄**· 기탁할. 부칠. 맡길. 의뢰할.
갓머리변

土 11 土 **埼** 곶 (바다로 뾰족하게 내민 땅). 해안 머리.
흙토변

土 11 土 **基**· 터. 바탕. 기초.
흙토변

土 11 山 **崎** 산길 험할. 험할.
메산변

土 ⻊ 11 足 **跂** 육발이. 발돋음하여 볼.
발족변

水 11 无 **既**· 이미. 다할. 벌써.
이미기변

水 11 食 **飢**· 굶을. 주릴. 기아. 흉년들.
밥식변

木 12 木 **棄**· 버릴. 폐할.
나무목변

木 12 木 **棊** 바둑. 뿌리. 근본.
나무목변

木 12 木 **棋** 바둑. 뿌리. 근본.
나무목변

金 13 石 **碁** 棋자와 통용
돌석변

木 11 扌 12 手 **掎** 당길. 끌.
재방변 손수변

火 12 幺 **幾**· 몇. 얼마. 기미. 거의. 가까울.
작을요변

火 12 欠 **欺**· 속일. 거짓.
하품흠변

土 11 犭 12 犬 **猉** 강아지.
개사슴록변 개견변

土 12 支 **攲** 기울어질. 기울. 주나라 제기.
지탱할지변

水 11 氵 12 水 **淇** 물 이름.
삼수변 물수변

水 12 月 **期**· 기간. 1년. 백 년. 기약할.
달월변

水 12 月 **朞** 돌 (1주년). → 期 [同字]
달월변

木 | 13 示 보일시변 | **祺** | 길할. 복. 상서.

木 | 13 禾 벼화변 | **稘** | 1주년. 돌. 볏대.

火 | 13 頁 머리혈변 | **頎** | 헌걸찰. 성장할. 헌걸찬 모양 (풍채 장한 모양).

土 | 13 田 밭전변 | **畸** | 기이할. 뙈기밭. 나머지.

金 | 12 王 임금왕변 13 玉 구슬옥변 | **琪** | 옥구슬. 옥 이름.

金 | 12 王 임금왕변 13 玉 구슬옥변 | **琦** | 옥 이름. 아름다운 옥. 클.

水 | 13 口 입구변 | **嗜** | 좋아할. 즐길.

木 | 14 木 나무목변 | **榿** | 오리나무.

木 | 14 方 모방변 | **旗**· | 기. 깃발. 표지.

주의	字源五行의 方변은 土에 해당되나 訓에 의거, 木에 해당 木으로 기준

木 | 14 竹 대죽변 | **箕** | 키. 별 이름.

木 | 14 糸 실사변 | **綺** | 비단. 아름다울.

木 | 14 糸 실사변 | **綥** | 연둣빛. 비단의 쑥 빛깔. 무늬 비단.

木 | 14 糸 실사변 | **綦** | 쑥빛 비단. 검붉은 빛깔. 초록빛.

火 | 14 人 사람인변 | **僛** | 취중 춤. 취하여 춤추는 모양.

火 | 14 日 날일변 | **暣** | 볕기운. 날씨.

火 | 13 忄 심방변 14 心 마음심변 | **愭** | 공손할. 공경할. 두려울.

土 | 14 土 흙토변 | **墍** | 흙 바를. 매흙질할. 벽 칠할.

水 | 14 虫 벌레충변 | **蜝** | 방게.

土 | 15 山 메산변 | **嵚** | 산 험할. 산 우뚝 솟은 모양.

土 | 15 田 밭전변 | **畿**· | 경기. 왕터. 기내. 가까울.

木 | 16 木 나무목변 | **機**· | 틀. 기계. 베틀.

火 | 16 日 날일변 | **暨** | 함께. 이를. 및. 굳셀.

金 | 16 八 여덟팔변 | **冀** | 바랄. 원할. 하고자 할. 고을 이름.

오행	원획	획수	한자	뜻
金	15 王 임금왕변	16 玉 구슬옥변	琪	구슬. 옥. 고깔 꾸미개.
金		16 金 쇠금변	錡	가마솥. 밥솥.
金		16 金 쇠금변	錤	호미.
水		16 口 입구변	器·	그릇. 도구. 재능.
木		17 示 보일시변	禨	상서. 빌미. 조짐.
火		17 見 볼견변	覬	바랄. 다행. 드리울.
金	16 王 임금왕변	17 玉 구슬옥변	璣	구슬. 선기.
金	19 王 임금왕변	20 玉 구슬옥변	璣	璣자와 통용
金		17 石 돌석변	磯	물가. 물속 자갈.
火		18 馬 말마변	騎·	말 탈. 말 탄 군사. 기병.
火		18 馬 말마변	騏	준마. 바둑 무늬 말.
土	13 阝 좌방변	18 阜 언덕부변	隑	사다리. 굽은 언덕.
金		18 耒 쟁기뢰변	穖	밭을 갈. 논 갈.

주의	字源五行의 耒변은 木에 해당되나 訓에 의거, 金에 해당 金으로 기준

오행	원획	획수	한자	뜻
水		18 虫 벌레충변	蟣	서캐.
金		19 言 말씀언변	譏	비난할. 나무랄. 원망할. 조사할.
土		19 鹿 사슴록변	麒	기린.
火		20 髟 터럭발변	鬐	갈기. 등지느러미. 털 빠질.
土		20 夊 천천히걸을쇠변	夔	사람 이름. 짐승 이름. 도깨비. 조심할.
水		21 食 밥식변	饑	흉년들. 굶주릴.
水		21 魚 물고기어변	鰭	지느러미.
木	20 艹 풀초변	22 艸 초두변	蘄	풀 이름. 왜당근. 궁궁이 싹. 구할. 바랄.
木	22 罒	23 网 그물망변	羇	나그네. 붙일. 잠시 머무를. 타관살이.
木	23 艹 풀초변	25 艸 초두변	虁	조심할. 나물 이름.

木 24 25 羈 말의 굴레.
罒 网 말고삐.
그물망변

火 27 驥 천리마.
馬 준마. 뛰어난 인물.
말마변

긴

木 14 緊· 긴요할.
糸 급할. 오그라질. 움츠릴.
실사변

길

水 06 吉· 길할.
口 좋을. 복. 姓.
입구변

火 08 佶 건장할.
人 바를. 헌걸찰.
사람인변

土 09 姞 삼갈.
女 계집. 姓.
계집녀변

木 09 10 拮 힘써 일할.
扌 手
재방변 손수변

木 10 桔 도라지.
木 두레박 틀.
나무목변

水 12 蛣 장구벌레.
虫 굼벵이. 말똥구리.
벌레충변 나무좀.

김

金 08 金 쇠.
金 금빛. 금. 姓.
쇠금변 김 ↔ 금 [통용]

끽

水 12 喫 먹을.
口 마실.
입구변

♣

※ 두음법칙

우리 국어에 있어 語頭에 오는 子音이 특수한 제한을 받기 때문에 일어나는 변화를 말하는 것으로,

① 'ㄹ'이 첫소리가 되는 것을 피하며,
② ㅑ.ㅕ.ㅖ.ㅛ.ㅠ.ㅣ 등의 모음 앞에서 'ㄴ' 이 첫소리가 되는 것을 피하고,
③ 둘 이상의 重子音을 피하고,
④ 'ㅇ' 음은 초성에서 음가가 없고,
⑤ 濁音을 피하는 법칙이다.

예) 예의(禮儀) ↔ 혼례(婚禮)
낙원(樂園) ↔ 쾌락(快樂)
비율(比率) ↔ 확률(確率)

ㄴ

나

火 08 大 큰대변 **奈** 어찌. 姓. 나 ↔ 내 [통용]

木 09 手 손수변 **拏** 잡을. 맞당길. 이끌

木 09 木 나무목변 **柰** 어찌. 어떻게. 능금나무. 那와 통용.나↔내[통용]

木 10 手 손수변 **拿** 잡을. 맞당길. 拏의 [俗字]

木 10 手 손수변 **挐** 붙잡다. 가질.

土 10 女 계집녀변 **娜** 아리따울. 날씬할. 예쁠.

水 10 夕 저녁석변 **夥** 많을.

木 10 扌 재방변 11 手 손수변 **挪** 옮길. 잡아 휠.

주의 扌재방 변 3획은 성명학에서는 手 손수 변 4획으로 사용됨

木 11 木 나무목변 **梛** 나무 이름.

土 07 阝 우방변 11 邑 고을읍변 **那**· 어찌. 저. 무엇. 클. 많을. 姓.

주의 阝우부방 변 3획은 성명학에서는 邑 고을읍 변 7획으로 사용됨

木 12 方 모방변 **旎** 깃발. 깃발 바람에 날릴.

水 10 月 육달월변 12 肉 고기육변 **胗** 살찔. 성길.

水 12 口 입구변 **喇** 나팔. 승려. 말을 하다. [라] 나 ↔ 라 [통용]

金 13 言 말씀언변 **誧** 서로 당길.

木 16 木 나무목변 **橠** 나무 무성할.

火 17 忄 심방변 18 心 마음심변 **懦** 나약할. 약할. 무력할. 겁쟁이.

주의	忄 심방 변 3획은 성명학에서는 心 마음심 변 4획으로 사용됨

木 20 米 쌀미변 **糯** 찰벼.

火 21 人 사람인변 **儺** 경 읽고 굿할. 구나(역귀를 쫓는 의식). 방상시. 푸닥거리.

낙

金 16 言 말씀언변 **諾**· 허락. 승낙하는 말. 대답할. [락]

난

火 11 人 사람인변 **偄** 공경할. 공손할. 연약할.

火 12 赤 붉을적변 **赧** 얼굴 붉힐. 무안할.

火 13 日 날일변 **暖**· 따뜻할. 부드러울.

火 13 火 불화변 **煖** 따뜻할. 더울.

火 12 忄 심방변 13 心 마음심변 **愞** 약할. 여릴.

水 18 食 밥식변 **餪** 잔치. 먹일. 음식 보낼.

火 19 隹 새추변 **難**· 재앙. 어려울. 난리. 근심.

날

木 10 扌 재방변 11 手 손수변 **捏** 반죽할. 이길 (흙과 같은 것을 반죽함).

木 11 扌 재방변 12 手 손수변 **捺** 찍을. (손으로) 누를. 수장 (手章).

남

土 07 田 밭전변 **男**· 사내. 아들. 장부. 작위 이름.

木 08 木 나무목변 **枏** 나무 이름. 녹나무.

火 09 十 열십변 **南**· 남녘. 남쪽. 姓.

水 12 口 입구변 **喃** 말소리. 재잘거릴. 말 많을.

오행	획수	한자	뜻
木	13 木 나무목변	**楠**	나무 이름. 녹나무. 들메나무.
水	12 氵 삼수변 / 13 水 물수변	**湳**	강 이름. 물.

납

오행	획수	한자	뜻
木	09 衤 / 10 衣 옷의변	**衲**	수선. 기울 (옷을 수선할). 중. 승려.

주의	
주의	衤 옷의 변 5획은 성명학에서는 衣 옷의 변 6획으로 사용됨

오행	획수	한자	뜻
木	10 糸 실사변	**納·**	들일. 헌납. 바치다. 받을.

낭

오행	획수	한자	뜻
土	10 女 계집녀변	**娘·**	아가씨. 각시.
火	21 日 날일변	**曩**	그저께 (아레). 지난번. 접때. [아레-그저께의 경상도 방언].
水	22 口 입구변	**囊**	주머니. 자루.

내

오행	획수	한자	뜻
金	02 丿 삐침변	**乃·**	이에. 곧. 너. 姓.
木	04 入 들입변	**內·**	안. 속. 아내. [나]
土	05 女 계집녀변	**奶**	젖. 주인 아내를 존대할.
火	08 大 큰대변	**奈·**	어찌. 내 ↔ 나 [통용]
木	09 木 나무목변	**柰**	사과. 어찌. 내 ↔ 나 [통용]
水	09 而 말이을이변	**耐·**	참을. 견딜. 감당할.
土	10 辶 책받침변 / 13 辵 갖은책받침변	**迺**	비로소. 이에. 이를. 어조사.

주의	
주의	辶 책받침 변 4획은 성명학에서는 辵 갖은책받침 변 7획으로 사용됨

오행	획수	한자	뜻
火	15 鼎 솥정변	**鼐**	가마솥. 큰 솥.
土	17 女 계집녀변	**嬭**	유모. 젖. 낮잠.

녀

오행	획수	한자	뜻
土	03 女 계집녀변	**女·**	계집. 여자. 너. → 여 [두]

참고	
참고	대법원에서 선정한 인명용 한자란 성(姓)을 제외한 이름(名)의 한자를 말한다.

녁

火 12 心 마음심변 **惄** 생각할. 근심할. 마음 졸일. → 역 [두]

년

木 06 干 방패간변 **年**· 해. 나이. → 연 [두]

木 08 禾 벼화변 **秊** 年자와 통용

金 15 石 돌석변 **碾** 맷돌. 빻을. 연자방아. → 연 [두]

木 15 16 扌 手 재방변 손수변 **撚** 밟을. 비비어 꼴. 비틀. → 연 [두]

녈

水 10 11 氵 水 삼수변 물수변 **涅** 물 이름. 검은 물들일. 개흙. 앙금 흙. 열반 (불교에서 사망을 뜻함).

념

火 08 心 마음심변 **念**· 생각. 생각할. 외울. → 염 [두]

木 08 09 扌 手 재방변 손수변 **拈** 손으로 집을. 집을. → 염 [두]

火 09 10 忄 心 심방변 마음심변 **恬** 편안할. 조용할. → 염 [두]

木 11 12 扌 手 재방변 손수변 **捻** 비틀. 바싹 꼬며 비틀. → 염 [두]

녑

火 11 12 忄 心 심방변 마음심변 **惗** 사랑할. 생각할. → 엽 [두]

녕

火 07 人 사람인변 **佞** 아첨할. 간사할. 재주. → 영 [두]

火 14 宀 갓머리변 **寧**· 편안할. 차라리. [령] → 영 [두]

木 13 宀 갓머리변 **甯** 寧자와 통용

火 16 人 사람인변 **儜** 괴로워할. 고달플. 떠들썩할. → 영 [두]

水 17 口 입구변 **嚀** 간곡할. 정중히 당부할. → 영 [두]

土 17 18 犭 犬 개사슴록변 개견변 **獰** 흉악할. 모질. 영악할. → 영 [두]

주의	犭 개사슴록 변 3획은 성명학에서는 犬 개견 변 4획으로 사용됨

水 17 18 濘 진흙. 진창. 수렁. 맑을.
氵 水 → 영 [두]
삼수변 물수변

노

土 05 奴· 종. 사내종. 노예.
女
계집녀변

土 07 努· 힘쓸.
力
힘력변

金 08 弩 쇠뇌 (화살, 돌을 잇달아 쏘는 활). 기구.
弓
활궁변

水 08 呶 지껄일. 떠들썩할.
口
입구변

水 08 孥 자식. 처자.
子
아들자변

火 09 怒· 성낼. 화낼. 세찰. 노할.
心
마음심변

土 10 峱 산 이름.
山
메산변

木 11 笯 새장.
竹
대죽변

土 12 13 猱 원숭이.
犭 犬
개사슴록변 개견변

金 13 14 瑙 옥돌. 마노 (석영의 일종).
王 玉
임금왕변 구슬옥변

金 14 譊 기쁠. 수수께끼.
言
말씀언변

火 15 駑 미련할. 둔할. 느릴. 무딜.
馬
말마변

木 18 20 臑 팔꿈치. 정강이. 앞다리.
月 肉
육달월변 고기육변

농

土 13 農· 농사. 농사 지을. 농업.
辰
별신변

火 15 儂 나. 저.
人
사람인변

水 16 噥 소곤거릴. 수군거릴.
口
입구변

水 16 17 濃 짙을. 걸쭉할.
氵 水
삼수변 물수변

木 18 穠 무성할. 꽃, 나무 빽빽할.
禾
벼화변

水 17 19 膿 고름. 짓무를. 썩어 문드러질.
月 肉
육달월변 고기육변

주의	月 육달월 변 4획은 성명학에서는 肉 고기육 변 6획으로 사용됨

金 20 醲 막걸리. 맛이 진한 술.
酉
닭유변

뇌

火 12 13 惱· 괴로워할. 忄 心 시달릴. 번뇌할. 심방변 마음심변

水 13 15 腦· 뇌. 月 肉 머릿골. 정신. 육달월변 고기육변

水 16 餒 굶길. 食 주릴. 썩을. 밥식변

뇨

水 07 尿 오줌. 소변. 尸 → 요 [두] 주검시변

水 11 12 淖 진흙. 氵 水 수렁. 물에 젖을. 삼수변 물수변 → 요 [두]

土 13 嫋 예쁠. 女 간들거릴. 계집녀변 → 요 [두]

金 15 鬧 시끄러울. 鬥 소란. 싸울투변 → 요 [두]

木 15 16 撓 구부러질. 扌 手 휠. 꺾일. 재방변 손수변 → 요 [두]

土 17 嬲 희롱할. 女 계집 데리고 희롱할. 계집녀변 희학질할. → 요 [두]

金 20 鐃 작은 징. 金 꽹과리. 쇠금변 → 요 [두]

누

水 11 啂 젖 먹일. 口 젖 먹을. 젖 줄. 입구변

金 16 耨 김맬. 耒 호미. 쟁기뢰변

木 18 檽 나무 이름. 木 구누나무. 나무목변 [이. 연]

눈

土 14 嫩 어릴. 女 예쁠. 계집녀변

눌

水 07 吶 말 더듬을. 口 말 더듬거릴. 입구변

水 08 10 肭 살찔. 月 肉 [내] 육달월변 고기육변

金 11 訥 말 더듬을. 言 어눌할. 말씀언변

뉴

木 08 杻 감탕나무. 木 박달나무. 나무목변 → 유 [두]

火 07 08 **忸** 익을.
忄 心 익힐. 익숙해질.
심방변 마음심변 → 유 [두]

木 09 10 **衵** 옷 부드러울.
衤 衣 → 유 [두]
옷의변

木 10 **紐** 맺을.
糸 맬. 묶을. 끈.
실사변 → 유 [두]

金 12 **鈕** 꼭지.
金 손잡이. 단추. 姓.
쇠금변 → 유 [두]

뉵

水 10 **衄** 코피.
血 패할. 질. 꺾일.
피혈변 → 육 [두]

늘

土 09 **乻** 뜻은 없고 지명에 쓰임
乙 늘 음을 표시. [韓]
새을변 늘↔얼 [통용]

능

水 10 12 **能**· 능할.
月 肉 능히 할. 능력. 재능.
육달월변 고기육변

니

水 05 **尼** 여승.
尸 비구니. → 이 [두]
주검시변

土 08 **妮** 계집 종.
女 하녀. 여자아이. [이]
계집녀변 → 이 [두]

水 08 **呢** 소곤거릴.
口 (제비) 지저귈. 어조사.
입구변 → 이 [두]

木 09 **柅** 무성할.
木 → 이 [두]
나무목변

火 08 09 **怩** 부끄러울.
忄 心 겸연쩍을.
심방변 마음심변 → 이 [두]

水 08 09 **泥**· 진흙.
氵 水 수렁. 진창. 흐리다.
삼수변 물수변 → 이 [두]

木 10 **祢** 아버지 사당.
示 → 禰 [同字]
보일시변 → 이 [두]

木 14 **馜** 향기 날.
香 진한 향기.
향기향변 → 이 [두]

火 15 16 **憓** 마음 좋을.
忄 心 → 이 [두]
심방변 마음심변

水 16 18 **膩** 기름질.
月 肉 매끄러울.
육달월변 고기육변 → 이 [두]

水 17 18 **瀰** 물 많을.
氵 水 넘치다. 니↔미 [통용]
삼수변 물수변 → 이 [두]

木 19 **禰** 아버지 사당.
示 → 祢 [同字]
보일시변 → 이 [두]. [네]

참고	작명은 소리(音)로만, 뜻(訓)으로만, 또는 소리(音)와 뜻(訓)으로 모두 할 수 있다.

닉

水	11 匸 감출혜변	**匿**	숨길. 숨을. 감출. → 익 [두]
水	13 14 氵 水 삼수변 물수변	**溺**	빠질. 잠길. 물에 빠짐. → 익 [두]

닐

火	09 日 날일변	**昵**	친할. 가까이할. 친근할. → 일 [두]
火	15 日 날일변	**暱**	친할. 친근할. 해 가까이 뜰. → 일 [두]

♣

ㄷ

다

水 06 夕 저녁석변 **多**· 많을. 넓을.

水 06 夕 저녁석변 **夛** 多자와 통용 [俗字]

木 10 父 아비부변 **爹** 아비. 존칭.

木 10 12 艹 艸 풀초변 초두변 **茶**· 차. 다 ↔ 차 [통용]

木 10 12 艹 艸 풀초변 초두변 **荼** 마름 (菱). 남녘 오랑캐 이름. [기]

주의: 艹 풀초 변 4획은 성명학에서는 艸 초두머리 변 6획으로 사용됨

水 12 穴 구멍혈변 **窣** 깊을. 깊은 모양. → 차 [本音]

木 15 木 나무목변 **橷** 차나무.

木 16 角 뿔각변 **觰** 뿔 밑동. 뿔 뿌리.

土 15 19 阝 邑 우방변 고을읍변 **鄲** 땅 이름. 조 (趙)나라 서울. 다 ↔ 단 [통용]

木 24 大 큰대변 **奲** 너그러울. 관대할. 풍부할. 다 ↔ 차 [통용]

단

火 04 丶 점주변 **丹**· 붉을. 정성스러울. 약. 단 ↔ 란 [통용]

火 05 日 날일변 **旦**· 아침. 밝을. 해 돋을 무렵.

火 07 人 사람인변 **但**· 다만. 무릇. 오직.

木 08 09 扌 手 재방변 손수변 **担** 떨치다. 치다. 멜. 짐.

火 09 09 彑 彐 튼가로왈변 **彖** 판단할. 결단할.

火 09 日 날일변 **昍** 밝을.

金 09 殳 갖은등글월문변 **段**· 층계. 계단. 단. 구분. 조각. 姓.

水 09 而 말이을이변 **耑** 시초. 끝. 실마리. 오로지. → 端의 [古字]

木 10 11 衤 衣 옷의변 **袒** 웃통 벗을. 팔 걷어붙일.

오행	획수	한자	뜻
水	09 11 月 肉 (육달월변 고기육변)	胆	어깨 벗을. 침. 타액(唾液).
水	11 虫 (벌레충변)	蛋	새의 알. 오랑캐 이름.
金	12 矢 (화살시변)	短·	짧을. 작을. 모자랄. 부족.
水	12 口 (입구변)	單·	홑. 하나. 오직. 姓.
木	13 木 (나무목변)	椴	나무 이름. 무궁화나무. 자작나무. 피나무.
火	13 火 (불화변)	煓	성할. 불꽃. 불 활활 타는 모양.
土	13 亠 (돼지해머리변)	亶	믿을. 진실. 클. 姓.
水	12 13 氵 水 (삼수변 물수변)	湍	급류. 여울. 소용돌이 칠.

주의	氵삼수 변 3획은 성명학에서는 水 물수 변 4획으로 사용됨

오행	획수	한자	뜻
水	13 虫 (벌레충변)	蜑	종족 이름. 남쪽 오랑캐 이름.
木	14 立 (설립변)	端·	단정할. 바를. 한계. 실마리.
水	14 口 (큰입구변)	團·	둥글. 덩어리. 모일.
木	15 糸 (실사변)	緞	비단. 천조각.
火	14 15 忄 心 (심방변 마음심변)	慱	근심할.
水	14 15 氵 水 (삼수변 물수변)	漙	이슬 많을. 이슬방울 맺힐.
水	13 15 月 肉 (육달월변 고기육변)	腶	육포. 약포.
土	16 土 (흙토변)	壇·	제단. 단. 제터. 뜰.
木	17 木 (나무목변)	檀·	박달나무. 단향목. 姓.
木	17 木 (나무목변)	檀	檀 자와 통용
金	17 金 (쇠금변)	鍛	쇠 단련할. 두드릴. 불릴.
水	17 疒 (병질엄변)	癉	앓을. 병들. 황달. 풍병.
木	18 竹 (대죽변)	簞	소쿠리. 대광주리.
金	18 斤 (날근변)	斷·	끊을. 결단할. 절단. 조각.
土	15 19 阝 邑 (우방변 고을읍변)	鄲	땅 이름. 조(趙)나라 서울.

단 ↔ 다 [통용]

달

오행	획수	부수	한자	뜻
土	08	女 계집녀변	妲	여자 이름.
火	08 09	忄 心 심방변 마음심변	怛	슬플. 근심할. 수고로울.
水	10	疒 병질엄변	疸	황달. 달병 (간장이 약하여 나는 병).
金	14	革 가죽혁변	靼	부드러운 가죽. 다룬 가죽.
土	13 16	辶 辵 책받침변 갖은책받침변	達·	통달할. 깨달을. 통할.
木	16 17	扌 手 재방변 손수변	撻	매질할. 종아리 칠. 빠를.
水	16 17	氵 水 삼수변 물수변	澾	미끄러울. 반드러울.
土	19 20	犭 犬 개사슴록변 개견변	獺	수달. 물개.
木	21	門 문문변	闥	문. 대궐문. 뜰.
金	22	革 가죽혁변	韃	나라 이름. 오랑캐.

참고	작명은 소리(音)로만, 뜻(訓)으로만, 또는 소리(音)와 뜻(訓)으로 모두 할 수 있다.

담

오행	획수	부수	한자	뜻
土	07	土 흙토변	坍	무너질. 물이 언덕 칠.
火	08	火 불화변	炎	불꽃. 불 탈. 아름다울. 담 ↔ 염 [통용]
火	10	人 사람인변	倓	편안할. 고요할. 움직일.
火	11	耳 귀이변	聃	귓바퀴 없을. 사람 이름. 나라 이름. 耼과 통용
土	11	土 흙토변	埮	평평한 땅.
水	11	口 입구변	啖	먹을. 삼킬. 싱거울.
水	11	口 입구변	啗	먹을. 씹을. 마실. 미끼.
火	12	毛 터럭모변	毯	담요. 모포.
火	11 12	忄 心 심방변 마음심변	惔	편안할. 속탈. 근심할.
金	12	襾 덮을아변	覃	넓을. 미칠. 퍼질. 깊을.
水	11 12	氵 水 삼수변 물수변	淡·	물 맑을. 싱거울.

水	12	口	啿	넉넉할. 많을.	입구변
水	12 13	氵 水	湛	즐거울. 즐길.	삼수변 물수변
水	13	疒	痰	가래. 담. 천식.	병질엄변
木	14	糸	緂	선명할. 유록빛. 연둣빛.	실사변
火	15	人	儋	멜. 어깨에 메다.	사람인변
土	15	土	墰	술병. 목 긴 술병. 술단지. 항아리. 땅 이름.	흙토변
土	11 15	阝 邑	郯	나라 이름.	우방변 고을읍변
金	15	言	談·	말씀. 이야기할.	말씀언변
水	15	口	噉	먹을. 씹을. 통으로 삼킬.	입구변
火	16	日	曇	날 흐릴. 구름 낄. 구름.	날일변
金	16	金	錟	긴 창. 날카로울.	쇠금변
水	15 16	氵 水	潭	못. 깊을. 물가.	삼수변 물수변
木	16 17	扌 手	擔·	멜. 질. 떠맡다. 책임.	재방변 손수변
木	17	示	禫	담제 (대상 후 상복 벗는 제사).	보일시변
火	16 17	忄 心	憺	편안할. 고요할.	심방변 마음심변
水	16 17	氵 水	澹	맑을. 담박할. 조용할.	삼수변 물수변
木	16 18	艹 艸	蕁	지모 (풀) (백합과의 다년초). 청각채. 찔. 찌다.	풀초변 초두변
木	17 19	艹 艸	薝	치자꽃.	풀초변 초두변
土	19	土	壜	술병. 목 긴 항아리.	흙토변
金	19	言	譚	말씀. 이야기. 클. 깊을.	말씀언변
水	17 19	月 肉	膽	쓸개. 담. 씻을.	육달월변 고기육변
水	21	黑	黮	흑황색. 검을. 어두울. [심. 탐]	검을흑변
土	22	缶	罎	항아리. 술병.	장군부변
水	25	黑	黵	문신할. 자자 (刺字)할. 때 묻을. [점]	검을흑변

답

오행	획수	부수	한자	뜻
水	08	水 물수변	沓	겹칠. 합칠. 거듭. 합하다. 유창할.
土	09	田 밭전변	畓·	논. 수전(水田). [국]
木	12	竹 대죽변	答·	대답. 갚을. 맞출. 합당할.
土	15	𧾷 足 발족변	踏·	밟을. 디딜. 발판.
土	14 17	⻌ 辵 책받침변 갖은책받침변	遝	뒤섞일. 모일. 미칠.

당

오행	획수	부수	한자	뜻
火	10	人 사람인변	倘	빼어날. 혹시. 아마. → 儻 [同字]
水	10	口 입구변	唐·	당나라. 당황할. 당돌할.
土	11	土 흙토변	堂·	집. 번듯할. 당당할.
木	12	木 나무목변	棠	팥배나무. 아가위.
土	13	土 흙토변	塘	제방. 연못. 방죽.
土	13	田 밭전변	當·	마땅. 적당할. 당할. 대하다.
木	13 14	扌 手 재방변 손수변	搪	뻗을. 당돌할. 베풀.
水	13 14	氵 水 삼수변 물수변	溏	진창. 연못. 수렁.
木	15	巾 수건건변	幢	휘장. 기. 늘어질.
金	14 15	王 玉 임금왕변 구슬옥변	瑭	옥 이름.
木	15 16	扌 手 재방변 손수변	撞	칠. 두드릴.
木	16	米 쌀미변	糖·	엿. 사탕. 당 ↔ 탕 [통용]
木	16	目 눈목변	瞠	똑바로 볼.
木	17	木 나무목변	檔	책상. 널 발판. 나무 이름.
水	17	虫 벌레충변	螳	사마귀. 버마재비.
金	17 18	王 玉 임금왕변 구슬옥변	璫	귀고리 옥. 방울. 패옥 소리.
金	18	石 돌석변	礑	밑바닥. 밑. 낮은.

水 | 18 食 밥식변 | **餳** | 물엿. 엿. → 糖 [同字]

木 | 18 衤 19 衣 옷의변 | **襠** | 잠방이. 속고의.

金 | 19 金 쇠금변 | **鏜** | 종고 (鏜鼓) 소리. 북소리. 자물쇠.

水 | 19 食 밥식변 | **餹** | 경단. 엿.

水 | 19 虫 벌레충변 | **蟷** | 사마귀. 버마재비.

水 | 20 黑 검을흑변 | **黨**· | 무리. 많을.

金 | 21 金 쇠금변 | **鐺** | 쇠사슬. 종고 소리.

火 | 22 人 사람인변 | **儻** | 빼어날. 기개 있을. 진실로. 갑자기.

金 | 27 言 말씀언변 | **讜** | 곧은 말. 직언. 좋은 말.

火 | 28 心 마음심변 | **戇** | 고지식할. 우직할. 어리석을.

대

木 | 03 大 큰대변 | **大**· | 큰. 클. 훌륭할. 姓.

火 | 05 人 사람인변 | **代**· | 대신할. 세대. 시대. 바꿀.

火 | 07 日 날일변 | **旲** | 햇빛. 대 ↔ 영 [통용]

水 | 06 氵 삼수변 07 水 물수변 | **汏** | 씻을. 일.

土 | 08 山 메산변 | **岱** | 대산 (태산의 별칭). 클. 태산.

土 | 08 土 흙토변 | **垈** | 터. 집터.

火 | 09 彳 두인변 | **待**· | 기다릴. 대할. 대접할.

金 | 09 王 임금왕변 10 玉 구슬옥변 | **玳** | 대모 (玳瑁, 바다거북의 일종).

木 | 11 巾 수건건변 | **帶**· | 띠. 찰. 두를.

木 | 11 衣 옷의변 | **袋** | 자루. 포대. 주머니.

金 | 12 貝 조개패변 | **貸**· | 빌릴. 꿀(금품을 대여함).

火 | 13 日 날일변 | **[illegible]** | 해 돋을.

金 | 13 石 돌석변 | **碓** | 방아. 디딜방아.

오행	획수	한자	뜻
木	14 寸 마디촌변	對·	대할. 대답할. 상대. 마주 볼.
土	14 至 이를지변	臺·	토대. 집. 누각. 돈대.
土	08 土 흙토변	坮	臺자와 통용
火	16 人 사람인변	儓	머슴. 하인.
土	12 阝 좌방변 / 17 阜 언덕부변	隊·	무리. 떼. 군대. 대오.
水	17 黑 검을흑변	黛	눈썹 먹대. 여자의 눈썹. 검푸를.
木	17 扌 재방변 / 18 手 손수변	擡	들어올릴. 치켜들.
木	08 扌 재방변 / 09 手 손수변	抬	擡자와 통용
火	18 日 날일변	曃	무성할.
火	18 心 마음심변	懟	원망할.
金	18 戈 창과변	戴	받들. 일.
金	20 金 쇠금변	鐓	창고달 (창끝에 끼우는 쇠).

댁

오행	획수	한자	뜻
木	06 宀 갓머리변	宅	집. 댁 ↔ 택 [통용]

덕

오행	획수	한자	뜻
火	15 彳 두인변	德·	큰. 어질.
火	12 心 마음심변	悳	德자와 통용
火	14 彳 두인변	徳	德자와 통용

도

오행	획수	한자	뜻
金	刂 선칼도변 / 02 刀 칼도변	刀·	칼. [국, 되]
木	05 大 큰대변	夲	나아갈. [토]
水	05 口 입구변	叨	탐할. 탐낼.
火	05 忄 심방변 / 06 心 마음심변	忉	근심할.

오행	획수	한자	부수	부수명	뜻
木	08	弢	弓	활궁변	활집.
金	08	到·	刂 刀	선칼도변 칼도변	이를. 도달할. 주밀할.
木	09	度·	广	엄호변	법. 자. 정도. 제도. 도 ↔ 탁 [통용]
木	09 10	挑·	扌 手	재방변 손수변	뛸. 돋을. 휠.
木	10	桃·	木	나무목변	복숭아. 복숭아나무.
火	10	倒·	人	사람인변	넘어질. 거꾸로.
火	10	徒·	彳	두인변	무리. 동아리. 보행.
土	10	島·	山	메산변	섬. 도서.
土	14	嶋	山	메산변	島자와 통용
水	09 10	洮	氵 水	삼수변 물수변	씻을. 강 이름. 지명. [조]
水	10 11	涂	氵 水	삼수변 물수변	도랑. 개천. 길. 물 이름. 12월의 다른 이름.
木	12	棹	木	나무목변	돛대. 키. 노 (노를 젓다).
木	11 12	掏	扌 手	재방변 손수변	움켜질. 취할. 더듬을. 가릴.
木	11 12	掉	扌 手	재방변 손수변	바로잡을. 흔들. 요동할.
木	12	稌	禾	벼화변	찰벼. 메벼.
火	11 12	悼	忄 心	심방변 마음심변	슬퍼할. 불쌍히 여길. 떨.
土	12	堵	土	흙토변	담. 집. 거처.
金	12	盜·	皿	그릇명변	도둑. 훔칠.
水	12	屠	尸	주검시변	백정. 잡을. 죽일.
水	11 12	淘	氵 水	삼수변 물수변	쌀 씻을. 일 (쌀을 읾).
木	13	祹	示	보일시변	복. 행복. 상서. 신 (神).
火	13	暏	日	날일변	새벽. 먼동 틀. 여명.
土	13	塗·	土	흙토변	칠할. 바를. 진흙.
土	13	跳·	𧾷 足	발족변	뛸. 도약할. 오를.

土 10 13 辶 辵 **逃**· 도망할. 달아날. 숨다. 피할.
책받침변 갖은책받침변

水 12 13 氵 水 **渡**· 나루. 건널.
삼수변 물수변

木 13 14 扌 手 **搗** 찧을. 칠. 두드릴. 擣와 통용
재방변 손수변

木 13 14 扌 手 **掏** 꺼낼. 당길. 더듬을.
재방변 손수변

木 14 目 **睹** 볼. 보다. 분별할. 覩와 통용
눈목변

木 12 14 艹 艸 **萄** 포도. 포도나무.
풀초변 초두변

木 12 14 艹 艸 **菟** 범. 호랑이. 땅 이름.
풀초변 초두변

火 13 14 忄 心 **慆** 기뻐할. 방자할. 지날.
심방변 마음심변

土 11 14 辶 辵 **途**· 도로. 길.
책받침변 갖은책받침변

金 14 酉 **酴** 막걸리. 밑술. 두 번 빚은 술.
닭유변

金 14 革 **鞀** 작은북. 소고. 인도할.
가죽혁변

水 13 14 氵 水 **滔** 물 넘칠. 넓을. 모일.
삼수변 물수변

水 14 口 **圖**· 그림. 그릴. 꾀할.
큰입구변

木 15 禾 **稻**· 벼. 땅 이름.
벼화변

木 16 寸 **導**· 인도할. 이끌.
마디촌변

木 16 香 **馟** 향기날. 향기로울.
향기향변

火 16 見 **覩** 볼. 보다. 姓. 睹와 통용
볼견변

土 11 16 阝 阜 **陶**· 질그릇. 옹기장이. 도공. 姓.
좌방변 언덕부변

土 12 16 阝 邑 **都**· 도읍. 서울. 모두. 姓.
우방변 고을읍변

土 13 16 辶 辵 **道**· 길. 깨달을. 이치. 근원. 姓.
책받침변 갖은책받침변

水 16 口 **噵** 道자와 통용
입구변

金 16 貝 **賭** 노름. 도박. 내기. 걸 (노름판에서 돈을 댐).
조개패변

金 16 金 **鋾** 쇳덩이. 통할. 둔할.
쇠금변

木 17 門 **闍** 망루. 성문 위 망대.
문문변

오행	획수	부수	한자	뜻
土	17	土 흙토변	壔	성채. 작은 성. 돈대.
土	17	⻊ 足 발족변	蹈	밟을. 행할. 건다.
金	17	金 쇠금변	鍍	도금할.
木	17 18	扌 手 재방변 손수변	擣	찧을. 두드릴. 방망이.
木	18	木 나무목변	櫂	노 (배 젓는 기구).
木	18	木 나무목변	檮	등걸. 토막나무.
火	18	灬 火 연화변 불화변	燾	비칠. 덮을. 널리 비추다.
水	17 18	氵 水 삼수변 물수변	濤	물결. 큰 물결. 조수.
木	19	示 보일시변	禱	기도 (祈禱)할. 빌. 기원.
金	19	革 가죽혁변	鞱	감출. 활집. 너그러울.
金	19	韋 가죽위변	韜	활집. 쌀 (싸다). 감출.
金	19	鼓 북고변	鼗	소고. 작은북. 땡땡이.
水	22	食 밥식변	饕	탐할. 재물 탐할. 음식 탐할.

독

오행	획수	부수	한자	뜻
木	07	禾 벼화변	禿	대머리. 털 빠질. 민둥민둥할. 姓.
土	08	毋 말무변	毒·	독. 독할. 해칠. 악할.
木	13	目 눈목변	督·	살펴볼. 감독할. 독촉할.
木	16	竹 대죽변	篤·	도타울. 인정 많다. 두터울. 독실할.
土	16 17	犭 犬 개사슴록변 개견변	獨·	홀로. 외로울.
木	19	木 나무목변	櫝	궤. 함.
木	19	片 조각편변	牘	서찰. 편지. 서판 (글자를 쓰는 나뭇조각).
土	19	牛 소우변	犢	송아지. 姓.
水	18 19	氵 水 삼수변 물수변	瀆	하수도. 도랑. 더러울.
金	22	言 말씀언변	讀·	읽을. 독 ↔ 두 [통용]

오행	획수 · 부수	한자	뜻
木	25 糸 실사변	纛	기 (쇠꼬리 또는 꿩의 꽁지로 장식한 큰 기).
水	27 黑 검을흑변	黷	더러울. 때 낄. 흐릴.

돈

오행	획수 · 부수	한자	뜻
火	08 日 날일변	旽	밝을. 먼동 틀. 날이 샐.
水	07 氵 삼수변 / 08 水 물수변	沌	엉길. 흐릴. 어두울. 막힐.
金	11 弓 활궁변	弴	활. 그림 있는 활.
水	11 豕 돼지시변	豚·	돼지.
火	11 忄 심방변 / 12 心 마음심변	惇	도타울. 두터울. 정성. 힘쓸.
火	12 火 불화변	焞	어스름할. 어스레한 모양. [퇴] 돈 ↔ 순 [통용]
金	攵 등글월문변 / 12 攴 칠복변	敦·	도타울. 힘쓸. 姓.
火	13 頁 머리혈변	頓	조아릴. 깨질. 갑자기.
土	15 土 흙토변	墩	흙무더기. 돈대.
火	16 日 날일변	暾	해 돋을. 아침해.
火	16 火 불화변	燉	빛날. 불빛. 이글거릴.
水	15 氵 삼수변 / 16 水 물수변	潡	큰 물결. 큰 물.
土	20 足 발족변	躉	거룻배. 남을.

돌

오행	획수 · 부수	한자	뜻
金	06 石 돌석변 / 06 乙 새을변	乭	이름. 우리말로 돌 발음. (예 : 갑돌甲乭) [국]
水	08 口 입구변	咄	꾸짖을. 혀 차며 탄식할.
水	09 穴 구멍혈변	突·	부딪칠. 갑자기.
土	12 土 흙토변	堗	굴뚝. 부엌 창.

동

오행	획수 · 부수	한자	뜻
水	05 冫 이수변	冬·	겨울.
水	06 口 입구변	同·	한가지. 같을. 함께. 화할.

오행	획수	부수	한자	뜻	부수명
火	05	人	仝	同자와 통용	사람인변
火	07	彡	彤	붉을. 붉은 칠하다.	터럭삼변
木	08	木	東·	동녘. 동쪽. 봄. 주인. 姓.	나무목변
火	08	人	侗	성실할. 참될. 정성.	사람인변
土	09	土	垌	항아리. 단지. 동막이.	흙토변
土	09	山	峒	산 이름. 산굴.	메산변
水	09	口	哃	큰소리 칠. 허풍. 망령된 말.	입구변
木	10	木	桐	오동나무. 오동. 거문고.	나무목변
火	10	火	烔	더울. 뜨거울. 열기.	불화변
水	09 10	氵 水	洞·	마을. 고을. 골. 동 ↔ 통 [통용]	삼수변 물수변
水	10	冫	凍·	얼. 얼음. 추울.	이수변
水	10	疒	疼	아플. 욱신거릴.	병질엄변
木	09 11	艹 艸	苳	겨우살이.	풀초변 초두변
水	11	力	動·	움직일. 살아나다.	힘력변
木	12	木	棟	마룻대. 들보. 용마루.	나무목변
木	10 12	艹 艸	茼	쑥갓.	풀초변 초두변
金	12	立	童·	아이. 성한 모양.	설립변
水	11 12	氵 水	涷	소낙비. 얼.	삼수변 물수변
水	10 12	月 肉	胴	큰창자. 대장.	육달월변 고기육변
火	14	人	僮	아이. 어릴. 종.	사람인변
土	14	力	勭	자랄. 어른이 될. 움직일. 動의 [古字]	힘력변
金	14	金	銅·	구리. 동.	쇠금변
水	14	虫	蝀	무지개.	벌레충변
木	13 15	艹 艸	董	바를. 동독할. 姓.	풀초변 초두변

오행	획수	부수	한자	뜻
木	16	木 나무목변	橦	나무 이름.
火	16	日 날일변	曈	동틀. 먼동 틀. 해뜰.
火	15 16	忄 心 심방변 마음심변	憧	그리워할. 동경할. 우매할.
水	15 16	氵 水 삼수변 물수변	潼	물 이름. 강 이름.
水	16	月 달월변	朣	달 뜰. 달이 뜨다.
木	17	目 눈목변	瞳	눈동자.
木	18	舟 배주변	艟	군함. 싸움배. 병선.
木	16 18	艹 艸 풀초변 초두변	董	황모 (黃茅). 연뿌리. 동독할.

두

오행	획수	부수	한자	뜻
火	04	斗 말두변	斗·	말 (용량의 단위). 별 이름.
木	07	木 나무목변	杜	팥배나무. 아가위나무. 약 이름. 姓.
木	07	豆 콩두변	豆·	콩. 제기 이름.
木	08	木 나무목변	枓	두공 (기둥머리). 주두.
木	07 08	扌 手 재방변 손수변	抖	들어올릴. 들. 떨 (흔들).
土	07 09	月 肉 육달월변 고기육변	肚	밥통. 배.
水	10	虫 벌레충변	蚪	올챙이.
金	11	儿 어진사람인변	兜	투구. 두건.
土	07 12	阝 阜 좌방변 언덕부변	阧	치솟을. 가파르다.
水	12	疒 병질엄변	痘	천연두. 마마. 역질.
木	11 13	艹 艸 풀초변 초두변	荳	콩. 豆와 통용
水	11 13	月 肉 육달월변 고기육변	脰	목. 목줄기.
土	11 14	辶 辵 책받침변 갖은책받침변	逗	머무를. 피할.
土	10 15	阝 阜 좌방변 언덕부변	陡	가파를. 험할. 절벽.
火	16	頁 머리혈변	頭·	머리. 우두머리. 처음.

金 17 攵 攴 斁 썩을. 패할. 무너질. 헐.
등글월문변 칠복변

水 20 穴 竇 구멍. 움. 무너뜨릴.
구멍혈변

金 22 言 讀 구절. 읽을. 구두점. 두 ↔ 독 [통용]
말씀언변

水 24 虫 蠹 좀. 좀먹을.
벌레충변

둔

木 04 屮 屯· 진 칠. 진. 모일. [준]
왼손좌변

水 09 穴 窀 광중(壙中) (시신이 놓이는 무덤 속 자리).
구멍혈변

木 08 10 艹 艸 芚 싹 나올. 채소 이름.
풀초변 초두변

土 08 11 辶 辵 迍 머뭇거릴. 망설임.
책받침변 갖은책받침변

金 12 金 鈍· 둔할. 무딜. 굼뜰. 어리석을.
쇠금변

土 13 16 辶 辵 遁 숨을. 달아날. 피할.
책받침변 갖은책받침변

土 15 18 辶 辵 遯 달아날. 속일. 피할. 괘 이름.
책받침변 갖은책받침변

水 17 19 月 肉 臀 볼기. 궁둥이. 밑.
육달월변 고기육변

둘

木 05 乙 乭 둘. 뜻은 없고 우리말로 '둘' 음을 표기. [국]
새을변

득

火 11 彳 得· 얻을. 깨달을. 만족할.
두인변

등

木 12 竹 等· 등급. 무리. 같을. 가지런할.
대죽변

火 12 癶 登· 오를. 이룰. 익을.
필발머리변

木 14 几 凳 걸상. 평상.
안석궤변

참고	이름의 성(姓)은 반드시 漢字로 출생신고를 해야 하나, 이름(名)은 한자(인명용 한자 중에서) 또는 한글로 신고해야 한다.

水 14 氵水 **滕** 물 솟을. 물 솟아오를.
오수변 물수변

주의	14, 15획 혼용되나 氵(오 수) 5획은, 타변에 속하면 필순에 따라 5획이나, 氵(오 수) 변에 속할 때는, 水(물 수)변 4획에 속하므로 성명학은 14 획 기준. **(예1)** 藤 등나무 등은 艹변에 속하므로 氵(오 수)는 필순 5획으로 21획. **(예2)** 暴 사나울 포는 日 변에 속하므로 氵(오 수)는 필순 5획으로 15획 .

土 15 山 **嶝** 고개. 작은 비탈.
메산변

土 15 土 **墱** 작은 언덕. 자드락길 (비탈진 길). 비탈길.
흙토변

木 16 木 **橙** 등자나무. 등상 (책상의 일종).
나무목변

木 16 糸 **縢** 봉할. 묶을. 행전. 노끈.
실사변

火 16 火 **燈**· 등잔. 등불.
불화변

水 16 虫 **螣** 등사(螣蛇) (전설상의 동물).
벌레충변

金 17 石 **磴** 돌다리. 섬돌. 돌 언덕길. 돌길.
돌석변

金 17 言 **謄** 베낄. 등사할.
말씀언변

土 15 19 阝邑 **鄧** 땅 이름. 땅. 고을 이름.
우방변 고을읍변

火 20 馬 **騰**· 오를. 날. 올리다.
말마변

金 20 金 **鐙** 등잔. 등자. 등불.
쇠금변

木 21 竹 **籐** 등나무. 대그릇.
대죽변

木 19 21 艹艸 **藤** 등나무.
풀초변 초두변

♣

ㄹ

라

金	09	刂 刀 (선칼도변 칼도변)	剆	(가지) 칠. → 나 [두]
火	10	人 (사람인변)	倮	알몸. 벌거벗을. → 나 [두]. [과]
金	10	石 (돌석변)	砢	돌 쌓일. → 나 [두]. [가]
水	12	口 (입구변)	喇	나팔. 승려. 말을 하다. 라↔나[통용]. →나[두]
木	13 14	衤 衣 (옷의변)	裸	나체. 벌거숭이. → 나 [두]
木	14 15	扌 手 (재방변 손수변)	摞	정돈할. 다스릴. → 나 [두]
木	14 16	艹 艸 (풀초변 초두변)	蓏	열매. → 나 [두]
水	16	疒 (병질엄변)	瘰	옴. 연주창. 임파선 결핵. → 나 [두]
水	17	虫 (벌레충변)	螺	소라. 고둥. → 나 [두]
火	19	見 (볼견변)	覶	좋게 볼. 자세할. → 나 [두]
火	19 20	忄 心 (심방변 마음심변)	懶	게으를. 느른할. 나른할. → 나 [두]
木	19 20	罒 网 (그물망변)	羅·	벌일. 비단. 그물. 姓. → 나 [두]
火	21	人 (사람인변)	儸	간능할. → 나 [두]
水	21	疒 (병질엄변)	癩	문둥병. 나병. 나병 환자. → 나 [두]
火	21	馬 (말마변)	騾	노새 (암말과 수나귀 사이에서 난 잡종). →나 [두]
水	22	口 (입구변)	囉	소리 섞일. 소리. 노래. → 나 [두]
火	23	日 (날일변)	曪	날 흐릴. 어두울. 햇빛 없을. → 나 [두]
火	23	馬 (말마변)	驘	노새 (암말과 수나귀 사이에서 난 잡종). →나 [두]
水	21 23	月 肉 (육달월변 고기육변)	臝	벌거벗을. → 나 [두]
木	23 25	艹 艸 (풀초변 초두변)	蘿	쑥. 여라 (선태류에 속하는 이끼). → 나 [두]
木	25	糸 (실사변)	纙	돈꾸러미. 돈꿰미. → 나 [두]

土 23 辶 책받침변 26 辵 갖은책받침변 **邏** 순찰할. 돌. → 나 [두]

金 27 金 쇠금변 **鑼** 징. → 나 [두]

락

火 10 火 불화변 **烙** 불로 지질. 달군 쇠침. → 낙 [두]

水 09 氵 삼수변 10 水 물수변 **洛** 낙수. 물 이름. → 낙 [두]

金 10 王 임금왕변 11 玉 구슬옥변 **珞** 구슬 목걸이. 목 치장. → 낙 [두]

木 12 糸 실사변 **絡**· 연락할. 이을. 맥. → 낙 [두]

金 13 酉 닭유변 **酪** 소젖. 진한 우유즙. 타락 (駝酪). → 낙 [두]

水 13 口 입구변 **駱** 타락 (駝酪). 소젖. → 낙 [두]

土 14 牛 소우변 **犖** 얼룩소. 뛰어날. 분명할. 밝을. → 낙 [두]

木 15 木 나무목변 **樂**· 풍류. 즐거울. → 낙 [두] 락 ↔ 악. 요 [통용]

木 13 艹 풀초변 15 艸 초두변 **落**· 떨어질. 몰락. 마을. → 낙 [두]

火 16 馬 말마변 **駱** 약대. 가리온 (몸은 백색, 갈기는 흑색 말). → 낙[두]

란

火 04 丶 점주변 **丹** 붉을. 꽃 이름. → 난 [두]. 란 ↔ 단 [통용]

水 07 卩 병부절변 **卵**· 알. 기를. → 난 [두]

> 주의: 字源五行의 卩변은 火에 해당되나 訓에 의거, 水에 해당 水로 기준

木 13 乙 새을변 **亂**· 난리. 어지러울. 다스릴. 반역. → 난 [두]

木 17 門 문문변 **闌** 문지방. 가로막을. 다할. → 난 [두]

土 19 女 계집녀변 **嬾** 게으를. 누울. → 난 [두]

木 20 巾 수건건변 **幱** 철릭 (저고리와 치마가 이어진 긴 옷). → 난 [두]

木 21 木 나무목변 **欄**· 난간. 테두리. 테. → 난 [두]

木 20 扌 재방변 21 手 손수변 **攔** 칸막이. 막을. → 난 [두]

木 21 文 글월문변 **斕** 문채. 빛 섞일. 아롱질. → 난 [두]

오행	획수	부수	한자	뜻
火	21	火 불화변	爛	빛날. 찬란할. 고울. → 난 [두]
水	20 21	氵 水 삼수변 물수변	瀾	물결. 큰 물결. → 난 [두]
金	21 22	王 玉 임금왕변 구슬옥변	瓓	옥 광채. 옥 무늬. → 난 [두]
木	23	木 나무목변	欒	나무 이름. 가름대. 둥글. 모일. → 난 [두]
木	22 23	衤 衣 옷의변	襴	원피스. 난삼. 통옷. → 난 [두]
木	21 23	艹 艸 풀초변 초두변	蘭·	난초. 난. → 난 [두]
水	23	水 물수변	灓	적실. 스밀. 샐. → 난 [두]
木	25	木 나무목변	欄	나무 이름 (계수나무 일종). 목란나무. → 난 [두]
金	27	金 쇠금변	鑾	방울. 천자가 타는 수레. → 난 [두]
火	30	鳥 새조변	鸞	방울. 새. 난새(중국 전설의 새). → 난 [두]

랄

오행	획수	부수	한자	뜻
金	09	刂 刀 선칼도변 칼도변	剌	어그러질. 바람소리. → 날 [두]
土	10	土 흙토변	埒	낮은 담. 곳집. 제방. → 날 [두]. 렬[本音]
金	14	辛 매울신변	辢	몹시 매울. 매서울. → 날 [두]
金	14	辛 매울신변	辣	매울. 언행이 매울. 맛이 매울. → 날 [두]

람

오행	획수	부수	한자	뜻
土	11	女 계집녀변	婪	탐할. → 남 [두]
土	11	女 계집녀변	婪	예쁠. 예쁘다. 고울. → 남 [두]
火	11 12	忄 心 심방변 마음심변	惏	탐할. → 남 [두]
土	12	山 메산변	嵐	산기운 (남기). 산바람. 아지랑이. → 남 [두]
水	14 15	氵 水 삼수변 물수변	漤	과실 장아찌. → 남 [두]
火	18	火 불화변	爁	불 번질. → 남 [두]
水	17 18	氵 水 삼수변 물수변	濫·	물 넘칠. 번질. 퍼질. → 남 [두]
金	18 19	王 玉 임금왕변 구슬옥변	璼	옥 이름. → 남 [두]

木 18 20 藍 쪽(풀의 일종).
艹 艸 약 이름. 절.
풀초변 초두변 → 남 [두]

木 19 20 襤 헌 누더기.
衤 衣 해진 옷.
옷의변 → 남 [두]

木 20 籃 대광주리.
竹 바구니. 배롱.
대죽변 → 남 [두]

火 21 覽· 볼.
見 살필. 두루 볼.
볼견변 → 남 [두]

水 21 22 濫 물 맑을.
氵 水 퍼질. → 남 [두]
삼수변 물수변 <灆과는 별개>

주의	水 물수 변 濫 물 맑을 람과 艸 초두 변 灆 물 맑을 람은 字形이 다르니 혼동에 주의

木 24 25 攬 잡을.
扌 手 손에 쥘.
재방변 손수변 → 남 [두]

木	14 擥 手 손수변	攬자와 통용	

木	18 擥 手 손수변	攬자와 통용	

木 25 欖 감람나무.
木 → 남 [두]
나무목변

木 27 纜 닻줄.
糸 배 닻줄. 배 매는 줄.
실사변 → 남 [두]

랍

木 08 09 拉 잡아올.
扌 手 끌어가다. 꺾을.
재방변 손수변 → 납 [두]

水 19 21 臘 섣달.
月 肉 햇수. 납향(납일에 지내
육달월변 고기육변 는 제사). → 납 [두]

水 21 蠟 밀.
虫 밀초. 벌통. 밀을 바를.
벌레충변 → 납 [두]

金 23 鑞 백철.
金 주석. 땜하는 납.
쇠금변 → 납 [두]

랑

木 10 㾗 높을.
广 그릇.
엄호변 → 낭 [두]

土 10 娘 아가씨.
女 계집. 아씨.
계집녀변 →낭 [두]

火 11 烺 밝을.
火 빛 밝을. 타는 모양.
불화변 → 낭 [두]

火 11 晍 밝을. 소리 맑을.
日 별 쬘. → 낭 [두]
날일변

土 10 11 狼 이리.
犭 犬 짐승 이름. 어지러울.
개사슴록변 개견변 → 낭 [두]

水 10 11 浪· 물결.
氵 水 파도. 방랑할. 姓.
삼수변 물수변 → 낭 [두]

水	11	朗	月 달월변	밝을. 맑을. 달 밝을. → 낭 [두]
木	12	稂	禾 벼화변	강아지풀. 가라지. → 낭 [두]
金	11 12	琅	王 玉 임금왕변 구슬옥변	옥돌. 옥 이름. → 낭 [두]
金	12	硠	石 돌석변	돌 소리. 돌 부딪치는 소리. 단단할. → 낭 [두]
木	13	廊·	广 엄호변	행랑. 곁채. 사랑채. → 낭 [두]
木	11 13	莨	艹 艸 풀초변 초두변	꼴풀 이름. 초우엉. → 낭 [두]
水	13	蜋	虫 벌레충변	버마재비. 말똥구리. 사마귀. → 낭 [두]
水	16	螂	虫 벌레충변	蜋자와 통용
木	14	榔	木 나무목변	나무 이름. 빈랑나무. → 낭 [두]
土	10 14	郞·	阝 邑 우방변 고을읍변	남편. 서방. 사내. 벼슬. → 낭 [두]
土	09 13	郎	阝 邑 우방변 고을읍변	郞자와 통용
木	15	閬	門 문문변	솟을 대문. 문 높을. 환하고 클. → 낭 [두]
金	14 15	瑯	王 玉 임금왕변 구슬옥변	옥 이름. 고을 이름. → 낭 [두]
火	17	駺	馬 말마변	꼬리 흰 말. → 낭 [두]. 랑 ↔ 량 [통용]

래

木	08	來·	人 사람인변	올. 돌아올. 다가올. → 내 [두]
주의				字源五行의 人변은 火에 해당되나 訓에 의거, 木에 해당 木으로 기준
木	07	来	木 나무목변	來자와 통용
火	15	⿺走來	走 달릴주변	來자와 통용
火	11	徠	彳 두인변	올. 위로할. 來의 [古字] → 내 [두]
土	11	崍	山 메산변	산 이름. 뫼. → 내 [두]
水	11	唻	口 입구변	노래하는 소리. → 내 [두]
水	11 12	淶	氵 水 삼수변 물수변	물 이름. → 내 [두]
木	12 14	萊	艹 艸 풀초변 초두변	쑥. 명아주. → 내 [두]

火 18 駷 馬 말마변
키 큰 말.
→ 내 [두]

랭

水 07 冷· 冫 이수변
찰.
냉담할.
→ 냉 [두]

략

土 11 畧 田 밭전변
다스릴.
빼앗을. 노략할.
→ 약 [두]

土 11 略· 田 밭전변
간략할.
꾀. 생략할. 다스릴.
→ 약 [두]

木 11 12 掠· 扌 手 재방변 손수변
노략질할.
빼앗을. 매질할.
→ 약 [두]

량

土 07 良· 艮 괘이름간변
어질.
좋을. 길할.
→ 양 [두]

土 08 兩· 入 들입변
두.
둘. 짝. 단위.
→ 양 [두]

火 09 亮 亠 돼지해머리변
밝을.
믿을.
→ 양 [두]

火 09 俍 人 사람인변
좋을.
어질. 잘할.
→ 양 [두]

火 10 倆 人 사람인변
재주.
솜씨. 공교할.
→ 양 [두]

木 11 梁· 木 나무목변
들보.
대들보. 돌다리. 姓.
→ 양 [두]

火 10 11 悢 忄 心 심방변 마음심변
슬플.
섭섭할.
→ 양 [두]

火 12 量· 里 마을리변
헤아릴.
말. 용량.
→ 양 [두]

주의	字源五行의 里변은 土에 해당되나 訓에 의거, 火에 해당 火로 기준

水 11 12 涼· 氵 水 삼수변 물수변
서늘할.
서늘한 바람. 맑을.
→ 양 [두]

水 10 凉 冫 이수변
涼자와 통용

水 12 喨 口 입구변
(소리) 맑을.
→ 양 [두]

木 13 粱 米 쌀미변
좋은 쌀.
조. 기장.
→ 양 [두]

土 14 踉 𧾷 足 발족변
뛸.
천천히 걸을. 서행할.
→ 양 [두]

木 15 樑 木 나무목변
대들보.
들보.
→ 양 [두]

火 15 輛 車 수레거변
수레.
수레를 세는 단위.
→ 양 [두]

金 15 **諒**· 믿을.
言 알. 참. 진실.
말씀언변 → 양 [두]

火 17 **駺** 꼬리 흰 말.
馬 → 양 [두]
말마변 량 ↔ 랑 [통용]

木 18 **糧**· 양식.
米 먹이.
쌀미변 → 양 [두]

木 13 **粮** 糧자와 통용
米
쌀미변

火 18 **魎** 산도깨비.
鬼 → 양 [두]
귀신귀변

려

水 07 **呂** 음률.
口 풍류. 짝. 姓.
입구변 → 여 [두]

金 08 **戾** 어그러질.
戶 사나울. 이를.
지게호변 → 여 [두]

火 09 **侶** 짝.
人 벗.
사람인변 → 여 [두]

土 10 **旅**· 나그네.
方 군사.
모방변 → 여 [두]

木 11 **梠** 평고대.
木 처마. 인중방.
나무목변 → 여 [두]

水 11 **唳** 새소리.
口 울.
입구변 → 여 [두]

木 15 **閭** 마을 문.
門 이문. 마을.
문문변 → 여 [두]

木 15 **黎** 검을.
黍 무리. 많을.
기장서변 → 여 [두]

火 15 **慮**· 생각할.
心 생각. 염려할.
마음심변 → 여 [두]

水 15 **厲** 힘쓸.
厂 엄할. 용맹할. 갈.
민엄호변 → 여 [두]

水 14 16 **膂** 등골뼈.
月 肉 → 여 [두]
육달월변 고기육변

火 17 **儢** 힘쓰지 않을.
人 하기 싫을. 게으를.
사람인변 → 여 [두]

土 17 **勵**· 힘쓸.
力 권장할.
힘력변 → 여 [두]

水 18 **癘** 염병.
疒 유행병. 문둥병. 창병.
병질엄변 → 여 [두]

木 19 **廬** 농막집.
广 오두막집. 풀집.
엄호변 → 여 [두]

木 19 **櫚** 종려나무.
木 모과나무.
나무목변 → 여 [두]

火 19 **曞** 햇빛 성할.
日 → 여 [두]
날일변

土 19 **麗**· 고울.
鹿 빛날. 우아하다.
사슴록변 → 여 [두]

水 18 19 濾 여과할. 거를. 씻을. → 여 [두]
氵 水
삼수변 물수변

金 20 礪 숫돌. 숫돌에 갈. → 여 [두]
石
돌석변

木 21 糲 현미. 매조미쌀. 거칠. → 여 [두]
米
쌀미변

木 19 21 藜 명아주. 나라 이름. → 여 [두]
艹 艸
풀초변 초두변

火 21 儷 한 쌍. 짝. 나란히 할. → 여 [두]
人
사람인변

水 21 蠣 굴조개. 굴. → 여 [두]
虫
벌레충변

水 21 蠡 나무 좀먹을. → 여 [두]
虫
벌레충변

土 19 22 邌 천천히. 천천히 걸을. 서행. → 여 [두]
辶 辵
책받침변 갖은책받침변

水 20 22 臚 피부. 살갗. 배 앞. → 여 [두]
月 肉
육달월변 고기육변

金 23 鑢 줄로 갈. 쇠줄. 갈. 다스릴. → 여 [두]
金
쇠금변

火 26 驢 당나귀. → 여 [두]
馬
말마변

火 29 驪 검은 말. 검을. 나라 이름. 姓. → 여 [두]
馬
말마변

력

土 02 力· 힘. 힘쓸. → 역 [두]
力
힘력변

火 16 曆· 책력. 운수. 셈. → 역 [두]
日
날일변

土 16 歷· 지낼. 두루. 겪을. → 역 [두]
止
그칠지변

木 19 櫟 도토리나무. 굴참나무. → 역 [두]
木
나무목변

木 19 20 攊 때릴. 칠. → 역 [두]
扌 手
재방변 손수변

木 20 櫪 외양간. 마판. 말구유(먹이 그릇). → 역 [두]
木
나무목변

金 20 礫 조약돌. 자갈. 잔돌. 밝은 모양. → 역 [두]
石
돌석변

水 19 20 瀝 스밀. 물방울. 찌끼. 거를. → 역 [두]
氵 水
삼수변 물수변

水 21 癧 갑상선종. 연주창 (갑상선종이 헐어 터진 종기) →역 [두]
疒
병질엄변

火 22 轢 삐걱거릴. 수레바퀴에 칠. → 역 [두]
車
수레거변

火 23 轣 바퀴에 낄. 바퀴 사이에 낄. → 역 [두]
車
수레거변

水	24	雨 비우변	靂	벼락. 천둥. → 역 [두]
土	22 26	阝 邑 우방변 고을읍변	酈	땅 이름. 姓. → 역 [두]

련

木	13	木 나무목변	楝	나무 이름. 멀구슬나무. 소태나무. → 연 [두]
火	13	火 불화변	煉	쇠 달굴. 연단할. 쇠 불릴. → 연 [두]
水	12 13	氵 水 삼수변 물수변	湅	익힌 실. 실 삶을. 단련할. → 연 [두]
土	11 14	辶 辵 책받침변 갖은책받침변	連·	잇닿을. 연할. 이을. → 연 [두]
木	15	糸 실사변	練·	단련할. 익힐. 연복. → 연 [두]
火	15	車 수레거변	輦	손수레. 나를(옮기다). 가마. → 연 [두]
水	14 15	氵 水 삼수변 물수변	漣	잔물결. 물결 일. → 연 [두]
火	15 16	忄 心 심방변 마음심변	憐·	사랑할. 어여삐 여길. → 연 [두]
金	15 16	王 玉 임금왕변 구슬옥변	璉	호련. 종묘 제기. 이을. → 연 [두]
木	15 17	艹 艸 풀초변 초두변	蓮·	연꽃. 연밥. → 연 [두]
火	17	耳 귀이변	聯·	연이을. 잇닿을. 연결. 짝. → 연 [두]
金	17	金 쇠금변	鍊·	수련할. 단련할. → 연 [두]
金	19	金 쇠금변	鏈	쇠사슬. 구리. 납덩어리. → 연 [두]
水	20	魚 물고기어변	鰊	물고기 이름. 청어. → 연 [두]
火	22	大 큰대변	奱	이룰. 끌. 묶다. 오를. → 연 [두]
土	22	女 계집녀변	孌	아름다울. 예쁠. → 연 [두]
水	22	魚 물고기어변	鰱	물고기 이름. 연어. → 연 [두]
木	23	手 손수변	攣	걸릴. 이어질. 오그라질. → 연 [두]
火	23	心 마음심변	戀·	사모할. 생각. 그리워할. → 연 [두]
水	25	肉 고기육변	臠	저민 고기. 고깃점. 여윌. 파리할. → 연 [두]
火	26	車 수레거변	𨐅	이을. → 연 [두]

렬

土 06 力 힘력변 **劣·** 못할. 용렬할. 적을. → 열 [두]

金 06 刂 刀 선칼도변 칼도변 **列·** 벌일. 줄. 차례. 진열할. → 열 [두]

水 08 冫 이수변 **冽** 찰 (몹시 추울). 맑을. → 열 [두]

木 09 10 扌 手 재방변 손수변 **挒** 비틀. 내걸. 내릴. → 열 [두]

火 10 灬 火 연화변 불화변 **烈·** 매울. 사나울. 굳셀. → 열 [두]

水 09 10 氵 水 삼수변 물수변 **洌** 맑을. 맵게 추울. → 열 [두]

木 11 12 扌 手 재방변 손수변 **捩** 비틀. 휘어 꺾을. 끌. 꼴. → 열 [두]

木 12 衣 옷의변 **裂·** 찢을. 터질. 무너질. → 열 [두]

木 15 風 바람풍변 **颲** 강풍. 질풍. 매운바람. → 열 [두]

렴

木 13 广 엄호변 **廉·** 청렴할. 검소. 곧을. 姓. → 염 [두]

金 15 石 돌석변 **磏** 숫돌. 붉은빛. → 염 [두]

金 17 攵 攴 등글월문변 칠복변 **斂** 거둘. 모을. 감출. → 염 [두]

水 16 17 氵 水 삼수변 물수변 **濂** 물 이름. 물. 姓. → 염 [두]

水 17 歹 죽을사변 **殮** 염할. 염습할. → 염 [두]

木 19 竹 대죽변 **簾** 발. 주렴. 가리개. → 염 [두]

水 20 21 氵 水 삼수변 물수변 **瀲** 물 넘칠. 물 가득할. 뜰. 물가. → 염 [두]

렵

土 18 19 犭 犬 개사슴록변 개견변 **獵·** 사냥. 찾을. 사로잡을. → 엽 [두]

土 22 𧾷 足 발족변 **躐** 밟을. 디딜. 넘을. 쥘. → 엽 [두]

火 25 髟 터럭발변 **鬣** 말갈기(목덜미에 난 긴 털). 비 끝. 갈기. → 엽 [두]

령

火 05 人 사람인변 **令·** 명령할. 법률. 하여금. 다스릴. → 영 [두]

오행	획수	부수	한자	뜻
水	05	口 입구변	另	나눌. 쪼갤. 다를. 헤어질. → 영 [두]
火	07	人 사람인변	伶	영리할. 광대. → 영 [두]
火	07	人 사람인변	伶	伶자와 통용
土	08	女 계집녀변	姈	여자 이름. 영리할. 슬기로울. → 영 [두]
土	08	山 메산변	岭	산 이름. 고개. 재. → 영 [두]
土	08	山 메산변	岺	岭자와 통용
金	08	囗 큰입구변	囹	감옥. 옥. 진나라 옥. → 영 [두]
水	08	口 입구변	呤	말씀. 말할. 속삭일. → 영 [두]
木	09	木 나무목변	柃	나무 이름. 사스레피나무. 차나무과. → 영 [두]
火	08 09	忄 心 심방변 마음심변	怜	지혜로울. 영리할. → 영 [두]
火	09	日 날일변	昤	햇빛. 날빛 영롱할. → 영 [두]
水	08 09	氵 水 삼수변 물수변	泠	깨우칠. 깨달을. 떨어질. → 영 [두]

오행	획수	부수	한자	뜻
水	09	月 달월변	朎	달빛. 달빛 영롱할. → 영 [두]
木	10	禾 벼화변	秢	벼 익을. 나이. 해. → 영 [두]
金	09 10	王 玉 임금왕변 구슬옥변	玲	옥소리. 금옥. → 영 [두]
木	11	竹 대죽변	笭	종다래끼. 대자리. → 영 [두]
木	09 11	艹 艸 풀초변 초두변	苓	도꼬마리 (국화과 일년초). 복령. 씀바귀. → 영 [두]
火	11	羽 깃우변	翎	깃털. 새의 깃. → 영 [두]
火	11	耳 귀이변	聆	들을. 깨달을. → 영 [두]
土	11	羊 양양변	羚	새끼 양. 영양. → 영 [두]
水	11	虫 벌레충변	蛉	잠자리. 고추잠자리. 명령(螟蛉). → 영 [두]
火	12	車 수레거변	軨	수레방울. 수레 난간. 격자창.
金	13	金 쇠금변	鈴	방울. → 영 [두]
水	13	雨 비우변	零·	영 (0). 제로 (zero). 떨어질. 시들. → 영 [두]

火 14 **領**· 頁 머리혈변
거느릴. 다스릴. 옷깃. → 영 [두]

土 11 14 **逞** 辶 辵 책받침변 갖은책받침변
왕성할. 쾌할. 다할. → 영 [두]

火 16 **鴒** 鳥 새조변
할미새. → 영 [두]

水 16 **鹷** 鹵 소금밭변
소금. → 영 [두]

土 17 **嶺**· 山 메산변
고개. 재. → 영 [두]

水 16 17 **澪** 氵 水 삼수변 물수변
물 이름. 물 떨어질. 뱃길. → 영 [두]

金 20 **齡** 齒 이치변
나이. 해. 연치 (年齒). → 영 [두]

水 24 **靈**· 雨 비우변
신령. 영혼. 착할. 姓. → 영 [두]

木 28 **欞** 木 나무목변
처마. 격자창. 난간. 창살. → 영 [두]

례

火 08 **例**· 人 사람인변
보기. 견줄. 같을. → 예 [두]

水 16 **隷**· 隶 미칠이변
서체 이름. 죄인. 종. → 예 [두]

水 16 17 **澧** 氵 水 삼수변 물수변
단물 샘. 단물 나는 샘. 물 이름. → 예 [두]

水 17 **隸** 隶 미칠이변
살필. 붙을. 죄인. 하인. → 예 [두]

木 18 **禮**· 示 보일시변
예도. 예절. 절. → 예 [두]

木 06 **礼** 示 보일시변
禮자와 통용

金 20 **醴** 酉 닭유변
단술. 감주. 달. → 예 [두]

水 24 **鱧** 魚 물고기어변
가물치. → 예 [두]

로

土 06 **老**· 老 늙을로변
늙을. 어른. 존칭할. 쇠하다. → 노 [두]

水 09 **窂** 穴 구멍혈변
굳을. 채울. 짐승 우리. → 노 [두]

水 11 **玈** 玄 검을현변
검은빛. 검을. → 노 [두]

水 11 **鹵** 鹵 소금밭변
소금. 염전. 개펄. → 노 [두]

木 12 **虜** 虍 범호변
포로. 사로잡을. → 노 [두]

자원오행	획수	부수	한자	뜻
木	13	虍 범호변	虜	虜자와 통용
火	12	力 힘력변	勞·	일할. 수고로울. 공로. 위로할. → 노 [두]
火	13	車 수레거변	輅	수레. 클. 천자가 타는 수레. → 노 [두]
土	13	𧾷 足 발족변	路·	길. 도로. 姓. → 노 [두]
水	14 15	氵 水 삼수변 물수변	滷	소금밭. 염전. 간수. → 노 [두]
水	15	魚 물고기어변	魯	노나라. 둔할. 미련할. → 노 [두]
木	16	木 나무목변	櫓	오동나무. → 노 [두]
木	15 16	扌 手 재방변 손수변	撈	잡을. 끙게 (씨앗을 덮는 농기구). → 노 [두]
水	15 16	氵 水 삼수변 물수변	潞	물 이름. 땅 이름. → 노 [두]
水	15 16	氵 水 삼수변 물수변	潦	장마. 큰비. 적실. → 노 [두] 로(노) ↔ 료(요) [통용].
水	15 16	氵 水 삼수변 물수변	澇	물 이름. 큰 물결. 젖을. → 노 [두]
水	16	皿 그릇명변	盧	밥그릇. 화로. 검을. 姓. → 노 [두]
木	16 17	扌 手 재방변 손수변	擄	사로잡을. 노략질할. → 노 [두]
金	16 17	王 玉 임금왕변 구슬옥변	璐	옥 이름. → 노 [두]
水	17	疒 병질엄변	癆	중독될. 아플. 약에 중독될. → 노 [두]
木	16 18	艹 艸 풀초변 초두변	蕗	물감나무. 감초. → 노 [두]
木	19	木 나무목변	櫓	큰 방패. 노. 망루. → 노 [두]
土	19	土 흙토변	壚	검은 흙. → 노 [두]
水	19	口 입구변	嚧	웃을. 향료. → 노 [두]
木	20	木 나무목변	櫨	두공. 자라다. → 노 [두]
火	20	火 불화변	爐·	화로. 향로. → 노 [두]
金	20	金 쇠금변	鏴	금 길(金路) (금으로 만든 길). → 노 [두]
水	19 20	氵 水 삼수변 물수변	瀘	물 이름. → 노 [두]
水	20	雨 비우변	露·	이슬. 드러날. → 노 [두]

오행	획수	부수	한자	뜻
木	21	目 눈목변	矑	눈동자. 볼. 보다. → 노 [두]
木	21	舟 배주변	艪	노. 상앗대. → 노 [두]
金	20 21	王 玉 임금왕변 구슬옥변	瓐	비취 옥. 푸른 옥. → 노 [두]
金	21	金 쇠금변	鐪	아교통. 부레 그릇. → 노 [두]
木	22	舟 배주변	艫	뱃머리. 배 잇닿을. → 노 [두]
木	20 22	艹 艸 풀초변 초두변	蘆	갈대. 호리병박. → 노 [두]
火	23	鳥 새조변	鷺	백로. 해오라기. → 노 [두]
火	23	車 수레거변	轤	도르래. 두레박 틀. 활차. → 노 [두]
金	24	金 쇠금변	鑪	화로. 풍로. 향로. → 노 [두]
火	25	頁 머리혈변	顱	머리뼈. 해골. → 노 [두]. 髗 [同字]
金	26	骨 뼈골변	髗	두개골. 머리뼈. 해골. → 노 [두]. 顱 [同字]
火	27	鳥 새조변	鸕	더펄새. 가마우지 (물새). → 노 [두]
水	27	魚 물고기어변	鱸	농어. → 노 [두]

록

오행	획수	부수	한자	뜻
金	08 08	彑 彐 튼가로왈변	彔	나무 새길. 나무 깎을. → 녹 [두]
土	11	鹿 사슴록변	鹿·	사슴. → 녹 [두]
水	11 12	氵 水 삼수변 물수변	淥	물 맑을. 물 이름. 밭을. → 녹 [두]
木	13	示 보일시변	祿·	녹. 급료. 복. 행복. → 녹 [두]
金	13	石 돌석변	碌	푸른빛. 구리에 스는 녹. 용렬할. → 녹 [두]
木	12 14	艹 艸 풀초변 초두변	菉	푸를. 녹두. 조개풀. → 녹 [두]
木	14	糸 실사변	綠·	푸를. 초록빛. → 녹 [두]
水	14 15	氵 水 삼수변 물수변	漉	물 젖을. 스밀. 샐. 거를. → 녹 [두]
金	16	金 쇠금변	錄·	기록할. 기록. 문서. → 녹 [두]
木	17	竹 대죽변	簏	대상자 (대로 엮어 만든 큰 상자). → 녹 [두]

오행	획수	부수	한자	뜻
火	18	車 수레거변	轆	도르래. 두레박 틀. 물레. → 녹 [두]
火	19	鳥 새조변	鵦	새 이름. 잡털박이새. → 녹 [두]
土	19	鹿 사슴록변	麓	산기슭. 숲. → 녹 [두]

론

오행	획수	부수	한자	뜻
木	11 12	扌 手 재방변 손수변	掄	고를. 가릴. 선택할. 끌어모을. → 논 [두] [륜. 윤]
火	11 12	忄 心 심방변 마음심변	惀	생각할. 알려고 할. → 논 [두]
金	15	言 말씀언변	論·	의논할. 의논. 말할. → 논 [두]

롱

오행	획수	부수	한자	뜻
金	07	廾 스물입발변	弄·	희롱할. 즐길. 놀. 농담. → 농 [두]
火	18	人 사람인변	儱	미숙할. 흐리멍텅할. 인격 이루지 못할. → 농 [두]
土	19	土 흙토변	壟	언덕. 밭두둑. → 농 [두]
木	19 20	扌 手 재방변 손수변	攏	다스릴. 가질. 빼앗을. → 농 [두]
火	20	日 날일변	曨	해 돋을. 밝을. → 농 [두]
水	19 20	氵 水 삼수변 물수변	瀧	물 이름. 비 올. 적실. → 농 [두]. [롱]
水	20	月 달월변	朧	흐릴. 달빛 등이 흐린 모양. → 농 [두]
金	20 21	王 玉 임금왕변 구슬옥변	瓏	옥소리. 환할. → 농 [두]. [룡]
金	21	石 돌석변	礱	맷돌. 갈. → 농 [두]
木	20 22	艹 艸 풀초변 초두변	蘢	(초목이) 우거질. 여뀌 (마디풀과의 풀). → 농 [두]
木	22	竹 대죽변	籠	대그릇. 농. 새장. → 농 [두]
火	22	耳 귀이변	聾	귀먹을. 귀머거리. → 농 [두]
土	19 24	阝 阜 좌방변 언덕부변	隴	땅 이름. 밭두둑. 둔덕. → 농 [두]

뢰

오행	획수	부수	한자	뜻
木	06	耒 쟁기뢰변	耒	쟁기. → 뇌 [두]
土	07	牛 소우변	牢	외양간. 우리. → 뇌 [두]

金 13 貝 조개패변 **賂** 뇌물. 줄 (증여). → 뇌 [두]

金 13 言 말씀언변 **誄** 시호 (諡號). 제문 (祭文). → 뇌 [두]

水 13 雨 비우변 **雷**· 우레. 천둥. → 뇌 [두]

金 14 酉 닭유변 **酹** 강신 술. 강신에 쓰이는 술. → 뇌 [두]

金 15 石 돌석변 **磊** 돌 쌓일. 돌무더기. 뜻이 클. → 뇌 [두]

金 15 貝 조개패변 **賚** 줄 (하사). 사여. → 뇌 [두]

金 16 貝 조개패변 **賴**· 힘입을. 의지. 의뢰할. → 뇌 [두]

金 16 頁 머리혈변 **頼** 賴자와 통용

火 17 人 사람인변 **儡** 꼭두각시. 망칠. 야윌. → 뇌 [두]

金 18 石 돌석변 **礌** 돌 쌓일. 돌무더기. → 뇌 [두]. 礧 [同字]

木 18 扌 재방변 19 手 손수변 **擂** 돌 굴릴. 급히 북 칠. → 뇌 [두]

木 17 艹 풀초변 19 艸 초두변 **蕾** 꽃봉오리. 꽃잎 방긋할. → 뇌 [두]

金 20 石 돌석변 **礧** 돌 굴릴. 돌 굴러내릴. → 뇌 [두]. 礌 [同字]

水 19 氵 삼수변 20 水 물수변 **瀨** 급류. 여울. → 뇌 [두]

木 21 糸 실사변 **纇** 실마리. 실마디. 실매듭. 난알. → 뇌 [두]

土 21 缶 장군부변 **罍** 술잔. 술항아리. → 뇌 [두]

木 22 竹 대죽변 **籟** 퉁소. 구멍 속에서 소리 나는 피리. → 뇌 [두]

료

金 02 亅 갈고리궐변 **了**· 마칠. 밝을. 깨닫다. → 요 [두]

火 10 斗 말두변 **料**· 헤아릴. 값. 감. → 요 [두]

火 11 耳 귀이변 **聊** 이명 귀 울 (이명). 애오라지. → 요 [두]

木 14 广 엄호변 **廖** 사람 이름. 빌. 공허할. → 요 [두]

火 14 人 사람인변 **僚**· 벼슬아치. 관리. 동료. 좋을. → 요 [두]

木 15 宀 갓머리변 **寮** 벼슬아치. 관리. 동료. → 요 [두]

土	15 女 계집녀변	嫽	예쁠. 여자 이름. 외조모. → 요 [두]
水	15 口 입구변	嘹	울. 신음할. 멀리 들리는 소리. → 요 [두]
木	15 16 扌 手 재방변 손수변	撩	다스릴. 움킬. 취할. → 요 [두]
火	16 火 불화변	燎	밝을. 횃불. 불놓을. → 요 [두]
火	16 日 날일변	暸	밝을. 환할. → 요 [두]
土	15 16 犭 犬 개사슴록변 개견변	獠	밤 사냥할. → 요 [두]
水	15 16 氵 水 삼수변 물수변	潦	장마. 빗물. 큰비. → 요 [두] 료(요) ↔ 로(노) [통용].
水	14 16 月 肉 육달월변 고기육변	膋	발기름. 비계. 내장 지방. → 요 [두]
木	15 17 艹 艸 풀초변 초두변	蓼	여뀌 (마디풀과의 풀). 나라 이름. 姓. → 요 [두]
木	17 目 눈목변	瞭	밝을. 눈동자가 맑을. 멀리 볼. → 요 [두]
水	17 疒 병질엄변	療	병 고칠. 치료할. 면할. → 요 [두]
木	18 糸 실사변	繚	다듬을. 얽을. 둘릴. 감길. → 요 [두]
金	18 酉 닭유변	醪	막걸리. → 요 [두]
土	16 19 辶 辵 책받침변 갖은책받침변	遼	땅 이름. 강 이름. 거리가 멀. → 요 [두]
木	20 風 바람풍변	飂	바람소리. → 요 [두]
金	20 金 쇠금변	鐐	아름다운 금, 은. 질 좋은 금, 은. → 요 [두]
木	21 風 바람풍변	飉	바람. 바람소리. → 요 [두]

룡

土	16 龍 용룡변	龍·	용. 임금. 姓. → 용 [두]
土	10 立 설립변	竜	龍자와 통용

주의	字源五行의 立변은 金에 해당되나 訓에 의거, 龍의 略字는 土에 해당 土로 기준

土	21 龍 용룡변	龒	용. 임금. → 용 [두] 龍의 [古字]

루

木	11 糸 실사변	累·	여러. 포갤. 거듭할. → 누 [두]

土 | 11 女 계집녀변 | 婁 | 끌. 아로새길. 별 이름. → 누 [두]

水 | 11 氵 삼수변 12 水 물수변 | 淚· | 눈물. 흘릴. → 누 [두]

火 | 13 人 사람인변 | 僂 | 구부릴. 굽을. 곱사등이. → 누 [두]

土 | 14 山 메산변 | 嶁 | 봉우리. → 누 [두]

土 | 09 阝 좌방변 14 阜 언덕부변 | 陋 | 작을. 좁을. 못생길. → 누 [두]

水 | 14 尸 주검시변 | 屢· | 자주. 여러. 언제나. → 누 [두]

水 | 14 口 입구변 | 嘍 | 새소리. 번거로울. 시끄러울. → 누 [두]

木 | 15 木 나무목변 | 樓· | 망루. 다락. 다락집. 姓. → 누 [두]

木 | 14 扌 재방변 15 手 손수변 | 摟 | 끌어 모을. 잡을. 품을. 끌. 안을. → 누 [두]

火 | 14 忄 심방변 15 心 마음심변 | 慺 | 정성스러울. → 누 [두]

火 | 15 火 불화변 | 熡 | 불꽃. → 누 [두]

水 | 14 氵 삼수변 15 水 물수변 | 漏· | 샐. 스며들다. 물시계. → 누 [두]

水 | 14 氵 삼수변 15 水 물수변 | 漯 | 물 이름. → 누 [두]

水 | 14 氵 삼수변 15 水 물수변 | 漊 | 비 올. 가랑비 지적거릴. 개천. → 누 [두]

水 | 16 疒 병질엄변 | 瘻 | 부스럼. 곱사등이. → 누 [두] 僂와 통용

木 | 15 艹 풀초변 17 艸 초두변 | 蔞 | 산쑥. → 누 [두]

木 | 16 衤 17 衣 옷의변 | 褸 | 헌 누더기. 해진 옷. 남루할. 기울. → 누 [두]

木 | 17 糸 실사변 | 縷 | 명주. 실. 올. 자세할. → 누 [두]

土 | 17 耒 쟁기뢰변 | 耬 | 밭 갈. 씨 뿌리는 기구. → 누 [두]

水 | 17 虫 벌레충변 | 螻 | 땅강아지. → 누 [두]

土 | 18 土 흙토변 | 壘 | 성채. 진. 보루 (적을 막기 위한 구축물). → 누 [두]

金 | 18 言 말씀언변 | 謱 | 곡진할 (매우 정성스럽). 삼갈. 서로 끌. → 누 [두]

金 | 19 金 쇠금변 | 鏤 | 아로새길. 강철. → 누 [두]

金 | 21 骨 뼈골변 | 髏 | 두개골. 해골. → 누 [두]

류

오행	획수	한자	뜻
木	09 木 나무목변	柳·	버들. 이름. 姓. → 유 [두]
土	10 田 밭전변	留·	머무를. 묵을. 기다릴. 오랠. → 유 [두]
水	09 10 氵 水 삼수변 물수변	流·	흐를. → 유 [두]

주의	속자 10~11획, 본자 9~10획으로 혼용되나, 성명학은 9~10획 기준

오행	획수	한자	뜻
金	10 11 王 玉 임금왕변 구슬옥변	琉	유리. → 유 [두]

주의	속자 12획, 본자 11획으로 혼용되나, 성명학은 11획 기준

오행	획수	한자	뜻
金	14 15 王 玉 임금왕변 구슬옥변	瑠	琉자와 통용
金	11 石 돌석변	硫	유황. 광물질의 하나. → 유 [두]

주의	속자 12획, 본자 11획으로 혼용되나, 성명학은 11획 기준

오행	획수	한자	뜻
木	13 方 모방변	旒	깃발. 면류관 끈. → 유 [두]
木	14 木 나무목변	榴	석류나무. → 유 [두]
水	13 14 氵 水 삼수변 물수변	溜	낙숫물. 떨어질. 흐를. → 유 [두]
金	15 刂 刀 선칼도변 칼도변	劉	이길. 베풀. 姓. (별칭:묘금도) → 유 [두]
水	15 疒 병질엄변	瘤	혹. → 유 [두]
木	16 木 나무목변	橊	석류. 석류나무. 짐승 이름. → 유 [두]
木	17 糸 실사변	縲	오랏줄. 포승. 밧줄. 검은 노. → 유 [두]
土	14 17 辶 辵 책받침변 갖은책받침변	遛	머무를. 정지할. → 유 [두]
金	18 言 말씀언변	謬	어긋날. 그릇될. 잘못. → 유 [두]
火	19 頁 머리혈변	類·	무리. 같을. 종류. → 유 [두]
水	18 19 氵 水 삼수변 물수변	瀏	물이 맑을. 밝을. 빠를. → 유 [두]
木	21 糸 실사변	纍	맬. 얽을. 갇힐. 고달플. → 유 [두]
火	21 鳥 새조변	鶹	올빼미. 꾀꼬리. → 유 [두]

참고	작명은 소리(音)로만, 뜻(訓)으로만, 또는 소리(音)와 뜻(訓)으로 모두 할 수 있다.

륙

土 04 06 八 여덟팔변 **六**· 여섯. → 뉴 [이] → 육 [두]

주의	필순은 4획이나, 성명학에서는 수의 의미를 획수로 하므로 6획 기준

土 13 力 힘력변 **勠** 협력할. 힘 합할. → 육 [두]

金 15 戈 창과변 **戮** 죽일. 육시 (戮屍)할. 죽음. → 육 [두]

土 11 16 阝 阜 좌방변 언덕부변 **陸**· 뭍. 육지. 뛸. 姓. → 육 [두]

륜

火 08 人 사람인변 **侖** 둥글. 생각할. 뭉치. → 윤 [두]

火 10 人 사람인변 **倫**· 윤리. 인륜. 무리. → 윤 [두]

土 11 山 메산변 **崙** 산 이름. 산 모양. → 윤 [두]

土 11 山 메산변 **崘** 崙자와 통용

土 11 口 큰입구변 **圇** 완전할. 둥글둥글할. 덩어리. → 윤 [두]

木 11 12 扌 手 재방변 손수변 **掄** 가릴. 고를. 선택할. 분별할. → 윤 [두]

水 11 12 氵 水 삼수변 물수변 **淪** 잔물결. 빠질. 거느릴. → 윤 [두]

木 14 糸 실사변 **綸** 인끈. 실. 다스릴. → 윤 [두]

火 15 車 수레거변 **輪**· 바퀴. 둘레. 돌. 수레. → 윤 [두]

金 16 金 쇠금변 **錀** 금 (金). → 윤 [두]

률

火 09 彳 두인변 **律**· 법. 법령. 정도. 姓. → 율 [두]

木 10 木 나무목변 **栗**· 밤. 견고할. → 율 [두]

火 11 玄 검을현변 **率**· 비율. → 율 [두]. 률(율) ↔ 솔 [통용]

土 12 山 메산변 **嵂** 가파를. 산 높고 험할. → 율 [두]

火 13 14 忄 心 심방변 마음심변 **慄** 두려워할. 떨릴. 슬퍼할. → 율 [두]

水 13 14 氵 水 삼수변 물수변 **溧** 물 이름. 물가. → 율 [두]

오행	획수	부수	한자	뜻
木	15	禾 벼화변	穮	볏가리. 벼를 쌓은 모양. → 율 [두]
金	14 15	王 玉 임금왕변 구슬옥변	瑮	옥 무늬. 옥 문채 날. → 율 [두]

륭

오행	획수	부수	한자	뜻
火	11 12	忄 心 심방변 마음심변	㦕	뜻. 의사. → 융 [두]
土	12 17	阝 阜 좌방변 언덕부변	隆·	성할. 높을. 클. 풍성하고 크다. → 융 [두]
水	17	疒 병질엄변	癃	늙을. 파리할. → 융 [두]
水	17	穴 구멍혈변	窿	활꼴. 하늘 모양(형태). → 융 [두]

륵

오행	획수	부수	한자	뜻
水	06 08	月 肉 육달월변 고기육변	肋	늑골. 갈빗대. → 늑 [두]
水	08 09	氵 水 삼수변 물수변	泐	돌 갈라질. 돌결 일어날. → 늑 [두]
金	11	力 힘력변	勒	굴레. 새길. 억누를. → 늑 [두]

참고	대법원에서 선정한 인명용 한자란 성(姓)을 제외한 이름(名)의 한자를 말한다.

름

오행	획수	부수	한자	뜻
木	12 14	艹 艸 풀초변 초두변	菻	쑥. 풀 이름. 나라 이름. → 늠 [두]
水	15	冫 이수변	凜	늠름할. 찰. 의젓할. → 늠 [두]
水	15	冫 이수변	凛	凜자와 통용
木	16	广 엄호변	廩	넉넉할. 곳집. 쌀 곳간. → 늠 [두]
水	16 17	氵 水 삼수변 물수변	澟	서늘할. 차고 맑을. → 늠 [두]

릉

오행	획수	부수	한자	뜻
火	10	人 사람인변	倰	속일. 건널. 넘을. 범할. → 능 [두]
水	10	冫 이수변	凌	능가할. 업신여길. 깔볼. → 능 [두]
木	13	木 나무목변	楞	모서리. 위엄. 불교용어. → 능 [두]
木	13	木 나무목변	棱	楞자와 통용
木	13	禾 벼화변	稜	모서리. → 능 [두]

오행	획수	한자	부수	뜻
木	12 14	菱	艹 艸 풀초변 초두변	마름풀. 마름 (마름과의 수초). → 능 [두]
木	14	綾	糸 실사변	비단. → 능 [두]
土	11 16	陵·	阝 阜 좌방변 언덕부변	왕릉. 둔덕. 언덕. → 능 [두]
木	15 17	蔆	艹 艸 풀초변 초두변	풀 이름. 마름. → 능 [두]

리

오행	획수	한자	부수	뜻
水	06	吏·	口 입구변	관리. 아전. 관원. → 이 [두]
木	07	李·	木 나무목변	오얏. 오얏나무. 姓. → 이 [두]
土	07	里·	里 마을리변	마을. 이수. 거리. → 이 [두]
金	07	利·	刂 刀 선칼도변 칼도변	이로울. 이할. → 이 [두]
火	09	俐	人 사람인변	영리할. 똑똑할. → 이 [두]
火	10 11	悧	忄 心 심방변 마음심변	俐자와 통용
火	09	俚	人 사람인변	상스러울. 속될. 시골. → 이 [두]
水	10	唎	口 입구변	작은 소리. 가는 소리. → 이 [두]
水	10	哩	口 입구변	어조사. 마일 (mile : 거리 단위). → 이 [두]
木	11	梨·	木 나무목변	(과일) 배. 배나무. → 이 [두]
土	10 11	狸	犭 犬 개사슴록변 개견변	너구리. → 이 [두]
水	10 11	浬	氵 水 삼수변 물수변	해리 (海里). 해상 거리. →이[두]
水	10 11	涖	氵 水 삼수변 물수변	다다를. 다다르다. 임할. → 이 [두]
土	12	犂	牛 소우변	얼룩소. 쟁기질할. 무섭다. → 이 [두]. [려]
土	11	犁	牛 소우변	犂자와 통용
金	11 12	理·	王 玉 임금왕변 구슬옥변	이치. 다스릴. 깨달을. → 이 [두]
水	12	痢	疒 병질엄변	설사. 이질. → 이 [두]
木	11 13	莅	艹 艸 풀초변 초두변	임석할. 임할. 자리. → 이 [두]
木	11 13	莉	艹 艸 풀초변 초두변	말리꽃. 사과. → 이 [두]

木	13 衣 옷의변	裏·	속. 안. 내부. 옷 속. → 이 [두]
木	12 13 衤 衣 옷의변	裡	裏자와 통용
金	13 刂 刀 선칼도변 칼도변	剺	깎을. 긁을. 그을. 벗길. → 이 [두]
水	13 虫 벌레충변	蜊	참조개. 바지락조개. → 이 [두]
土	14 女 계집녀변	嫠	과부. 홀어미. → 이 [두]
水	14 豸 갖은돼지시변	貍	살쾡이. 삵. → 이 [두]
木	15 尸 주검시변	履·	이력. 신. 밟을. → 이 [두]
木	14 15 扌 手 재방변 손수변	摛	퍼질. 펼. 베풀. 알릴. → 이 [두]
水	14 15 氵 水 삼수변 물수변	漓	스며들. 빗소리. 질펀히 흐를. → 이 [두]
土	16 支 지탱할지변	斄	반듯할. 바를. 칠할. 지울. → 이 [두]
金	15 16 王 玉 임금왕변 구슬옥변	璃	유리. 구슬 이름. → 이 [두]
木	16 17 罒 网 그물망변	罹	근심할. 병에 걸릴. → 이 [두]

주의	
	罒 그물망 변 5획은 성명학에서는 网 그물망 변 6획으로 사용됨

水	17 虫 벌레충변	螭	교룡 (상상 속의 동물). 뿔 없는 용. → 이 [두]
土	18 里 마을리변	釐	다스릴. 이 (척도의 단위). → 이 [두]
土	09 厂 민엄호변	厘	釐자와 통용
水	18 魚 물고기어변	鯉	잉어. 편지. 서찰. → 이 [두]
火	19 隹 새추변	離·	떠날. 불. 이별. 괘 이름. → 이 [두]
火	11 内 짐승발자국유변	离	離자와 통용
土	19 羊 양양변	羸	여윌. 파리할. 고달플. 약할. → 이 [두]
火	21 鬼 귀신귀변	魑	도깨비. → 이 [두]
木	23 黍 기장서변	黐	끈끈이. 새 잡는 풀. → 이 [두]
水	22 23 氵 水 삼수변 물수변	灕	물 이름. 스며들. 질펀히 흐를. → 이 [두]
木	25 竹 대죽변	籬	울타리. → 이 [두]

土 23 26 辶 辵 **邐** 이어질. 잇닿을. → 이 [두]
책받침변 갖은책받침변

린

水 07 口 **吝** 아낄. 인색할. 주저할. 소중할. → 인 [두]
입구변

火 10 11 忄 心 **悋** 아낄. 인색할. 소중할. → 인 [두]
심방변 마음심변

木 12 米 **粦** 도깨비불. 燐 [同字] → 인 [두]
쌀미변

火 12 火 **焛** 불꽃. 타는 모양. 불의 모양. → 인 [두]
불화변

木 14 米 **粼** 물 맑을. 내 모양. → 인 [두]
쌀미변

土 15 山 **嶙** 깊숙할. 가파를. 산 높을. → 인 [두]
메산변

木 15 16 扌 手 **撛** 빼어날. 붙들. 구원할. → 인 [두]
재방변 손수변

木 16 木 **橉** 나무 이름. → 인 [두]
나무목변

火 16 日 **暽** 사람 이름. → 인 [두]
날일변

火 16 火 **燐** 반딧불. 인. 도깨비불. → 인 [두]
불화변

土 15 16 犭 犬 **獜** 튼튼할. 건장할. → 인 [두]
개사슴록변 개견변

金 16 斤 **斴** 물소리. 물 이름. 석간수. → 인 [두]
날근변

水 15 16 氵 水 **潾** 맑을. 석간수. 돌샘. → 인 [두]
삼수변 물수변

木 17 目 **瞵** 눈동자 (눈빛). 눈 정기. 아름다울. → 인 [두]
눈목변

金 17 石 **磷** 옥석의 윤이 빛날. 돌 모양. 돌비늘. → 인 [두]
돌석변

金 16 17 王 玉 **璘** 옥 무늬. 옥빛. → 인 [두]
임금왕변 구슬옥변

木 18 糸 **繗** 이을. 실 뽑을. → 인 [두]
실사변

水 18 虫 **蟒** 반딧불이. → 인 [두]
벌레충변

火 19 車 **轔** 성할. 수렛소리. 문지방. → 인 [두]
수레거변

土 15 19 阝 邑 **鄰**· 이웃. 이웃할. → 인 [두]
우방변 고을읍변

土 15 20 阝 阜 **隣** 鄰자와 통용
좌방변 언덕부변

金 20 金 **驎** 굳셀. 굳센 모양. → 인 [두]
쇠금변

오행	획수	한자	해설
木	20 22 艹 艸 풀초변 초두변	藺	골풀 (여러해살이풀). → 인 [두]
火	22 馬 말마변	驎	얼룩말. → 인 [두]
土	23 鹿 사슴록변	麟	기린. → 인 [두]
土	17 鹿 사슴록변	麐	麟자와 통용
土	23 𧾷 足 발족변	躪	짓밟을. 수레에 깔릴. → 인 [두]
水	23 魚 물고기어변	鱗	비늘. 물고기. → 인 [두]
土	27 𧾷 足 발족변	躙	짓밟을. 유린. → 인 [두]

림

오행	획수	한자	해설
木	08 木 나무목변	林·	수풀. 숲. 빽빽할. 姓. → 임 [두]
金	08 09 王 玉 임금왕변 구슬옥변	玪	아름다운 옥. → 임 [두] 림 ↔ 감 [통용]
木	12 木 나무목변	棽	무성할. → 임 [두] 림 ↔ 침 [통용]
火	12 日 날일변	晽	알고자 할. → 임 [두]
水	11 12 氵 水 삼수변 물수변	淋	(물) 뿌릴. 물방울 떨어질. → 임 [두]
金	13 石 돌석변	碄	깊을. → 임 [두]
金	12 13 王 玉 임금왕변 구슬옥변	琳	아름다운 옥. 옥 이름. → 임 [두]
水	13 疒 병질엄변	痳	임질 (病 이름). 성병. → 임 [두]
水	16 雨 비우변	霖	장마. → 임 [두]
火	17 臣 신하신변	臨·	임할. 왕림할. 다스릴. → 임 [두]

립

오행	획수	한자	해설
金	05 立 설립변	立·	세울. 설. 굳을. 곧. → 입 [두]
土	08 山 메산변	岦	산 높을. 산 우뚝할. → 입 [두]
金	10 石 돌석변	砬	돌 소리. 돌 무너지는 소리. → 입 [두]
木	11 竹 대죽변	笠	삿갓. 갓. → 입 [두]
木	11 米 쌀미변	粒	쌀알. 낟알. → 입 [두]

♣

ㅁ

마

火 10 馬 **馬**· 말. 벼슬 이름. 姓.
말마변

木 11 麻 **麻**· 삼. 저릴. 姓.
삼마변

土 13 女 **媽** 암말. 어미.
계집녀변

水 13 疒 **痲** 홍역. 저릴. 마비될.
병질엄변

木 14 麻 **麽** 작을. 잘. 어찌. 그런가.
삼마변

木 15 手 **摩** 문지를. (돌) 갈. 비빌. 만질.
손수변

金 15 石 **碼** 야드 (yard). 마노. 저울 추.
돌석변

金 14 15 王 玉 **瑪** 옥돌. 마노.
임금왕변 구슬옥변

金 16 石 **磨**· 맷돌. 갈.
돌석변

水 16 虫 **螞** 메뚜기. 말거머리.
벌레충변

水 17 虫 **蟇** 두꺼비. 개구리.
벌레충변

火 21 鬼 **魔** 마술. 마귀. 악귀.
귀신귀변

金 21 刂 刀 **劘** 깎을. 벨. 나눌. 간절할.
선칼도변 칼도변

막

木 11 13 艹 艸 **莫**· 고요할. 없을. 아닐. 적막.
풀초변 초두변

木 14 宀 **寞** 고요할. 쓸쓸할.
갓머리변

木 14 巾 **幕**· 장막. 군막.
수건건변

水 14 15 氵 水 **漠**· 아득할. 사막.
삼수변 물수변

木 16 目 **瞙** 눈 흐릴. 눈에 백태 낄.
눈목변

水 15 17 月 肉 **膜** 꺼풀. 막.
육달월변 고기육변

金 19 金 **鏌** 칼 이름.
쇠금변

오행	획수	한자	뜻
土	18 21 辶 辵 책받침변 갖은책받침변	邈	멀. 아득할. 근심할.

만

오행	획수	한자	뜻
土	06 十 열십변	卍	길상 표시. 부처의 몸에 있는 길상 표시.
土	10 女 계집녀변	娩	해산할. 낳을.
木	10 11 扌 手 재방변 손수변	挽	당길. 말릴. 끌.
火	11 日 날일변	晚·	늦을. 저물. 해 질.
土	11 日 날일변	曼	아름다울. 멀. 길. 넓을.
木	14 巾 수건건변	幔	휘장. 장막. 천막.
火	14 車 수레거변	輓	수레를 끌. 실어 나를.
土	14 土 흙토변	墁	흙손. 흙 덮을. 벽. 칠할.
土	14 女 계집녀변	嫚	업신여길. 더럽힐. 능욕할.
木	13 15 艹 艸 풀초변 초두변	萬·	일만. 대단히 많을. 姓.
木	03 一 한일변	万	萬자와 통용
火	14 15 忄 心 심방변 마음심변	慢·	거만할. 게으를. 느릴.
水	14 15 氵 水 삼수변 물수변	滿·	찰. 가득할. 풍족할.
水	14 15 氵 水 삼수변 물수변	漫·	넓을. 질펀할. 흩어질.
木	16 目 눈목변	瞞	속일. 흐릴.
木	17 糸 실사변	縵	비단. 무늬 없는 비단. 명주.
木	15 17 艹 艸 풀초변 초두변	蔓	덩굴. 퍼질. 뻗어 나갈.
土	18 𧾷 足 발족변	蹣	뛰어넘을. 넘을. 넘다.
金	18 言 말씀언변	謾	속일. 속이고 헐뜯을. 업신여길.
金	19 金 쇠금변	鏝	쇠 흙손. 흙 바르는 연장.
金	19 金 쇠금변	鏋	금 (金). 순금.
水	20 食 밥식변	饅	만두.

火	21	髟	터럭발변	鬘	머리꾸미개. 가발. 머리장식. 아름다울.
土	22	山	메산변	巒	뫼. 메. 둥글고 낮은 산.
金	22	弓	활궁변	彎	굽을. 당길.
水	22	魚	물고기어변	鰻	뱀장어.
水	25	虫	벌레충변	蠻	오랑캐.
水	25 26	氵 水	삼수변 물수변	灣	물굽이.

말

木	05	木	나무목변	末·	끝. 다할.
木	08	巾	수건건변	帕	머리띠. 머리 동이는 수건.
木	08 09	扌 手	재방변 손수변	抹	바를. 칠할.
水	08 09	氵 水	삼수변 물수변	沫	물거품. 비말. 침방울.
木	10	禾	벼화변	秣	꼴 (소, 말이 먹는 풀). 말 먹이. 모이. 기를.
水	10	口	입구변	唜	끝. 우리말의 '끝'음. [국]
木	09 11	艹 艸	풀초변 초두변	茉	말리나무 (물푸레나뭇과의 상록 관목).
金	14	革	가죽혁변	靺	종족 이름. 오랑캐 이름 (말갈족).
木	20 21	衤 衣	옷의변	襪	버선. 양말.

망

水	03	亠	돼지해머리변	亡·	망할. 죽을. 잃을. 달아날.
土	06	女	계집녀변	妄·	망령될. 허망할. 실없을.
火	06 07	忄 心	심방변 마음심변	忙·	바쁠.
火	07	心	마음심변	忘·	건망증. 잊을.
水	06 07	氵 水	삼수변 물수변	汒	바쁠. 황급할. 총망할.
木	07 09	艹 艸	풀초변 초두변	芒	까끄라기. 털끝. 가시.
木	08 09	罒 网	그물망변	罔·	그물. 잡을. 포위망.

土 06 10 邙 북망산 (사람이 죽어 묻히는 곳). 산 이름.
阝 邑 우방변 고을읍변

水 11 望· 바랄. 원할. 희망할.
月 달월변

水 14 朢 望자와 통용
月 달월변

木 10 12 茫· 아득할. 망망할. 멀. 넓을.
艹 艸 풀초변 초두변

火 11 12 惘 멍할. 넋 잃을. 심심할. 황급할.
忄 心 심방변 마음심변

木 12 14 莽 풀 숲. 우거질. [本字]
艹 艸 풀초변 초두변

木 10 12 莾 莽자와 통용
艹 艸 풀초변 초두변

木 14 網 그물. 그물질할. 포위망.
糸 실사변

火 15 輞 바퀴 테. 수레바퀴 테.
車 수레거변

水 15 16 漭 넓을. 들. 평평한.
氵 水 삼수변 물수변

주의 속자 14~15획, 본자 15~16획으로 혼용 되나, 성명학은 15~16획 기준

火 18 魍 산도깨비.
鬼 귀신귀변

매

木 07 呆 어리석을. 멍청이.
口 입구변

土 07 每· 언제나. 매양. 마다. 늘.
毋 말무변

木 08 枚 낱낱이. 줄기. 낱.
木 나무목변

土 08 妹· (손아래) 누이.
女 계집녀변

火 09 昧 어두울. 탐할. 무릅쓸.
日 날일변

金 08 09 玫 붉은 옥 이름. 붉고 아름다운 돌. 사람 이름.
王 玉 임금왕변 구슬옥변

水 08 09 沬 땅 이름. 지명. 별 이름. 희미할.
氵 水 삼수변 물수변

木 10 眛 (눈이) 어두울. 눈 희미할. 눈 밝지 못할.
目 눈목변

土 10 埋· 묻을. 메울. 묻힐.
土 흙토변

木 09 11 莓 딸기.
艹 艸 풀초변 초두변

木 11 梅· 매화. 매실나무. 절후 이름. 姓.
木 나무목변

오행	획수	부수	한자	뜻
木	12	宀 갓머리변	寐	잠 잘. 죽을.
土	12	女 계집녀변	媒·	중매. 중매 설. 중개.
金	12	貝 조개패변	買·	구매할. 살.
木	11 13	艹 풀초변 艸 초두변	莓	딸기나무. 딸기.
木	13	木 나무목변	楳	매화나무.
火	13	火 불화변	煤	그을음. 먹. 석탄.
金	14	酉 닭유변	酶	누룩. 술밑.
火	15	鬼 귀신귀변	魅	도깨비. 홀릴.
金	15	貝 조개패변	賣·	팔. 팔다. 속이다.
水	15	雨 비우변	霉	곰팡이. 6월경의 장마. 매우(梅雨).
木	15 16	罒 网 그물망변	罵	욕할. 꾸짖을.
土	17 20	辶 책받침변 辵 갖은책받침변	邁	멀리 갈. 떠날. 힘쓸. 늙을.

맥

오행	획수	부수	한자	뜻
木	11	麥 보리맥변	麥·	보리. 밀.
水	10 12	月 육달월변 肉 고기육변	脈·	맥. 맥박. 혈관. 줄기.
水	12	豸 갖은돼지시변	貊	맹수 이름. 북방 종족 이름. 고요할.
水	13	豸 갖은돼지시변	貊	오랑캐. 맹수 이름. 조용할.
土	09 14	阝 좌방변 阜 언덕부변	陌	경계. 두렁. 길. 동서로 통하는 밭두둑.
水	18	豸 갖은돼지시변	貘	민족 이름. 맹수 이름.
火	21	馬 말마변	驀	말 탈. 뛰어넘을. 곧장. 줄곧.

맹

오행	획수	부수	한자	뜻
木	08	目 눈목변	盲·	소경. 장님. 눈 멀.
火	08	氏 각시씨변	氓	백성. 서민.
土	08	田 밭전변	甿	백성. 농부.

水 08 子 아들자변 **孟**· 맏. 맏이. 첫. 맹랑할. 姓.

水 09 虫 벌레충변 **虻** 등에 (곤충). 패모 (백합과의 다년초).

土 11 犭 개사슴록변 12 犬 개견변 **猛**· 용감할. 날랠. 사나울. 엄할.

土 13 皿 그릇명변 **盟**· 맹세할. 약속할. 믿을.

木 12 艹 풀초변 14 艸 초두변 **萌** 싹틀. 싹. 경작. 姓.

土 16 瓦 기와와변 **甍** 용마루. 지붕마루.

멱

火 11 見 볼견변 **覓** 찾을. 구할.

木 13 巾 수건건변 **幎** 가릴. 덮을. 발. 면모.

土 16 冖 민갓머리변 **冪** 상보. 덮을.

면

木 07 儿 어진사람인변 **免**· 면할. 허가할. 내칠. 벗을.

水 07 氵 삼수변 08 水 물수변 **沔** 물 이름. 물 흐를. 빠질.

木 09 目 눈목변 **眄** 곁눈질. 흘길. 돌아볼.

火 09 人 사람인변 **俛** 힘쓸. 노력할. 구부릴.

火 09 面 낯면변 **面**· 낯. 얼굴. 대할. 볼. 겉.

金 09 力 힘력변 **勉**· 부지런할. 힘쓸.

木 10 目 눈목변 **眠**· 졸. 잠잘. 쉴.
면 ↔ 민 [통용]

木 11 冂 멀경변 **冕** 면류관.

木 12 木 나무목변 **棉** 목화. 솜. 면.

水 12 氵 삼수변 13 水 물수변 **湎** 빠질. 물에 젖을. 술에 젖을.

木 14 糸 실사변 **綿**· 솜. 잇닿을. 자세할. 감길.

木 15 糸 실사변 **緜** 햇솜. 새 솜. 고운 솜.

木 15 糸 실사변 **緬** 가는 실. 생각할. 가벼울.

木 15 麪 麥 보리맥변
밀가루. 국수.

木 20 麵 麥 보리맥변
麪자와 통용

멸

水 13 14 滅· 氵 水 삼수변 물수변
멸할. 다할. 죽을. 불 꺼질.

木 15 17 蔑 艹 艸 풀초변 초두변
업신여길. 어두울. 없을.

木 17 篾 竹 대죽변
대껍질. 대 이름. 덩굴.

水 21 衊 血 피혈변
모독할. 더럽힐. 더러운 피. 코피 흘릴.

명

金 05 皿 皿 그릇명변
그릇.

水 06 名· 口 입구변
이름. 이름날. 사람.

火 08 明· 日 날일변
밝을. 똑똑할. 姓.

水 08 命· 口 입구변
목숨. 명령. 운수.

木 09 眀 目 눈목변
밝을. 똑똑할. 姓. 明 [同字]

水 09 10 洺 氵 水 삼수변 물수변
강 이름.

水 10 冥· 冖 민갓머리변
어두울. 깊숙할. 저승.

木 10 12 茗 艹 艸 풀초변 초두변
차. 차 싹. 차나무.

木 12 榠 木 나무목변
홈통. [국]

金 13 酩 酉 닭유변
술 취할. 단술.

火 13 14 慏 忄 心 심방변 마음심변
너그러울. 생각 깊을.

火 14 暝 日 날일변
어두울. 잠잘. 밤.

火 14 鳴· 鳥 새조변
새 울. 울. 울릴.

金 14 銘· 金 쇠금변
새길. 금석에 새긴 글. 기록할. 명심할.

水 13 14 溟 氵 水 삼수변 물수변
바다. 적은 비.

木 15 瞑 目 눈목변
눈 감을. 어두울. 눈 멀. [면]

木 14 16 蓂 명협 (상서로운 풀 이름).
艹 艸 책력 풀.
풀초변 초두변

水 16 螟 해충.
虫 마디. 모기. 멸구.
벌레충변

火 19 鵬 초명새 (새 이름)
鳥 (봉황 비슷한 신조神鳥).
새조변

메

木 09 10 袂 소매.
衤 衣 소맷자락.
옷의변

모

火 04 毛· 털.
毛 가벼울. 작을. 姓.
터럭모변

土 05 母· 어미.
毋 근본. 유모. 암컷.
말무변

金 05 矛 창.
矛
창모변

土 06 牟 클.
牛 보리. 땅 이름. 姓.
소우변

土 07 牡 수컷.
牛 열쇠.
소우변

土 07 皃 모양.
白 얼굴. 용모. 꼴. 자태.
흰백변

火 08 侔 가지런할.
人 고를. 비등할. 같을.
사람인변

土 08 姆 여선생.
女 유모.
계집녀변

木 09 某· 익명.
木 아무.
나무목변

木 09 眊 눈 흐릴.
目 눈에 정기 적을.
눈목변

火 09 侮· 업신여길.
人 능멸할.
사람인변

土 09 姥 할머니.
女 할미. 유모.
계집녀변

水 09 冒· 무릅쓸.
冂 범할. 나아갈.
멀경변

木 08 10 芼 풀 우거질.
艹 艸 나물. 솎아낼.
풀초변 초두변

火 09 10 恈 탐낼.
忄 心 탐내고 아낄.
심방변 마음심변

火 10 耗 소비할.
耒 벼. 줄 (줄다). 덜. 없앨.
쟁기뢰변

土 10 旄 깃대 장식.
方 기(旗). 쇠꼬리에 단 기.
모방변

土 10 耄 늙은이.
老 늙을. 90세 늙은이.
늙을로변

木 09 11 艹 艸 **茅** 띠 (포아풀과 다년초). 띠 벨. 띳집.
풀초변 초두변

木 11 目 **眸** 눈동자. 눈.
눈목변

火 11 車 **軞** 수레. 임금이 타는 수레.
수레거변

木 12 巾 **帽** 모자. 두건. 붓두껍.
수건건변

土 12 女 **媢** 강샘할 (질투할). 투기할. 노려볼.
계집녀변

土 13 力 **募**· 모을. 부를. 널리 구할.
힘력변

火 14 髟 **髦** 긴 머리. 다발머리. 준수할. 뛰어날.
터럭발변

土 14 女 **嫫** 예쁠. 추녀. 못생길.
계집녀변

金 13 14 王 玉 **瑁** 서옥. 옥홀. [매]
임금왕변 구슬옥변

水 14 豸 **貌**· 모양. 용모. 거동. 꼴.
갖은돼지시변

木 14 15 扌 手 **摸** 본뜰. 모뜰. 더듬어 찾을.
재방변 손수변

木 15 手 **摹** 베낄. 본뜰.
손수변

木 15 木 **模**· 본보기. 본. 본뜰. 법.
나무목변

火 14 15 忄 心 **慔** 힘쓸.
심방변 마음심변

火 15 㣺 心 **慕**· 사모할. 생각할.
밑마음심변 마음심변

火 15 日 **暮**· 저물. 해질 무렵. 늦을. 더딜.
날일변

水 15 虫 **蝥** 해충. 반모. → 蟊 [同字]
벌레충변

木 16 木 **橅** 법. 규범. 모 ↔ 무 [통용]
나무목변

金 16 言 **謀**· 꾀. 도모할. 계책.
말씀언변

水 17 虫 **蟊** 해충. 뿌리 잘라먹는 벌레. → 蝥 [同字]
벌레충변

金 18 言 **謨** 꾀. 계획할.
말씀언변

목

木 04 木 **木**· 나무.
나무목변

木 05 目 **目**· 눈. 조목. 지목할. 볼.
눈목변

土 | 08 牛 소우변 | **牧**· | 목장. 칠. 기를. 다스릴.

水 | 07 氵 삼수변 08 水 물수변 | **沐** | 목욕. 머리 감을.

木 | 09 艹 풀초변 11 艸 초두변 | **苜** | 물풀 이름. 연지초. 거여목 (콩과의 풀).

木 | 13 目 눈목변 | **睦**· | 화목할. 친할. 믿을. 姓.

木 | 16 禾 벼화변 | **穆** | 화할. 아름다울. 공경할.

火 | 20 鳥 새조변 | **鶩** | 집오리. 달릴.

몰

水 | 07 氵 삼수변 08 水 물수변 | **沒**· | 빠질. 잠길. 죽을. 다할.

水 | 08 歹 죽을사변 | **歿** | 죽을. 떨어질. 끝날. 沒 [同字]

몽

水 | 13 雨 비우변 | **雺** | 안개. 해미 낄.

木 | 14 夕 저녁석변 | **夢**· | 꿈. 꿈 꿀.

水 | 13 氵 삼수변 14 水 물수변 | **溕** | 이슬비. 가랑비. 흐릴.

木 | 14 艹 풀초변 16 艸 초두변 | **蒙**· | 어릴. 입을. 괘 이름.

木 | 16 目 눈목변 | **瞢** | 어두울. 눈 어둘. 캄캄할.

木 | 17 巾 수건건변 | **幪** | 덮을. 무성한 모양.

火 | 17 忄 심방변 18 心 마음심변 | **懞** | 두터울. 돈독할. 어두울.

火 | 18 日 날일변 | **曚** | 동틀. 날이 샐 녘. 어스레할.

水 | 17 氵 삼수변 18 水 물수변 | **濛** | 이슬비. 가랑비 올. 흐릴.

木 | 19 目 눈목변 | **矇** | 소경. 청맹과니. 사리에 어둘.

木 | 20 舟 배주변 | **艨** | 군함. 전투용 배. 병선.

水 | 18 月 육달월변 20 肉 고기육변 | **朦** | 풍성할. 클. 20획. 달빛 희미할. 흐릴. 18획. [망]

참고	
	月변일 때는 → 18획 달빛 희미할. 흐릴.
	肉변일 때는 → 20획 풍성할. 클.

火 | 25 鳥 새조변 | **鸏** | 비둘기. 열대조. 물새 이름.

묘

木 05 卯· 토끼. 무성할. 넷째 지지.
卩 병부절변

土 07 妙· 묘할. 예쁠. 젊을.
女 계집녀변

土 09 玅 妙자와 통용
立 설립변

木 08 杳 아득할. 어두울. 깊을.
木 나무목변

木 09 眇 애꾸눈. 볼. 아득할.
目 눈목변

火 09 昴 별 이름.
日 날일변

土 10 畝 이랑 (전답 넓이의 단위). 두둑. 묘 ↔ 무 [통용]
田 밭전변

木 09 11 苗· 싹. 모종. 자손. 종족 이름.
艹 艸 풀초변 초두변

주의	(전산폰트) 필순에 8획이나, 字典에 9~11획 (++)이므로, 성명학은 9~11획 기준

水 12 淼 물 아득할. 큰물.
水 물수변

木 12 13 描 그릴. 모뜰. 묘사할.
扌 手 재방변 손수변

주의	(전산폰트) 필순 11~12획이나, 字典에 12 ~ 13획(++)이므로 성명학은 12~13획 기준

土 12 13 猫 고양이. 닻.
犭 犬 개사슴록변 개견변

주의	(전산폰트) 필순 11~12획이나, 字典에 12 ~ 13획(++)이므로 성명학은 12~13획 기준

水 12 13 渺 아득할. 작을.
氵 水 삼수변 물수변

土 14 墓· 무덤. 묘지.
土 흙토변

木 15 廟· 사당. 종묘. 묘당.
广 엄호변

土 16 貓 고양이.
豸 갖은돼지시변

주의	(전산폰트) 필순 15획이나, 字典에 16획 (++)이므로, 성명학은 16획 기준

金 17 錨 닻. 姓.
金 쇠금변

주의	(전산폰트) 필순 16획이나, 字典에 17획 (++)이므로, 성명학은 17획 기준

木 18 20 藐 멀. 아득할. 작을.
艹 艸 풀초변 초두변

참고	대법원에서 선정한 인명용 한자란 성(姓)을 제외한 이름(名)의 한자를 말한다.

무

오행	획수	부수	한자	뜻
土	04	毋 (말무변)	毋	없을. 말. 관 이름.
土	05	戈 (창과변)	戊·	무성할. 별. 다섯째 천간.

주의: 字源五行의 戈변은 金에 해당되나 訓에 의거, 天干 戊는 土에 해당 土로 기준

오행	획수	부수	한자	뜻
火	07	工 (장인공변)	巫	무당. 의사.
土	08	止 (그칠지변)	武·	굳셀. 용맹. 건장할.
木	08 09	扌 手 (재방변 손수변)	拇	엄지손가락.
土	10	田 (밭전변)	畝	이랑 (전답 넓이의 단위). 두둑. 무 ↔ 묘 [통용]
木	09 11	艹 艸 (풀초변 초두변)	茂·	무성할. 풍족할. 힘쓸. 아름다울.
土	11	力 (힘력변)	務·	직무. 힘쓸. 일.
火	12	灬 火 (연화변 불화변)	無·	없을. 아닐.
火	04	无 (이미기방변)	无	無자와 통용
土	12	土 (흙토변)	堥	작은 언덕. 질그릇.
金	11 12	王 玉 (임금왕변 구슬옥변)	珷	옥돌. 마노.
金	12	貝 (조개패변)	貿·	무역할. 살. 바꿀.
木	13	木 (나무목변)	楙	무성할. 훌륭할. 아름다울. 茂의 [古字]
木	14	舛 (어길천변)	舞·	춤 출. 춤. 환롱 (幻弄)할.
金	14	言 (말씀언변)	誣	무고할. 속일. 거짓. 꾸밀.
木	15	广 (엄호변)	廡	집. 행랑. 곁채. 문간방.
水	15	口 (입구변)	嘸	애매할. 분명하지 않을.
木	15 16	扌 手 (재방변 손수변)	撫	손으로 누를. 편안할. 어루만질.
木	16	木 (나무목변)	橅	법. 규범. 무 ↔ 모 [통용]
火	16	人 (사람인변)	儛	춤 출. 춤. 좋아 펄펄 뛸.
火	15 16	忄 心 (심방변 마음심변)	憮	어루만질. 누를. 멍할. 놀랄. [후. 호]

오행	획수	한자	뜻
木	17 糸 실사변	繆	얽을. 동여맬. 묶을. 속일.
火	17 心 마음심변	懋	성대할. 힘쓸. 성대히 할.
木	16 艹 풀초변 / 18 艸 초두변	蕪	거칠. 달아날. 순무.
火	18 鳥 새조변	鵡	앵무새.
水	16 月 육달월변 / 18 肉 고기육변	膴	두터울. 아름다울. 법. 포. 클. 많을. [호]
火	19 馬 말마변	騖	달릴. 빠를.
水	19 雨 비우변	霧·	안개. 어두울.

묵

오행	획수	한자	뜻
土	15 土 흙토변	墨·	먹. 姓.
水	15 口 입구변	嘿	고요할. 잠잠할. 입 다물.
水	16 黑 검을흑변	默·	조용할. 잠잠할. 말 없을.

참고	작명은 소리(音)로만, 뜻(訓)으로만, 또는 소리(音)와 뜻(訓)으로 모두 할 수 있다.

문

오행	획수	한자	뜻
木	04 文 글월문변	文·	글월. 글. 문서. 무늬. 姓.
金	刂 선칼도변 / 06 刀 칼도변	刎	목 벨. 끊을.
水	07 口 입구변	吻	입술. 입가.
木	07 扌 재방변 / 08 手 손수변	抆	닦을. 씻을.
木	08 門 문문변	門·	문. 집안. 전문. 姓.
火	08 火 불화변	炆	따뜻할. 따스할.
水	07 氵 삼수변 / 08 水 물수변	汶	물 이름. 姓.
金	08 王 임금왕변 / 09 玉 구슬옥변	玟	붉은 옥. 붉은 구슬. 문 ↔ 윤 [통용]
木	10 糸 실사변	紋	무늬. 문채.
木	10 糸 실사변	紊	어지러울. 어지럽힐.
火	10 人 사람인변	們	무리. 들 (인칭). 살찐.

오행	획수	한자	뜻
水	10 虫 벌레충변	蚊	모기.
火	10 忄 심방변 / 11 心 마음심변	悗	잊을. 짝 없는 모양. 의혹할. [만]
水	11 口 입구변	問·	물을. 찾을. 문초할.
木	11 扌 재방변 / 12 手 손수변	捫	더듬을. 어루만질.
水	12 雨 비우변	雯	구름 무늬. 구름이 이룬 무늬.
火	14 耳 귀이변	聞·	들을. 들릴. 소문. 이름날.
金	15 王 임금왕변 / 16 玉 구슬옥변	璊	붉은 옥. 붉은 옥빛.
火	18 心 마음심변	懣	번민할. 번거로울. 고민할. [만]

물

오행	획수	한자	뜻
金	04 勹 쌀포변	勿·	말. 없을. 아닐.
土	08 牛 소우변	物·	물건. 만물. 재물. 일.
水	07 氵 삼수변 / 08 水 물수변	沕	아득할. 숨을. [밀]

미

오행	획수	한자	뜻
土	05 木 나무목변	未·	아닐. 아직 ~하지 못하다. 여덟째 지지.

주의	字源五行의 木변은 木에 해당되나 訓에 의거, 地支 未는 土에 해당 土로 기준

오행	획수	한자	뜻
木	06 米 쌀미변	米·	쌀. 미터 (meter). 姓.
水	07 尸 주검시변	尾·	꼬리. 끝. 별 이름.
火	08 人 사람인변	侎	편안할. 사랑할. 어루만질.
土	08 冖 민갓머리변	冞	점점. 더욱 더. 깊을.
水	08 口 입구변	味·	맛. 맛볼. 맛들일. 뜻.
木	09 目 눈목변	眉·	눈썹. 장수하여 눈썹이 긴 사람. 가장자리.
土	09 弓 활궁변	弭	활고자. 활. 쉴. 그칠. 편안할.
土	09 羊 양양변	美·	아름다울. 예쁠. 좋을. 맛날.
土	10 女 계집녀변	娓	장황할. 아름다울. 예쁠.

金 | 10 | **敉** | 攵 攴 | 등글월문변 칠복변
편안할. 사랑할. 어루만질.

水 | 09 10 | **洣** | 氵 水 | 삼수변 물수변
강 이름. 물결.

木 | 11 | **梶** | 木 | 나무목변
나무 끝.

木 | 09 11 | **菋** | 艹 艸 | 풀초변 초두변
맛. 맛볼. 뜻. 오미자.

木 | 11 | **冞** | 米 | 쌀미변
깊을. 깊이 들어갈. 그물.

土 | 12 | **媚** | 女 | 계집녀변
사랑할. 풍치가 아름답다. 아양 떨. 아첨할.

土 | 12 | **媄** | 女 | 계집녀변
아름다울. 예쁘다. 빛 고울.

土 | 12 | **嵋** | 山 | 메산변
산 이름. 담장. 담.

土 | 12 | **嵄** | 山 | 메산변
산. 산 이름. 깊은 산.

木 | 13 | **楣** | 木 | 나무목변
처마. 문미. 들보.

火 | 13 | **微**· | 彳 | 두인변
작을. 친할.

火 | 13 | **煝** | 火 | 불화변
빛날.

土 | 13 | **媺** | 女 | 계집녀변
착할. 고울. 아름다울.

土 | 13 | **嬍** | 女 | 계집녀변
착할. 고울. 아름다울.

> 주의: 위 두 字는 변, 획수, 오행, 훈은 같으나 字形이 조금 다르다. 字典에는 별도 표시 없이 통용되니 혼동 없기를 요함

土 | 10 13 | **迷**· | 辶 辵 | 책받침변 갖은책받침변
미혹할. 전념할. 길 잘못들.

水 | 12 13 | **渼** | 氵 水 | 삼수변 물수변
물 이름. 물. 물결 무늬.

水 | 12 13 | **湄** | 氵 水 | 삼수변 물수변
물가. 더운 물.

金 | 13 14 | **瑂** | 王 玉 | 임금왕변 구슬옥변
옥돌.

土 | 16 | **躾** | 身 | 몸신변
모양 낼. 예절 가르칠.

木 | 17 | **糜** | 米 | 쌀미변
된죽. 죽. 범벅.

木 | 17 | **縻** | 糸 | 실사변
(소) 고삐. 끈. 줄. 얽어 맬.

土 | 17 | **麋** | 鹿 | 사슴록변
큰 사슴. 고라니. 순록.

金 | 17 | **彌** | 弓 | 활궁변
두루. 널리. 더할. 그칠.

오행	획수	부수	한자	뜻
金	08	弓 활궁변	弥	瓕자와 통용
金	17	言 말씀언변	謎	수수께끼. 미혹시킬.
水	16 17	氵 水 삼수변 물수변	溦	가랑비. 물가. 가는 비.
水	17 18	氵 水 삼수변 물수변	瀰	물 넘칠. 많을. 치렁치렁할. 미 ↔ 니 [통용]
木	17 19	艹 艸 풀초변 초두변	薇	백일홍. 장미. 고비.
木	19	非 아닐비변	靡	쓸릴. 쓰러질. 호사할. [마]
土	20 21	犭 犬 개사슴록변 개견변	獼	원숭이. 큰 원숭이.
水	20 21	氵 水 삼수변 물수변	瀰	물 가득할. 물 넓을.
土	22	亠 돼지해머리변	亹	힘쓸. 아름다울. 문채 날. 부지런할.
木	21 23	艹 艸 풀초변 초두변	蘪	천궁 (川芎). 궁궁이.
水	23	黑 검을흑변	黴	곰팡이. 썩을. 때 낄.
木	23 25	艹 艸 풀초변 초두변	蘼	맥문동. 천궁. 장미.

민

오행	획수	부수	한자	뜻
火	05	氏 각시씨변	民·	백성. 서민. 국민.
火	08	心 마음심변	忞	힘쓸. 강인할. 노력할.
火	07 08	忄 心 심방변 마음심변	忟	忞자와 통용
火	08	日 날일변	旻	하늘.
火	08	日 날일변	旼	화할. 온화할. 하늘.
土	08	山 메산변	岷	산 이름. 메.
木	09	目 눈목변	盿	볼.
金	08 09	王 玉 임금왕변 구슬옥변	玟	옥돌. 불구슬. 아름다운 돌.
金	09	攵 攴 등글월문변 칠복변	敃	건강할. 굳셀. 힘쓸. [분]
水	08 09	氵 水 삼수변 물수변	泯	망할. 멸할. 다할.
木	10	目 눈목변	眠	볼. 姓. 민 ↔ 면 [통용]

金 09 10 珉 옥돌.
王 玉 아름다운 돌.
임금왕변 구슬옥변

金 09 砇 珉자와 통용
石
돌석변

金 13 14 瑉 珉자와 통용
王 玉
임금왕변 구슬옥변

金 14 碈 珉자와 통용
石
돌석변

木 09 11 苠 속대.
艹 艸 댓속. 많은 모양.
풀초변 초두변 늦게 여물.

木 10 11 罠 낚싯줄.
罒 网 낚시.
그물망변

金 11 敏· 민첩할.
攵 攴 총명할. 영리할.
등글월문변 칠복변

木 12 閔 사람 이름.
門 힘쓸. 위문할. 姓.
문문변

火 12 悶 번민할.
心 민망할. 어두울.
마음심변

火 13 愍 근심할.
心 가엾어 할. 불쌍할.
마음심변

火 13 暋 굳셀.
日 강할. 노력할.
날일변

土 13 黽 힘쓸.
黽 노력할.
맹꽁이변

金 12 13 瑉 옥돌.
王 玉
임금왕변 구슬옥변

金 12 13 琘 옥돌.
王 玉
임금왕변 구슬옥변

金 13 鉼 돈끈.
金 철판.
쇠금변

水 11 13 脗 합할.
月 肉 물결 가없는 모양. [문]
육달월변 고기육변

木 14 緡 낚싯줄.
糸 실 끝. [면]
실사변

木 14 閩 종족 이름.
門 땅 이름.
문문변

火 14 頣 강할.
頁 굳셀.
머리혈변

木 15 緍 낚싯줄.
糸 실 끝. 입다. [면]
실사변

火 15 慜 민첩할.
心 총명할. 영리할.
마음심변

火 15 16 憫· 민망할.
忄 心 근심할. 불쌍할.
심방변 마음심변

水 15 16 潣 물 흐를.
氵 水 졸졸 흐를.
삼수변 물수변

오행	획수·부수	한자	뜻
金	17 金 쇠금변	鍲	돈 꿰미. 장사 밑천. 생업. 회계할.
火	18 頁 머리혈변	䪸	강할.
水	22 魚 물고기어변	鰵	민어. 다금바리.

참고	이름의 성(姓)은 반드시 漢字로 출생신고를 해야 하나, 이름(名)은 한자(인명용 한자 중에서) 또는 한글로 신고해야 한다.

밀

오행	획수·부수	한자	뜻
木	11 宀 갓머리변	密·	비밀. 빽빽할. 친할.
水	14 虫 벌레충변	蜜·	꿀. 벌꿀.
木	15 木 나무목변	樒	침향나무. 침향 (沈香).
水	14 氵 삼수변 15 水 물수변	滵	물 흐를. 빨리 흐르는 모양.
金	17 言 말씀언변	謐	상세할. 조용할. 편안한 말.

♣

ㅂ

박

木 06 木 **朴**· 순박할. 클. 후박나무. 姓. 나무목변

木 08 09 扌 手 **拍**· 손뼉 칠. 두드릴. 장단. 가락. 재방변 손수변

水 08 09 氵 水 **泊**· 배 댈. 쉴. 머무를. 삼수변 물수변

土 10 亠 **亳** 땅 이름. 은나라 서울. 돼지해머리변

金 10 刂 刀 **剝** 깎을. 벗길. 다질. 괘 이름. 선칼도변 칼도변

金 09 10 王 玉 **珀** 호박. 박 ↔ 백 [통용] 임금왕변 구슬옥변

木 11 米 **粕** 지게미. 술지게미 (찌꺼기). 쌀미변

木 11 舟 **舶** 상선. 큰 배. 배주변

土 09 12 辶 辵 **迫**· 다가올. 접근할. 핍박. 궁할. 책받침변 갖은책받침변

水 12 十 **博**· 넓을. 넓힐. 평평할. 많을. 열십변

金 13 金 **鉑** 금박. 쇠금변

水 13 雨 **雹** 우박. 누리. 비우변

木 14 片 **牔** 박공널 (맞배지붕에 八자로 까는 널판지). 조각편변

木 14 竹 **箔** 금종이. 금속 조각. 발. 대죽변

火 14 馬 **駁** 얼룩말. 섞일. 칠. 말마변

木 15 16 扌 手 **撲** 두드릴. 칠. 부딪힐. 넘어질. 재방변 손수변

木 16 木 **樸** 통나무. 순박할. 근본. [복] 나무목변

木 16 糸 **縛** 묶을. 얽을. 포승. 포박할. 실사변

火 16 馬 **駮** 논박할. 짐승 이름. 얼룩질. 섞일. 말마변

水 14 16 月 肉 **膊** 팔뚝. 포. 고기를 말린 것. 육달월변 고기육변

金 16 17 王 玉 **璞** 옥돌. 진실할. 소박할. 임금왕변 구슬옥변

金 18 金 쇠금변 **鎛** 종. 쇠북. 호미. 쇠북틀 채색할.

木 17 19 艹 艸 풀초변 초두변 **薄**· 야박할. 엷을. 얕을. 메마를.

火 20 骨 뼈골변 **髆** 어깻죽지. 어깨뼈.

木 21 木 나무목변 **欂** 주두(柱頭). 두공(기둥 위의 방목 : 넓게 깔다의 뜻).

반

水 04 又 또우변 **反**· 돌이킬. 배반할. [번]

土 05 十 열십변 **半**· 절반. 반.

火 07 人 사람인변 **伴**· 동무. 짝. 따를. 따라갈.

木 07 08 扌 手 재방변 손수변 **扳** 당길. 이끌. 끌어 잡을.

金 08 攵 攴 등글월문변 칠복변 **攽** 나눌. 줄.

水 08 月 달월변 **肦** 나눌. 부세. 구실 매길. 반 ↔ 분 [통용]

木 08 09 扌 手 재방변 손수변 **拌** 섞을. 쪼갤. 버릴. [판]

木 09 又 또우변 **叛**· 배반할.

木 09 目 눈목변 **盼** 눈 예쁠.

水 08 09 氵 水 삼수변 물수변 **泮** 물가. 녹을. 학교. [판]

木 10 舟 배주변 **般**· 일반. 많을. 돌이킬. 옮길.

土 10 田 밭전변 **畔** 밭두둑. 논밭의 경계. 지경.

木 11 糸 실사변 **絆** 얽어맬. 줄. 맬.

土 08 11 辶 辵 책받침변 갖은책받침변 **返**· 돌이킬. 바꾸다. 도리어. 번.

金 10 11 王 玉 임금왕변 구슬옥변 **班**· 나눌. 반열. 반. 양반. 姓.

水 09 11 月 肉 육달월변 고기육변 **胖** 클. 살찔. 편안할. 관대.

木 12 文 글월문변 **斑** 얼룩. 얼룩얼룩한 무늬. 아롱질.

火 13 頁 머리혈변 **頒** 반쯤 셀. 나눌. [분]

土 13 女 계집녀변 **媻** 뽐낼. 비틀거릴. 느리게 걷다.

水 13 食 밥식변 **飯**· 밥. 먹을. 먹일. 기를.

木 14 木 나무목변 **槃** 쟁반. 소반. 즐거울.

木 13 扌 재방변 14 手 손수변 **搬** 옮길. 운반할. 이사할.

木 14 手 손수변 **擊** 덜. 옮길.

火 14 頁 머리혈변 **頖** 학교 이름. 반궁.

金 15 皿 그릇명변 **盤**· 쟁반. 소반. 편안할. 굽을.

金 15 石 돌석변 **磐** 반석. 너럭바위. 넓을. 이을.

水 15 疒 병질엄변 **瘢** 흉터. 자국. 흠질.

水 15 氵 삼수변 16 水 물수변 **潘** 물 이름. 뜨물. 姓.

水 16 虫 벌레충변 **蟠** 진딧물. 반모(蟠蝥). 가뢰.

金 17 石 돌석변 **磻** 물 이름. 반 ↔ 번 [통용] [파]

水 17 豕 돼지시변 **豳** 아롱질. 얼룩질. 반 ↔ 빈 [통용]

水 18 虫 벌레충변 **蟠** 서릴. 쌓을. 돌. 두를.

木 19 手 손수변 **攀** 더위잡을. 휘어잡을. 당길.

金 20 石 돌석변 **礬** 백반. 광물 이름. 명반. [번]

발

木 08 扌 재방변 09 手 손수변 **拔**· 뽑아낼. 뺄. 뛰어날. 가릴.

火 09 火 불화변 **炦** 불기운. 발 ↔ 별 [통용]

土 09 力 힘력변 **勃** 우쩍 일어날. 갑자기.

水 10 口 입구변 **哱** 숨 내쉬는 소리. 대평소. 어지러울.

水 10 氵 삼수변 11 水 물수변 **浡** 일어날. 성할. 바다 이름.

火 12 癶 필발머리변 **發**· 필. 일어날. 드러낼.

土 ⻊ 12 足 발족변 **跋** 밟을. 넘을.

金 13 金 쇠금변 **鈸** 방울. 동발 (銅鈸).

오행	획수	부수	한자	뜻
金	13	金 쇠금변	鉢	바리때. 중의 밥그릇.
水	12 13	氵 水 삼수변 물수변	渤	바다 이름. 나라 이름. 발해.
水	11 13	月 肉 육달월변 고기육변	脖	배꼽. 목.
火	15	髟 터럭발변	髮·	터럭. 머리털. 길이 단위.
火	15	鬼 귀신귀변	魃	가뭄. 가물 귀신.
木	15 16	扌 手 재방변 손수변	撥	다스릴. 덜. 퉁길. 없앨. [별]
水	15 16	氵 水 삼수변 물수변	潑	물 뿌릴. 활발할. 사나울.
火	18	鳥 새조변	鵓	집비둘기.
金	19	酉 닭유변	醱	술 괴일. 빚을.

방

오행	획수	부수	한자	뜻
土	04	方 모방변	方·	모. 방위. 방향. 姓.
火	06	人 사람인변	仿	비슷할. 본뜰. 모방할. 흉내.
火	07	彳 두인변	彷	거닐. 비슷할. 방불할.
土	07	土 흙토변	坊	동네. 골 이름. 막을. 가게.
土	07	女 계집녀변	妨·	방해할. 훼방. 해로울. 거리낄.
土	07	尢 절름발이왕변	尨	삽살개. 얼룩얼룩할. 클.
木	08	戶 지게호변	房·	방. 별 이름. 姓.
木	08	木 나무목변	枋	나무 이름. 다목. 어살. [병]
火	08	日 날일변	昉	밝을. 본받을. 비로소.
金	08	攵 攴 등글월문변 칠복변	放·	놓을. 석방. 내놓을. 방자할.
水	09	厂 민엄호변	厖	두터울. 클. 넉넉할. 섞일.
木	08 10	艹 艸 풀초변 초두변	芳·	꽃다울. 향기. 이름 빛날.
木	10	糸 실사변	紡	길쌈. 지을. 실. 걸. 비단.
木	10	舟 배주변	舫	뗏목. 방주. 배.

火 10 人 倣· 본받을. 본뜰. 모방할.
사람인변

土 10 方 旁 곁. 옆. 널리. 두루. 방. 기댈. [팽]
모방변

水 08 月 10 肉 肪 살찔. 비계. 기름.
육달월변 고기육변

水 10 虫 蚌 민물조개. 씹조개. 방합.
벌레충변

木 11 方 旊 옹기장이. 질그릇장이.
모방변

木 11 木 梆 목탁. 목어. 대통 칠.
나무목변

土 07 阝 11 邑 邦· 나라. 姓.
우방변 고을읍변

金 11 言 訪· 방문하다. 찾을. 뵈올.
말씀언변

木 12 舟 舽 배. 오나라 배.
배주변

火 12 人 傍· 곁. 방. 의지할.
사람인변

土 07 阝 12 阜 防· 둑. 방죽. 막을. 대비하다.
좌방변 언덕부변

火 13 彳 徬 시중 들. 거닐. 배회할. 붙어갈.
두인변

木 14 木 榜 방 붙일. 고시할. 알릴.
나무목변

木 13 扌 14 手 搒 가릴. 볼기 칠. 매질.
재방변 손수변

木 14 片 牓 표할. 방 써붙일. 게시판.
조각편변

火 14 髟 髣 비슷할. 닮을.
터럭발변

水 13 氵 14 水 滂 비 퍼부을. 큰비.
삼수변 물수변

金 15 石 磅 돌 소리.
돌석변

水 15 魚 魴 방어. 姓.
물고기어변

木 14 艹 16 艸 蒡 인동덩굴. 우엉.
풀초변 초두변

水 14 月 16 肉 膀 방광. 오줌통.
육달월변 고기육변

水 16 虫 螃 방게.
벌레충변

木 17 巾 幫 도울. 곁들.
수건건변

木 12 巾 幇 幫자와 통용
수건건변

오행	획수 / 부수	한자	뜻
金	17 言 말씀언변	謗	흉볼. 헐뜯을. 비방.
金	18 金 쇠금변	鎊	파운드. 영국 화폐 단위. 깎을.
土	19 龍 용룡변	龐	클. 높을. 姓.

배

오행	획수 / 부수	한자	뜻
水	05 匕 비수비변	北	등지다. 달아나다. 배 ↔ 북 [통용]
木	05 扌 재방변 06 手 손수변	扒	뽑을. 뺄.
土	07 土 흙토변	坏	집 뒷담. 굽지 않은 기와. 흙칠할. 언덕.
金	07 貝 조개패변	貝	조개. 재물. 姓. 배 ↔ 패 [통용]
木	08 木 나무목변	杯·	잔. 술잔.
木	09 皿 그릇명변	盃	杯자와 통용
木	09 手 손수변	拜·	절할. 감사할. 삼가고 공경할.
火	09 人 사람인변	俖	옳지 못할. 아니 될. 불가하다.
火	10 人 사람인변	俳	배우. 광대. 익살. 장난.
火	10 人 사람인변	倍·	갑절. 더할. 곱. 곱할.
金	10 酉 닭유변	配·	짝. 배필. 나눌.
土	11 土 흙토변	培·	북돋울. 가꿀. 다스릴.
土	11 彳 두인변	徘	어정거릴. 노닐. 배회할.
水	09 月 육달월변 11 肉 고기육변	胚	잉태. 아이 밸.
水	09 月 육달월변 11 肉 고기육변	背·	등. 뒤. 등질. 어길. 배반할.
木	11 扌 재방변 12 手 손수변	排·	밀칠. 밀어낼. 물리칠.
火	12 火 불화변	焙	불에 쬐다. 쬘. 배롱.
金	12 王 임금왕변 13 玉 구슬옥변	琲	구슬꿰미. 꿸.
水	12 氵 삼수변 13 水 물수변	湃	물소리. 물결 칠.

참고	
참고	작명은 소리(音)로만, 뜻(訓)으로만, 또는 소리(音)와 뜻(訓)으로 모두 할 수 있다.

木 14 衣 옷의변 **裴** 옷 길. 옷 치렁치렁할. 姓.

木 14 衣 옷의변 **裵** 裴자와 통용

木 14 15 衤 衣 옷의변 **褙** 속적삼. 배자. 속옷.

火 15 車 수레거변 **輩**· 무리. 동아리. 떼 지을.

金 15 貝 조개패변 **賠** 물어줄. 보상할. 배상할.

木 14 16 艹 艸 풀초변 초두변 **蓓** 꽃망울. 꽃봉오리.

土 11 16 阝 阜 좌방변 언덕부변 **陪** 모실. 도울. 더할.

木 15 17 艹 艸 풀초변 초두변 **蓓** 꽃봉오리. 황배풀.

백

金 05 白 흰백변 **白**· 흰. 흴. 정결할. 밝을.

水 06 白 흰백변 **百**· 일백. 많을.

火 07 人 사람인변 **伯**· 맏. 첫. 우두머리. 작위.

木 08 巾 수건건변 **帛** 비단. 명주. 폐백.

火 08 人 사람인변 **佰** 일백. 우두머리.

木 09 木 나무목변 **柏** 잣. 크다. 다가오다.

木 10 木 나무목변 **栢** 柏자와 통용

金 09 10 王 玉 임금왕변 구슬옥변 **珀** 호박. 백 ↔ 박 [통용]

木 09 11 艹 艸 풀초변 초두변 **苩** 성씨. 姓.

火 12 走 달릴주변 **趏** 넘칠. 급할. 넘을.

火 15 鬼 귀신귀변 **魄** 혼. 넋. 몸. 달빛. [박. 탁]

번

木 10 11 衤 衣 옷의변 **袢** 속옷. 등거리. 여름옷.

土 12 田 밭전변 **番**· 차례. 번. 번들.

火 13 火 불화변 **煩**· 번거로울. 번민할.

木 15 幡 巾 수건건변 — 깃발. 표기. 나부낄.

木 15 樊 木 나무목변 — 울타리. 에워쌀. 우리.

火 16 燔 火 불화변 — 구울. 말릴. 불사를.

木 17 繁· 糸 실사변 — 성할. 많을. 번성할. 무성할.

金 17 磻 石 돌석변 — 물 이름. 낚시터. 반계. [파] 번 ↔ 반 [통용]

木 18 繙 糸 실사변 — 되풀이할. 풀. 펴 볼. 번역할.

木 16 18 蕃 艹 艸 풀초변 초두변 — 우거질. 번성할. 불을. 많을.

水 16 18 膰 月 肉 육달월변 고기육변 — 제육. 제사 지낸 삶은 고기.

木 19 21 藩 艹 艸 풀초변 초두변 — 울타리. 지경. 지킬. 휘장.

火 21 飜· 飛 날비변 — 번역할. 날. 나부낄. 뒤집을.

火 18 翻 羽 깃우변 — 飜자와 통용

木 21 23 蘩 艹 艸 풀초변 초두변 — 산 흰쑥. 사철쑥. 새발쑥.

벌

火 06 伐· 人 사람인변 — 벨. 칠. 정벌. 공적.

木 12 筏 竹 대죽변 — 뗏목. 큰 배.

木 14 閥 門 문문변 — 공로. 공훈. 문벌. 가문.

木 14 15 罰· 罒 网 그물망변 — 죄. 벌 줄. 벌.

木 16 橃 木 나무목변 — 떼 (뗏목). 큰 배.

木 15 16 罸 罒 网 그물망변 — 꾸짖을. 벌. 죄.

범

水 03 凡· 几 안석궤변 — 무릇. 대강. 보통. 평범할. 姓.

木 06 帆 巾 수건건변 — 돛단배. 돛.

土 05 06 犯· 犭 犬 개사슴록변 개견변 — 죄인. 죄. 범할. 어긋날.

水 05 06 氾 氵 水 삼수변 물수변 — 넘칠. 넓을. 땅 이름.

오행	획수	한자	뜻
木	07 木 나무목변	杋	나무 이름.
水	06 07 氵 水 삼수변 물수변	汎	넓을. 물에 뜰. 물 이름.
水	08 09 氵 水 삼수변 물수변	泛	뜰. 물 찰. 넓을. [봉. 핍]
金	10 言 말씀언변	訉	말 많을. 수다스럴.
木	11 木 나무목변	梵	깨끗할. 불경. 범어.
木	09 11 艹 艸 풀초변 초두변	范	풀 이름. 벌풀(풀이름).벌(蠭). 姓.
木	11 竹 대죽변	笵	본보기. 법. 대쪽.
金	11 金 쇠금변	釩	떨칠. 털다.
水	12 13 氵 水 삼수변 물수변	渢	풍류 소리. [풍]
木	15 竹 대죽변	範·	법. 본보기. 모뜰. 떳떳.
水	14 15 氵 水 삼수변 물수변	潘	뜰. 뜨는 모양. [반]
木	19 風 바람풍변	颿	말 달릴. 돛. 빠를.

법

오행	획수	한자	뜻
水	08 09 氵 水 삼수변 물수변	法·	법. 방법. 본받을.
金	12 13 王 玉 임금왕변 구슬옥변	琺	법랑 (불투명 유리 물질).

벽

오행	획수	한자	뜻
金	13 辛 매울신변	辟	임금. 천자. 법. [피]
金	14 石 돌석변	碧·	푸를. 푸른. 옥.
火	15 人 사람인변	僻	후미질. 궁벽할. 치우칠. 간사할. [비]
金	15 刂 刀 선칼도변 칼도변	劈	쪼갤. 빠갤. 가를.
土	16 土 흙토변	壁·	벽. 울타리. 진터.
木	17 木 나무목변	檗	황경나무. 회양목.
木	21 23 艹 艸 풀초변 초두변	蘗	檗자와 통용
木	17 手 손수변	擘	엄지손가락. 쪼갤. 당길.

자원오행	획수	부수	한자	뜻
木	16 17	扌 手 재방변 손수변	擗	가슴 칠. 빠갤. 쪼갤.
土	18	瓦 기와와변	甓	벽돌. 기와.
金	18	玉 구슬옥변	璧	아름다운 옥. 구슬.
水	18	疒 병질엄변	癖	버릇. 즐길. 습관. 적병 (積病:소화불량).
木	19	衣 옷의변	襞	옷 주름. 치맛주름. 옷 접을.
土	20	田 밭전변	疈	쪼갤. 가를.
木	21	門 문문변	闢	열. 열릴. 개간할. 나눌. 피할. 물리칠.
水	21	雨 비우변	霹	벼락. 천둥.
火	24	鳥 새조변	鷿	논병아리. 강오리.
土	26	黽 맹꽁이변	鼊	거북.

변

자원오행	획수	부수	한자	뜻
土	04	卜 점복변	卞	법. 법도. 姓.
木	05	廾 스물입발변	弁	고깔. 빠를. 급할. 서두를. [반]
火	07	釆 분별할변	釆	분별할. 나눌.　→ 辨의 [本字]
木	07 08	扌 手 재방변 손수변	抃	손뼉 칠. 손장단 칠.
火	07 08	忄 心 심방변 마음심변	忭	좋아할. 기쁠. 즐거울.
火	09	人 사람인변	便	문득. 곧. 소식. 똥오줌. 변 ↔ 편 [통용]
金	13	貝 조개패변	賆	더할.
水	12 14	月 肉 육달월변 고기육변	胼	살갗 틀. 못박힐. 굳은살.
火	16	馬 말마변	駢	나란히 할. 한방에 멜. 군살.
火	16	鳥 새조변	鴘	매. 두 살 된 매. 묵인 매.
火	16	骨 뼈골변	骿	통갈비. 굳은살.
金	16	辛 매울신변	辨·	분별할. 가릴. 나누다.
木	20	糸 실사변	辮	땋을. 맺을. 얽을. 엮을.

오행	획수·부수	한자	뜻
金	21 辛 매울신변	辯·	말 잘할. 말. 따질. 바로잡을.
土	19 22 辶 辵 책받침변 갖은책받침변	邊·	갓 (가). 가장자리. 근처. 변방. 국경.
金	23 言 말씀언변	變·	변할. 달라질. 고칠. 변고.
木	25 竹 대죽변	籩	제기 이름. 대 제기. 벼슬 이름.

별

오행	획수·부수	한자	뜻
金	07 刂 刀 선칼도변 칼도변	別·	나눌. 구별. 이별. 헤어질.
火	09 火 불화변	炦	불기운. 김 오를. 별↔발 [통용]
土	12 力 힘력변	[illegible]	힘센 모양. 클.
木	11 13 艹 艸 풀초변 초두변	莂	모종 낼. 옮겨 심을.
木	13 香 향기향변	[illegible]	향기 날. 향기.
金	15 弓 활궁변	彆	활 뒤틀릴. 껄끄러울.
木	17 目 눈목변	瞥	잠깐. 얼핏 볼.
木	17 香 향기향변	[illegible]	향기 날.
木	17 18 衤 衣 옷의변	襒	떨치다. 떨어낼. 옷 털다.
火	23 鳥 새조변	鷩	붉은 꿩.
土	25 黽 맹꽁이변	鼈	자라. 姓.
水	23 魚 물고기어변	鱉	鼈자와 통용

병

오행	획수·부수	한자	뜻
火	05 一 한일변	丙·	남녘. 셋째 천간.

주의: 字源五行의 一변은 木에 해당되나 訓에 의거, 天干 丙은 火에 해당 火로 기준

오행	획수·부수	한자	뜻
金	07 八 여덟팔변	兵·	병졸. 군사. 무기.
木	08 干 방패간변	幷	아우를. 어울릴. [本字]
木	06 干 방패간변	并	幷자와 통용 [俗字]
木	08 禾 벼화변	秉	잡을. 자루. 볏단.

木 08 09 抦 扌 手 — 잡을.
재방변 손수변

木 09 柄 木 — 자루. 손잡이. 권세. 근본.
나무목변

木 12 棅 木 — 柄자와 통용
나무목변

火 09 昞 日 — 밝을. 빛날.
날일변

火 09 昺 日 — 昞자와 통용
날일변

火 09 炳 火 — 빛날. 밝을.
불화변

火 10 倂 人 — 아우를. 나란히 할. 다툴.
사람인변

金 10 竝· 立 — 나란할. 아우를. 곁.
설립변

火 08 並 一 — 竝자와 통용
한일변

水 10 病· 疒 — 병. 근심할. 흠. 앓을.
병질엄변

水 11 屛· 尸 — 병풍. 가릴. 담.
주검시변

土 13 甁 瓦 — 단지. 병. 두레박. 시루.
기와와변

土 10 13 迸 辶 辵 — 달아날. 도망할. 솟아나올.
책받침변 갖은책받침변

金 13 鈵 金 — 단단할. 굳을.
쇠금변

木 14 絣 糸 — 이을. 튀길. 나란히 놓을. 먹줄.
실사변

土 14 缾 缶 — 물장군. 물통. 병. 두레박.
장군부변

火 15 輧 車 — 수레. 부인의 수레. [변]
수레거변

金 16 鉼 金 — 금덩이. 금화. 은화. [本字]
쇠금변

金 14 鉼 金 — 鉼자와 통용 [俗字]
쇠금변

水 17 餠 食 — 떡.
밥식변

火 18 駢 馬 — 나란히 할. 땅 이름.
말마변

보

土 07 步· 止 — 걸음. 걸을. 보병.
그칠지변

土 08 歩 止 — 歩자와 통용
그칠지변

오행	획수	한자	뜻
水	07 用 쓸용변	甫	클. 많을. 비로소. 아무개 (남자의 미칭).
金	07 08 王 玉 임금왕변 구슬옥변	玨	옥그릇.
火	09 人 사람인변	保·	보증. 보전할. 지킬. 기를.
火	09 人 사람인변	俌	도울.
水	09 10 氵 水 삼수변 물수변	洑	보 막을. 보 (흐르는 물을 막아 가두는 곳). [국]. [복]
火	11 火 불화변	烳	횃불.
木	12 目 눈목변	䀯	볼. 보다.
火	12 日 날일변	普·	넓을. 두루. 클.
土	12 土 흙토변	堡	제방. 방죽. 둑.
土	12 土 흙토변	報·	갚을. 알릴. 대답할. 여쭐.
金	12 皿 그릇명변	盙	제기 이름. 대 제기. 보궤.
木	12 13 衤 衣 옷의변	補·	도울. 기울. 고칠. 수선할.
水	12 13 氵 水 삼수변 물수변	湺	보. 물 이름. 사람 이름. [선]
木	12 14 艹 艸 풀초변 초두변	菩	보살. 보리. [배]
火	14 車 수레거변	輔	도울. 덧방나무.
水	13 14 氵 水 삼수변 물수변	溥	클. 두루. 넓을. [박] 보 ↔ 부 [통용]
木	13 15 艹 艸 풀초변 초두변	葆	풀 성할. 풀 더부룩할. 감출.
木	14 15 衤 衣 옷의변	褓	포대기.
火	15 鳥 새조변	鴇	능에 (새의 종류). 너새. 넉새.
水	15 16 氵 水 삼수변 물수변	潽	물 이름. 물 넓을.
木	18 竹 대죽변	簠	제기 이름. 대 제기. 보궤.
木	19 黹 바느질치변	黼	수 (繡). 보불. 예복 이름.
金	19 言 말씀언변	譜·	족보. 계보. 악보. 문서.
金	20 宀 갓머리변	寶·	보배. 보물. 돈.

오행	획수	한자	뜻
金	08 (宀 갓머리변 / 玉 구슬옥변)	宝	寶자와 통용
金	10 11 (王 임금왕변 / 玉 구슬옥변)	珤	寶자와 통용
金	10 11 (王 임금왕변 / 玉 구슬옥변)	琔	寶자와 통용
金	27 (雨 비우변)	靌	보배. 서옥. 귀할. 돈. 옥새.

주의 (전산폰트) 필순이 26획으로 보이나(전산오류로 사료됨) 字典에 27획이므로 27획 기준

복

오행	획수	한자	뜻
火	02 (卜 점복변)	卜·	점. 점칠. 姓.
木	05 06 (扌 재방변 / 手 손수변)	扑	칠. 회초리. 매. 사람 이름. 姓. [밀]
火	06 (人 사람인변)	伏·	엎드릴. 숨을. 굴복할. 절후.
木	08 (宀 갓머리변)	宓	사람 이름. 편안할. 비밀. 엎드릴. 姓. [밀]
水	08 (月 달월변)	服·	옷. 의복. 입을. 일할.
土	11 (勹 쌀포변)	匐	기어갈. 엎드릴.
木	10 12 (艹 풀초변 / 艸 초두변)	茯	복령 (버섯의 일종).
火	12 (彳 두인변)	復·	거듭. 회복할. 돌아올. 뒤집을. 복 ↔ 부[통용]

주의 復字는 복, 또는 부로 두 가지 발음을 동시에 인정한다.

오행	획수	한자	뜻
木	14 (示 보일시변)	福·	복. 행복. 상서로울.
木	12 14 (艹 풀초변 / 艸 초두변)	菔	무. 채소.
木	14 (竹 대죽변)	箙	화살통. 전동 (화살통).
火	14 (人 사람인변)	僕	하인. 종. 마부.
木	15 (巾 수건건변)	幞	두건. 머리동이.
木	14 15 (衤 옷의변 / 衣)	複·	겹칠. 거듭. 겹옷.
土	15 (土 흙토변)	墣	흙덩어리.
土	13 15 (月 육달월변 / 肉 고기육변)	腹·	배. 마음. 창자.

오행	획수	한자	뜻
水	15 虫 벌레충변	蝠	박쥐. 노랑가오리.
水	15 虫 벌레충변	蝮	살모사. 독사.
火	16 車 수레거변	輹	바퀴통. 당토. 복토.
火	16 車 수레거변	輻	바퀴살. 다투어 모일. [부] 복 ↔ 폭 [통용]
木	15 艹 풀초변 17 艸 초두변	蔔	치자꽃. 무.
金	17 金 쇠금변	鍑	가마솥. 아가리 큰 솥.
木	18 香 향기향변	馥	향기. 향기로울.
金	18 襾 덮을아변	覆·	뒤집을. 엎어질. 다시. [부]
水	17 氵 삼수변 18 水 물수변	濮	물 이름. 강 이름.
火	19 鳥 새조변	鵬	새 이름. 산올빼미. 부엉이.
水	20 魚 물고기어변	鰒	전복. 오분자기.

참고	대법원에서 선정한 인명용 한자란 성(姓)을 제외한 이름(名)의 한자를 말한다.

본

오행	획수	한자	뜻
木	05 木 나무목변	本·	근본. 밑. 뿌리. 원래의 것.

볼

오행	획수	한자	뜻
木	08 乙 새을변	乶	땅 이름. 음역자. [국]

주의	우리말에서 '볼'음을 표기하는 글자로 뜻은 없음. 우리나라 한자

봉

오행	획수	한자	뜻
木	04 丨 뚫을곤변	丰	예쁠. 성할. 우거질.
水	07 夂 뒤져올치변	夆	끌어당길. 만날. 이끌.
木	08 大 큰대변	奉·	받들. 姓.
木	07 艹 풀초변 09 艸 초두변	芃	풀 무성할.
土	09 寸 마디촌변	封·	봉할. 제후 봉할.
火	10 人 사람인변	俸	녹. 녹봉. 봉급.

자원오행	획수	부수	한자	뜻
土	10	山 메산변	峯·	봉우리.
土	10	山 메산변	峰	峯자와 통용
火	11	火 불화변	烽	봉화.
木	11 12	扌 재방변 / 手 손수변	捧	받들. 들.
木	12	木 나무목변	棒	몽둥이. 봉. 두드릴. 칠.
木	13	糸 실사변	綘	꿰맬. 옷 솔기. 바느질할.
金	12 13	王 임금왕변 / 玉 구슬옥변	琫	칼 장식. 칼 치장.
水	13	虫 벌레충변	蜂·	벌.
木	12 14	艹 풀초변 / 艸 초두변	菶	풀 무성할. 우거질.
火	14	鳥 새조변	鳳·	새. 봉황의 수컷. 姓.
土	11 14	辶 책받침변 / 辵 갖은책받침변	逢·	만날. 맞을.
火	15	火 불화변	熢	봉화. 봉화대. 연기 자욱할. → 烽 [수]
火	15	鳥 새조변	鴌	봉황. 봉황의 수컷. 꿩. [국]
金	15	金 쇠금변	鋒	칼날. 날. 끝. 병기.
水	14 15	氵 삼수변 / 水 물수변	漨	물 이름.
水	10 11	氵 삼수변 / 水 물수변	浲	漨자와 통용
木	17	竹 대죽변	篷	뜸.
木	15 17	艹 풀초변 / 艸 초두변	蓬	쑥. 봉래.
木	17	糸 실사변	縫	꿰맬. 기울.

부

자원오행	획수	부수	한자	뜻
木	04	大 큰대변	夫·	지아비. 사내. 남편. 姓.
木	04	父 아비부변	父·	아비. 아버지. [보]
水	04	一 한일변	不	아닐. 아니. 아닌가. 부 ↔ 불 [통용]
火	05	人 사람인변	付·	부탁할. 줄. 청할. 붙일. 붙을.

오행	획수	한자	뜻
土	06 缶 장군부변	缶	질장구. 장군. 용량 이름.
水	07 口 입구변	否·	아닐. 아니. [비]
水	07 子 아들자변	孚	기를. 믿을.
木	07 08 扌 手 재방변 손수변	扶·	부축할. 붙들. 도울.
木	07 08 扌 手 재방변 손수변	抔	움킬. 줌. 움켜 쥘.
土	08 广 엄호변	府·	관청. 마을. 고을.
土	08 阜 언덕부변	阜	언덕. 땅. 클. 살찔. 성할.
金	08 斤 날근변	斧	도끼. 찍을. 벨.
水	08 口 입구변	咐	분부할. 숨을 내쉴. 불.
木	08 09 扌 手 재방변 손수변	拊	어루만질. 손잡이. 칠. 풍류 이름.
火	09 人 사람인변	俘	사로잡을. 포로. 볼모.
火	09 走 달릴주변	赴·	다다를. 향할. 나아갈. 알릴.
金	08 09 王 玉 임금왕변 구슬옥변	玞	옥돌.
金	09 言 말씀언변	訃	부고. 부음. 알릴. 이를.
金	09 貝 조개패변	負·	빚질. 짐 질. 패할.
木	10 示 보일시변	祔	합장할. 합사할. 제사 이름.
木	08 10 艹 艸 풀초변 초두변	芣	질경이. 질장구.
木	08 10 艹 艸 풀초변 초두변	芙	연꽃. 부용.
木	09 10 罒 网 그물망변	罘	토끼그물. 그물. 병풍.
火	10 人 사람인변	俯	숙일. 누울. 숨을.
金	10 刂 刀 선칼도변 칼도변	剖	쪼갤. 가를. 갈라질.
金	10 金 쇠금변	釜	가마. 가마솥. 용량 단위.
水	10 虫 벌레충변	蚨	파랑강충이. 청부 (青蚨). 물나비.
木	11 木 나무목변	桴	북채. 집 마룻대. 뜰. 떼.

木 | 11 竹 대죽변 | **符**· | 부적. 부신. 부호.

木 | 09 ⺾ 풀초변 11 艸 초두변 | **苻** | 귀목풀. 껍질. 목풀. 姓.

木 | 10 衤 11 衣 옷의변 | **袝** | 외출복. 고운 옷. 나들이옷.

土 | 11 土 흙토변 | **埠** | 부두. 선창.

土 | 11 女 계집녀변 | **婦**· | 아내. 며느리. 지어미.

土 | 11 𧾷 足 발족변 | **趺** | 책상다리. 받침. 발뒤꿈치. 발등.

金 | 11 刂 선칼도변 刀 칼도변 | **副**· | 버금. 다음. 둘째.

水 | 10 氵 삼수변 11 水 물수변 | **浮**· | 뜰. 가벼울. 근거 없을.

水 | 09 月 육달월변 11 肉 고기육변 | **腑** | 장부. 육부. 내장. 부 ↔ 주 [통용]

주의　음이 주일 때 → 팔꿈치 주
음이 부일 때 → 장부, 육부, 종기 부

木 | 12 宀 갓머리변 | **富**· | 부자. 넉넉할.

木 | 11 扌 재방변 12 手 손수변 | **掊** | 잡을. 쥘. 거둘. 뽑을.

火 | 12 人 사람인변 | **傅** | 후견인. 스승.

火 | 12 彳 두인변 | **復** | 다시. 덮을. 중복. 되풀이. 부 ↔ 복 [통용]

주의　復字는 복, 또는 부로 두 가지 발음을 동시에 인정한다.

土 | 12 女 계집녀변 | **媍** | 며느리. 아내. 지어미.

土 | 𧾷 12 足 발족변 | **跗** | 발등. 받침. 열매의 껍질.

金 | 12 金 쇠금변 | **鈇** | 도끼. 작두.

水 | 11 氵 삼수변 12 水 물수변 | **涪** | 물거품. 물 이름.

木 | 12 罒 13 网 그물망변 | **罘** | 새그물. 그물.

木 | 13 竹 대죽변 | **筟** | 대 속청. 대청. 북통.

木 | 11 ⺾ 풀초변 13 艸 초두변 | **莩** | 풀 이름. 갈대청. 독말풀. [표]

木 | 11 ⺾ 풀초변 13 艸 초두변 | **莩** | 연잎 이을. 무성할. 널리 퍼질.

木 | 13 舟 배주변 | **艀** | 거룻배.

木 13 裒 모을.
衣 모일. 줄.
옷의변

火 13 梟 물오리.
鳥
새조변

土 08 13 附· 붙일.
阝 阜 붙을. 부착할. 의탁할.
좌방변 언덕부변 가까이할.

水 13 蜉 하루살이.
虫 왕개미.
벌레충변

木 14 榑 뽕나무.
木 해돋이 뽕나무. 부상.
나무목변

金 14 賦· 세금.
貝 거둘. 구실. 부세. 부역.
조개패변

水 14 孵 알 깔.
子 알 깰. 자랄.
아들자변

水 13 14 溥 넓을.
氵 水 클. 물 이름.
삼수변 물수변 부 ↔ 보 [통용]

水 14 腐· 썩을.
肉 상할.
고기육변

水 12 14 腑 오장육부.
月 肉 장부.
육달월변 고기육변

木 15 麩 밀기울.
麥
보리맥변

火 15 頫 구부릴.
頁 머리 숙일.
머리혈변

火 15 駙 곁말.
馬 접근. 가까울. 빠를.
말마변

土 11 15 部· 부문.
阝 邑 떼. 나눌. 분류.
우방변 고을읍변

金 15 敷 베풀.
攵 攴 펼.
등글월문변 칠복변

水 16 鮒 붕어.
魚
물고기어변

木 15 17 蔀 볕 가리개.
艹 艸 거적. 차양. 떼적.
풀초변 초두변

金 17 賻 부의.
貝 부의할.
조개패변

水 15 17 膚 피부.
月 肉 살. 살갗. 얕을.
육달월변 고기육변

木 19 簿· 장부.
竹 문서.
대죽변

북

水 05 北· 북녘.
匕 북 ↔ 배 [통용]
비수비변

분

金 04 分· 구별할.
刀 나눌.
칼도변

木 07 巾 **帉** 걸레. 차는 수건. 행주.
수건건변

火 07 人 **体** 용렬할. 거칠. 상여꾼. [체]
사람인변

土 07 土 **坌** 먼지. 티끌. 아우를. 모을.
흙토변

水 07 口 **吩** 분부할. 명령할.
입구변

木 08 木 **枌** 나무 이름. 흰느릅나무.
나무목변

木 07 扌 08 手 **扮** 꾸밀. 쥘. 섞을. 아우를.
재방변 손수변

火 08 心 **忿** 성낼. 원망할.
마음심변

火 08 日 **昐** 햇빛. 일광.
날일변

水 07 氵 08 水 **汾** 물 이름. 물이 빙 도는 모양.
삼수변 물수변

水 08 气 **氛** 기운. 요기. 성한 모양.
기운기변

木 09 大 **奔**· 분주할. 달아날. 패할. 달릴. 바쁠.
큰대변

주의	속자 8획 본자 9획으로 혼용, (전산폰트) 필순이 8획으로 보이나, 성명학(++)은 9획 기준

金 09 皿 **盆** 화분. 동이.
그릇명변

金 09 石 **砏** 큰 소리.
돌석변

木 08 艹 10 艸 **芬** 꽃다울. 향기.
풀초변 초두변

木 10 米 **粉**· 가루. 분.
쌀미변

木 10 糸 **紛**· 어지러울. 엉클어질. 시끄러울.
실사변

土 10 田 **畚** 삼태기. 가래. 삽. 흙삼태기.
밭전변

水 08 月 10 肉 **肦** 머리 클. 머리 모양.
육달월변 고기육변 분 ↔ 반 [통용]

木 11 竹 **笨** 거칠. 추잡할. 못생길. 대나무 속껍질.
대죽변

木 12 木 **棻** 향나무. 나무 많을.
나무목변

木 12 木 **棼** 마룻대. 겯들보.
나무목변

火 12 火 **焚** 불사를. 태울.
불화변

土 12 牛 **犇** 소 놀라 뛸. 달릴.
소우변

水 12 雰 안개.
雨 눈 날릴.
비우변

金 13 賁 클.
貝 큰 북. [비. 륙]
조개패변

주의	속자 12획 본자 13획으로 혼용, (전산폰트) 필순이 12획으로 보이나,성명학(++)은 13획 기준

水 12 13 湓 용솟음할.
氵 水 물 넘칠. 물소리.
삼수변 물수변

木 16 奮· 성낼.
大 명성 떨칠. 힘쓸.
큰대변

木 16 黺 오색 수.
黹 채색 무늬. 수놓을.
바느질치변

土 16 墳· 무덤.
土 봉분.
흙토변

주의	속자 15획 본자 16획으로 혼용, (전산폰트) 필순이 15획으로 보이나,성명학(++)은 16획 기준

水 16 噴 뿜을.
口 재채기할. 꾸짖을.
입구변

주의	속자 15획 본자 16획으로 혼용, (전산폰트) 필순이 15획으로 보이나,성명학(++)은 16획 기준

木 17 糞 똥.
米 대변.
쌀미변

火 16 17 憤· 분할.
忄 心 분노. 성낼.
심방변 마음심변

주의	속자 15~16획, 본자 16~17획으로 혼용, (전산폰트) 필순이 15~16획으로 보이나, 성명학(++)은 16~17획 기준

水 16 17 濆 물 솟을.
氵 水 물가. 뿜을. 물 이름.
삼수변 물수변

주의	속자 15~16획, 본자 16~17획으로 혼용, (전산폰트) 필순이 15~16획으로 보이나, 성명학(++)은 16~17획 기준

水 17 鼢 두더지.
鼠
쥐서변

木 16 18 蕡 열매 많을.
艹 艸 삼씨.
풀초변 초두변

火 20 轒 싸움수레.
車 병거. 전차.
수레거변

주의	속자 19획 본자 20획으로 혼용, (전산폰트) 필순이 19획으로 보이나,성명학(++)은 20획 기준

水 17 19 膹 곰국.
月 肉 고깃국. 삶은 고기.
육달월변 고기육변

주의	(전산폰트) 16~18획으로 보이나, 字典에 (++) 17~19획이므로 성명학은 17~19획으로 기준 (참고 : 本字, 俗字가 따로 없다)

불

水 04 不· 아닐.
一 못할. 없을.
한일변
불 ↔ 부 [통용]

木	05	弓 활궁변	弗	달러(dollar). 美 화폐 단위. 아닐. 어길.
火	07	人 사람인변	佛·	부처.
火	08	彳 두인변	彿	비슷할. 서로 같을.
土	08	山 메산변	岪	산길 (산허리 빙 두른 산길).
木	08 09	扌 手 재방변 손수변	拂·	떨칠. 떨어뜨릴. 도울.
木	10	示 보일시변	祓	푸닥거리. 굿할. 소멸할. 떨.
木	09 11	艹 艸 풀초변 초두변	茀	풀 무성할. 우거질. 다스릴.
木	11	糸 실사변	紱	인끈. 얽을.
土	11	色 빛색변	艴	성낼. 화낼. 성 발끈 낼.
金	14	韋 가죽위변	韍	폐슬. 슬갑. 인끈. 제사옷.
火	15	髟 터럭발변	髴	비슷할. 부인 머리 치장할.
木	17	黹 바느질치변	黻	수. 수놓은 예복. 보불.

붕

水	08	月 달월변	朋·	벗. 친구. 무리.
土	11	土 흙토변	堋	광중. 장사지낼. 흙 덮을.
土	11	山 메산변	崩·	임금 죽을. 무너질.
木	12	木 나무목변	棚	선반. 시렁. 누각.
金	13	石 돌석변	硼	붕사. 붕산. 돌 이름. [평]
水	14 15	氵 水 삼수변 물수변	漰	물결 소리. 묻을. 보.
木	17	糸 실사변	繃	묶을. 감을. 포대기.
火	18	髟 터럭발변	鬅	더벅머리. 머리 헝클어질.
火	19	鳥 새조변	鵬	붕새. 새.

비

金	02	匕 비수비변	匕	숟가락. 비수.

오행	획수	부수	한자	뜻
火	04	比 견줄비변	比·	견줄. 비교. 비례. 나란할.
金	05	广 엄호변	庀	다스릴.
水	05	一 한일변	丕	클. 으뜸. 姓.
火	06	人 사람인변	仳	이별할. 떠날. 추한 모양. 못생긴 여자.
土	06	土 흙토변	圮	무너질. 언덕 무너질. 흙다리.
土	06	女 계집녀변	妃·	왕비. 배필. 짝.
木	07	广 엄호변	庇	덮을. 가릴. 보호할. 의지할.
火	07	人 사람인변	伾	힘셀.
土	07	女 계집녀변	妣	죽은 어미. 어미 (어머니).
水	07	尸 주검시변	屁	방귀.
木	07 08	扌 手 재방변 손수변	批·	비평할. 뽑을. 깎아낼.
木	08	木 나무목변	枇	비파나무. 악기 이름. 참빗.
土	08	十 열십변	卑·	천할. 낮을.
水	07 08	氵 水 삼수변 물수변	沘	물 이름. 강 이름.
水	08	非 아닐비변	非·	아닐. 그를. 나무랄. 어긋날.
木	09	禾 벼화변	秕	쭉정이. 질 나쁜 쌀. 더럽힐.
火	09	飛 날비변	飛·	날. 빠를. 높을. 오르다.
火	09	比 견줄비변	毗	도울. 명백할. 밝을. 배꼽.
火	09	比 견줄비변	毘	毗자와 통용
土	08 09	犭 犬 개사슴록변 개견변	狉	삵 새끼. 떼지어 달릴.
土	08 09	犭 犬 개사슴록변 개견변	狒	원숭이. 짐승. 비비.
金	09	石 돌석변	砒	비소. 비상.
水	08 09	氵 水 삼수변 물수변	沸	끓일. 끓는 물. [불]

주의 氵삼수 변 3획은 성명학에서는 水 물수 변 4획으로 사용됨

오행	획수	한자	뜻
水	08 09 氵 水 삼수변 물수변	泌	샘물 흐를. 스밀. 비 ↔ 필 [통용]
水	09 比 견줄비변	毖	삼갈. 고달플. 멀. 알릴.
木	10 匚 터진입구변	匪	대나무 상자. 담을. 아닐. [분]
木	10 示 보일시변	祕·	비밀. 숨길. 신비로울.
木	10 禾 벼화변	秘	祕자와 통용
木	08 10 艹 艸 풀초변 초두변	芘	풀 이름. 덮어 가릴.
木	08 10 艹 艸 풀초변 초두변	芾	작은 모양. 작을. 우거질. 나무 성할. [부. 불. 모]
木	10 糸 실사변	紕	가선. 꾸밀. 짤. 잘못할.
木	10 米 쌀미변	粃	쭉정이. 모를. 아닐.
火	10 人 사람인변	俾	더할. 도울. 유익할.
水	08 10 月 肉 육달월변 고기육변	肥·	거름. 살찔. 기름질.
水	10 虫 벌레충변	蚍	왕개미.
金	10 刂 刀 선칼도변 칼도변	剕	발 벨. 발 베일. 발꿈치 벨.
木	11 广 엄호변	庳	낮을. 지붕이 낮을. 짧을. 오두막집.
木	11 大 큰대변	奜	클.
土	11 土 흙토변	埤	더할. 붙을. 두터울.
土	11 女 계집녀변	婢·	여자종. 종. 여자의 낮춤말.
木	12 木 나무목변	棐	도지개. 돕다. 도울. 보좌할.
木	12 木 나무목변	椑	술통. 감나무.
木	12 文 글월문변	斐	문채 날. 아름다울.
木	12 戶 지게호변	扉	사립문. 문짝.
火	12 人 사람인변	備·	갖출. 준비할. 예방.
火	11 12 忄 心 심방변 마음심변	悱	표현 못할. 말 나오지 아니할. 분낼.
火	12 心 마음심변	悲·	슬퍼할. 슬플. 비애.

土	08 阝 우방변	12 邑 고을읍변	邳	클. 땅 이름.
金		12 貝 조개패변	費·	쓸. 소비할. 비용.
水	11 氵 삼수변	12 水 물수변	淝	물 이름. 근원이 같고 흐르는 곳이 다른 샘.
水	11 氵 삼수변	12 水 물수변	淠	물 이름. 많을. 무성할. 배 떠날.
水		12 疒 병질엄변	痞	뱃속 결릴. 아플. 뱃속 더부룩할.
木		13 目 눈목변	睥	흘겨볼. 곁눈질할.
木		13 門 문문변	閟	문 닫을. 닫을. 신비로울.
金	12 王 임금왕변	13 玉 구슬옥변	琵	비파.
金		13 石 돌석변	碑·	비석. 돌기둥.
水		13 疒 병질엄변	痺	저릴. 마비될. 암메추리.
水		13 疒 병질엄변	痹	습병. 저릴. 각기. 뻣뻣할.
木		14 木 나무목변	榧	비자나무.

木	12 艹 풀초변	14 艸 초두변	萆	며래 뿌리 (약초 일종). 비해. 도꼬로마. [폐. 벽. 쇄]
木	12 艹 풀초변	14 艸 초두변	菲	채소 이름. 엷을. 향초.
木	13 衤	14 衣 옷의변	裨	도울. 보탤. 줄. 붙을.
木		14 糸 실사변	緋	붉은 비단. 붉은 빛깔.
火		14 羽 깃우변	翡	물총새. 비취.
土	12 月 육달월변	14 肉 고기육변	脾	지라. 비위.
金		14 鼻 코비변	鼻·	코. 손잡이. 처음.
水		14 虫 벌레충변	蜚	곤충 이름. 바퀴벌레. 쌕쌔기. 날.
水	12 月 육달월변	14 肉 고기육변	腓	장딴지. 병들. 피할.
土	11 阝 우방변	15 邑 고을읍변	郫	고을 이름. 땅 이름.

주의 阝 우부방 변 3획은 성명학에서는 邑 고을 읍 변 7획으로 사용됨

金		15 言 말씀언변	誹	헐뜯을. 비방할.

오행	획수	부수	한자	뜻	부수 이름
木	14 16	艹 艸	蓖	피마자. 아주까리.	풀초변 초두변
木	16	竹	篦	참빗. 빗치개. 대칼. → 피 [本音]	대죽변
火	16	心	憊	고달플. 피곤할.	마음심변
土	11 16	阝 阜	陴	성가퀴 (성 위의 담). 더할. 보탤.	좌방변 언덕부변
水	16	雨	霏	눈 올. 눈 펄펄 내릴. 나부낄.	비우변
木	17	香	馡	향기로울.	향기향변
水	17	豸	貔	맹수 이름. 비휴 (표범과 맹수).	갖은돼지시변
火	18	馬	騑	곁말. 말 쉬지 않고 달릴.	말마변
土	14 18	阝 邑	鄙	더러울. 마을. 식읍. 두메.	우방변 고을읍변
金	18	骨	髀	넓적다리. 넓적다리뼈.	뼈골변
水	17 18	氵 水	濞	물소리. 물 급히 닥치는 소리.	삼수변 물수변
木	17 19	月 肉	臂	팔뚝. 팔. 쇠뇌 자루.	육달월변 고기육변
火	19	馬	騛	빠른 말. 준마. 말 뛸.	말마변
金	19	革	鞴	풀무. 수레 앞 (앞턱) 가로 댄 나무.	가죽혁변
火	19 20	罒 网	羆	큰곰. 말곰.	그물망변
金	20	言	譬	비유할. 깨달을.	말씀언변
金	21	貝	贔	힘쓸. 기운 낼. 힘찬 모양.	조개패변
金	21	鼓	鼙	작은북. 마상고(말 타고 치는 북).	북고변
火	22	車	轡	고삐. 말 잡아매 끄는 줄.	수레거변

빈

오행	획수	부수	한자	뜻	부수 이름
土	06	牛	牝	암컷. 자물쇠. 골짜기.	소우변
金	08 09	王 玉	玭	옥. 구슬 이름.	임금왕변 구슬옥변
木	11	文	斌	문채 날. 빛날.	글월문변

주의	字典에 따라 11획, 12획으로 혼용되나, 성명학에서는 11획 기준

오행	획수	부수	한자	뜻
火	11	彡 터럭삼변	**彬**	빛날. 밝을. 姓.
火	06	人 사람인변	**份**	彬자와 통용
土	07 11	阝 邑 우방변 고을읍변	**邠**	나라 이름. 빛날.
金	11	貝 조개패변	**貧**·	가난. 구차할. 모자랄.
水	10 11	氵 水 삼수변 물수변	**浜**	갯고랑. 배 매두는 갯고랑. 물가. 濱과 통용
金	14	貝 조개패변	**賓**·	손님. 손. 공경할. 姓.
火	16	人 사람인변	**儐**	인도할. 대접할.
火	16	頁 머리혈변	**頻**·	자주 할. 빈번할. 찡그릴.
土	17	女 계집녀변	**嬪**	궁녀. 계집. 아내. 귀녀.
水	17	豖 돼지시변	**豳**	나라 이름. 빈 ↔ 반 [통용]
木	17 18	扌 手 재방변 손수변	**擯**	물리칠. 배척할. 버릴.
木	18	木 나무목변	**檳**	빈랑나무. 빈랑.
金	18	貝 조개패변	**贇**	예쁠. 빛날. 빈 ↔ 윤[통용] [本音]
水	17 18	氵 水 삼수변 물수변	**濱**	가까울. 다가올. 임박할. 물가.
水	18	歹 죽을사변	**殯**	빈소. 염할. 초빈할. 파묻힐.
木	19	目 눈목변	**矉**	찡그릴. 이맛살 찌푸릴. →顰 [同字]
木	19	禾 벼화변	**穦**	향기.
金	18 19	王 玉 임금왕변 구슬옥변	**璸**	옥 무늬. 구슬 이름.

주의: 王 구슬옥 변(임금 왕) 4획은 성명학에서는 玉 구슬옥 변 5획으로 사용됨

오행	획수	부수	한자	뜻
水	19	口 입구변	**嚬**	찡그릴. 눈살을 찌푸릴.
水	19	雨 비우변	**霦**	옥광채.
木	20	糸 실사변	**繽**	성할. 왕성한 모양. 많을.
水	18 20	月 肉 육달월변 고기육변	**臏**	종지뼈. 정강이뼈. 빈형.
水	19 20	氵 水 삼수변 물수변	**瀕**	물가. 다가올.

자원오행	획수/부수	한자	뜻
水	20 虫 벌레충변	蠙	진주조개. [변]
木	20 22 艹 艸 풀초변 초두변	蘋	개구리밥. 마름. 꼴풀. 네가래.
金	22 金 쇠금변	鑌	강철. 갈아 광낼. 빈철.
木	23 香 향기향변	馪	향내 날. 향기 찌를.
火	24 頁 머리혈변	顰	찡그릴. 눈살 찌푸릴. 矉 [同字]
火	24 髟 터럭발변	鬢	구레나룻. 귀밑털. 살쩍.

참고	이름의 성(姓)은 반드시 漢字로 출생신고를 해야 하나, 이름(名)은 한자(인명용 한자 중에서) 또는 한글로 신고해야 한다.

빙

자원오행	획수/부수	한자	뜻
水	05 水 물수변	氷·	얼음. 얼.
木	08 几 안석궤변	凭	기댈. 의지할. 기대 걸. 증거.
土	10 女 계집녀변	娉	장가들. 예쁠.
火	13 耳 귀이변	聘·	부를. 방문. 청할. 장가들.
火	16 心 마음심변	憑	기댈. 의지할. 증거. 빙자할.
火	17 馬 말마변	騁	달릴. 펼. 발전시킬.

♣

참고	작명은 소리(音)로만, 뜻(訓)으로만, 또는 소리(音)와 뜻(訓)으로 모두 할 수 있다.

ㅅ

사

木 03 士· 선비. 사내. 군사. 벼슬. 士 선비사변

火 03 巳· 뱀. 여섯째 지지. 己 몸기변

火 05 04 四· 넉. 넷. 口 큰입구변

주의 필순은 5획이나, 성명학에서는 수의 의미를 획수로 하므로 4획 기준

火 05 仕· 벼슬할. 벼슬. 섬길. 人 사람인변

金 05 乍 잠깐. 언뜻. 차라리. [작] 丿 삐침변

水 05 史· 사기. 사관. 역사. 姓. 口 입구변

水 05 司· 맡을. 벼슬. 관리. 口 입구변

木 06 寺· 절. [시] 寸 마디촌변

木 06 糸 실. 糸 실사변

水 06 死· 죽을. 목숨. 歹 죽을사변

木 07 些 적을. 조금. 어조사. 二 두이변

木 07 私· 개인. 사사. 사사로이 할. 禾 벼화변

火 07 伺 엿볼. 찾을. 살필. 人 사람인변

火 07 似· 닮을. 같을. 비슷할. 人 사람인변

水 06 07 汜 지류. 물줄기. 물 이름. 氵 水 삼수변 물수변

木 08 事· 일. 섬길. 亅 갈고리궐변

木 08 卸 짐 부릴. (짐) 풀. (짐) 벗을. 卩 병부절변

木 08 社· 단체. 모일. 토지의 신. 示 보일시변

木 08 祀· 제사. 제사지낼. 示 보일시변

火 08 使· 사신. 하여금. 가령. 시킬. 人 사람인변

오행	획수	부수	한자	뜻
火	08	舌 혀설변	舍·	집. 가옥. 쉴. 놓을. 姓
土	08	女 계집녀변	姒	손윗동서. 맏동서.
水	08	口 입구변	咋	잠깐. 잠시. 갑자기. [색. 책]
水	07 08	氵 水 삼수변 물수변	沙·	모래. 고을 이름.
木	09	木 나무목변	査·	조사할. 사실할. 사돈.
木	09	木 나무목변	柶	숟가락. 수저. 윷. [국]
火	09	人 사람인변	俟	기다릴. 대기할. 떼지어 갈. [기]
火	09	心 마음심변	思·	생각. 사상. 뜻. 그리워할.
金	09	石 돌석변	砂	주사 (朱砂). 모래. 약 이름.
水	08 09	氵 水 삼수변 물수변	泗	물 이름. 콧물.
木	10	巾 수건건변	師·	스승. 군사.
木	10	示 보일시변	祠	사당. 제사. 신.
木	10	糸 실사변	紗	견직물. 깁. 무명실. [묘]
土	10	女 계집녀변	娑	가사. 춤 출. 범어의 음역.
土	10	寸 마디촌변	射·	쏠. 궁술. 빠를. [야. 석. 역]
金	10	刂 刀 선칼도변 칼도변	剚	칼 꽂을. 찌를.
水	10	口 입구변	唆	부추길. 꼬드길. 꾈. 교사. 姓.
木	11	木 나무목변	梭	북 (베틀에 달린 제구).
木	11	竹 대죽변	笥	상자. 갈대 그릇.
火	11	彳 두인변	徙	옮길. 넘길. 귀양 보낼.
火	11	斗 말두변	斜·	비낄. 비스듬할. 기울.
火	11	赤 붉을적변	赦	사면할. 놓을. 용서할. 姓.
土	07 11	阝 邑 우방변 고을읍변	邪·	간사할. [야]
水	10 11	氵 水 삼수변 물수변	涘	물가. 강가.

水 11 虫 벌레충변 **蛇**· 뱀. 별 이름.

木 12 大 큰대변 **奢** 자랑할. 넉넉할. 사치할. 과분할. 오만할.

木 11 扌 재방변 12 手 손수변 **捨**· 버릴. 놓을. 포기. 폐하다.

木 12 糸 실사변 **絲**· 실. 명주실. 생사. 견사.

火 12 人 사람인변 **傞** 취중 춤.

火 12 見 볼견변 **覗** 엿볼. 훔쳐보다.

金 12 斤 날근변 **斯**· 이것. 이 (지시대명사). 어조사. 쪼갤. 떨어질.

金 12 立 설립변 **竢** 기다릴.

金 12 言 말씀언변 **詐**· 속일. 거짓. 꾸밀.

金 12 言 말씀언변 **詞**· 말씀. 글. 문체의 하나.

水 12 疒 병질엄변 **痧** 홍역. 괴질. 마진. 급성전염병.

木 13 木 나무목변 **楂** 나무 이름. 뗏목. 아가위. 새소리. 까치소리.

木 11 艹 풀초변 13 艸 초두변 **莎** 사초. 베짱이. [수]

木 13 衣 옷의변 **裟** 승려 옷. 가사.

火 13 聿 붓율변 **肆** 방자할. 늘어놓을. 줄. 드디어.

水 13 口 입구변 **嗣** 상속자. 이을. 후사. 후임자.

水 12 氵 삼수변 13 水 물수변 **渣** 침전물. 찌끼. 강 이름.

木 14 木 나무목변 **榭** 사당. 정자. 곳집.

土 13 犭 개사슴록변 14 犬 개견변 **獅** 사자.

金 14 皮 가죽피변 **皶** 비홍증. 빨간코. 비사증. 여드름.

水 14 虫 벌레충변 **蜡** 납향제. 제사 이름.

水 14 食 밥식변 **飼** 사료. 기를. 칠.

木 15 宀 갓머리변 **寫**· 베낄. 글씨 쓸. 본뜨다. 묘사.

木 15 示 보일시변 **禠** 복. 행복. [시. 이. 기.]

오행	획수·부수	한자	뜻
火	15 人 사람인변	傞	잘게 부술. 가늘.
火	15 馬 말마변	駛	달릴. 발걸음 빠를.
火	15 馬 말마변	駟	사마. 사마 수레. 별 이름. (네 마리가 끄는 수레).
金	15 貝 조개패변	賜·	하사할. 줄.
水	15 魚 물고기어변	魦	모래무지. 문절망둑. → 鯊 [同字]
木	14 16 艹 艸 풀초변 초두변	蓑	도롱이. 덮을. [쇠]
木	16 竹 대죽변	篩	체로 칠. 체.
金	17 言 말씀언변	謝·	사례할. 보답할. 사죄할. 姓.
水	18 魚 물고기어변	鯊	모래무지. 문절망둑. → 魦 [同字]
金	19 辛 매울신변	辭·	말씀. 말. 글.
水	18 19 氵 水 삼수변 물수변	瀉	게울. 쏟을. 설사할. 물 흐를.
土	21 鹿 사슴록변	麝	사향노루. 사향.
水	21 魚 물고기어변	鰤	방어. 물고기 이름.

삭

오행	획수·부수	한자	뜻
金	09 刂 刀 선칼도변 칼도변	削·	깎을. 빼앗을. 지울. 없앨.
木	10 糸 실사변	索	노끈. 노. 꼴. 헤어질. 삭 ↔ 색 [통용]
水	10 月 달월변	朔·	초하루. 북쪽. 북방.
木	13 14 扌 手 재방변 손수변	搠	바를.
木	14 木 나무목변	槊	긴 창.
金	15 攵 支 등글월문변 칠복변	數	자주 할. 빨리 할. [촉] 삭 ↔ 수 [통용]
木	14 16 艹 艸 풀초변 초두변	蒴	말오줌나무. 풀 이름. 삭조 (蒴藋: 다년초).
火	19 火 불화변	爍	빛날.
金	23 金 쇠금변	鑠	녹일. 아름다울.

참고	작명은 소리(音)로만, 뜻(訓)으로만, 또는 소리(音)와 뜻(訓)으로 모두 할 수 있다.

산

土	03	山 메산변	山·	뫼. 메. 산.
金	07	刂 刀 선칼도변 칼도변	刪	깎을. 삭제할.
水	06 07	氵 水 삼수변 물수변	汕	통발. 오구 (그물의 일종).
土	08	女 계집녀변	姍	비방할. 헐뜯을. 추할.
水	08	疒 병질엄변	疝	산증 (장 신경통). 아랫배가 아픈 병.
金	09 10	王 玉 임금왕변 구슬옥변	珊	산호. 패옥.
金	10	示 보일시변	祘	셈. 셀. 살필.
金	10	言 말씀언변	訕	헐뜯을. 꾸짖을. 비방할.
木	11	生 날생변	産	낳을. 날.
木	11	生 날생변	產·	낳을. 産과 [同字]
土	10 11	犭 犬 개사슴록변 개견변	狻	사자. [진]
火	12	人 사람인변	傘	우산. 일산.
金	12	攵 攴 등글월문변 칠복변	散·	헤어질. 흩을. 흩어질.
金	13	刂 刀 선칼도변 칼도변	剷	깎을. 평평하게 할.
木	14	竹 대죽변	算·	셈할. 산술. 산가지. 셈할.
金	14	酉 닭유변	酸	초산. 신맛. 원소 이름.
火	14 15	忄 心 심방변 마음심변	㦃	큰 은덕. 착할.
木	14 16	艹 艸 풀초변 초두변	蒜	달래. 마늘.
木	16	木 나무목변	橵	산자 (서까래 위 흙을 받기 위해 까는 나무). [국]
水	15 16	氵 水 삼수변 물수변	澘	눈물 흐를 (눈물이 줄줄 흐르는 모양). 비 오다.
水	15 16	氵 水 삼수변 물수변	潸	눈물 흐를.
木	17	竹 대죽변	簅	큰 피리.
木	18	糸 실사변	繖	우산. 일산.

金 | 19 金 쇠금변 | **鏟** | 대패. 깎을.

水 | 20 雨 비우변 | **霰** | 싸라기눈.

水 | 22 子 아들자변 | **孿** | 쌍둥이.

살

木 | 08 乙 새을변 | **乷** | 음역자 (音譯字). 우리나라 한자. [국]

金 | 11 殳 갖은등글월문변 | **殺·** | 죽일. 없앨. 죽을. 살 ↔ 쇄 [통용]

火 | 13 灬 火 연화변 불화변 | **煞** | 죽일. → 殺 [仝]

木 | 15 16 扌 手 재방변 손수변 | **撒** | 뿌릴. 놓을. 흩을. 姓.

木 | 18 20 艹 艸 풀초변 초두변 | **薩** | 보살.

삼

火 | 03 一 한일변 | **三·** | 석. 셋. 거듭.

木 | 07 木 나무목변 | **杉** | 삼나무. 스기나무.

木 | 08 09 衤 衣 옷의변 | **衫** | 윗도리. 적삼. 옷.

木 | 08 10 艹 艸 풀초변 초두변 | **芟** | 벨. 제거할. 낫.

火 | 11 厶 마늘모변 | **參** | 석. 셋. 삼 ↔ 참 [통용]

金 | 11 金 쇠금변 | **釤** | 자귀. 큰 낫.

木 | 12 木 나무목변 | **森** | 수풀. 삼삼할. 나무 빽빽할.

水 | 14 15 氵 水 삼수변 물수변 | **滲** | 물이 밸. 스며들. 샐. 스밀.

木 | 15 17 艹 艸 풀초변 초두변 | **蔘** | 인삼. 더덕.

木 | 17 米 쌀미변 | **糝** | 나물죽. 국, 죽의 건더기.

火 | 21 髟 터럭발변 | **鬖** | 머리 헝클어질.

삽

水 | 04 十 열십변 | **卅** | 삼십. 서른.

水 | 11 口 입구변 | **唼** | 쪼아먹을. 새가 먹는 소리.

金 12 鈒 창.
金 아로새길.
쇠금변

木 12 13 揷 꽂을.
扌 手 끼울. 가래.
재방변 손수변

木 12 13 挿 揷자와 통용
扌 手
재방변 손수변

金 13 歃 마시다.
欠 마실.
하품흠변

木 14 颯 바람소리.
風 성할.
바람풍변

水 14 翣 부채.
羽 운삽 (발인 때 영구 앞에 세우는 널판).
깃우변

水 15 雬 비 올.
雨 흩어질. 빠를. [잡]
비우변

水 15 16 澁 떫을.
氵 水 껄끄러울. 막힐. 어려울.
삼수변 물수변

水 16 霎 가랑비.
雨 빗소리. 잠시.
비우변

金 17 鍤 가래
金 (흙 파헤치는 농기구).
쇠금변

상

木 03 上· 위.
一 오를. 앞. 첫째 임금.
한일변

木 07 床· 평상.
广 마루.
엄호변

木 08 牀 평상.
爿 책상. 자리.
장수장변

土 08 狀· 형상.
犬 모양. 상 ↔ 장 [통용]
개견변

金 08 尙· 상승할.
小 오히려. 높일. 姓.
작을소변

木 09 庠 학교.
广 주대(周代)의 학교.
엄호변 (우리나라의 태학)

木 09 相· 서로.
目 볼. 도울. 모습. 재상.
눈목변

土 09 峠 산고개.
山
메산변

주의	일본 한자로서, 인명용 한자로 사용함에 있어 신중을 요함

木 10 桑· 뽕나무.
木 姓.
나무목변

火 10 晌 정오.
日 대낮.
날일변

木 11 常· 항상.
巾 늘. 떳떳할. 법. 보통.
수건건변

火 11 徜 어정거릴.
彳 노닐. 빈들거릴.
두인변

오행	획수	부수	한자	뜻
火	11	爻 점괘효변	爽·	시원할. 밝을. 군셀.
土	11	示 보일시변	祥·	상서로울. 착할. 조짐.
水	11	口 입구변	商·	장사. 상인. 헤아릴. 짐작할.
木	12	广 엄호변	廂	행랑. 곁채. 곁방.
火	12	羊 양양변 / 羽 깃우변	翔	날개. 빙빙 돌아 날. 날.
水	12	口 입구변	喪·	초상. 죽을. 잃을. 복 입을.
水	12	豕 돼지시변	象·	코끼리. 형상.
火	13	人 사람인변	傷·	상할. 다칠. 해칠.
火	13	心 마음심변	想·	생각할. 상상. 형상.
土	13	甘 달감변	甞	맛볼. 일찍.
金	13	言 말씀언변	詳·	자세할. 상세할. 상서로울.
水	12 13	氵 삼수변 / 水 물수변	湘	물 이름. 끓일. 삶을.
木	14	衣 옷의변	裳·	치마.
火	14	人 사람인변	像·	형상. 본뜰. 모양.
土	14	土 흙토변	塽	높고 밝은 땅. 높은 땅.
水	14	口 입구변	嘗·	맛볼. 시험할. 일찍. 姓.
木	15	木 나무목변	樣	상수리나무. 도토리. 상↔양 [통용]
木	15	竹 대죽변	箱	상자. 곳집.
木	15	糸 실사변	緗	담황색. 엷게 누른빛.
火	14 15	忄 심방변 / 心 마음심변	㦂	성품 밝을.
金	15	貝 조개패변	賞·	상. 상 줄. 칭찬할. 찬양할.
水	15	歹 죽을사변	殤	일찍 죽을. 요절할.
木	16	木 나무목변	橡	상수리나무. 도토리.
水	15 16	氵 삼수변 / 水 물수변	潒	세찰. 물 쏟아내릴.

火 17 人 사람인변 **償**· 보상. 갚을. 배상. 상환.

水 17 雨 비우변 **霜**· 서리. 세월.

木 18 角 뿔각변 **觴** 술잔. 잔 낼. 술잔의 총칭.

金 18 金 쇠금변 **鏁** 방울소리.

火 19 頁 머리혈변 **顙** 이마.

土 20 女 계집녀변 **孀** 과부. 홀어미.

水 21 鬲 솥력변 **鬺** 삶을. 익히다.

새

火 12 忄 심방변 13 心 마음심변 **愢** 맘에 맞지 않을. 새 ↔ 시 [통용]

土 13 土 흙토변 **塞**· 요새. 변방. 새 ↔ 색 [통용]

金 17 貝 조개패변 **賽** 굿. 굿할. 주사위. 姓.

金 19 玉 구슬옥변 **璽** 옥새. 인장. 姓.

水 20 口 입구변 **囐** 먹을. 먹다. 씹다.

水 20 魚 물고기어변 **鰓** 아가미.

색

土 06 色 빛색변 **色**· 빛. 낯빛. 색. 색정.

木 10 糸 실사변 **索**· 찾을. 더듬을. 색↔삭 [통용]

土 13 土 흙토변 **塞** 막힐. 막을. 색↔새 [통용]

水 13 口 입구변 **嗇** 아낄. 인색할. 탐낼.

木 15 木 나무목변 **槭** 앙상할. 단풍나무. 나뭇가지. [축. 척]

水 16 氵 삼수변 17 水 물수변 **濇** 꺼칠할. 껄끄러울. 깔깔할.

木 18 禾 벼화변 **穡** 수확. 거둘. 농사. 곡식. 아낄.

水 18 氵 삼수변 19 水 물수변 **濇** 꺼칠할. 깔깔할. → 濇의 [本字]

참고	대법원에서 선정한 인명용 한자란 성(姓)을 제외한 이름(名)의 한자를 말한다.

생

오행	획수	한자	뜻
木	05 生 날생변	生·	날. 낳을. 살. 삶. 기를. 싱싱할.
木	09 目 눈목변	省	덜. 생략할. 허물. 재앙. 생 ↔ 성 [통용]
土	09 牛 소우변	牲	희생 (제사에 쓰이는 짐승).
木	10 目 눈목변	眚	백태 낄. 흐릴. 허물. 눈에 백태 낄.
木	11 竹 대죽변	笙	생황 (관악기의 일종). 대자리.
木	12 生 날생변	甥	생질. 자매의 아들. 姓.
金	13 金 쇠금변	鉎	쇠녹. 철 갑옷.

서

오행	획수	한자	뜻
金	06 襾 덮을아변	西·	서녘. 姓.
木	07 广 엄호변	序·	차례. 실마리. 펼.
木	07 扌 재방변 / 08 手 손수변	抒	펼. 풀. 마음 털어놓을.
木	10 日 가로왈변	書·	글. 책. 문서. 쓸.
木	08 艹 풀초변 / 10 艸 초두변	芧	상수리나무.
木	10 糸 실사변	紓	느슨할. 풀어질. 풀.
火	10 彳 두인변	徐·	천천히. 모두. 평온할. 姓.
火	10 心 마음심변	恕·	용서. 어질. 깨닫다. 동정할.
火	07 心 마음심변	恖	恕자와 통용
木	11 广 엄호변	庶·	뭇. 여러. 무리. 백성. 서민.
火	11 心 마음심변	悆	기쁠. 느슨해질. 서 ↔ 여 [통용]
火	11 人 사람인변	偦	재주 있을.
土	09 月 육달월변 / 11 肉 고기육변	胥	서로. 기다릴. 도울. 나비. 땅 이름.
木	15 糸 실사변	縃	胥자와 통용
金	11 攴 칠복변	敍·	차례. 순서. 베풀. 펼.

오행	획수	부수	한자	뜻
金	09	又 또우변	叙	敍자와 통용
金	11	攵 攴 등글월문변 칠복변	敘	敍자와 통용
木	12	士 선비사변	壻	사위. 남편. 벗. 사내.
土	12	女 계집녀변	婿	壻자와 통용
木	12	木 나무목변	棲	깃들일. 쉴.
木	10	木 나무목변	栖	棲자와 통용
木	11 12	扌 手 재방변 손수변	捿	棲자와 통용
木	12	糸 실사변	絮	솜. 솜옷. 버들개지. [처]
木	12	黍 기장서변	黍	기장 (한해살이풀). 메기장.
火	12	火 불화변	焱	밝을.
火	12	舌 혀설변	舒	펼. 펴질. 조용할.
土	12	牛 소우변	犀	무소. 무소뿔. 굳을.
木	13	木 나무목변	楈	나무 이름. 쟁기. 야자나무.
木	12 13	扌 手 재방변 손수변	揟	물 품을. 고을 이름.
木	13	竹 대죽변	筮	점대. 점. 점칠.
火	12 13	忄 心 심방변 마음심변	惰	지혜. 슬기로울.
火	13	日 날일변	暑	더울. 더위.
土	13	耒 쟁기뢰변	耡	호미. 조세. 함께 갈. [조]
金	13	金 쇠금변	鉏	김맬. 호미. 어긋날.
水	12 13	氵 水 삼수변 물수변	湑	거를. 맑을.
水	13	鼠 쥐서변	鼠	쥐. 좀도둑. 근심할.
木	14	禾 벼화변	稰	가을걷이. 추수할. 거두어들인 곡식.

오행	획수·부수	한자	뜻
土	14 女 계집녀변	嫬	여자 이름. [차]
土	14 土 흙토변	墅	농막. 별장. 교외. 별업.
土	11 辶 책받침변 14 辵 갖은책받침변	逝·	죽음. 갈. 떠날. 이에.
金	13 王 임금왕변 14 玉 구슬옥변	瑞	상서로울. 상서. 길조.
金	14 言 말씀언변	誓·	맹세할. 경계. 알릴.
木	14 罒 15 网 그물망변	署·	관청. 마을.
木	15 糸 실사변	緖·	실마리. 찾을.
金	15 金 쇠금변	鋤	호미. 김맬. 없애 버릴.
木	15 扌 재방변 16 手 손수변	撕	훈계할. 이끌. 찢을. [시]
金	16 言 말씀언변	諝	슬기로울. 지혜 있을.
金	15 言 말씀언변	諝	諝자와 통용
水	16 口 입구변	噬	씹을. 깨물. 물다. 먹을.
水	16 豕 돼지시변	豫	펼. 서 ↔ 예 [통용]
土	17 山 메산변	嶼	작은 섬. 섬.
土	17 山 메산변	㠘	嶼자와 통용
水	16 氵 삼수변 17 水 물수변	澨	물가.
火	18 日 날일변	曙	새벽. 샐. 밝을.
木	18 艹 풀초변 20 艸 초두변	薯	감자. 마. 산약(山藥).
木	18 艹 풀초변 20 艸 초두변	藇	고울. 아름다울. [여]
土	17 辶 책받침변 20 辵 갖은책받침변	遾	닿을. 미칠. 다다를.

석

오행	획수·부수	한자	뜻
水	03 夕 저녁석변	夕·	저녁. 밤.
金	05 石 돌석변	石·	돌. 섬. 열 말. 姓.
水	06 氵 삼수변 07 水 물수변	汐	썰물. 저녁 조수.

木	08	木 (나무목변)	析·	나눌. 쪼갤. 가를.
火	08	日 (날일변)	昔·	옛. 어제. 오랠. 姓.
金	08	石 (돌석변)	矽	규소 (원소 이름). 석비레.
木	10	巾 (수건건변)	席·	자리. 앉을 자리. 姓.
木	10	禾 (벼화변)	䄷	섬 (열 말). 120근.
火	11 12	忄 心 (심방변 마음심변)	惜·	아낄. 아깝게 여길.
火	12	日 (날일변)	晳	밝을. 분명할. 분석할.
火	12	日 (날일변)	晰	晳자와 통용
土	12	臼 (절구구변)	舃	신발. 주춧돌. 석 ↔ 작 [통용]
水	11 12	氵 水 (삼수변 물수변)	淅	쌀 일. 빗소리. 사미.
金	13	金 (쇠금변)	鉐	놋쇠.
金	14	石 (돌석변)	碩	클. 충실할.
水	12 14	月 肉 (육달월변 고기육변)	腊	포. 육포. 건어.
水	14	虫 (벌레충변)	蜥	도마뱀.
火	15	大 (큰대변)	奭	클. 성낼. [혁]
木	14 16	艹 艸 (풀초변 초두변)	蓆	자리. 클.
木	15 16	衤 衣 (옷의변)	褯	자리. 어린아이 옷. 석 ↔ 자 [통용]
金	16	金 (쇠금변)	錫	주석. 백철.
水	15 16	氵 水 (삼수변 물수변)	潟	개펄. 소금밭.
金	17	石 (돌석변)	磶	주춧돌.
水	18	鼠 (쥐서변)	鼫	석서. 날다람쥐.
火	20	釆 (분별할변)	釋·	풀이. 놓을. 깨달을. 부처. 姓.

선

火	05	人 (사람인변)	仙·	신선.

土 05 山 메산변 **仚** 신선. 선인. → 仙 [同字]

木 06 儿 어진사람인변 **先**· 먼저. 앞설. 앞.

火 06 二 두이변 **亘** 베풀. 펼. 돌. 널리 알림. 선 ↔ 긍 [통용]

木 08 禾 벼화변 **秈** 메벼 (낟알에 찰기 없는 벼). 籼(선)과 [同字]

火 09 宀 갓머리변 **宣**· 베풀. 널리. 펼. 姓.

木 10 戶 지게호변 **扇** 부채. 부채질할.

火 10 火 불화변 **烍** 들불. 풀 베어 불사를.

水 09 氵 삼수변 10 水 물수변 **洒** 엄숙할. 삼갈. 놀랄. 선 ↔ 세 [통용]

水 09 氵 삼수변 10 水 물수변 **洗** 씻을. 깨끗할. 선 ↔ 세 [통용]

木 11 舟 배주변 **船**· 배. 선박.

金 10 王 임금왕변 11 玉 구슬옥변 **珗** 옥돌.

水 11 方 모방변 **旋**· 회전할. 빙빙 돌.

木 12 竹 대죽변 **筅** 솥 씻는 솔. 솔.

土 12 羊 양양변 **羡** 부러워할.

金 11 王 임금왕변 12 玉 구슬옥변 **琁** 아름다운 옥. 옥.

水 12 口 입구변 **善**· 착할. 좋을. 옳게 여길.

火 12 忄 심방변 13 心 마음심변 **愃** 쾌할. 너그러울. 선 ↔ 훤 [통용]

火 13 人 사람인변 **僊** 춤 출. 신선. 姓. → 仙 [仝]

土 13 羊 양양변 **羨** 부러울. 넉넉할.

土 13 𧾷 足 발족변 **跣** 맨발. 맨발로 돌아다닐.

金 13 言 말씀언변 **詵** 많을. 모일. [신]

水 13 小 작을소변 **尟** 적을. 드물.

水 12 氵 삼수변 13 水 물수변 **渲** 바림 (수묵화의 기법). 개칠할. 물 적실.

木 14 糸 실사변 **綫** 가는 실. 실. 줄. 노선. 범위.

火 14 火 煽 부채질할. 일. 부칠.
불화변

土 14 女 嫙 예쁠. 아리따울.
계집녀변

金 13 14 王 玉 瑄 구슬. 여섯 치 구슬 (큰 옥).
임금왕변 구슬옥변

金 14 金 銑 무쇠. 윤이 나는 쇠.
쇠금변

木 15 糸 線· 줄. 실. 금.
실사변

火 15 日 璇 밝을. 아름다운 모양.
날일변

土 15 土 墡 하얀 흙. 백토. 좋은 흙.
흙토변

土 15 女 嬋 고울. 선연할. 아름다울.
계집녀변

水 13 15 月 肉 腺 샘. 멍울.
육달월변 고기육변

木 16 目 睻 눈 예쁠. 아름다울.
눈목변

火 16 欠 歚 고울. 다스릴. [국]
하품흠변

주의	통용되는 字이나, 우리나라 한자라서 대부분 字典에는 나타나 있지 않음

金 15 16 王 玉 璇 옥 이름. 옥.
임금왕변 구슬옥변

金 16 攵 支 敾 수선할. 다스릴. 기울.
등글월문변 칠복변

木 17 示 禪· 좌선할. 선 (정신집중 수행방법).
보일시변

水 17 魚 鮮· 고울. 빛날. 생선. 姓.
물고기어변

木 18 糸 繕 기울. 다스릴. 갖출.
실사변

金 17 18 王 玉 璲 아름다운 옥. 선 ↔ 수 [통용]
임금왕변 구슬옥변

水 18 虫 蟬 매미. 이을. 아름다울.
벌레충변

水 16 18 月 肉 膳 선물. 반찬. 올릴. 먹을.
육달월변 고기육변

水	21 食 饍	膳자와 통용
	밥식변	

土 16 19 辶 辵 選· 가릴. 뽑을. 선거할. 뺄.
책받침변 갖은책받침변

金 18 19 王 玉 璿 아름다운 옥. 구슬.
임금왕변 구슬옥변

金 19 言 譔 가르칠. 기릴. 이야기할.
말씀언변

金 | 19 金 쇠금변 | **鏾** | 갈이틀 (자르거나 깎는 기계). 고패.

火 | 20 馬 말마변 | **騸** | 거세할. 불깐. 불알 깐 말.

金 | 20 言 말씀언변 | **譱** | 착할. 클. 옳게 여길. → 善의 [古字]

金 | 20 金 쇠금변 | **鐥** | 복자 (기름을 되는 데 쓰는 쇠그릇). [국]

水 | 22 疒 병질엄변 | **癬** | 옴 (피부병의 일종). 버짐.

木 | 21 艹 풀초변 23 艸 초두변 | **蘚** | 이끼. 김.

水 | 23 魚 물고기어변 | **鱓** | 드렁허리 (민물고기과 일종). [타]

水 | 33 魚 물고기어변 | **鱻** | 생선. 물고기의 날것.

설

火 | 06 舌 혀설변 | **舌·** | 혀. 말.

木 | 09 大 큰대변 | **契** | 사람 이름. 설 ↔ 계. 글 [통용]

木 | 09 木 나무목변 | **枻** | 도지개. (활을 바로잡는 틀). 활꽂이. 설 ↔ 예 [통용]

水 | 08 氵 삼수변 09 水 물수변 | **泄** | 물 샐. 샐. 발설할 . [예]

水 | 09 氵 삼수변 10 水 물수변 | **洩** | 샐. 줄. 덜. 姓. [예]

水 | 10 尸 주검시변 | **屑** | 가루. 부서질. 잔달.

木 | 11 糸 실사변 | **紲** | 고삐. 맬. 말고삐.

火 | 11 人 사람인변 | **偰** | 맑을. 깨끗할.

金 | 11 言 말씀언변 | **設·** | 베풀. 세울. 찾을.

水 | 11 雨 비우변 | **雪·** | 눈. 씻을.

土 | 12 女 계집녀변 | **媟** | 깔볼. 거만할. 친압할.

土 | 12 内 짐승발자국유변 | **卨** | 은나라. 은나라 시조. 사람 이름.

土 | 11 卜 점복변 | **禼** | 卨자와 통용

木 | 13 木 나무목변 | **楔** | 문설주. 쐐기. 앵두나무.

木 | 12 扌 재방변 13 手 손수변 | **揲** | 맥 짚을. 세다. 셀.

오행	획수	한자	뜻
水	12 氵 삼수변 / 13 水 물수변	渫	더러울. 칠. 그칠. [접]
木	14 禾 벼화변	稧	볏짚. 벤 벼. [계. 결. 혜]
金	14 石 돌석변	碟	가죽 다룰. → 혈 [本音]. [접]
金	14 言 말씀언변	說·	말씀. 언론. 설 ↔ 열. 세 [통용]
木	14 扌 재방변 / 15 手 손수변	揲	쓸어버릴. 없앨.
火	15 日 날일변	暬	무례할. 거만하다. 모실.
木	15 艹 풀초변 / 17 艸 초두머리변	蔎	향기로울. 향풀. 풀 이름.
木	17 衣 옷의변	褻	평복. 사복. 속옷. 더러울.
木	17 艹 풀초변 / 19 艸 초두변	薛	다북쑥. 나라 이름. 姓.
火	19 灬 연화변 / 火 불화변	爇	불사를. [열]
金	21 齒 이치변	齧	깨물. 씹을. 이 갈.

참고	작명은 소리(音)로만, 뜻(訓)으로만, 또는 소리(音)와 뜻(訓)으로 모두 할 수 있다.

섬

오행	획수	한자	뜻
木	10 門 문문변	閃	번득일. 엿볼. 언뜻 보일.
金	10 刂 선칼도변 / 刀 칼도변	剡	땅 이름. [염]
木	13 目 눈목변	睒	언뜻 볼. 깜박거릴.
金	14 金 쇠금변	銛	쟁기. 가래. 날카로울.
木	14 扌 재방변 / 15 手 손수변	摻	잡을. 손길 고울. 가늘. [삼. 참]
土	10 阝 좌방변 / 15 阜 언덕부변	陝	땅 이름. 姓.
火	16 日 날일변	暹	해 돋을. 나아갈.
木	17 韭 부추구변	韱	가늘. 산부추.
火	16 忄 심방변 / 17 心 마음심변	憸	간사할. 아첨할. [험]
水	19 虫 벌레충변	蟾	두꺼비.
土	20 女 계집녀변	孅	가냘플. 가늘. 약할.

오행	획수	부수	한자	뜻
金	20	貝 조개패변	贍	넉넉할. 진휼할. 姓.
金	20	言 말씀언변	譫	헛소리. 중얼거릴.
水	21	歹 죽을사변	殲	섬멸할. 멸할.
木	23	糸 실사변	纖	가는. 고운 천. 작을. 자세할.

섭

오행	획수	부수	한자	뜻
水	10 11	氵 水 삼수변 물수변	涉·	건널. 물 건널. 겪을. 관계할.
木	14	糸 실사변	緤	비단.
木	13 15	艹 艸 풀초변 초두변	葉	고을 이름. 姓. 섭 ↔ 엽 [통용]
火	17	火 불화변	燮	불꽃. 화할.
火	18	耳 귀이변	聶	소곤거릴. 수군거릴.
木	21	木 나무목변	欆	돗자리. 삿자리 (갈대로 엮은 자리).
水	21	口 입구변	囁	소곤거릴. 속삭일. 중얼거릴.
水	21 22	氵 水 삼수변 물수변	灄	물 이름. 흠치르르할.
木	21 22	扌 手 재방변 손수변	攝·	다스릴. 잡을. 겸할. 대신할.
火	21 22	忄 心 심방변 마음심변	懾	두려울. 겁낼.
土	24	𧾷 足 발족변	躞	걸을. 걸어가는 모양.
土	25	𧾷 足 발족변	躡	밟을. 따를.
金	26	金 쇠금변	鑷	족집게. 뽑을. 못뽑이.
土	27	頁 머리혈변	顳	관자놀이. 귀밑뼈.

성

오행	획수	부수	한자	뜻
火	06	戈 창과변	成	이룰. 成의 [俗字]
火	07	戈 창과변	成·	이룰. 될. 姓. [本字]
土	08	女 계집녀변	姓·	성. 씨. 백성.
木	09	目 눈목변	省·	살필. 볼. 마을. 성 ↔ 생 [통용]

오행	획수	한자	뜻
火	08 忄 심방변 / 09 心 마음심변	性·	성품. 바탕. 성. 마음.
火	09 日 날일변	星·	별. 세월. 姓.
木	10 宀 갓머리변	宬	서고 (書庫). 사고.
土	10 女 계집녀변	娍	아름다울. 헌칠할. 여자 이름.
土	09 土 흙토변	城	재. 城 의 [俗字]
土	10 土 흙토변	城·	재. 성. [本字]
火	11 日 날일변	晟	밝을. [本字]
火	10 日 날일변	晟	晟자와 통용 [俗字]
火	11 日 날일변	晠	晟자와 통용
水	09 月 육달월변 / 11 肉 고기육변	胜	비린내. 비릴. 개기름. 성 ↔ 정 [통용]
火	11 皿 그릇명변	盛	성할. 盛의 [俗字]
火	12 皿 그릇명변	盛·	성할. 많을. 담을. [本字]
金	11 王 임금왕변 / 12 玉 구슬옥변	珹	옥 이름. 옥.
金	12 貝 조개패변	賍	넉넉할. 재물.
木	13 竹 대죽변	筬	베틀. 바디. 대나무 이름.
火	12 忄 심방변 / 13 心 마음심변	惺	영리할. 깨달을. 슬기롭다.
火	13 耳 귀이변	聖·	성인. 거룩할.
火	13 耳 귀이변	聖	聖자와 통용
土	12 犭 개사슴록변 / 13 犬 개견변	猩	성성이 (동물 이름). 개 짖는 소리. 붉은색.
金	13 言 말씀언변	誠	정성. 誠의 [俗字]
金	14 言 말씀언변	誠·	정성. 진실. [本字]
金	13 王 임금왕변 / 14 玉 구슬옥변	瑆	옥빛.
火	15 耳 귀이변	聖	귀 밝을. 들을.
水	13 月 육달월변 / 15 肉 고기육변	腥	날고기. 누릴. 비릴.

金 16 酉 닭유변 **醒** 깨달을. 술 깰.

火 17 耳 귀이변 **聲**· 소리. 말소리. 풍류 소리.

火 17 馬 말마변 **騂** 붉은 말. 누른 말.

세

火 05 一 한일변 **世**· 인간. 세대. 세상.

火 06 忄 심방변 07 心 마음심변 **忕** 익숙할. 익힐. 세 ↔ 태 [통용] [설]

土 09 女 계집녀변 **娊** 여자의 이름. 조용할. 고요할.

木 10 巾 수건건변 **帨** 수건. 차는 수건.

水 09 氵 삼수변 10 水 물수변 **洒** 씻을. 깨끗할. 물 뿌릴. 세 ↔ 선 [통용]

水 09 氵 삼수변 10 水 물수변 **洗**· 씻을. 깨끗할. 다듬을. 세 ↔ 선 [통용]

木 11 竹 대죽변 **笹** 조릿대. 가는 대. 기뻐할.

木 11 糸 실사변 **細**· 가늘. 작을. 자세할.

火 11 彐 튼가로왈변 **彗** 살별. 풀 이름. 세 ↔ 혜 [통용]

水 10 氵 삼수변 11 水 물수변 **涗** 잿물.

木 12 禾 벼화변 **稅**· 세금. 부세. 놓을. 징수. [태. 탈]

金 12 貝 조개패변 **貰** 세 낼. 외상으로 살. 놓아줄.

土 13 止 그칠지변 **歲**· 해. 나이. 세월.

金 13 力 힘력변 **勢**· 형세. 권세. 위세.

水 13 虫 벌레충변 **蛻** 허물. 매미, 뱀 등 허물 벗을. [태]

金 14 言 말씀언변 **說** 달랠. 머무를. [탈] 세 ↔ 설. 열. [통용]

金 15 金 쇠금변 **鏊** 구리 녹. 오색 구리. 수레 버팀나무 맬 끈.

木 18 糸 실사변 **繐** 베. 가늘고 설핀 베. [혜]

소

水 03 小 작을소변 **小**· 작을. 적을. 조금.

水	04	小 작을소변	少·	젊을. 적을.
水	05	口 입구변	召·	부를. 알릴. 청할. 姓.
木	07	力 힘력변	劭	힘쓸. 아름다울. [교]
火	07	人 사람인변	佋	소개할. 이을. 소목(昭穆).
火	07	卩 병부절변	卲	높을. 뛰어날.
木	08	戶 지게호변	所·	곳. 처소. (~하는) 바.
木	09	木 나무목변	柖	흔들릴. 과녁. 나무 흔들릴. 욕상(浴牀).
火	09	日 날일변	昭·	소명할. 밝을. 소 ↔ 조 [통용]
火	09	火 불화변	炤	밝을. 환할. [조. 작] 소 ↔ 조 [통용]
水	08 09	氵 水 삼수변 물수변	沼	늪. 못.
水	08 09	氵 水 삼수변 물수변	泝	거슬러 갈. 물 거슬러 올라갈.
木	10	竹 대죽변	笑·	웃을.
水	09	口 입구변	咲	笑자와 통용
木	10	糸 실사변	素·	흴. 흰 깁. 흰빛. 소박할. 본디. 바탕.
金	09 10	王 玉 임금왕변 구슬옥변	玿	아름다운 옥.
金	10	金 쇠금변	釗	힘쓸. 보일. 사람 이름. 姓. 소 ↔ 쇠 [통용]
水	10	宀 갓머리변	宵	밤 (夜). 어두울. 작을.
木	11	木 나무목변	梳	얼레빗. 빗을.
木	10 11	扌 手 재방변 손수변	捎	제거할. 없앨. 추릴. 털. 뿌릴.
木	11	糸 실사변	紹	이을. 소개할.
火	11	火 불화변	焇	녹일. 말릴. 쬐일. 姓.
土	11	土 흙토변	埽	쓸. 쓸다. 털다. 둑.
土	11	疋 필필변	疏·	소통할. 글. 상소할. → 疎 [소]
土	12	疋 필필변	疎	疏자와 통용

水	10 11	氵 水 삼수변 물수변	消·	사라질. 꺼질. 삭일. 끝. 물러설.
水	11	巛 개미허리변	巢	새집. 깃들일. 보금자리.
木	11 12	扌 手 재방변 손수변	掃·	비로 쓸 (청소). 쓸.
火	12	人 사람인변	傃	향할.
土	08 12	阝 邑 우방변 고을읍변	邵	땅 이름. 높을. 姓.
金	12	言 말씀언변	訴·	하소연할. 호소할. 송사할. 아뢸.
金	12	酉 닭유변	酥	연유. 양유로 만든 죽. 우유. [수]
木	13	竹 대죽변	筱	가는 대. 작은 대. 조릿대 (줄기가 가는 대나무).
火	13	羽 깃우변	翛	날개 칠. 날개 찢어질. 깃소리.
土	13	土 흙토변	塐	흙 빚을. 허수아비.
土	13	土 흙토변	塑	토우. 흙 이겨 만들.
水	13	口 입구변	嗉	모이주머니. 멀떠구니. 새 목구멍.
水	13	虫 벌레충변	蛸	사마귀 알. 거미 알. 갈거미.
木	13 14	扌 手 재방변 손수변	搔	긁을. 떠들. 소란할.
火	13 14	忄 心 심방변 마음심변	愫	정성. 참뜻.
火	14	心 마음심변	愬	하소연할. 고할. [색]
土	11 14	辶 辵 책받침변 갖은책받침변	逍	노닐. 거닐.
金	14	音 소리음변	韶	아름다울. 풍류.
木	15	木 나무목변	樔	풀막. 움막.
木	15	竹 대죽변	箾	통소 (가는 대로 만든 목관 악기). 상소. 피리. 음악.
金	15	金 쇠금변	銷	녹일. 녹을. 꺼질. 쇠할.
水	15	疒 병질엄변	瘙	피부병. 옴.
水	15	雨 비우변	霄	하늘 기운. 하늘. 사람 이름.
水	19	雨 비우변	⿰雲肖	霄자와 통용

오행	획수/부수	한자	뜻
木	16 禾 벼화변	穌	깨어날. 기뻐할.
水	12 生 날생변	甦	穌자와 통용
木	16 舟 배주변	艘	배. 배의 총칭. 척.
木	16 竹 대죽변	篠	조릿대. 가는 대. 삼태기.
火	16 火 불화변	燒·	불사를. 사를. 태우다.
火	16 行 다닐행변	衞	깨끗할. 정결할. 소 ↔ 어 [통용]
金	15 16 王 玉 임금왕변 구슬옥변	璅	옥돌. [쇄]
水	16 口 입구변	嘯	휘파람. 부르짖을. 읊조릴. [질]

주의 字典에 따라 15획, 16획으로 혼용되나, 성명학에서는 16획 기준

오행	획수/부수	한자	뜻
水	14 16 月 肉 육달월변 고기육변	膆	목구멍. 멀떠구니. 살찔. (모이주머니).
木	15 17 艹 艸 풀초변 초두변	蔬·	나물. 채소. 푸성귀.
木	17 糸 실사변	繅	고치 켤. 고치실 뽑을.
火	17 鬼 귀신귀변	魈	산도깨비. 이매 (산의 요괴).
土	14 17 辶 辵 책받침변 갖은책받침변	遡	거스를. 거슬러 올라갈. 따라 내려갈.
水	13 14 氵 水 삼수변 물수변	溯	遡자와 통용
水	18 魚 물고기어변	鮹	문어. 낙지. 물고기 이름.
水	18 鹵 소금밭변	䴛	소금 구울. 소금굴.
木	17 19 艹 艸 풀초변 초두변	蕭	대쑥. 시끄러울. 바쁠.

주의 字典에 따라 16~18획, 17~19획으로 혼용, 성명학에서는 17~19획 기준

오행	획수/부수	한자	뜻
木	19 竹 대죽변	簫	퉁소. 조릿대.

주의 字典에 따라 18획, 19획으로 혼용, 성명학에서는 19획 기준

오행	획수/부수	한자	뜻
火	20 馬 말마변	騷·	소동할. 시끄러울. 떠들. 풍류.
水	20 21 氵 水 삼수변 물수변	瀟	물 이름. 맑을. 비바람칠.

주의 字典에 따라 19~20획, 20~21획으로 혼용, 성명학에서는 20~21획 기준

木 20 22 蘇· 회생할.
艹 艸 깨어날. 나라 이름.
풀초변 초두변 차조기(일년초). 姓.

속

木 07 束· 묶을.
木 묶음. 약속할.
나무목변

火 09 俗· 풍속.
人 풍습. 속될. 인간 세상.
사람인변

水 09 10 涑 비 올.
氵 水 큰 비바람.
삼수변 물수변

水 10 11 涑 물 이름.
氵 水 [수]
삼수변 물수변

木 12 粟· 조.
米 오곡.
쌀미변

土 11 14 速· 빠를.
辶 辵 신속할.
책받침변 갖은책받침변

金 17 謖 일어날.
言 여밀. 뛰어날.
말씀언변

土 15 18 遬 빠를.
辶 辵 움츠릴. 줄어들.
책받침변 갖은책받침변

木 21 續· 계속.
糸 이을. 붙을.
실사변

水 21 屬· 무리.
尸 붙을. 이을.
주검시변

金 22 贖 속죄할.
貝 속바칠. 바꿀.
조개패변

손

水 10 孫· 자손.
子 손자. 姓.
아들자변

木 12 巽 부드러울.
己 공손할. 사양할. 괘 이름.
몸기변 姓.

水 12 飧 저녁밥.
食 밥. 익힌 음식.
밥식변

水 11 飡 飧자와 통용
食
밥식변

木 13 14 損· 손해.
扌 手 감소. 덜. 감할. 잃을.
재방변 손수변

木 14 16 蓀 향초.
艹 艸 향초 이름. 창포.
풀초변 초두변

土 14 17 遜 겸손할.
辶 辵 사양할. 양보할.
책받침변 갖은책받침변

솔

木 09 帥 거느릴.
巾 좇을. 솔 ↔ 수 [통용]
수건건변

水 09 乶 솔 (먼지나 때를 닦는).
乙 도쇄구(塗刷具).
새을변 땅 이름.

火 11 玄 검을현변 **率** 거느릴. 앞설. 솔 ↔ 률(율) [통용]

水 13 穴 구멍혈변 **窣** 갑자기. 갑작스러울. [졸]

火 17 行 다닐행변 **衛** 거느릴. 인도할.

水 17 虫 벌레충변 **蟀** 귀뚜라미.

木 15 18 辶 辵 책받침변 갖은책받침변 **逵** 군사 거느릴.

송

木 07 宀 갓머리변 **宋** 나라 이름. 송나라. 姓.

木 08 木 나무목변 **松**· 솔. 소나무.

火 10 11 忄 心 심방변 마음심변 **悚** 두려울. 당황할.

金 11 言 말씀언변 **訟**· 송사. 고소할. 시비할. 다툴.

金 12 立 설립변 **竦** 공경할. 삼갈.

水 11 12 氵 水 삼수변 물수변 **淞** 물 이름.

火 13 頁 머리혈변 **頌**· 기릴. 칭송할. 문체 이름.

土 10 13 辶 辵 책받침변 갖은책받침변 **送**· 보낼. 전송.

金 14 言 말씀언변 **誦**· 암송할. 외울. 소리 내어 읽을.

火 16 17 忄 心 심방변 마음심변 **憽** 똑똑할. [숭]

火 18 髟 터럭발변 **鬆** 더벅머리. 헝클어질. 거칠. 느슨할.

쇄

金 08 刂 刀 선칼도변 칼도변 **刷**· 인쇄할. 문지를. 솔질할. 씻을.

金 11 殳 갖은등글월문변 **殺** 감할. 덜. 빠를. 쇄 ↔ 살 [통용]

金 13 石 돌석변 **碎** 깨뜨릴. 부술. 부서질. 잘.

金 14 15 王 玉 임금왕변 구슬옥변 **瑣** 세분할. 자질구레할. 잘. 옥가루.

金 18 金 쇠금변 **鎖**· 자물쇠. 잠글. 쇠사슬.

金 18 金 쇠금변 **鎻** 鎖자와 통용

오행	획수	한자	뜻
水	22 氵 삼수변 / 23 水 물수변	灑	(물) 뿌릴. 깨끗할. 가를. 던질.
火	23 日 날일변	曬	햇빛 쬘. 쬘. 말리다.

쇠

오행	획수	한자	뜻
木	10 衣 옷의변	衰·	쇠할. 약할. [최. 사]
金	10 金 쇠금변	釗	사람 이름 (예 : 돌쇠). (금속) 쇠. 철. [국] 쇠 ↔ 소 [통용]

수

오행	획수	한자	뜻
木	04 手 손수변	手·	손. 손수 할. 재주. 수단.
金	04 殳 갖은등글월문변	殳	창. 몽둥이. 지팡이.
水	04 水 물수변	水·	물. 별 이름.
水	05 口 큰입구변	囚·	가둘. 죄수.
木	06 宀 갓머리변	守·	지킬. 살필. 벼슬 이름. 姓.
金	06 戈 창과변	戍	둔영. 지킬. 수자리 (변방을 지키는 일).
金	06 攵 등글월문변 / 支 칠복변	收·	거둘. 잡을.
木	07 禾 벼화변	秀·	빼어날. 뛰어날. 팰. 이삭 나올.
水	06 氵 삼수변 / 07 水 물수변	汓	헤엄칠.
土	08 土 흙토변	垂·	드리울. 베풀. 거의.
土	08 山 메산변	岫	산굴. 암굴산. 산봉우리.
土	08 山 메산변	峀	岫자와 통용
水	08 又 또우변	受·	받을. 입을. 이을. 배울.
木	09 巾 수건건변	帥·	장수. 거느릴. 수 ↔ 솔 [통용]
水	08 氵 삼수변 / 09 水 물수변	泅	헤엄칠.
水	09 首 머리수변	首·	우두머리. 머리. 첫째. 임금.
火	10 人 사람인변	修·	닦을. 익힐. 다스릴.
水	11 月 육달월변 / 13 肉 고기육변	脩	修자와 통용

오행	획수	한자	뜻
土	09 犭 개사슴록변 / 10 犬 개견변	狩	사냥할. 순행. 돌. 정벌할.
金	10 示 보일시변	祟	동토 (귀신이 내리는 재앙). 빌미.
水	10 又 또우변	叟	늙은이. 어른.
水	09 氵 삼수변 / 10 水 물수변	洙	물가. 물 이름.
水	10 歹 죽을사변	殊·	뛰어날. 다를.
木	11 宀 갓머리변	宿	별자리. 수 ↔ 숙 [통용]
木	10 衤 옷의변 / 11 衣	袖	소매. 소매에 넣을. 姓.
土	11 羊 양양변	羞	부끄럼. 수치스러울.
水	11 口 입구변	售	팔아넘길. 팔. 갚을.
木	11 扌 재방변 / 12 手 손수변	授·	줄. 수여할. 가르칠.
木	10 艹 풀초변 / 12 艸 초두변	茱	수유나무.
火	12 日 날일변	晬	일주년. 돌. 생일. [쉬]
火	12 頁 머리혈변	須·	모름지기. 잠깐. 턱수염. 사람 이름.
金	11 王 임금왕변 / 12 玉 구슬옥변	琇	옥돌. 아름다울.
木	13 广 엄호변	廋	숨길. 숨기다. 찾을.
木	13 目 눈목변	睡·	졸음. 졸. 잠 잘.
木	13 目 눈목변	睟	바로 볼. 눈 밝을. 윤택할.
木	13 目 눈목변	睢	물 이름. [휴]
水	16 氵 삼수변 / 17 水 물수변	濉	睢자와 통용
木	13 糸 실사변	綏	편안할. 끈. 갓끈. [유. 타]
火	13 心 마음심변	愁·	근심. 수심. 시름.
土	13 女 계집녀변	嫂	형수. 노부인.
金	13 酉 닭유변	酬	보답할. 갚을.
木	13 扌 재방변 / 14 手 손수변	搜·	찾을. 가릴. 수색. [소]

주의 (전산폰트) 필순이 12~13획으로 보이나, 밑터진절구 구 7획으로 字典에 13~14획 이므로 성명학은 13~14획 기준

木 14 米 쌀미변 **粹** 순수할. 순전할. 정할.

木 14 糸 실사변 **綏** 인끈. 끈. 문채 옷.

金 14 金 쇠금변 **銖** 저울눈. 무게 단위 (중량 이름).

水 14 士 선비사변 **壽**· 목숨. 수명. 나이.

土 07 寸 마디촌변 **寿** 壽자와 통용 [俗字]

水 14 口 입구변 **嗽** 기침. 양치질할. [삭]

水 13 14 氵 水 삼수변 물수변 **溲** 반죽할. 적시다. 일.

주의 (전산폰트) 필순이 12~13획으로 보이나, 밑터진절구 구 7획으로 字典에 13~14획 이므로 성명학은 13~14획 기준

水 12 14 月 肉 육달월변 고기육변 **脺** 윤택할. 얼굴에 윤기 있을.

水 14 雨 비우변 **需**· 기다릴. 머뭇거릴. 구할. 음식. 수 ↔ 유 [통용]

木 15 目 눈목변 **瞍** 장님. 소경. 봉사.

주의 (전산폰트) 필순이 14획으로 보이나, 밑터진절구 구 7획으로 字典에 15획 이므로 성명학은 15획 기준

木 15 豆 콩두변 **豎** 세울. 설. 곧을. 더벅머리.

金 13 立 설립변 **竪** 豎자와 통용 [俗字]

金 15 攵 攴 등글월문변 칠복변 **數**· 셈할. 셈. 수 ↔ 삭 [통용]

金 15 貝 조개패변 **賥** 재물. 재화.

金 15 言 말씀언변 **誰**· 누구. 무엇. 발어사.

金 15 金 쇠금변 **銹** 녹슬. 녹.

水 14 15 氵 水 삼수변 물수변 **潄** 양치질할. 빨. 씻을.

水 15 疒 병질엄변 **瘦** 여윌. 파리할. 야윌. 마르다.

木 16 木 나무목변 **樹**· 심을. 나무. 세울.

木 14 16 蓚 艹 艸 풀초변 초두변
기쁠.
수산 (식품제조 첨가물).

木 14 16 蒐 艹 艸 풀초변 초두변
모을.
숨길. 꼭두서니.

火 16 輸· 車 수레거변
옮길.
실을. 실어 낼. 보낼.

土 13 16 遂· 辶 辵 책받침변 갖은책받침변
마침내.
드디어. 이룰. 성취.

土 11 16 陲 阝 阜 좌방변 언덕부변
변방.
위태할.

水 14 16 膄 月 肉 육달월변 고기육변
여윌.
파리할.

木 17 穗 禾 벼화변
(벼) 이삭.
보리 이삭.

木 15 穂 禾 벼화변
穗자와 통용

火 17 燧 火 불화변
봉화.
부싯돌. 불.

火 17 雖· 隹 새추변
비록.

土 12 17 隋 阝 阜 좌방변 언덕부변
수나라.
나라.

金 17 18 璲 王 玉 임금왕변 구슬옥변
패옥
(관복 띠에 차는 옥).
서옥. 노리개.

金 17 18 璓 王 玉 임금왕변 구슬옥변
옥 이름.
수 ↔ 선 [통용]

木 19 繡 糸 실사변
수놓을.
비단.

주의 字典에 따라 18획, 19획으로 혼용되나, 성명학은 19획 기준

木 13 綉 糸 실사변
繡자와 통용

木 19 颼 風 바람풍변
바람소리.

火 19 ⿰垂鳥 鳥 새조변
새매 (수릿과의 새).

土 19 獸· 犬 개견변
짐승.
가축 말린 고기.

水 17 19 髓 月 肉 육달월변 고기육변
골수.
뼛속 기름.

水 20 饈 食 밥식변
반찬.
맛좋은 음식. 드릴.

木 19 21 藪 艹 艸 풀초변 초두변
수풀.
큰 늪. 덤불.

木 21 籔 竹 대죽변
휘 (16말들이 용량).
조리. 똬리.

土 18 21 邃 辶 辵 책받침변 갖은책받침변
깊을.
현묘할. 심오할. 멀.

오행	획수	한자	뜻
土	16 21 阝 阜 좌방변 언덕부변	隧	길. 굴 (터널). 뚫은 굴. 회전할. [추]
土	16 21 阝 阜 좌방변 언덕부변	隨·	따를. 추종. 때에 따라.
金	20 21 王 玉 임금왕변 구슬옥변	璲	구슬.
火	22 髟 터럭발변	鬚	아랫수염.
金	23 言 말씀언변	讎	원수. 대답할. 갚을.
金	23 言 말씀언변	讐	讎자와 통용
金	23 骨 뼈골변	髓	골수 (뼛속에 차있는 물질).

숙

오행	획수	한자	뜻
木	06 夕 저녁석변	夙	이를. 일찍. 빠를. 삼갈. 姓.
水	08 又 또우변	叔·	아저씨. 아재비.
火	10 人 사람인변	倏	갑자기. 빠를. 매우 짧은 시간. 문득. → 儵[同字]
火	10 人 사람인변	俶	비로소. 비롯할. 정돈할. 착할. [척]
木	11 宀 갓머리변	宿·	(잠) 잘. 묵을. 숙박할. 지킬. 숙 ↔ 수 [통용]
土	11 女 계집녀변	婌	궁녀. 궁녀 벼슬 이름.
水	11 子 아들자변	孰·	누구. 어느. 무엇.
水	11 12 氵 水 삼수변 물수변	淑·	맑을. 착할. 얌전할. 어질.
火	13 聿 붓율변	肅·	엄숙할. 공경할. 삼갈.
金	12 13 王 玉 임금왕변 구슬옥변	琡	옥 이름. 구슬.
木	12 14 艹 艸 풀초변 초두변	菽	콩. 대두. 흰콩.
土	14 土 흙토변	塾	서당. 글방.
火	15 灬 火 연화변 불화변	熟·	익을. 성숙할. 낯익을.
木	17 木 나무목변	橚	(나무) 줄지어 설. 밋밋할. 무성할.

주의: 字典에 따라 16획, 17획으로 혼용되나, 성명학에서는 17획 기준

오행	획수	한자	뜻
水	16 17 氵 水 삼수변 물수변	潚	빠를. 姓. [축. 소]

주의	字典에 따라 15~16획, 16~17획으로 혼용되나, 성명학에서는 16~17획 기준

火 19 人 사람인변 **儵** 빠를. 잿빛. 물결 번득거릴. → 倏 [同字]

金 18 19 王 玉 임금왕변 구슬옥변 **璹** 옥 그릇. 옥 이름.

火 23 馬 말마변 **驌** 좋은 말. 양마 이름.

주의	字典에 따라 22획, 23획으로 혼용되나, 성명학에서는 23획 기준

火 24 鳥 새조변 **鷫** 신조 (새 이름). 서방을 지킨다는 신조 (神鳥).

주의	字典에 따라 23획, 24획으로 혼용되나, 성명학에서는 24획 기준

순

火 06 日 날일변 **旬**· 열흘. 10년. 꽉 찰. 두루 펼.

水 07 川 巛 개미허리변 **巡**· 순행. 돌. 두루 돌. 돌아다닐.

주의	巛 (川) 변에 속하므로 7획에 해당, 辶(辵)변에 속하지 않으므로 10획이 아님

火 08 人 사람인변 **侚** 재빠를. 따를. 좇을.

土 08 田 밭전변 **畃** 사귈. 시킬. 하여금.

木 09 目 눈목변 **盾** 방패. 피하다.

木 09 目 눈목변 **盹** 졸다. 눈 게슴츠레할. 선잠.

木 09 糸 실사변 **紃** 끈. 실띠. 줄.

火 09 彳 두인변 **徇** 두루. 돌. 경영할. 부릴.

土 09 山 메산변 **峋** 깊숙할. 후미질.

土 09 女 계집녀변 **姰** 다다를. 미칠. 닿을. [균]

木 10 木 나무목변 **栒** 가름대 (가로지른 막대). (악기) 다는 틀. 나무 이름.

木 10 糸 실사변 **純**· 순수할. 순정. 천진할. 좋을. 순 ↔ 준[통용]

火 09 10 忄 心 심방변 마음심변 **恂** 정성. 믿을. 진실할. [준]

水 08 10 月 肉 육달월변 고기육변 **肫** 정성스러울. 광대뼈. 포. 포육.

水 09 10 氵 水 삼수변 물수변 **洵** 믿을. 진실로. [현]

水 | 10 歹 죽을사변 | **殉·** | 따라 죽을. 순장.

木 | 11 目 눈목변 | **眴** | 눈 깜빡일. 눈짓할. [현]

金 | 10 王 임금왕변 11 玉 구슬옥변 | **珣** | 옥돌. 옥 이름.

木 | 10 艹 풀초변 12 艸 초두변 | **荀** | 풀 이름. 사람 이름.

木 | 12 竹 대죽변 | **筍** | 죽순. 대싹. 姓.

木 | 12 舛 어길천변 | **舜** | 순임금. 임금 이름. 뛰어날. 姓.

火 | 12 彳 두인변 | **循·** | 빙빙 돌. 돌. 어루만질. 좇을.

火 | 12 火 불화변 | **焞** | 밝을. [퇴]　순 ↔ 돈 [통용]

火 | 12 頁 머리혈변 | **順·** | 순할. 유순할. 따를.

水 | 11 氵 삼수변 12 水 물수변 | **淳** | 순박할. 맑을. 깨끗할.

木 | 13 木 나무목변 | **楯** | 난간. 방패. 뽑을. 빼낼. [준]

火 | 13 馬 말마변 | **馴** | 길들일. 순할. 익숙할. [훈]

金 | 13 言 말씀언변 | **詢** | 상의할. 물을. 믿을. 같을.

水 | 11 月 육달월변 13 肉 고기육변 | **脣·** | 입술. 언저리.

金 | 15 言 말씀언변 | **諄** | 가르칠. 도울. 정성.

金 | 15 酉 닭유변 | **醇** | 전국술. 진할. 순수할. 두터울.

木 | 16 木 나무목변 | **橓** | 무궁화. 근화.

火 | 16 馬 말마변 | **駒** | 말 달릴. 말 달리는 모양.

金 | 16 金 쇠금변 | **錞** | 악기 이름. 쇠북 악기.

木 | 15 艹 풀초변 17 艸 초두변 | **蓴** | 순나물. 순채 (수련과 풀). 부들 이삭.

木 | 17 目 눈목변 | **瞬·** | 눈 깜짝할. 잠깐.

木 | 16 艹 풀초변 18 艸 초두변 | **蕣** | 무궁화. 목근.

火 | 19 鳥 새조변 | **鶉** | 메추라기. 새 이름.

火 | 19 髟 터럭발변 | **鬊** | 헝클어질. 머리 풀어헤칠.

술

土 06 戌· 개.
戈 열한 번째 지지.
창과변

주의 字源五行의 戈변은 金에 해당되나 訓에 의거, 地支 戌은 土에 해당 土로 기준

土 08 㶖 높을.
土
흙토변

木 11 絉 노끈.
糸 끈. 줄.
실사변

火 11 術· 기술.
行 재주. 꾀. 계략.
다닐행변

土 09 12 述· 기록.
辶 辵 책 쓸. 저술. 펼. 말할.
책받침변 갖은책받침변

金 13 鉥 긴 바늘.
金 돗바늘. 인도할. 이끌.
쇠금변

숭

土 11 崇· 높을.
山 존중할. 우뚝 솟을.
메산변

土 11 崧 우뚝 솟을.
山 숭산. 산 이름. 姓.
메산변

土 13 嵩 높을.
山 숭산. 산 이름. 姓.
메산변

木 12 14 菘 배추.
艹 艸 숭채.
풀초변 초두변

쉬

火 10 倅 다음.
人 버금. [졸]
사람인변

火 12 焠 담금질.
火 담글. 물들일. 태울.
불화변

水 11 12 淬 담금질.
氵 水 물들일. 범할.
삼수변 물수변

슬

水 08 虱 이 (피 빨아먹는 해충).
虫 반풍자(半風子).
벌레충변

金 13 14 瑟 비파.
王 玉 악기 이름. 고울.
임금왕변 구슬옥변

水 15 蝨 이.
虫 폐해 (관官이 끼치는 피해를 이에 비유한 말).
벌레충변

金 15 16 璱 푸른 구슬.
王 玉
임금왕변 구슬옥변

水 15 17 膝 무릎.
月 肉
육달월변 고기육변

金 17 18 璱 푸른 구슬.
王 玉 아름다운 옥.
임금왕변 구슬옥변

| 木 | 21 靑 푸를청변 | 䨲 | 붉고 푸를. 적청색. |

습

木	09 扌 재방변 10 手 손수변	拾·	주울. 습득할. 모을. 습 ↔ 십 [통용]
火	11 羽 깃우변	習·	익힐. 연습. 배울. 익숙할.
木	15 木 나무목변	槢	쐐기. 단단한 나무.
火	14 忄 심방변 15 心 마음심변	慴	두려워할. 겁낼. 굴복할. 협박. → 접 [本音]
木	16 衤 17 衣 옷의변	褶	주름. 사마치(기마복). [첩]
水	17 氵 삼수변 18 水 물수변	濕·	습기. 젖을. 축축할.
木	22 衣 옷의변	襲·	엄습할. 인할. 姓.
土	17 阝 좌방변 22 阜 언덕부변	隰	진펄. 지세가 낮고 습한 땅.

승

木	04 十 열십변	升	오를. 되. 괘 이름.
水	05 水 물수변	丞	이을. 받들. 구할.
木	06 一 한일변	丞	정승. 이을. 도울. 벼슬 이름.
木	08 手 손수변	承·	이을. 계승. 받들. 姓.
火	08 日 날일변	昇·	오를. 올릴. 해 돋을. 姓.
土	08 山 메산변	丞	공경할. 도울. 벼슬 이름.
火	10 丿 삐침변	乘·	탈. 오를. 의지할. 곱할.
土	12 力 힘력변	勝·	이길. 뛰어날. 훌륭할. 姓.
水	11 氵 삼수변 12 水 물수변	渻	땅 이름. 지명 (地名).
土	13 土 흙토변	塍	논두둑. 밭두렁.
木	14 木 나무목변	榺	바디집. 잉아. 도투마리 (베틀의 한 기구 이름).
火	14 人 사람인변	僧·	승려. 중.
土	10 阝 좌방변 15 阜 언덕부변	陞	나아갈. 오를.

土 07 12 阝 阜 **阩** 陞자와 통용
좌방변 언덕부변

土 11 16 阝 阜 **陹** 해 돋을.
좌방변 언덕부변

주의 阝 좌방 변 3획은 성명학에서는
皐 언덕부 변 8획으로 사용됨

木 19 糸 **繩** 먹줄.
노끈. 법. 묶을. [잉. 민]
실사변

水 19 虫 **蠅** 파리.
파리잡이거미.
벌레충변

火 22 髟 **鬙** 머리 헝클어질.
터럭발변

시

水 03 尸 **尸** 주검.
시체. 위패. 시동.
주검시변

木 05 巾 **市**· 저자 (시장).
장. 시가. 장사.
수건건변

木 05 示 **示**· 보일.
볼. 고시. 알릴.
보일시변

金 05 矢 **矢**· 화살.
바를. 맹세.
화살시변

水 07 豕 **豕** 돼지.
돝.
돼지시변

木 08 儿 **兕** 외뿔소.
[사]
어진사람인변

火 08 人 **侍**· 모실.
받들.
사람인변

火 08 日 **旹** 때.
철. 계절.
날일변 時의 [古字]

土 08 女 **始**· 처음.
비로소. 비롯할. 근본.
계집녀변

木 09 木 **枲** 모시풀 (쐐기풀 이름).
수삼.
나무목변

木 09 木 **柹** 감나무.
감.
나무목변

木 09 木 **杮** 柹자와 통용
나무목변

木 09 木 **柿** 柹자와 통용
나무목변

木 09 木 **柴** 섶나무.
섶. 땔나무. 姓. [채]
나무목변

木 09 目 **眡** 볼.
보다.
눈목변

火 09 日 **是**· 옳을.
이. 바를.
날일변

土 09 方 **施**· 베풀.
줄. 전할. 姓.
모방변

水 08 09 沶 현 이름.
氵 水 고을 이름.
삼수변 물수변

水 09 屍 주검.
尸 송장.
주검시변

水 09 屎 똥.
尸 대변. 시 ↔ 히 [통용]
주검시변

木 10 眎 볼.
目 보일. 사람 이름.
눈목변 視의 [古字]

火 09 10 恃 믿을.
忄 心 어미.
심방변 마음심변

火 10 時· 때.
日 철. 계절.
날일변

火 10 翅 날개.
羽 지느러미.
깃우변

水 10 豺 승냥이
豸 (갯과의 동물).
갖은돼지시변

木 11 絁 명주.
糸 깁.
실사변

火 11 偲 굳셀.
人 재주 많을. 똑똑할.
사람인변

金 11 匙 숟가락.
匕 열쇠. 姓.
비수비변

水 11 豉 메주.
豆 된장.
콩두변

火 12 徥 걷는 모양.
彳 슬슬 걸을. [대. 치. 태]
두인변

火 12 視· 볼.
見 보일. 살필.
볼견변

土 11 12 猜 시기할.
犭 犬 샘낼. 투기할. 의심할.
개사슴록변 개견변

土 12 媤 시집.
女 남편의 집.
계집녀변

土 12 媞 자세할.
女 살필. 볼. 행복.
계집녀변 시 ↔ 제 [통용]

水 12 啻 뿐
口 (다만 ~ 뿐만 아니라).
입구변

火 12 13 愢 겸손할.
忄 心 시 ↔ 새 [통용]
심방변 마음심변

火 13 毸 날개 칠.
毛 날개 벌릴.
터럭모변

土 13 塒 횃대.
土 홰.
흙토변

金 13 弒 죽일.
弋 윗사람 죽일. [本字]
주살익변

주의	12획은 속자, 13획은 본자. 성명학은 13획 기준

金 13 詩· 글.
言 시.
말씀언변

金 13 言 말씀언변 **試**· 시험. 시험할. 검사.

木 14 木 나무목변 **榯** 나무 곧게 설. 문설주.

木 14 示 보일시변 **禔** 편안할. 복. 행복. 시 ↔ 제. 지 [통용]

火 14 羽 깃우변 **翤** 깃. 새의 날개.

水 14 厂 민엄호변 **厮** 하인. 종. 천할. → 廝 [同字]

木 15 广 엄호변 **廝** 하인. 종. 천할. → 厮 [同字]

木 15 糸 실사변 **緦** 상복에 쓰는 베. 시마. 시마복.

水 15 口 입구변 **嘶** 울. 말이 욺. 널리 욺. 목 쉴.

水 15 水 물수변 **漦** 흐를. 침거품.

木 14 16 艹 艸 풀초변 초두변 **蒔** 모종할. 이식할. 소회향.

木 14 16 艹 艸 풀초변 초두변 **蓍** 톱풀 (엉거싯과 풀). 시초.

金 16 言 말씀언변 **謚** 시호. 시호 내릴.

金 16 言 말씀언변 **諟** 바로잡을. 이. 시 ↔ 체 [통용]

金 16 言 말씀언변 **諰** 생각할. 두려워할.

水 15 16 氵 水 삼수변 물수변 **澌** 다할. 망할. 목 쉰 소리.

金 17 金 쇠금변 **鍉** 열쇠. 숟가락.

火 18 頁 머리혈변 **顋** 뺨. 볼. 볼따구니. → 새 [本音]

金 26 酉 닭유변 **釃** 술 거를. 거를. 나눌.

식

金 06 弋 주살익변 **式**· 의식. 법. 제도.

水 09 食 밥식변 **食**· 밥. 음식. 먹을. [사]

木 09 10 扌 手 재방변 손수변 **拭** 닦을. 지울. 씻을.

木 10 木 나무목변 **栻** 점통. 점치는 판.

火 10 心 마음심변 **息**· (휴식) 쉴. 숨 쉴. 자식.

土 11 土 흙토변 埴 진흙. 찰흙.

木 12 宀 갓머리변 寔 진실로. 이. 이것. 참.

木 12 木 나무목변 植· 심을. 식물.

水 12 歹 죽을사변 殖 번식할. 번성할. 불을. 불릴.

火 13 車 수레거변 軾 수레 난간. 수레 앞턱.

土 13 女 계집녀변 媳 며느리.

水 12 氵 삼수변 13 水 물수변 湜 물 맑을. 맑을.

火 14 火 불화변 熄 불 꺼질. 사라질. 없어질.

水 14 食 밥식변 飾· 치장할. 꾸밀. 가선 두를.

木 15 竹 대죽변 篒 대나무 밥통. 땅 이름.

水 15 虫 벌레충변 蝕 좀먹을. 벌레먹을. 일식, 월식할.

金 19 言 말씀언변 識· 지식. 알. 판별할. 인정할.
식 ↔ 지 [통용] [치]

신

金 05 田 밭전변 申· 납. 원숭이. 아홉째 지지. 姓.

주의	字源五行의 田변은 土에 해당되나 訓에 의거, 地支 申은 金에 해당 金으로 기준

火 06 臣 신하신변 臣· 신하. 백성.

水 06 口 큰입구변 囟 정수리. 아이 숨구멍.

火 07 人 사람인변 伸· 펼. 늘일. 기지개. 말할.

火 07 身 몸신변 身· 몸. 신체. 자신.

土 07 辰 별신변 辰 때. 일월성. 날 (하루).
신 ↔ 진 [통용]

金 07 辛 매울신변 辛· 매울. 괴로울. 姓.

水 06 氵 삼수변 07 水 물수변 汛 물 뿌릴. 조수.

火 08 人 사람인변 侁 걷는 모양. 갈. 떼지어 갈. 姓.

水 08 口 입구변 呻 신음할. 끙끙거릴. 읊조릴.

火 09 人 사람인변 **信**· 믿을. 진실.

土 09 女 계집녀변 **㛛** 나라 이름. [선]

金 09 矢 화살시변 **矧** 하물며.

水 09 口 입구변 **哂** 비웃을. 빙그레 웃을.

木 10 宀 갓머리변 **宸** 대궐. 집. 하늘.

土 07 10 辶 辵 책받침변 갖은책받침변 **迅** 빠를. 신속할. 억셀.

土 10 女 계집녀변 **娠** 잉태할. 아이 밸. 움직일.

金 10 示 보일시변 **神**· 귀신. 신령. 정신.

金 10 言 말씀언변 **訊** 신문할. 고문. 물을. 죄 조사할.

木 11 糸 실사변 **紳** 띠. 점잖은 사람. 신사. 벼슬아치.

火 11 日 날일변 **晨**· 새벽. 때. 샛별.

木 11 13 艹 艸 풀초변 초두변 **莘** 풀. 약 이름. 나라 이름.

金 13 斤 날근변 **新**· 처음. 새로울. 새.

水 13 虫 벌레충변 **蜃** 큰 조개. 대합조개.

水 11 13 月 肉 육달월변 고기육변 **脤** 제육. 제사에 쓰는 날고기.

火 13 14 忄 心 심방변 마음심변 **愼**· 진실. 삼갈. 정성스럴. 姓. 신 ↔ 진 [통용]

水 12 14 月 肉 육달월변 고기육변 **腎** 콩팥. 신장. 불알. 고환.

火 15 頁 머리혈변 **頣** 볼. 눈 크게 뜨고 볼.

火 16 火 불화변 **燊** (불꽃) 성할. 부릴.

火 16 馬 말마변 **駪** 말의 무리. 많을. 말[馬]이 많을. 빨리 갈.

火 18 火 불화변 **燼** 불 탄 나머지. 깜부기.

木 17 19 艹 艸 풀초변 초두변 **薪** 섶나무. 섶. 땔나무.

金 18 19 王 玉 임금왕변 구슬옥변 **璶** 옥돌.

木 18 20 艹 艸 풀초변 초두변 **藎** 조개풀. 나아갈. 나머지.

오행	획수 / 부수	한자	뜻
金	21 貝 조개패변	賮	전별할. 노자. 보배.

실

오행	획수 / 부수	한자	뜻
火	05 大 큰대변	失·	잃을. 그르칠. 잘못할.
木	09 宀 갓머리변	室·	방. 집. 아내. 별 이름.
火	11 心 마음심변	悉	다할. 다. 모두. 알. 깨달을.
木	14 宀 갓머리변	實·	열매. 실제. 사실. 참될. 찰. 실 ↔ 지 [통용]
木	08 宀 갓머리변	実	實자와 통용 [俗字]
水	17 虫 벌레충변	蟋	귀뚜라미.

심

오행	획수 / 부수	한자	뜻
火	04 心 마음심변	心·	마음. 생각. 심장. 별 이름.
水	07 08 氵 水 삼수변 물수변	沁	물 적실. 물 이름. 밸. 스며들.
水	07 08 氵 水 삼수변 물수변	沈	즙액. 가라앉을. 姓. 심 ↔ 침 [통용]
土	09 甘 달감변	甚·	심할. 더욱. 매우.
木	08 10 艹 艸 풀초변 초두변	芯	골풀. 등심초. 중심.
金	12 寸 마디촌변	尋·	찾을. 궁구할. 발. 생각할.
水	11 12 氵 水 삼수변 물수변	深·	깊을. 깊이. 짙을.
木	15 宀 갓머리변	審·	살필. 조사할. 자세할. 알. 밝힐.
木	13 15 艹 艸 풀초변 초두변	葚	오디. 뽕나무 열매.
火	16 火 불화변	燖	삶을. 삶다. 데치다.
金	16 言 말씀언변	諶	믿을. 참. 참으로. 姓.
水	15 16 氵 水 삼수변 물수변	潯	물가. 소. 못. 물 이름.
水	18 19 氵 水 삼수변 물수변	瀋	즙액. 물 이름.
金	20 金 쇠금변	鐔	날밑 (칼날과 자루 사이 끼는 테). 칼자루 끝쇠.
水	23 魚 물고기어변	鱏	철갑상어. 심어. 가오리.

십

오행	획수 / 부수	한자	뜻
火	04 人 사람인변	什	열. 열 사람. 십 ↔ 집 [통용]
木	09 扌 재방변 / 10 手 손수변	拾	열. 십 ↔ 습 [통용]
水	02 十 / 10 열십변	十·	열. 열 번.

주의: 필순은 2획이나, 성명학에서는 수의 의미를 획수로 하므로 10획 기준

쌍

오행	획수 / 부수	한자	뜻
火	18 隹 새추변	雙·	쌍. 둘. 짝. 한 벌.
水	04 又 또우변	双	雙자와 통용 [俗字]

씨

오행	획수 / 부수	한자	뜻
火	04 氏 각시씨변	氏·	성. 씨(사람의 호칭). 각시. 땅 이름. 姓.

♣

ㅇ

아

火 03 丫 丨 뚫을곤변 — 두 갈래. 가닥날. 가장귀.

金 04 牙· 牙 어금니아변 — 어금니. 상아. 대장기.

주의 (전산폰트) 필순이 5획으로 보이나 字典에 4획이므로 성명학은 4획 기준

金 07 我· 戈 창과변 — 나. 우리.

木 08 枒 木 나무목변 — 가장귀 (나뭇가지 갈라진 부분). [야]

火 08 亞· 二 두이변 — 버금. 작을. 아시아.

火 07 亜 二 두이변 — 亞자와 통용

土 08 婀 女 계집녀변 — 고울. 아름다울. 여자의 요염한 모양.

土 08 娿 女 계집녀변 — 여선생. 여자를 가르치는 선생.

水 08 兒· 儿 어진사람인변 — 아이. 아 ↔ 예 [통용]

水 07 児 儿 어진사람인변 — 兒자와 통용

火 09 俄 人 사람인변 — 갑자기. 아까. 잠시. 높을. 러시아(아라사)의 약칭.

金 09 砑 石 돌석변 — 맷돌. 갈.

木 08 10 芽· ++ 艸 풀초변 초두변 — 싹 틀. 움. 싹.

木 10 笌 竹 대죽변 — 죽순. 대순.

土 10 娥 女 계집녀변 — 예쁠. 계집. 미녀. 여자 이름.

土 10 峨 山 메산변 — 산 높을.

土 10 峩 山 메산변 — 峨자와 통용

水 10 哦 口 입구변 — 읊을. 읊조릴.

水 10 痾 疒 병질엄변 — 질병. 병. 입앓이 병.

金 11 訝 言 말씀언변 — 맞을. 의아할. 의심할.

오행	획수	한자	뜻
土	11 女 계집녀변	婀	아리따울.
土	11 女 계집녀변	娿	婀자와 통용
土	11 女 계집녀변	婭	동서. 일가.
土	08 辶 책받침변 11 辵 갖은책받침변	迓	마중할. 맞을. 영접할.
水	11 口 입구변	啞	벙어리. 까마귀 소리. [액]
水	11 口 입구변	啊	사랑할. 사랑하고 미워하는 소리.
木	12 木 나무목변	椏	가장귀. 나뭇가지의 아귀.
火	12 隹 새추변	雅·	맑을. 아담할. 바를. 선비.
土	11 犭 개사슴록변 12 犬 개견변	猗	부드러울. 온순할. 아름다울. 아 ↔ 의 [통용]
金	12 白 흰백변	皒	흰빛. 흰색.
金	12 石 돌석변	硪	바위.
木	11 艹 풀초변 13 艸 초두변	莪	쑥. 다북쑥.
火	13 行 다닐행변	衙	관청. 마을. 대궐.
土	08 阝 좌방변 13 阜 언덕부변	阿	언덕. 아름다울. 姓.
水	13 虫 벌레충변	蛾	나방. 누에나비. 눈썹. [의]
金	14 言 말씀언변	誐	착할. 아름다울. 사람 이름. 간사할. 교활할.
火	15 鳥 새조변	鴉	갈까마귀. 큰부리까마귀. 검을.
金	16 金 쇠금변	錏	목가림. 목가림 투구.
水	16 食 밥식변	餓·	굶주릴. 굶을. 기아.
火	18 鳥 새조변	鵝	거위. 진(陣) 이름. 姓.
火	18 鳥 새조변	鵞	거위.

악

오행	획수	한자	뜻
土	08 山 메산변	岳·	큰 산. 메뿌리.
水	09 口 입구변	咢	놀랄. 깜짝 놀랄.

火 11 偓 거리낄.
人 악착스러울.
사람인변

土 11 堊 흰 흙.
土 백토.
흙토변

木 12 幄 휘장.
巾 장막. 군막.
수건건변

火 12 惡· 악할.
心 나쁠. 악 ↔ 오 [통용]
마음심변

水 12 喔 닭소리.
口 울. 억지로 웃을.
입구변

木 12 13 握 쥘.
扌 手 잡을. 한움큼. 손잡이.
재방변 손수변

火 12 13 愕 놀랄.
忄 心 갑자기.
심방변 마음심변

水 12 13 渥 두터울.
氵 水 짙을. 젖을. 윤택할.
삼수변 물수변

木 15 樂 풍류.
木 노래. 악기.
나무목변 악 ↔ 락. 요 [통용]

木 13 15 萼 꽃받침.
艹 艸
풀초변 초두변

水 13 15 腭 잇몸.
月 肉 입천장. → 齶 [同字]
육달월변 고기육변

火 16 覨 오래 볼.
見
볼견변

土 12 16 鄂 땅 이름.
阝 邑 나타날. 한계.
우방변 고을읍변

金 16 諤 직언할.
言 바른말 할. 곧은말.
말씀언변

水 16 噩 엄숙할.
口 놀랄.
입구변

土 17 嶽 큰 산.
山
메산변

金 17 鍔 칼날.
金 가장자리.
쇠금변

火 18 顎 턱.
頁 근엄할. 엄숙할.
머리혈변

火 20 鶚 독수리
鳥 (물수릿과의 맹수).
새조변

水 20 鰐 악어.
魚
물고기어변

金 24 齷 작을.
齒 잗달. 악착할.
이치변

金 24 齶 잇몸.
齒 입천장. → 腭 [同字]
이치변

안

木 06 安· 편안할.
宀 어찌. 姓.
갓머리변

土 07 女 계집녀변 **晏** 편안할. 선명할. 맑은 하늘. 晏(안)과 같음.

土 06 犭 개사슴록변 07 犬 개견변 **犴** 들개 (野犬). 옥 (獄).

火 08 人 사람인변 **侒** 편안할. 늦을.

土 08 山 메산변 **岸**· 낭떠러지. 언덕. 기슭. 뛰어날.

金 08 石 돌석변 **矸** 깨끗할. 돌이 희고 깨끗한 모양. 안 ↔ 간 [통용]

土 09 女 계집녀변 **姲** 여자 이름. 종용 (從容)할.

木 09 扌 재방변 10 手 손수변 **按** 어루만질. 누를. 살필.

木 10 木 나무목변 **案**· 기안할. 책상. 생각할.

木 10 木 나무목변 **桉** 案자와 통용

참고 통용자는 획수, 부수, 자원오행에 관계없이 정자 밑에 배열하였음

火 10 日 날일변 **晏** 편안할. 맑을. 늦을. 姓.

水 09 氵 삼수변 10 水 물수변 **洝** 물 이름. 더운 물. 끓는 물. [알]

木 11 目 눈목변 **眼**· 눈. 볼. 요점.

土 11 女 계집녀변 **婩** 고울.

火 12 隹 새추변 **雁**· 기러기.

火 15 鳥 새조변 **鴈** 雁자와 통용

金 15 革 가죽혁변 **鞍** 안장. 안장 지울.

火 16 灬 연화변 火 불화변 **焦** 불빛. 불.

金 16 金 쇠금변 **錌** 연한 쇠. 무른 쇠.

水 17 魚 물고기어변 **鮟** 아귀.

火 18 頁 머리혈변 **顔**· 얼굴. 낯. 안면. 빛.

水 19 食 밥식변 **餕** 배부를. 안 ↔ 온 [통용]

알

水 06 穴 구멍혈변 **穵** 구멍 클. 깊을. 더듬을.

火 08 軋 車 수레거변 — 삐걱거릴. 형벌 이름. 姓.

金 10 訐 言 말씀언변 — 들추어 낼. 발각. 비방. 폭로. → 갈 [本音]

木 12 13 揠 扌 手 재방변 손수변 — 뽑을. 뺄.

火 14 斡 斗 말두변 — 돌이킬. 구를. 돌. 姓. [간]

水 14 嘎 口 입구변 — 새소리. 두루미 소리. → 갈 [本音]

火 15 頞 頁 머리혈변 — 콧대. 콧마루.

木 16 閼 門 문문변 — 가로막을. 틀어막을. [어. 연]

土 13 16 遏 辶 辵 책받침변 갖은책받침변 — 막을. 머무를. 정지할.

金 16 謁· 言 말씀언변 — 아뢸. 뵈올. 보일.

火 17 鴶 鳥 새조변 — 뻐꾸기.

암

木 11 庵 广 엄호변 — 암자. 초막.

水 11 唵 口 입구변 — 머금을. 움켜 먹을.

火 12 晻 日 날일변 — 어두울. 날 흐릴. 햇빛 침침할.

土 12 媕 女 계집녀변 — 머뭇거릴. 결단치 못할.

土 12 嵒 山 메산변 — 바위. 험할. 높을.

水 12 啽 口 입구변 — 잠꼬대. 말 아니할.

火 13 暗· 日 날일변 — 어두울. 밤. 가만히.

木 12 14 菴 艹 艸 풀초변 초두변 — 암자. 사찰. 초막. 가릴.

木 13 15 葊 艹 艸 풀초변 초두변 — 암자. 쑥. 맑은 대쑥. 풀 이름.

水 13 15 腤 月 肉 육달월변 고기육변 — 삶을. 고기 구울.

주의	月 육달월 변 4획은 성명학에서는 肉 고기육 변 6획으로 사용됨

火 16 頷 頁 머리혈변 — 끄덕거릴. [함]

金 16 諳 言 말씀언변 — 암송할. 욀. 기억할. 알. 깨달을.

오행	획수	한자	뜻
木	15 艹 풀초변 / 17 艸 초두변	菴	암자. 초막.
木	17 香 향기향변	馣	향기로울. 향내.
水	17 疒 병질엄변	癌	암. 악성 종양.
水	17 門 문문변	闇	문 닫을. 어두울. 밤. 여막. 숨을.
水	21 黑 검을흑변	黯	어두울. 검을. 슬퍼할. 아득할.
土	23 山 메산변	巖·	바위.
土	08 山 메산변	岩	巖자와 통용 [俗字]

압

오행	획수	한자	뜻
木	08 扌 재방변 / 09 手 손수변	押·	누를. 수결. 주관할. [갑]
土	08 犭 개사슴록변 / 09 犬 개견변	狎	익숙할. 익을. 친압할. 업신여길.
火	16 鳥 새조변	鴨	오리. 집오리.
土	17 土 흙토변	壓·	억압. 누를. 막을.

앙

오행	획수	한자	뜻
火	04 卩 병부절변	卬	나. 자신. 오를. 우러를.
土	05 大 큰대변	央·	가운데.
火	06 人 사람인변	仰·	우러를. 사모할. 姓.
火	08 日 날일변	昂	밝을. 오를. 높을.
火	09 日 날일변	昻	昂자와 통용 [俗字]
土	08 土 흙토변	坱	먼지. 티끌. 편할.
火	08 忄 심방변 / 09 心 마음심변	怏	원망할. 섭섭할. 불만.
水	08 氵 삼수변 / 09 水 물수변	泱	끝없을. 깊을. 구름 피어오를.
水	09 歹 죽을사변	殃·	재앙. 해칠.
木	10 禾 벼화변	秧	벼의 모. 심을. 모내기. 재배할.
金	10 皿 그릇명변	盎	동이 (질그릇). 넘치는 모양. 성할.

金	14 革 가죽혁변	鞅	가슴걸이 끈. 마, 소의 가슴걸이 끈.
火	16 鳥 새조변	鴦	원앙새.

애

木	06 艹 풀초변 08 艸 초두변	艾	쑥. 쑥빛. 예쁠. 편안할. 애 ↔ 예 [통용]
木	06 艹 풀초변 08 艸 초두변	艾	쑥. 약쑥. 쑥빛. 미모. 기를. 편안할. 애 ↔ 예 [통용]
土	08 厂 민엄호변	厓	언덕. 물가.
水	09 口 입구변	哀·	슬플. 아플. 불쌍할.
土	10 土 흙토변	埃	티끌. 먼지.
土	10 女 계집녀변	娭	계집종. 하녀. 희롱할.
水	10 口 입구변	唉	대답 소리. 그래. 물을.
木	10 扌 재방변 11 手 손수변	挨	떠밀다. 밀칠. 등칠. 맞댈.
火	11 火 불화변	焥	빛날. 더울.
土	11 山 메산변	崖	언덕. 벼랑. 낭떠러지.
土	11 山 메산변	崕	언덕. 벼랑. 낭떠러지.
金	11 欠 하품흠변	欸	한숨 쉴. 탄식할.
水	11 口 입구변	啀	물어뜯을. 개가 물려고 할.
木	11 扌 재방변 12 手 손수변	捱	막을. 저지하다.
水	11 氵 삼수변 12 水 물수변	涯·	물가. 가. 끝. 근처.
木	13 目 눈목변	睚	눈초리. 눈가.
火	13 心 마음심변	愛·	사랑. 사모. 아낄.
土	14 犬 개견변	獃	어리석을. 우두커니 서있을. 못생길.
火	15 人 사람인변	僾	어렴풋이 보일. 안경. 방불케 할.
金	15 白 흰백변	皚	흰 모양. 흴. 희다. 눈, 서리 흴.
金	15 石 돌석변	磑	맷돌. 단단할.

金 15 貝 賹 넉넉할. 사람 이름. 조개패변

水 14 氵 15 水 漄 물언덕. 물가. 근처. 삼수변 물수변

水 16 口 噯 숨. 더운 기운. 입구변

火 17 日 曖 희미할. 가릴. 날 흐릴. 날일변

火 17 馬 騃 어리석을. 말마변

木 18 目 矆 눈 흐릴. 눈 흐릿할. 눈목변

土 13 阝 18 阜 隘 좁을. 험할. [액] 좌방변 언덕부변

木 17 艹 19 艸 薆 초목 성할. 우거질. 향내 날. 숨길. 풀초변 초두변

金 19 石 礙 거리낄. 막을. 방해. 장애될. 돌석변

金 13 石 碍 礙자와 통용 [俗字] 돌석변

木 20 艹 22 艸 藹 우거질. 열매 많이 열릴. 풀초변 초두변

水 24 雨 靄 아지랑이. 놀. 오를. 비우변

水 25 雨 靉 구름 낄. 안경. 비우변

액

水 04 厂 厄· 재앙. 액. 민엄호변

木 05 戶 戹 좁을. 곤할. 재앙. 지게호변

木 07 扌 08 手 扼 누를. 멍에. 잡을. 재방변 손수변

水 08 口 呃 새소리. 울. 딸꾹질할. [악] 입구변

木 11 扌 12 手 掖 겨드랑이. 낄. 곁들. 재방변 손수변

土 07 阝 12 阜 阨 좁을. 험할. 고생할. 재앙. 좌방변 언덕부변

水 11 氵 12 水 液 즙. 진액. 진. 삼수변 물수변

木 13 扌 14 手 搤 잡을. 쥘. 움킬. 누를. 재방변 손수변

水 12 月 14 肉 腋 겨드랑이. 육달월변 고기육변

木 16 糸 縊 목 맬. [예] 실사변

오행	획수·부수	한자	뜻
火	18 頁 머리혈변	額·	일정한 액수. 이마. 머릿수. 수량.

앵

오행	획수·부수	한자	뜻
土	13 女 계집녀변	嫈	예쁠. 아름다울. 여자 이름. 어린 지어미.
土	16 缶 장군부변	罃	물독. 목 긴 병. 술단지.
土	20 缶 장군부변	罌	항아리. 병의 총칭. 양병.
水	20 口 입구변	嚶	새소리. 울. 방울소리.
木	21 木 나무목변	櫻	앵두나무.
火	21 鳥 새조변	鶯	꾀꼬리.
火	28 鳥 새조변	鸚	앵무새. 구욕새.

야

오행	획수·부수	한자	뜻
水	03 乙 새을변	也·	잇기. 어조사. 또한.
水	07 冫 이수변	冶	단련할. 쇠 불릴. 대장간. 꾸밀.
水	08 夕 저녁석변	夜·	밤. 姓.
火	09 耳 귀이변	耶·	어조사. 그런가.
木	09 艹 풀초변 / 11 艸 초두변	若	반야. 난야. 姓. 야 ↔ 약 [통용]
木	10 扌 재방변 / 11 手 손수변	揶	야유할. 빈정거릴. 놀릴.
木	12 扌 재방변 / 13 手 손수변	捓	揶자와 통용
火	11 人 사람인변	倻	나라 이름. 땅 이름.
土	11 里 마을리변	野·	들. 들판. 거칠. 분야. 성밖.
土	11 土 흙토변	埜	野자와 통용
木	13 木 나무목변	椰	야자나무.
木	13 父 아비부변	爺	아비. 아버지.
火	13 心 마음심변	惹	이끌. 끌어당길. 엉겨붙다.

참고	대법원에서 선정한 인명용 한자란 성(姓)을 제외한 이름(名)의 한자를 말한다.

약

오행	획수	부수	한자	뜻
木	09	糸 실사변	約·	맺을. 약속할. 언약. 약 ↔ 요 [통용]
金	10	弓 활궁변	弱·	약할. 쇠약할. 나이 젊을.
木	09 11	艹 艸 풀초변 초두변	若·	만약. 같을. 너. 약 ↔ 야 [통용]
木	13 15	艹 艸 풀초변 초두변	葯	어수리 잎. [적]
木	14 16	艹 艸 풀초변 초두변	蒻	구약나물.
木	16	竹 대죽변	篛	죽순 껍질. 대 (竹) 껍질.
火	17	龠 피리약변	龠	피리.
木	19 21	艹 艸 풀초변 초두변	藥·	약. 고칠.
火	21	火 불화변	爚	빛나고 밝을. 빛. 불사를.
火	21	鳥 새조변	鰯	댓닭. 몸집이 큰 닭. 곤계.
土	21	𧾷 足 발족변	躍·	뛸. 뛰어넘다. 빠를.
木	22	示 보일시변	禴	제사 이름 (옛 종묘 사시 제사 중 하나).
木	23	竹 대죽변	籥	피리.
金	25	金 쇠금변	鑰	자물쇠. 열쇠. 지킬.

掠→ 략 [본] 略→ 략 [본]

양

오행	획수	부수	한자	뜻
土	06	羊 양양변	羊·	양.
火	08	人 사람인변	佯	거짓. 속일.
火	09	彳 두인변	徉	노닐. 머뭇거릴. 배회할.
火	10	火 불화변	烊	구울. 굽다. 녹일.
火	10	心 마음심변	恙	걱정할. 병. 근심.
水	09 10	氵 水 삼수변 물수변	洋·	바다. 물결. 넓을.

木	11	目 눈목변	眻	미간 (눈썹 사이). 예쁜 눈. 눈이 아름다울.
水	11	疒 병질엄변	痒	종기. 옴. 병. 앓을. 가려울.
木	12	木 나무목변	椋	나무 이름. 푸조나무. 박달나무.
木	12 13	扌 手 재방변 손수변	揚·	날릴. 높일. 나타날. 칭찬할.
金	13	攵 攴 등글월문변 칠복변	敭	揚자와 통용
木	13	木 나무목변	楊·	버드나무. 버들. 姓.
火	13	日 날일변	暘	해돋이. 밝을. 말릴.
火	13	火 불화변	煬	쬘. 말리다. 불 땔. 향할.
水	14	疒 병질엄변	瘍	머리 헐. 두창. 부스럼.
木	15	木 나무목변	樣·	모양. 본. 형상. 상태. 양 ↔ 상 [통용]
水	14 15	氵 水 삼수변 물수변	漾	물결. 출렁거릴. 물 이름.
水	15	食 밥식변	養·	기를. 양육할. 봉양할.
火	16	車 수레거변	輰	수레. 소가 끄는 수레. 치장한 수레.
木	17	衣 옷의변	襄	오를. 도울. 멍에. 姓.
土	12 17	阝 阜 좌방변 언덕부변	陽·	볕. 해. 밝을. 양지. 양기.
火	09	日 날일변	昜	陽자와 통용
木	18	風 바람풍변	颺	바람에 날릴. 날. 날릴.
水	18 19	氵 水 삼수변 물수변	瀁	넓을. 물 이름.
土	20	土 흙토변	壤·	흙덩이. 땅. 부드러운 흙.
土	20	女 계집녀변	孃	아가씨. 어미. 어머니. [냥]
水	20	疒 병질엄변	癢	가려울. 근질거릴.
木	20 21	扌 手 재방변 손수변	攘	물리칠. 걷을. 뺏을. [녕]
水	20 21	氵 水 삼수변 물수변	瀼	이슬 많이 내릴.
木	22	示 보일시변	禳	푸닥거리. 물리칠. 기도할.

오행	획수/부수	한자	뜻
木	22 禾 벼화변	穰	넉넉할. 짚. 풍년.
木	21 23 艹 艸 풀초변 초두변	蘘	양하 (생강과 풀).
金	24 言 말씀언변	讓·	겸손할. 사양.
金	24 酉 닭유변	釀	술 빚을. 술.
金	25 金 쇠금변	鑲	거푸집 속. 선 두를.
火	27 馬 말마변	驤	머리 들. 말 뛸. 달릴.

亮→ 량 [본] 倆→ 량 [본]
兩→ 량 [본] 涼→ 량 [본]
梁→ 량 [본] 樑→ 량 [본]
量→ 량 [본] 糧→ 량 [본]
良→ 량 [본] 諒→ 량 [본]

어

오행	획수/부수	한자	뜻
土	08 方 모방변	於·	어조사. 늘 ~에서. 姓.
水	10 口 큰입구변	圄	감옥. 가둘.
火	11 彳 두인변	御·	모실. 어거할. 거느릴.
金	11 攵 攴 등글월문변 칠복변	敔	막을. 금할. 악기 이름.
水	11 口 입구변	唹	웃을.
水	11 口 큰입구변	圉	마부. 마구간.
水	11 魚 물고기어변	魚·	물고기. 姓.
火	12 馬 말마변	馭	말을 몰다. 말 부릴.
水	11 12 氵 水 삼수변 물수변	淤	진흙. 진탕.
水	13 疒 병질엄변	瘀	어혈 (충격으로 몸속 피가 맺힌 상태). 병. 질병.
水	13 食 밥식변	飫	포식할. 물릴. 실컷 먹을.
金	14 言 말씀언변	語·	말씀. 말할.
水	14 15 氵 水 삼수변 물수변	漁·	고기 잡을. 낚을. 빼앗을.
木	16 示 보일시변	禦	방어. 막을. 지킬. 군셀.

火 16 衙 行 다닐행변 — 그칠. 막을. 멈출. 어 ↔ 소 [통용]

金 22 齬 齒 이치변 — 이 어긋날. 맞지 않을.

억

木 07 08 抑· 扌 手 재방변 손수변 — 누를. 문득. 억울할. 대체.

火 15 億· 人 사람인변 — 억 (수의 단위). 많은 수.

木 17 檍 木 나무목변 — 참죽나무. 싸리.

火 16 17 憶· 忄 心 심방변 마음심변 — 기억할. 생각.

木 19 繶 糸 실사변 — 땋은 끈. 끈. 무늬 끈. 묶을.

火 17 19 臆 月 肉 육달월변 고기육변 — 가슴. 기막힐.

언

金 07 言· 言 말씀언변 — 말씀. 말. 언어.

火 09 彦 彡 터럭삼변 — 선비. 클. 재덕이 뛰어난. 훌륭한 사람.

火 09 彥 彡 터럭삼변 — 彦자와 통용

水 09 匽 匚 감출혜변 — 엎드릴. 도랑. 숨길.

火 11 偃 人 사람인변 — 쓰러질. 누울. 쉴.

火 11 焉· 灬 火 연화변 불화변 — 어찌. 어조사.

土 12 堰 土 흙토변 — 방죽. 보. 둑.

火 13 傿 人 사람인변 — 값 정할. 에누리할. 땅 이름. 신선 이름.

土 14 嫣 女 계집녀변 — 예쁠. 방긋 웃을. 아름다울.

水 14 嫣 口 입구변 — 즐거울. 빙그레할. 웃는 모양. [헌. 현]

金 16 諺 言 말씀언변 — 속어. 언문. 속담. 상말.

土 14 18 鄢 阝 邑 우방변 고을읍변 — 고을 이름. 땅 이름.

火 20 鶠 鳥 새조변 — 봉새. 작은 새. 姓.

水 22 鼴 鼠 쥐서변 — 두더지.

水 23 鼠 쥐서변 **鼴** 두더지.

金 27 言 말씀언변 **讞** 평의할. 죄 물을. 물을.

얼

土 09 乙 새을변 **乻** 땅 이름. 얼↔늘[통용]

주의	字源五行의 乙변은 木에 해당되나 訓에 의거, 土에 해당 土로 기준

木 10 自 스스로자변 **臬** 말뚝. 과녁. 문지방. 해시계.

水 19 子 아들자변 **孽** 서자. 천민. 첩의 자식.

木 22 米 쌀미변 **糱** 누룩. 빚을.

木 23 米 쌀미변 **糵** 糱자와 통용

木 21 23 艹 艸 풀초변 초두변 **蘖** 그루터기. 싹. 움. 누룩.

엄

木 03 广 엄호변 **广** 집. 암자. 마룻대. 한자 부수 (엄호부).

水 08 大 큰대변 **奄** 문득. 덮을. 가리다.

火 10 人 사람인변 **俺** 나. 자신. 클. [암]

土 11 山 메산변 **崦** 산 이름. 해 지는 산 이름.

木 11 12 扌 手 재방변 손수변 **掩** 가릴. 닫을. 걷을.

水 11 12 氵 水 삼수변 물수변 **淹** 담글. 적실. 머무를. 넓을.

木 13 14 罒 网 그물망변 **罨** 그물. 덮을.

金 15 酉 닭유변 **醃** 절인 채소. 소금에 절일.

木 16 門 문문변 **閹** 내시. 환관. 고자. 숨길.

土 20 龍 용룡변 **龑** 높고 밝을.

水 20 口 입구변 **嚴**· 엄할. 엄숙할. 공경할. 姓.

水 17 厂 민엄호변 **厳** 嚴자와 통용

火 22 人 사람인변 **儼** 의젓할. 근엄할. 공경할.

火 24 日 날일변 **曮** 해가 돌. 해 다니는 길. 엄전할.

업

木 13 木 나무목변 **業**· 일. 직업. 업. 선악의 소행.

土 16 山 메산변 **嶪** 산 높을. 산 웅장한 모양.

土 16 山 메산변 **嶫** 높고 험할. 산 웅장한 모양.

土 16 阝 우방변 20 邑 고을읍변 **鄴** 땅 이름. 姓.

에

火 10 心 마음심변 **恚** 성낼. 분노.

火 16 日 날일변 **曀** 음산할. 어두울. 구름 낄.

엔

土 04 冂 멀경변 **円** 둥글. 일본 화폐 단위. 圓과 통용

참고	통용자는 획수, 부수, 자원오행에 관계없이 정자 밑에 배열하였음

여

金 04 亅 갈고리궐변 **予**· 허락할. 나. 줄. 취할.

火 06 人 사람인변 **伃** 아름다울. 벼슬 이름. 클.

土 06 女 계집녀변 **如**· 같을. 어찌. 만일.

火 07 人 사람인변 **余**· 나. 자신. 姓.

水 06 氵 삼수변 07 水 물수변 **汝**· 너. 물 이름. 姓.

土 07 女 계집녀변 **妤** 아름다울. 궁녀 벼슬 이름. 여관(女官).

火 08 人 사람인변 **伽** 온순할. 순하게 할. 같을.

土 10 臼 절구구변 **舁** 마주 들. 들것.

火 10 忄 심방변 11 心 마음심변 **悇** 즐거울. 기쁠. 근심할. 의심할. [도. 서]

火 11 心 마음심변 **悆** 기쁠. 잊을.　여 ↔ 서 [통용]

木 10 艹 풀초변 12 艸 초두변 **茹** 먹을. 연할. 채소.

木 13 艅 배 이름.
舟 나룻배.
배주변

土 14 與· 참여할.
臼 무리. 줄. 더불어.
절구구변

水 16 餘· 남을.
食 여유. 나머지.
밥식변

火 17 轝· 수레.
車 가마.
수레거변

金 18 歟 어조사.
欠 그런가.
하품흠변 편안한 기운 (安氣).

金 18 19 璵 보배 옥.
王 玉 아름다운 옥.
임금왕변 구슬옥변

金 19 礖 사람 이름.
石 돌 이름.
돌석변

火 21 轝 수레.
車 가마.
수레거변

侶→ 려 [본] 勵→ 려 [본]
呂→ 려 [본] 慮→ 려 [본]
旅→ 려 [본] 麗→ 려 [본]
黎→ 려 [본] 女→ 녀 [본]

역

水 06 亦· 또.
亠 또한. 다.
돼지해머리변

火 07 役· 부역.
彳 역사. 부릴. 일.
두인변

火 08 易· 바꿀.
日 변할. 역 ↔ 이 [통용]
날일변

水 09 疫· 전염병.
疒 돌림병. 염병.
병질엄변

土 11 域· 구역.
土 지경. 경계.
흙토변

火 12 暘 해 밝을.
日 볕날. 해 반짝 날.
날일변

水 11 12 淢 빨리 흐를.
氵 水
삼수변 물수변

土 10 13 逆· 거역할.
辶 辵 거스를. 거꾸로. 어긋날.
책받침변 갖은책받침변

木 16 閾 문지방.
門 한계. 한정.
문문변

土 16 嶧 산 이름.
山
메산변

火 16 17 懌 기뻐할.
忄 心 즐거워할.
심방변 마음심변

木 19 繹 풀릴.
糸 당길. 찾을. 통할.
실사변 다스릴. [석]

金 20 譯· 번역할.
言 통역할. 통변할.
말씀언변

火	23 馬 말마변	**驛**·	역. 역참. 역말. 정거장.

力→ 력 [본]　曆→ 력 [본]
歷→ 력 [본]

연

木	07 廴 민책받침변	**延**·	맞을. 끌. 늘일. 이을. 姓.
水	07 口 큰입구변	**囦**	못. 소. 연못.
土	07 土 흙토변	**均**	따를. 연 ↔ 균 [통용]
水	07 08 氵 水 삼수변 물수변	**沇**	물 흐를. 물 이름. 연 ↔ 윤 [통용]

> 주의　氵삼수 변 3획은 성명학에서는 水 물수 변 4획으로 사용됨

土	09 儿 어진사람인변	**兗**	믿을. 단정할. 바를. 고을 이름.
土	08 儿 어진사람인변	兖	兗자와 통용
土	09 女 계집녀변	**姸**	고울. 아름다울. 사랑스러울.
土	07 女 계집녀변	妍	姸자와 통용
水	08 09 氵 水 삼수변 물수변	**沿**·	따를. 좇을. 물 따라 내려갈.
水	09 行 다닐행변	**衍**	넓을. 퍼질. 넉넉할.
木	10 宀 갓머리변	**宴**·	잔치. 편안할.
土	10 土 흙토변	**埏**	땅끝. 땅 가장자리.
土	10 女 계집녀변	**娟**	어여쁠. 고울. 아름다울.
土	09 女 계집녀변	娟	娟자와 통용
土	10 女 계집녀변	娫	빛날. 환할.
木	10 11 扌 手 재방변 손수변	**挻**	당길. 이끌. 늘일. 오래. [선]
木	10 11 扌 手 재방변 손수변	**捐**	버릴. 덜. 기부. 헌납.
火	10 11 忄 心 심방변 마음심변	**悁**	성낼. 분해 성낼. 근심할.
火	11 車 수레거변	**軟**·	연할. 부드러울.

오행	획수	부수	한자	뜻
火	16 車	수레거변	輭	軟자와 통용
金	11 石	돌석변	研·	갈. 문지를. 연구할. 벼루.
水	10 氵 / 11 水	삼수변 물수변	涓	물 이름. 흐를. 물방울. 깨끗할. 벼슬 이름.
水	10 氵 / 11 水	삼수변 물수변	涎	침. 점액. 졸졸 흐를.
火	12 灬 火	연화변 불화변	然·	그러할. 옳을. 허락할.
土	12 土	흙토변	堧	빈 터. 강가.
金	12 石	돌석변	硯	벼루. 벼룻돌.
金	11 石	돌석변	硏	硯자와 통용
木	13 木	나무목변	椽	서까래. 기어오를. 사다리.
木	12 扌 / 13 手	재방변 손수변	掾	인연. 도울. 아전.
木	11 艹 / 13 艸	풀초변 초두변	莚	뻗을. 이름. 만연할. 연속할.
木	13 竹	대죽변	筵	대자리. 자리.
火	13 火	불화변	煙·	연기. 그을음. 안개.
火	10 火	불화변	烟	煙자와 통용
金	13 金	쇠금변	鉛·	납. 분.
水	12 氵 / 13 水	삼수변 물수변	淵	못. 소. 깊을.

주의: 字典에 따라 11~12획, 12~13획으로 혼용, 성명학에서는 12~13획 기준

오행	획수	부수	한자	뜻
水	11 氵 / 12 水	삼수변 물수변	渊	淵자와 통용 [俗字]
水	12 氵 / 13 水	삼수변 물수변	渷	물 이름.
火	14 鳥	새조변	鳶	솔개. 연.
金	13 王 / 14 玉	임금왕변 구슬옥변	瑌	옥돌.
木	15 糸	실사변	緣·	인연. 인할. 가장자리.
土	15 女	계집녀변	嬿	여자 모습. 아리따운 자태. 姓.
金	15 戈	창과변	戭	사람 이름. 연 ↔ 인 [통용]

水 14 氵 삼수변 / 15 水 물수변 **演·** 넓을. 펼. 윤택할.

水 15 虫 벌레충변 **蝡** 애벌레. 벌레 이름. 우렁찰. 깊고 넓은 모양.

주의	字典에 따라 14획, 15획으로 혼용되나, 성명학에서는 15획 기준

火 16 火 불화변 **燃·** 불 탈. 불 태울. 사를.

火 16 灬 연화변 / 火 불화변 **燕·** 제비. 나라. 편안할. 姓.

木 17 糸 실사변 **縯** 길(長). 당길.　[인]

木 19 木 나무목변 **櫞** 구연나무. 구연. 레몬.

土 19 女 계집녀변 **嬿** 아름다울. 안존할.

金 18 王 임금왕변 / 19 玉 구슬옥변 **瓀** 옥돌.

水 19 口 입구변 **嚥** 삼킬. 마실.

火 20 日 날일변 **曣** 청명할. 구름 없을. 더울.

水 20 虫 벌레충변 **蠕** 꿈틀거릴. 벌레 길.

水 20 月 육달월변 / 22 肉 고기육변 **臙** 목구멍. 연지(볼에 찍는 화장품). (예 : 연지 곤지)

金 23 言 말씀언변 **讌** 잔치. 모여 이야기할. 주연.

金 23 酉 닭유변 **醼** 잔치.

年→ 년 [본]　憐→ 련 [본]
戀→ 련 [본]　煉→ 련 [본]
璉→ 련 [본]　練→ 련 [본]
聯→ 련 [본]　蓮→ 련 [본]
連→ 련 [본]　鍊→ 련 [본]

열

水 09 口 입구변 **咽** 목 멜. 막힐. [연]
열 ↔ 인 [통용]

火 10 忄 심방변 / 11 心 마음심변 **悅·** 기쁠. 기뻐할. 즐거울.

金 14 言 말씀언변 **說** 기뻐할. 셈. 姓.
열 ↔ 세. 설. [통용]

火 15 灬 연화변 / 火 불화변 **熱·** 더울. 뜨거울. 열. 더욱.

金 15 門 문문변 **閱·** 볼. 분간할. 살필. 읽을. 겪을.

水 15 口 **噎** 목 멜. 목이 막힐.
입구변

水 15 16 氵 水 **澺** 물 흐를. 물 흐르는 모양. [일]
삼수변 물수변

列→ 렬 [본] 劣→ 렬 [본]
冽→ 렬 [본] 烈→ 렬 [본]
裂→ 렬 [본]

염

土 05 冂 **冉** 나아갈.
멀경변

火 08 火 **炎·** 불꽃. 불 탈. 더울.
불화변 염 ↔ 담 [통용]

木 09 木 **染·** 염색할. 물들일. 적실.
나무목변

木 09 11 艹 艸 **苒** 우거질. 성할. 천연할.
풀초변 초두변

木 12 戶 **扊** 빗장. 문 자물쇠.
지게호변

火 12 火 **焰** 불꽃. 불빛. 불 당길.
불화변

金 12 13 王 玉 **琰** 비취 옥. 홀. 서옥.
임금왕변 구슬옥변

火 14 髟 **髥** 구레나룻. 수염.
터럭발변

水 14 厂 **厭** 싫을. 막을. [암. 엽. 읍]
민엄호변

木 16 門 **閻** 마을. 마을의 문. 촌락. 姓.
문문변

木 18 木 **檿** 산뽕나무.
나무목변

火 18 心 **懕** 편안할. 넉넉할.
마음심변

水 23 食 **饜** 포식할. 배부를. 물릴.
밥식변

土 24 色 **艶** 고울. 아름다울. 광택. 윤.
빛색변

土 19 色 **艶** 艶자와 통용
빛색변

火 24 鬼 **魘** 잠꼬대 할. 가위눌릴 (악몽에 시달릴).
귀신귀변

水 24 鹵 **鹽·** 소금.
소금밭변

水 26 黑 **黶** 검은 사마귀.
검을흑변

水 31 32 氵 水 **灩** 출렁거릴. 물 가득할. 물결.
삼수변 물수변

念→ 념 [본]　廉→ 렴 [본]
斂→ 렴 [본]　濂→ 렴 [본]
簾→ 렴 [본]

엽

木	09 木 나무목변	葉	모진 나무. 나뭇잎 얇을. [삽]
火	14 火 불화변	熀	환한 모양. 엽 ↔ 황 [통용]
木	13 15 艹 艸 풀초변 초두변	葉·	잎. 대. 세(世). 엽↔섭[통용]
火	16 日 날일변	曄	빛날. 성할.
火	16 日 날일변	曅	빛날. 성할. 밝을.
火	16 火 불화변	燁	빛날. 번쩍거릴.
火	20 火 불화변	爗	빛날. 환할.
火	23 面 낯면변	靨	보조개.

참고	대법원에서 선정한 인명용 한자란 성(姓)을 제외한 이름(名)의 한자를 말한다.

영

水	05 水 물수변	永·	길. 오랠. 姓.
火	07 日 날일변	昊	햇빛. 날빛. 클. 영 ↔ 대 [통용]
水	08 口 입구변	咏	읊을. 노래할.
木	09 木 나무목변	栐	나무 이름.
火	09 日 날일변	映·	비칠. 비출.
火	13 日 날일변	暎	映자와 통용
水	08 09 氵 水 삼수변 물수변	泳·	헤엄칠. 울.
水	09 皿 그릇명변	盈	찰. 가득 찰. 넘칠.
木	09 11 艹 艸 풀초변 초두변	英·	꽃부리. 영웅. 재주. 뛰어날.
土	08 11 辶 辵 책받침변 갖은책받침변	迎·	맞이할. 맞을.
水	10 11 氵 水 삼수변 물수변	浧	거침없이 흐를. 통할. 물 흐를.

자원오행	획수	부수	한자	뜻
火	12	目 눈목변	瞹	똑바로 볼.
金	12	言 말씀언변	詠·	읊을. 노래할.
木	13	木 나무목변	楹	굵고 둥근 기둥. 굄목.
火	13	火 불화변	煐	빛날. 사람 이름.
土	13	土 흙토변	塋	무덤. 뫼.
水	12 13	氵 삼수변 水 물수변	渶	물 맑을. 맑을.
水	13	月 달월변	暎	달빛.
木	14	木 나무목변	榮·	영화. 성할. 명예. 빛날.
木	09	木 나무목변	栄	榮자와 통용
木	09	木 나무목변	荣	榮자와 통용

참고	
참고	통용자는 획수, 부수, 자원오행에 관계없이 정자 밑에 배열하였음

자원오행	획수	부수	한자	뜻
土	10 14	阝 우방변 邑 고을읍변	郢	땅 이름. 절기 이름. 초하 (初夏).
金	13 14	王 임금왕변 玉 구슬옥변	瑛	옥 광채. 옥빛. 수정.
金	14	石 돌석변	碤	화반석. 물속 돌. 무늬 있는 돌.
金	14	貝 조개패변	賏	목걸이. 목 치장. (조개로 만든 목걸이).
火	15	彡 터럭삼변	影·	그림자. 초상.
金	15	玉 구슬옥변	瑩	구슬. 밝을. 영 ↔ 형 [통용]
水	15	水 물수변	潁	물 이름.
木	16	禾 벼화변	穎	이삭. 빼어날. 훌륭할.
木	16	糸 실사변	縈	얽힐. 둘러쌀. 두를. 굽을.
土	16	女 계집녀변	嬴	찰. 가득할.
火	17	火 불화변	營·	경영할. 다스릴. 헤아릴.
土	17	女 계집녀변	嬰	갓난아이. 닿을. 두를.

土 17 山 **嶸** 산 높을. 가파를.
메산변

金 17 金 **鍈** 방울소리.
쇠금변

水 17 雨 **霙** 진눈깨비. 눈꽃. 싸라기.
비우변

金 18 音 **韺** 풍류 이름. 꽃부리.
소리음변

水 17 18 氵 水 **濙** 물 흐를. 샘솟을. 물 돌아 나갈.
삼수변 물수변

金 20 貝 **贏** 남을. 이익. 잉여. 퍼질.
조개패변

水 19 20 氵 水 **瀛** 바다. 큰 바다.
삼수변 물수변

水 20 虫 **蠑** 영원. 도롱뇽.
벌레충변

火 20 21 忄 心 **⿰忄營** 지킬.
심방변 마음심변

水 20 21 氵 水 **瀯** 물소리. 물 졸졸 흐를.
삼수변 물수변

水 17 18 氵 水 **濚** 瀯자와 통용
삼수변 물수변

金 21 22 王 玉 **瓔** 옥돌. 구슬 목걸이.
임금왕변 구슬옥변

水 22 疒 **癭** 혹. 목의 혹.
병질엄변

木 23 糸 **纓** 갓끈. 노. 새끼.
실사변

寧→ 녕 [본]　令→ 령 [본]
伶→ 령 [본]　嶺→ 령 [본]
玲→ 령 [본]　鈴→ 령 [본]
零→ 령 [본]　靈→ 령 [본]
領→ 령 [본]　齡→ 령 [본]

예

金 02 丿 **乂** 벨. 깎을. 다스릴. 평온할. [애]
삐침변

金 04 刂 刀 **刈** 낫. 벨. 자를. 姓.
선칼도변 칼도변

金 06 曰 **曳** 끌다. 끌. 당길. 고달플.
가로왈변

土 07 匸 **医** 동개 (활과 화살을 넣는 기구). 활집. 예 ↔ 의 [통용]
감출혜변

木 08 木 **枘** 장부. 자루. 기둥.
나무목변

木 06 08 艹 艸 艾 다스릴. 모양. 거둘. 벨. 예 ↔ 애 [통용]
풀초변 초두변

木 06 08 艹 艸 **艾** 다스릴. 모양. 거둘. 벨. 예 ↔ 애 [통용]
풀초변 초두변

水	07 08	**汭**	氵 水	삼수변 물수변	물굽이. 물속. 물가.
水	08	**兒**	儿	어진사람인변	아이. 연약할. 어릴. 姓. 예 ↔ 아 [통용]
木	09	帠	巾	수건건변	법. 법칙.
木	09	枻	木	나무목변	노. 돛대. 배 키. 예 ↔ 설 [통용]
金	09	羿	羽	깃우변	사람 이름. 평탄할.
木	09 10	**拽**	扌 手	재방변 손수변	끌. 당길.
木	08 10	**芮**	艹 艸	풀초변 초두변	물가. 나라. 姓.
火	10	**倪**	人	사람인변	어린아이. 흘겨볼. 끝.
金	09 10	玴	王 玉	임금왕변 구슬옥변	옥돌.
水	10	**蚋**	虫	벌레충변	독충. 모기. 파리매.
土	11	堄	土	흙토변	성가퀴 (성 위에 낮은 담).
木	11 12	**掜**	扌 手	재방변 손수변	비길. 견주다.
土	11 12	**猊**	犭 犬	개사슴록변 개견변	사자.
水	11 12	淣	氵 水	삼수변 물수변	물가. 끝.
木	13	**睨**	目	눈목변	노려볼. 흘겨볼.
木	13	**裔**	衣	옷의변	옷깃. 옷 뒷자락.
火	13	**預**	頁	머리혈변	맡길. 미리.
金	13	**詣**	言	말씀언변	이르다. 이를. 도착.
土	14	嫕	女	계집녀변	유순할.
土	14	**嫛**	女	계집녀변	유순할. 갓난아이.
水	14	**蜺**	虫	벌레충변	애매미. 무지개.
木	15	⿱埶云	土	흙토변	심을.
土	11 15	郳	阝 邑	우방변 고을읍변	나라 이름.
金	15	**銳**·	金	쇠금변	날카로울. 빠를. 날쌜.

오행	획수	부수	한자	뜻
金	15	辛 매울신변	⿱辟乂	다스릴. 편안할.
木	16	木 나무목변	橤	꽃술. 꽃술 방울.
木	16	目 눈목변	瞖	백태 낄. 안질. 흐릴.
火	16	又 또우변	叡	밝을. 명철할.
火	14	目 눈목변	睿	叡자와 통용
火	19	土 흙토변	壡	叡자와 통용
水	12	口 입구변	㕡	叡자와 통용 예 ↔ 준 [통용]
水	16	疒 병질엄변	瘱	고요할. 편안할.
水	16	豕 돼지시변	豫·	미리. 먼저. 참여할. 예 ↔ 서 [통용]
水	16	雨 비우변	霓	무지개. 姓.
木	15 17	艹 艸 풀초변 초두변	蓺	심을.
木	17	糸 실사변	繄	창 전대. 검붉은 비단. 어조사.
火	17	羽 깃우변	翳	깃 일산. 가릴. 그늘. 덮을.
土	16 17	犭 犬 개사슴록변 개견변	獩	종족 이름. 동쪽 오랑캐.
水	16 17	氵 水 삼수변 물수변	濊	깊을. 더러울. [활]
木	18	禾 벼화변	穢	더러울. 악할. 거칠. 잡초.
木	16 18	艹 艸 풀초변 초두변	蕊	꽃술.
木	20 22	艹 艸 풀초변 초두변	蘂	蕊자와 통용
木	17 19	艹 艸 풀초변 초두변	薉	거친 풀. 잡초. 예맥족.
土	19	鹿 사슴록변	麑	사슴 새끼. 사자.
金	19	殳 갖은등글월문변	⿱殹大	아름다울.
水	19	魚 물고기어변	鯢	도롱뇽.
木	19 21	艹 艸 풀초변 초두변	藝·	재주. 기술. 기예. 학문.

木	08 10 艹 艸 풀초변 초두변	芸	藝자와 통용 예 ↔ 운 [통용]

土	11 土 흙토변	埶	藝자와 통용

金	21 言 말씀언변	譽·	명예. 기릴.
火	22 鳥 새조변	鷖	갈매기. 검푸른빛. 감색.
水	22 口 입구변	囈	잠꼬대할. 헛소리.

오

火	04 十 열십변	午·	낮. 일곱째 지지.

주의	字源五行의 十변은 水에 해당되나 訓에 의거, 地支 午는 火에 해당 火로 기준

土	04 05 二 두이변	五·	다섯. 다섯 번.

주의	필순은 4획이나, 성명학에서는 수의 의미를 획수로 하므로 5획으로 기준

火	06 人 사람인변	伍	다섯. 항오. 대오. 姓.
火	06 人 사람인변	仵	짝.
土	06 土 흙토변	圬	흙손. 바를.
水	07 口 입구변	吾·	나. 자신.
水	07 口 입구변	吳	나라 이름. 姓.
水	06 07 氵 水 삼수변 물수변	汚·	더러울. 낮을. 깊을. 추할.
水	06 07 氵 水 삼수변 물수변	汙	오물. 더러울.
木	07 08 扌 手 재방변 손수변	扷	헤아릴. 잴. 양(量)을 달다.
火	08 日 날일변	旿	대낮. 낮. 한낮. 낮 밝을.
火	07 08 忄 心 심방변 마음심변	忤	거스를. 거역할.
火	09 人 사람인변	俉	맞이할. 맞을.
火	09 人 사람인변	俣	갈래질. 가지.
火	10 灬 火 연화변 불화변	烏·	까마귀. 검을. 어찌.

土 | 10 女 (계집녀변) | **娛**· | 즐길. 즐거워할. 기쁠.

土 | 07 辶 (책받침변) 10 辵 (갖은책받침변) | **迃** | 굽을. 멀. → 우 [本音]

水 | 10 口 (입구변) | **唔** | 글 읽을. 글 읽는 소리.

木 | 11 木 (나무목변) | **梧** | 벽오동나무. 오동.

木 | 10 扌 (재방변) 11 手 (손수변) | **捂** | 접촉할. 닿을. 가릴. 버틸. 괼.

火 | 10 忄 (심방변) 11 心 (마음심변) | **悟**· | 깨달을. 슬기로울. 총명할. 깰.

火 | 11 日 (날일변) | **晤** | 총명할. 밝을. 만날.

土 | 08 辶 (책받침변) 11 辵 (갖은책받침변) | **迕** | 상봉할. 만날. 거스를.

金 | 攵 (등글월문변) 11 支 (칠복변) | **敖** | 거만할. 희롱할. 놀. 시끄러울.

水 | 10 氵 (삼수변) 11 水 (물수변) | **浯** | 물 이름.

火 | 12 心 (마음심변) | **惡** | 미워할. 헐뜯을.
오 ↔ 악 [통용]

土 | 12 女 (계집녀변) | **嫯** | 업신여길.

주의: 土 밑에 力으로 표시되나, 土 밑에 方으로 구성되는 업신여길 오 嫯 字가 전산폰트상, 오류로 사료되고, 위 嫯字는 字典에 없는 字이므로 인명용 한자로 사용해서는 안됨

金 | 11 王 (임금왕변) 12 玉 (구슬옥변) | **珸** | 옥돌.

木 | 13 大 (큰대변) | **奧** | 깊을. 속. 그윽할. 아랫목.

木 | 11 艹 (풀초변) 13 艸 (초두변) | **薁** | 풀 이름.

木 | 13 竹 (대죽변) | **⿱竹奧** | 버들고리. 조. 버들.

火 | 13 人 (사람인변) | **傲**· | 거만할. 업신여길.

土 | 13 土 (흙토변) | **塢** | 둑. 마을. 촌락. 보루.

水 | 13 虫 (벌레충변) | **蜈** | 지네.

水 | 13 口 (입구변) | **嗚**· | 슬플. 탄식할.

火 | 14 宀 (갓머리변) | **寤** | (잠에서) 깰. (꿈) 깰. 깨달을. 각성할.

金 | 14 言 (말씀언변) | **誤**· | 틀릴. 그르칠. 잘못.

오행	획수	한자	뜻
水	14 口 입구변	嗷	시끄러울. 근심할.
火	15 灬 火 연화변 불화변	熬	볶을. 볶다. 탈.
火	14 15 忄 心 심방변 마음심변	慠	교만할. 거만할. 오만할.
土	15 犬 개견변	獒	맹견. 사나운 개.
水	15 口 입구변	噁	성낼. 화낼.
土	16 土 흙토변	墺	물가. 땅 이름. [욱]
水	16 穴 구멍혈변	窹	부엌. 아궁이. 부뚜막. 굴뚝.
火	16 17 忄 心 심방변 마음심변	懊	괴로울. 한할. 번뇌할.
火	17 火 불화변	燠	따뜻할. 뜨거울. 오 ↔ 우. 욱 [통용]
火	17 耳 귀이변	聱	말 듣지 않을.
水	16 17 氵 水 삼수변 물수변	澳	깊을. 물 이름. [욱]
土	15 18 辶 辵 책받침변 갖은책받침변	遨	놀다. 노닐.
金	18 言 말씀언변	謷	헐뜯을. 농담할.
木	18 19 衤 衣 옷의변	襖	저고리. 웃옷. 두루마기. 도포.
金	19 金 쇠금변	鏊	번철 (지짐질, 부침 할 때 쓰는 철판).
金	19 金 쇠금변	鏖	무찌를.
火	20 頁 머리혈변	顤	높고 클. 높을. 굵을.
水	20 鼠 쥐서변	鼯	날다람쥐. 박쥐.
火	21 馬 말마변	驁	준마. 말이 날뛸. 깔볼. 거만할.
土	16 21 阝 阜 좌방변 언덕부변	隩	물굽이. 감출. 숨길. 은닉.
土	24 黽 맹꽁이변	鼇	바다의 큰 자라.
水	22 魚 물고기어변	鰲	鼇자와 통용

옥

오행	획수	한자	뜻
金	05 玉 구슬옥변	玉·	구슬. 옥. 아름다울. 姓.

水 | 07 氵 삼수변 | 08 水 물수변 | **沃** | 윤택할. 기름질.

木 | 09 尸 주검시변 | **屋**· | 집. 덮개.

金 | 13 金 쇠금변 | **鈺** | 보배. 금. 보물.

土 | 14 犬 개견변 | **獄**· | 감옥.

온

水 | 10 皿 그릇명변 | **𥁕** | 따뜻할. 어질. 온화할.

火 | 09 日 날일변 | **昷** | 𥁕자와 통용

土 | 12 女 계집녀변 | **媪** | 할머니. 노파. 늙은 여자. → 오 [本音]

土 | 13 女 계집녀변 | **媼** | 노파. 할머니. 땅의 신 (神).

木 | 14 木 나무목변 | **榲** | 기둥. 팔배나무.

火 | 13 忄 심방변 | 14 心 마음심변 | **慍** | 성낼. 심란할.

火 | 14 火 불화변 | **熅** | 숯불. 따뜻할.

水 | 13 氵 삼수변 | 14 水 물수변 | **溫**· | 부드러울. 따뜻할. 姓.

水 | 14 气 기운기변 | **氳** | 기운 왕성할. 천지 기운 합할.

木 | 15 禾 벼화변 | **⿰禾𥁕** | 번성할. 향기로울.

金 | 14 王 임금왕변 | 15 玉 구슬옥변 | **瑥** | 사람 이름.

水 | 15 疒 병질엄변 | **瘟** | 염병 (장티푸스). 온역 (급성전염병). 돌림병.

木 | 16 糸 실사변 | **縕** | 묵은 솜. 헌솜. 솜옷.

火 | 16 人 사람인변 | **⿰亻𥁕** | 편안할. 안온할. 기댈. 온 ↔ 은 [통용]

火 | 17 車 수레거변 | **轀** | 영구차. 수레. 와거. 상여.

金 | 17 酉 닭유변 | **醞** | 술 빚을.

木 | 19 禾 벼화변 | **穩** | 편안할. 평온할. 온자할.

木 | 14 禾 벼화변 | **稳** | 穩자와 통용

木 | 16 禾 벼화변 | **穏** | 穩자와 통용

木 17 19 艹 艸 薀 붕어 마름 (水草). 쌓을.
풀초변 초두변

木 19 香 馧 향기로울.
향기향변

金 19 韋 韞 감출. 넣을. 적황색.
가죽위변

水 19 食 饂 배부를. 보리를 서로 먹을.
밥식변
온 ↔ 안 [통용]

木 20 22 艹 艸 蘊 쌓을. 모을. 마름.
풀초변 초두변

올

土 03 儿 兀 우뚝할. 무식할. 민둥민둥할.
어진사람인변

木 07 木 杌 등걸. 걸상. 위태로울.
나무목변

水 13 口 嗢 목 멜. 웃을. 크게 웃다.
입구변

水 14 16 月 肉 膃 살찔. 살쪄 연할. 물개.
육달월변 고기육변

옹

土 09 瓦 瓮 항아리. 독.
기와와변

土 09 禸 禺 땅 이름. 구역. 짐승 이름.
짐승발자국유변

火 10 羽 翁· 늙은이. 어른. 아버지. 姓.
깃우변

土 10 邑 邕 막을. 화락할. 화목할. 姓.
고을읍변

水 12 口 喁 숨 쉴. 입 벌름거릴. 소리. 화답할.
입구변

火 13 隹 雍 화목할. 화할. 姓.
새추변

水 13 14 氵 水 滃 구름 피어오를. 큰물.
삼수변 물수변

木 14 16 艹 艸 蓊 장다리 (야채 꽃줄기). 초목 성할. 우거질.
풀초변 초두변

土 16 土 壅 막을. 막힐. 姓.
흙토변

木 16 17 扌 手 擁· 안을. 낄. 품을. 가질.
재방변 손수변

火 18 隹 雝 화락할. 화할. 할미새.
새추변

火 18 頁 顒 공경할. 엄숙할. 우러를. 클.
머리혈변

土 18 瓦 甕 항아리. 독. 단지.
기와와변

水 18 癰 종기.
疒 악창. 등창. 부스럼.
병질엄변

土 19 甕 두레박.
缶 독. 항아리.
장군부변

木 21 廱 화평할.
广 화목할.
엄호변

水 22 饔 아침밥.
食 요리할.
밥식변

水 23 癕 종기.
疒 등창. 악창.
병질엄변 → 癰의 [本字]

와

土 05 瓦· 기와.
瓦 질그릇.
기와와변

土 07 囮 어리새.
口 후림새 (새를 잡기 위해 매어둔 새).
큰입구변

木 08 枙 옹이.
木 나무 마디. [액]
나무목변

土 08 臥· 누울.
臣 굽힐.
신하신변

土 09 娃 예쁠.
女 미인. 미녀.
계집녀변 와 ↔ 왜 [통용]

水 09 哇 토할.
口 게울.
입구변

水 09 10 洼 웅덩이.
氵 水 물 고일. 깊을.
삼수변 물수변

水 10 窊 우묵한 땅.
穴 웅덩이.
구멍혈변

土 11 婐 정숙할.
女 예쁠. 날씬할. 시녀.
계집녀변

金 11 訛 잘못될.
言 그릇될. 속일. 사투리.
말씀언변

水 12 蛙 개구리.
虫 [왜]
벌레충변

土 12 13 猧 발바리.
犭 犬 작은 개 이름.
개사슴록변 개견변

水 12 13 渦 소용돌이 칠.
氵 水
삼수변 물수변

水 14 窩 움집.
穴 굴. 움.
구멍혈변

水 14 窪 구덩이.
穴 웅덩이. 우묵할. 고인물.
구멍혈변

水 15 蝸 달팽이.
虫 고둥.
벌레충변

木 13 15 萵 상추.
艹 艸
풀초변 초두변

金 19 譌 거짓말.
言 속일. 잘못.
말씀언변

완

오행	획수	부수	한자	뜻	부수 명칭
金	06	刂 刀	刓	깎을. 닳을. 끊을.	선칼도변 칼도변
木	07	宀	完·	완전. 완전히 할. 온전할.	갓머리변
土	07	女	妧	좋을. 고울.	계집녀변
土	07	山	岏	산 높을. 산 뾰죽한 모양.	메산변
木	07 08	扌 手	抏	꺾을.	재방변 손수변
木	08	宀	宛	완연할. 굽을. 쌓을. [원] 완 ↔ 울 [통용]	갓머리변
木	08	木	杬	몸 주무를. 어루만질. 완 ↔ 원 [통용]	나무목변
火	07 08	忄 心	忨	욕심부릴. 탐할.	심방변 마음심변
金	08 09	王 玉	玩	희롱. 놀. 즐길. 장난할.	임금왕변 구슬옥변
土	10	土	垸	바를. 회 섞어 칠할.	흙토변
金	10	皿	盌	밥그릇. 작은 바리. 주발.	그릇명변
木	11	木	梡	나무 이름. 완 ↔ 관 [통용]	나무목변
土	11	女	婉	어여쁠. 예쁠. 순할. 완 ↔ 원 [통용]	계집녀변
土	11	女	婠	점잖을. 품성 좋을. 예쁠.	계집녀변
水	10 11	氵 水	浣	세탁할. 빨. 씻을.	삼수변 물수변
木	12	木	椀	식기. 주발. 바리.	나무목변
火	11 12	忄 心	惋	한탄할. 탄식할.	심방변 마음심변
土	07 12	阝 阜	阮	나라 이름. 姓. 완 ↔ 원 [통용]	좌방변 언덕부변
金	11 12	王 玉	琓	옥 이름. 서옥. 구슬.	임금왕변 구슬옥변
水	11 12	氵 水	涴	물 굽이칠.	삼수변 물수변
木	11 13	艹 艸	莞	빙그레 웃을. 웃을. 왕골.	풀초변 초두변
火	13	頁	頑	완고할.	머리혈변
土	11 13	月 肉	脘	밥통. 위. 중완(胃가 있는 자리).	육달월변 고기육변

주의	字源五行의 肉변은 水에 해당되나 訓에 의거, 위, 밥통은 土에 해당 土로 기준

오행	획수	한자	뜻
金	12 王 임금왕변 / 13 玉 구슬옥변	琓	서옥. 아름다운 옥.
金	13 石 돌석변	碗	주발. 그릇. 盌과 통용
木	12 月 육달월변 / 14 肉 고기육변	腕	손목. 팔뚝. 팔. [국]
火	14 車 수레거변	輐	둥글. 둥글릴. 모난 데를 깎을.
木	15 糸 실사변	緩·	느릴. 느슨할. 늦을.
木	15 豆 콩두변	豌	완두. 콩엿.
火	15 羽 깃우변	翫	갖고 놀. 즐길. 탐할. 아낄.
金	16 金 쇠금변	鋺	저울. 완 ↔ 원 [통용]

왈

오행	획수	한자	뜻
火	04 曰 가로왈변	曰·	말할. 가로 (가로되, 말하되).

참고	작명은 소리(音)로만, 뜻(訓)으로만, 또는 소리(音)와 뜻(訓)으로 모두 할 수 있다.

왕

오행	획수	한자	뜻
金	王 임금왕변 / 04 玉 구슬옥변	王·	임금. 성할. 클. 姓.
木	08 木 나무목변	枉	굽을. 굽어 나아갈.
火	08 彳 두인변	往·	갈. 옛. 이따금.
火	08 日 날일변	旺	왕성할.
水	07 氵 삼수변 / 08 水 물수변	汪	넓을. 못. 물 깊고 넓을.
土	09 辶 책받침변 / 12 辵 갖은책받침변	迋	보낼. 갈. 옛. 향할.
水	18 氵 삼수변 / 19 水 물수변	瀇	물 깊고 넓을. 깊을.

왜

오행	획수	한자	뜻
土	09 女 계집녀변	娃	예쁠. 미인. 왜 ↔ 와 [통용]
土	09 止 그칠지변	歪	비뚤어질. 기울. [외. 의]
火	10 人 사람인변	倭	왜국. 나라. 일본.

土 12 女 계집녀변 **媧** 신녀(神女). 여자 이름. → 과 [本音] [와. 관. 괘]

金 13 矢 화살시변 **矮** 난쟁이. 작을. 짧을. 짧게 할.

외

火 05 夕 저녁석변 **外·** 바깥. 외국. 외가. 멀리할.

주의 字源五行의 夕변은 水에 해당되나 訓에 의거, 火에 해당 火로 기준

土 09 田 밭전변 **畏·** 두려워할. 협박할. 으르다.

火 11 人 사람인변 **偎** 가까이할. 어렴풋할.

土 12 山 메산변 **嵬** 산 높을. 구불구불할. [위. 의]

土 12 山 메산변 **崴** 산 높고 험할. 평평치 아니할.

火 13 火 불화변 **煨** 화롯불. 불씨.

土 13 山 메산변 **嵔** 산 높을. 평탄치 않을.

土 12 13 犭 犬 개사슴록변 개견변 **猥** 뒤섞일. 더러울.

水 12 13 氵 水 삼수변 물수변 **渨** 빠질. 잠길. 더러울.

金 14 石 돌석변 **碨** 자갈땅. 돌 고르지 않을.

金 15 石 돌석변 **磈** 높고 험한 모양. 돌산.

火 18 耳 귀이변 **聵** 배냇 귀머거리.

土 13 18 阝 阜 좌방변 언덕부변 **隗** 산 높고 험할.

土 21 山 메산변 **巍** 높고 클. 산이 웅장할.

요

水 03 幺 작을요변 **幺** 작을. 어릴. 곡조 이름.

水 04 大 큰대변 **夭** 일찍 죽을. 요절할.

주의 字源五行의 大변은 木에 해당되나 訓에 의거, 水에 해당 水로 기준

水 05 凵 위터진입구변 **凹** 오목할.

土 07 女 계집녀변 **妖** 요염할. 고울. 아리따울. 괴이할.

土 08 土 흙토변 **坳** 웅덩이. 푹 패인 곳. 우묵할.

水 08 歹 죽을사변 **殀** 일찍 죽을. 단명할. 요절할.

木 08 扌 재방변 09 手 손수변 **抝** 비꼬일. 꺾을. [욱]

木 09 示 보일시변 **祅** 재앙. 괴이할.

木 09 糸 실사변 **約** 약속할. 맺을. 믿을. 요 ↔ 약 [통용]

土 09 女 계집녀변 **姚** 예쁠. 멀. 날랠. [조]

金 09 襾 덮을아변 **要**· 중요. 요긴할.

水 09 穴 구멍혈변 **突** 깊숙할. 으슥할. 골방.

水 10 穴 구멍혈변 **窈** 고요할. 얌전할. 그윽할. 어두울.

水 10 穴 구멍혈변 **窅** 깊을. 검을. 그윽할.

火 11 人 사람인변 **偠** 날씬할. 예쁠. 허리 가늘.

土 12 土 흙토변 **堯** 임금. 높을.

水 12 口 입구변 **喓** 풀벌레 소리.

火 13 彳 두인변 **徭** 구실. 역사 (役事). 부릴.

木 13 扌 재방변 14 手 손수변 **搖**· 흔들릴. 움직일.

火 14 人 사람인변 **僥** 요행. 바랄. 姓.

火 14 日 날일변 **暚** 햇빛. 밝을.

木 15 木 나무목변 **樂** 좋아할. 요 ↔ 락. 악 [통용]

土 15 女 계집녀변 **嬈** 아리따울. 예쁠.

土 15 土 흙토변 **墝** 메마른 땅. 평탄치 못한 땅.

土 15 山 메산변 **嶢** 산 높을.

金 14 王 임금왕변 15 玉 구슬옥변 **瑤** 아름다운 옥.

水 15 穴 구멍혈변 **窯** 오지 그릇. 기와 굽는 가마.

水 13 月 육달월변 15 肉 고기육변 **腰**· 허리.

오행	획수	한자	뜻
木	16 木 나무목변	橈	굽을. 꺾일. [뇨]
火	16 彳 두인변	徼	순찰 돌다. 돌. 변방.
水	15 氵 삼수변 / 16 水 물수변	澆	물 댈. 물 뿌릴. 엷을.
木	17 糸 실사변	繇	부역. 우거질. 근심할. [유. 주]
土	14 辶 책받침변 / 17 辵 갖은책받침변	遙·	멀. 멀리. 거닐.
金	17 言 말씀언변	謠·	노래. 가요. 소문. 풍문.
木	16 艹 풀초변 / 18 艸 초두변	蕘	땔나무 풀. 풋나무.
木	18 糸 실사변	繞	얽힐. 감길. 두를. 포장.
火	18 日 날일변	曜	요일. 비칠. 빛날.
火	18 火 불화변	燿	비칠. 빛날. [삭]
水	18 虫 벌레충변	蟯	요충. 촌충. 기생충.
木	18 扌 재방변 / 19 手 손수변	擾	어지러울. 요란할. 시끄러울.
土	16 辶 책받침변 / 19 辵 갖은책받침변	遶	두를. 얽을.
火	20 羽 깃우변	耀	빛날. 빛.
土	17 辶 책받침변 / 20 辵 갖은책받침변	邀	맞이할. 불러들일. 구할.
火	21 鳥 새조변	鷂	오색의 꿩. 새매. 익더귀.
水	21 食 밥식변	饒	넉넉할. 너그러울. 기름질.

了→ 료 [본] 僚→ 료 [본]
料→ 료 [본]

욕

오행	획수	한자	뜻
土	10 辰 별신변	辱·	욕될. 욕. 수치. 더럽힐.
金	11 欠 하품흠변	欲·	하고자 할. 바랄. 욕심.
水	10 氵 삼수변 / 11 水 물수변	浴·	목욕. 미역 감을.
水	13 氵 삼수변 / 14 水 물수변	溽	젖을. 무르녹을. 무더울.

火 15 心 마음심변 **慾**· 욕심 낼. 탐낼. 욕정.

木 15 16 衤 衣 옷의변 **褥** 요 (까는 침구).

木 16 糸 실사변 **縟** 무늬 채색 꾸밀. 번다할.

木 14 16 艹 艸 풀초변 초두변 **蓐** 깔개. 자리. 요.

용

木 05 宀 갓머리변 **宂** 번거로울. 번잡할. 쓸데없을.

木 04 冖 민갓머리변 **冗** 宂자와 통용

水 05 用 쓸용변 **用**· 쓸. 쓰일. 써.

水 07 用 쓸용변 **甬** 골목길. 휘. 물 솟아오를.

火 09 人 사람인변 **俑** 허수아비. 목우 (木偶).

土 09 力 힘력변 **勇**· 용맹할. 날쌜. 굳셀.

木 10 宀 갓머리변 **容**· 얼굴. 모습. 형용. 용납할.

土 10 土 흙토변 **埇** 길 돋울. 골목길.

金 10 戈 창과변 **戫** 날랠. 사나울.

木 11 广 엄호변 **庸**· 떳떳할. 쓸. 고용할. 화할.

金 11 臼 절구구변 **舂** 방아 찧을. 절구질 할.

水 10 11 氵 水 삼수변 물수변 **涌** 물 솟을.

水 12 13 氵 水 삼수변 물수변 **湧** 涌자와 통용

木 10 12 艹 艸 풀초변 초두변 **茸** 녹용. 무성할. 아름다울.

火 12 人 사람인변 **傛** 익숙할. 여자 벼슬 (女官) 이름.

金 12 石 돌석변 **硧** 숫돌. 연마하는 돌.

火 13 人 사람인변 **傭** 품팔이할. 품 살. 품삯.　[총]

土 13 山 메산변 **嵱** 봉우리 모양. 우뚝할. 산 이름.

水 13 虫 벌레충변 **蛹** 번데기.

木 14 木 나무목변 **榕** 보리수. 용나무.

火 14 心 마음심변 **慂** 권할. 종용할. 조를.

土 14 土 흙토변 **墉** 담. 보루. 성. 벽.

土 ⻊ 14 足 발족변 **踊** 뛸. 도약하다.

水 13 氵 14 水 삼수변 물수변 **溶** 녹을. 질펀히 흐를. 성대할.

木 15 木 나무목변 **槦** 병기 꽂는 틀. 살대나무.

火 15 心 마음심변 **惷** 어리석을. 천치. [창. 송. 충]

火 14 忄 15 心 심방변 마음심변 **慵** 게으를.

金 14 王 15 玉 임금왕변 구슬옥변 **瑢** 옥 소리. 패옥 소리.

木 14 艹 16 艸 풀초변 초두변 **蓉** 부용. 연꽃. 목련.

土 ⻊ 16 足 발족변 **踴** 무용할. 춤 출. 뛸.

火 17 耳 귀이변 **聳** 솟을. 솟게 할. [송]

金 18 金 쇠금변 **鎔** 쇠 녹일. 거푸집.

火 14 火 불화변 **熔** 鎔자와 통용

金 19 金 쇠금변 **鏞** 큰 쇠북. 큰 종.

龍→ 룡 [본]

우

水 02 又 또우변 **又**· 또. 다시.

水 03 二 두이변 **于**· 어조사. 갈. 가다. 행할. 姓.

土 04 尢 절름발이왕변 **尤**· 더욱. 허물. 탓할.

土 04 牛 소우변 **牛**· 소. 별 이름.

水 04 又 또우변 **友**· 벗. 벗할. 우애.

水 05 口 입구변 **右**· 오른쪽. 옳을. 숭상할.

木 06 宀 갓머리변 **宇**· 집. 하늘. 세계.

오행	획수	부수	한자	뜻
木	12	宀 갓머리변	寓	宇자와 통용
火	06	人 사람인변	优	곡식 씀을 (곡식을 찧어서 희게 하다).
火	06	羽 깃우변	羽·	깃. 날개. 새. 도울.
土	06	土 흙토변	圩	웅덩이. 언덕.
水	06	口 입구변	吁	탄식할.
木	07	木 나무목변	杅	물그릇. 잔.
木	06 07	扌 재방변 手 손수변	扜	지휘할. 당길. 가질.
火	07	人 사람인변	佑	도울. 도움.
火	07	日 날일변	旴	클. 해 뜰. 새벽.
木	08	目 눈목변	盱	눈 부릅뜰. 쳐다볼.
金	07 08	王 임금왕변 玉 구슬옥변	玗	옥돌.
金	08	皿 그릇명변	盂	사발. 밥그릇. 진(陣) 이름. 姓.
水	08	雨 비우변	雨·	비. 비 올.
水	07	水 물수변	汞	雨자와 통용
木	09	竹 대죽변	竽	피리. 큰 생황. 악기 이름.
木	07 09	⺿ 풀초변 艸 초두변	芋	토란. 클.　우 ↔ 후 [통용]
木	09	糸 실사변	紆	굽을. 굽힐. 얽힐.
火	09	人 사람인변	俁	클. 모양 장대할.
土	09	内 짐승발자국유변	禹	임금. 하우씨. 姓.
水	09	疒 병질엄변	疣	혹. 사마귀.
木	10	示 보일시변	祐	도울. 다행할. 복. 행복.
土	06 10	阝 우방변 邑 고을읍변	邘	나라 이름.
土	07 10	辶 책받침변 辵 갖은책받침변	迂	멀. 돌. 굽을.
金	10	言 말씀언변	訏	클. 거짓. 속일.

오행	획수	부수	한자	뜻
火	11	人 사람인변	偶·	짝. 배필. 우연.
火	11	人 사람인변	偊	홀로 걸을. 몸 굽힐.
金	11	言 말씀언변	訧	사람 이름. 과실. 잘못. 허물.
金	11	金 쇠금변	釪	요령. 악기 이름. 창고달.
水	11	雨 비우변	雩	기우제. 기우제 지낼.
水	11	皿 그릇명변	盓	물 소용돌이. 흐를.
木	12	宀 갓머리변	寓	머무를. 붙어살다. 부칠. 보내다.
木	12	广 엄호변	庽	머무를. 붙어살다. 부칠. 맡길. → 寓 [同字]
土	12	土 흙토변	堣	모퉁이.
土	12	山 메산변	嵎	산모퉁이. 산 굽이.
火	13	亠 돼지해머리변	亴	날. 날아갈. 날을.

주의 (전산폰트) 필순이 13획으로 보이나, 字典엔 12획 亴字形은 유사하고 訓과 字源五行은 동일하나 획수에 혼동되니 사용에 주의

오행	획수	부수	한자	뜻
火	12 13	忄 心 심방변 마음심변	㥔	기쁠. 반가울.
火	13	心 마음심변	愚·	어리석을.
火	13	虍 범호변	虞	생각할. 근심할. 염려할. 걱정.
土	13	鹿 사슴록변	麌	암사슴.
木	14	示 보일시변	禑	복. 사람 이름.
金	13 14	王 玉 임금왕변 구슬옥변	瑀	옥돌. 패옥.
水	14	雨 비우변	䨒	물소리.
火	14 15	忄 心 심방변 마음심변	慪	삼갈. 공경할.
火	15	心 마음심변	憂·	근심. 상제 될.
土	11 15	阝 邑 우방변 고을읍변	郵·	파발. 우편. 역. 역말.
金	15	耒 쟁기뢰변	耦	나란히 할. 짝. 쟁기.
土	16	𧾷 足 발족변	踽	외로울. 홀로 갈. 곱사등이.

土 13 辶 16 辵 **遇**· 만날. 대접할.
책받침변 갖은책받침변

火 17 人 **優**· 뛰어날. 넉넉할. 도타울.
사람인변

火 17 火 **燠** 위로할. 괴로울. 끙끙 앓을.
불화변
우 ↔ 오. 욱 [통용]

土 12 阝 17 阜 **隅** 구석. 모퉁이.
좌방변 언덕부변

金 17 金 **鍝** 귀고리.
쇠금변

土 18 鹿 **麌** 수사슴. 큰 사슴.
사슴록변

金 18 言 **謣** 망언. 망령된 말.
말씀언변

木 19 艹 21 艸 **藕** 연근. 연.
풀초변 초두변

金 21 耒 **耰** 씨 덮을. 써레. 곰방메.
쟁기뢰변

金 24 齒 **齵** 충치. 잇병.
이치변

욱

火 06 日 **旭** 빛날. 날빛. 밝을.
날일변

火 09 日 **昱** 햇빛 밝을. 날빛. 빛날.
날일변

木 10 木 **栯** 산앵두.
나무목변

火 10 彡 **彧** 문채. 빛날. 무성할.
터럭삼변

土 11 力 **勖** 힘쓸. 권면할.
힘력변

木 13 禾 **稢** 서직 (黍稷) 무성할.
벼화변

木 15 禾 **稶** 稢자와 통용
벼화변

火 13 火 **煜** 빛날. 불꽃.
불화변

火 13 頁 **頊** 삼갈. 사람 이름.
머리혈변

주의 頁변일 때 13획, 玉변일 때 14획으로 혼용되나, 성명학에서는 頁변 13획 기준

土 09 阝 13 邑 **郁** 빛날. 성할. 姓.
우방변 고을읍변

火 16 彡 **戫** 문채 날. 빛날.
터럭삼변

火 17 火 **燠** 따뜻할.
불화변
욱 ↔ 오. 우 [통용]

운

오행	획수	부수	한자	뜻
水	04	二 두이변	云·	이를. 말할. 어조사.
木	07	大 큰대변	会	높을. 높은. 클.
土	07	女 계집녀변	妘	성(姓) 씨. 여자의 자.
水	07 08	氵 水 삼수변 물수변	沄	물. 물 돌아 흐를. 끓는 모양. 소용돌이칠.
木	10	糸 실사변	紜	어지러울. 성할. 부산할.
木	08 10	艹 艸 풀초변 초두변	芸	향초. 많을. 성할. 운향. 운 ↔ 예 [통용]
金	10	耒 쟁기뢰변	耘	김맬. 없앨. 제거할.
水	10	口 입구변	員	더할. 姓. 운 ↔ 원 [통용]
水	12	雨 비우변	雲·	구름. 습기. 姓.
火	12 13	忄 心 심방변 마음심변	惲	도타울. 중후할. 의논할. 꾀할.
火	13	日 날일변	暈	햇무리. 어지러울. 현기증 날. 운 ↔ 훈 [통용]
金	13	音 소리음변	韵	울림. 운. 화할.
火	14	火 불화변	熉	빛이 노란. 노란 모양. 누런빛.
水	14	歹 죽을사변	殞	죽을. 떨어질. 떨어뜨릴. 훼손할.
水	15	穴 구멍혈변	窴	구름이 일. 떨어질.
木	16	木 나무목변	橒	나무 무늬. 나무 이름.
木	16	竹 대죽변	篔	대 이름.
木	18	竹 대죽변	篻	篔자와 통용
土	13 16	辶 辵 책받침변 갖은책받침변	運·	옮길. 나를. 운수.
金	16	貝 조개패변	賱	넉넉할. 재운이 있다.
水	15 16	氵 水 삼수변 물수변	澐	큰 물결.
土	13 17	阝 邑 우방변 고을읍변	鄆	나라 이름.
木	16 18	艹 艸 풀초변 초두변	蕓	평지 (식물 이름). 장다리. 향풀.

土 13 18 隕 떨어질.
阝 阜 잃을. 무너질. [원]
좌방변 언덕부변

水 18 霣 비 올.
雨 떨어질.
비우변

火 19 䪠 둥글.
頁 성낼. 얼굴빛 다급할.
머리혈변 운 ↔ 혼 [통용]

金 19 韻· 운치.
音 운. 음. 음향.
소리음변

울

木 04 乷 땅 이름.
乙 우리말 '울'음을 표시.
새을변 뜻은 없다.

土 08 宛 쌓일.
宀 쌓을.
갓머리변 울 ↔ 완 [통용]

木 12 14 菀 무성할.
艹 艸 우거질.
풀초변 초두변

木 15 17 蔚 고을 이름.
艹 艸 땅 이름.
풀초변 초두변

水 18 黦 깊을.
黑 검을.
검을흑변

木 29 鬱 답답할.
鬯 막힐. 우거질.
술창변 산앵두나무.

참고	이름의 성(姓)은 반드시 漢字로 출생신고를 해야 하나, 이름(名)은 한자(인명용 한자 중에서) 또는 한글로 신고해야 한다.

웅

火 12 雄· 수컷.
隹 웅장할. 씩씩할.
새추변

火 14 熊 곰.
灬 火
연화변 불화변

원

木 04 元· 으뜸.
儿 처음. 시작. 근본. 姓.
어진사람인변

木 08 杬 나무 이름.
木 이팝나무. 모탕.
나무목변 원 ↔ 완 [통용]

水 07 08 沅 물 이름.
氵 水
삼수변 물수변

水 08 朊 달빛 희미할.
月
달월변

木 09 爰 느즈러질.
爪 이에. 성낼. 바꿀.
손톱조변

火 09 怨· 원망.
心 미워할. 원수.
마음심변

土 09 垣 담.
土 낮은 담.
흙토변

木 10 笎 대무늬.
竹
대죽변

오행	획수	한자	뜻
木	08 10 艹 艸 풀초변 초두변	芫	팥꽃나무. 풀. 여뀌.
木	10 衣 옷의변	袁	옷이 긴. 옷이 길다. 姓.
火	10 人 사람인변	倇	즐거울. 기쁠. 권할.
土	10 厂 민엄호변	原·	언덕. 근원. 근본.
水	09 10 氵 水 삼수변 물수변	洹	물 이름. 원 ↔ 환 [통용]
水	10 口 입구변	員·	관원. 인원. 둥글. 원 ↔ 운 [통용]
金	09 貝 조개패변	貟	員자와 통용
水	10 冖 민갓머리변	冤	원통할. 원한. 원수.
水	11 宀 갓머리변	寃	冤자와 통용
木	09 11 艹 艸 풀초변 초두변	苑	동산.
土	11 女 계집녀변	婉	순할. 아름다울. 예쁠. 원 ↔ 완 [통용]
土	07 12 阝 阜 좌방변 언덕부변	阮	나라 이름. 姓. 원 ↔ 완 [통용]
土	12 女 계집녀변	媛	어여쁠. 예쁠. 미녀.
木	13 口 큰입구변	園·	동산. 정원. 뜰.
木	13 木 나무목변	楥	느티나무. 떡갈나무. 울타리.
木	12 13 扌 手 재방변 손수변	援·	구원할. 도울. 끌.
土	13 女 계집녀변	嫄	사람 이름.
土	13 口 큰입구변	圓·	둥글. 원. 둘레. 온전할.
土	12 13 犭 犬 개사슴록변 개견변	猨	원숭이.
水	12 13 氵 水 삼수변 물수변	湲	물 흐를. 물소리. [완]
火	14 心 마음심변	愿	성실할. 정성. 착할.
土	13 14 犭 犬 개사슴록변 개견변	猿	원숭이.
金	13 14 王 玉 임금왕변 구슬옥변	瑗	도리옥. 구멍 큰 옥. 구슬. [환]
水	13 14 氵 水 삼수변 물수변	源·	근원.

오행	획수	부수	한자	뜻
水	13 14	氵 水 (삼수변 물수변)	溒	물 흐를. 물 흐르는 모양.
水	14	虫 (벌레충변)	蜿	꿈틀거릴. 용의 모양.
木	14 15	衤 衣 (옷의변)	褑	패옥 띠. 노리개 띠.
土	10 15	阝 阜 (좌방변 언덕부변)	院·	집.
火	16	鳥 (새조변)	鴛	원앙. 姓.
金	16	金 (쇠금변)	鋺	저울. 원 ↔ 완 [통용]
火	17	車 (수레거변)	轅	끌채. 멍에. 수레.
土	14 17	辶 辵 (책받침변 갖은책받침변)	遠·	멀. 심오할. 깊을.
土	17	黽 (맹꽁이변)	黿	큰 자라. 영원. 별 이름.
金	17	言 (말씀언변)	謜	천천히 말할. 기꺼울.
木	17 19	艹 艸 (풀초변 초두변)	薗	동산. 땅 이름.
火	19	頁 (머리혈변)	願·	원할. 바랄. 소원. 청원.
火	19	鳥 (새조변)	鵷	원추새. 봉황.
火	20	馬 (말마변)	騵	배가 흰 말. 배가 희고 갈기가 검은 말.
土	20 23	辶 辵 (책받침변 갖은책받침변)	邍	넓은 언덕. 넓은 들.

월

오행	획수	부수	한자	뜻
水	04	月 (달월변)	月·	달. 세월.
金	06	刂 刀 (선칼도변 칼도변)	刖	발 벨. 발꿈치 벨.
木	12	米 (쌀미변)	粤	어조사. 감탄사. 생각할. 나라 이름.
火	12	走 (달릴주변)	越·	넘을. 건널. 추월할.
金	13	金 (쇠금변)	鉞	도끼.

위

오행	획수	부수	한자	뜻
金	06	㔾 卩 (병부절변)	危·	위태할. 두려워할.
火	07	人 (사람인변)	位·	지위. 자리. 위치. 벼슬.

오행	획수	부수	한자	뜻
土	08	女 계집녀변	委·	맡길. 자세할. 의젓할.
土	09	女 계집녀변	威·	위엄. 세력.
金	09	韋 가죽위변	韋	연할. 부드러울. 가죽.
火	11	人 사람인변	偉·	훌륭할. 거룩할. 위대할. 클.
土	11	寸 마디촌변	尉	벼슬 이름. 편안할. 위로할.
土	09 11	月 육달월변 肉 고기육변	胃·	밥통. 비위. 위.

> **주의** 字源五行의 肉변은 水에 해당되나 訓에 의거, 위, 밥통은 土에 해당 土로 기준

오행	획수	부수	한자	뜻
木	12	巾 수건건변	幃	향낭. 주머니. 휘장.
土	12	口 큰입구변	圍·	둘레. 두를. 둘러쌀.
金	12	爪 손톱조변	爲·	위할. 할. 만들. 행위.
水	12	口 입구변	喟	한숨 쉴.
火	13	日 날일변	暐	햇빛. 빛날.
火	13	火 불화변	煒	빨갈. 밝을. 환할. 위 ↔ 휘 [통용]
金	13	骨 뼈골변	骫	뼈 굽을. 굽힐.
水	12 13	氵 삼수변 水 물수변	渭	물 이름. 위수.
水	13	疒 병질엄변	痿	손발이 마비될. 저릴. 습병.
木	12 14	艹 풀초변 艸 초두변	萎	시들다. 앓을. 병들.
火	14	人 사람인변	僞·	거짓. 속일.
金	13 14	王 임금왕변 玉 구슬옥변	瑋	아름다울. 구슬. 옥 이름.
木	13 15	艹 풀초변 艸 초두변	葦	갈대. 거룻배. 작은 배.
木	13 15	艹 풀초변 艸 초두변	葳	초목 무성할. 우거질. 능소화.
木	14 15	衤 衣 옷의변	禕	아름다울. 향낭. [휘]
木	15	糸 실사변	緯·	씨줄. 가로. 경위 (經緯).
火	15	火 불화변	熨	찜질할. 눌러 덥게 할. 고약 붙일. 다리미.

火 15 慰· 心 마음심변
위로할.

火 15 衛· 行 다닐행변
호위.
지킬. 衞의 [俗字]

土 12 15 逶 辶 辵 책받침변 갖은책받침변
구불구불할.
비틀거릴.

金 15 諉 言 말씀언변
번거로울.
귀찮을. 핑계할.

水 15 蝟 虫 벌레충변
고슴도치.

火 16 衞 行 다닐행변
지킬.
호위. 막을. 나라 이름.
衛의 [本字]

土 13 16 違· 辶 辵 책받침변 갖은책받침변
어긋날.
어길. 잘못. 위반할.

金 16 謂· 言 말씀언변
이를.
일컬을. 고할. 설명.

木 17 闈 門 문문변
작은 문.
문. 대궐 중문.

水 17 餧 食 밥식변
먹일.
기를. 주릴.

木 16 18 蔿 艹 艸 풀초변 초두변
애기풀.
땅 이름. 姓.

火 18 魏 鬼 귀신귀변
나라 이름.
姓.

金 18 韙 韋 가죽위변
바를.
옳을. 좋을.
아름답게 여길.

金 21 韡 韋 가죽위변
꽃 활짝 필.
환할.

유

木 04 冘 冖 민갓머리변
머뭇거릴.
망설일.

木 05 由· 田 밭전변
말미암을.
까닭. 인연.

火 05 幼· 幺 작을요변
어릴.
어린이.

水 06 有· 月 달월변
있을.
가질. 존재할.

金 07 攸 攵 攴 등글월문변 칠복변
바 (일의 방법이나 방도).
곳. 장소. 다스릴.

金 07 酉· 酉 닭유변
닭.
열째 지지.

火 08 侑 人 사람인변
권할.
너그러울. 도울.

土 08 臾 臼 절구구변
잠깐.
잠시. 착할. 姓. [용]

주의	字典에 따라 8, 9획으로 혼용, 일부 자전에 밑터진절구 구 7획으로 필순 9획이라도 臼 절구 구 변 6획에 속하므로 성명학은 8획 기준

오행	획수/부수	한자	뜻
水	08 乙 새을변	乳·	젖. 유방. 젖 먹이다. 낳다.
水	08 口 입구변	呦	울. 흐느낄. 우는 소리.
木	09 囗 큰입구변	囿	동산. 정원.
木	09 宀 갓머리변	宥	너그러울. 용서할. 도울.
木	09 木 나무목변	柚	유자나무. [축]
木	09 木 나무목변	柔·	부드러울. 순할.
火	09 幺 작을요변	幽·	그윽할. 깊을. 숨을.
土	09 入 들입변	兪	맑을. 그러할. 대답할. 姓.
土	09 人 사람인변	俞	兪자와 통용
土	09 女 계집녀변	姷	짝.
水	08 09 氵 水 삼수변 물수변	油·	기름.
水	08 09 氵 水 삼수변 물수변	泑	검은 물빛. 잿물. 물 이름.
木	10 禾 벼화변	秞	무성할. 곡식 무성할.
水	09 10 氵 水 삼수변 물수변	洧	물 이름.
木	11 巾 수건건변	帷	휘장. 장막. 가릴.
火	11 心 마음심변	悠·	멀. 아득할. 생각할.
火	11 耳 귀이변	聈	고요할.
土	11 女 계집녀변	婑	예쁠. 아름다울.
水	11 口 입구변	唯·	오직. 대답할.
水	11 虫 벌레충변	蚰	땅지네. 노래기. 그리마.
水	11 虫 벌레충변	蚴	용, 뱀이 꿈틀거릴.
木	12 广 엄호변	庾	곳집. 노적가리. 곡식 창고. 姓.

주의: 11획으로 보이나(전산폰트), 밑터진절구 구 7획으로 필순 12획, 字典에 12획 기준

오행	획수/부수	한자	뜻
火	11 12 忄 心 심방변 마음심변	惟·	생각할. 오직. 한갓.

오행	획수	부수	한자	뜻
金	12	釆 분별할변	釉	광택. 윤. 빛날.
水	12	口 입구변	喩	깨우칠. 비유할. 좋아할.
水	12	生 날생변	甤	꽃술. 열매 많이 열릴.
木	13	木 나무목변	楡	나무 이름. 느릅나무. 별 이름.
木	13	木 나무목변	楢	나무 이름. 졸참나무.
木	12 13	扌 手 재방변 손수변	揉	주무를. 휠. 바로잡을.
木	12 13	扌 手 재방변 손수변	揄	빈정거릴. 끌. 퍼낼. [요]
木	11 13	艹 艸 풀초변 초두변	莠	강아지풀. 가라지. 추할.
木	12 13	衤 衣 옷의변	裕·	넉넉할. 너그러울.
火	12 13	忄 心 심방변 마음심변	愉	즐거울. 기뻐할. [투]
火	13	心 마음심변	愈·	병 나을. 나을. 더욱.
土	12 13	犭 犬 개사슴록변 개견변	猶·	오히려. 다만. 같을. 머뭇거릴.
土	13	犬 개견변	猷	꾀할. 방도. 방법. 그릴. 같을.
金	13	欠 하품흠변	歈	노래 이름. 기뻐할. 희학질할.
金	12 13	王 玉 임금왕변 구슬옥변	琟	옥돌.
水	12 13	氵 水 삼수변 물수변	游	헤엄칠. 뜰. 놀이. [류]
水	12 13	氵 水 삼수변 물수변	湵	물. 물 이름.
木	14	糸 실사변	緌	갓끈. 갓끈 늘어질. 기.
木	14	糸 실사변	維·	벼리. 얽을. 맬. 오직. 밧줄.
土	11 14	辶 辵 책받침변 갖은책받침변	逌	웃을. 빙그레 웃는 모양.
金	13 14	王 玉 임금왕변 구슬옥변	瑜	옥빛. 옥.
金	13 14	王 玉 임금왕변 구슬옥변	瑈	옥 이름.
金	14	言 말씀언변	誘·	꾈. 이끌. 당길. 인도할.
水	14	疒 병질엄변	瘉	병 나을. 경미할. 나을.

水 14 疿 병들. 근심하여 앓을.
疒 병질엄변

주의 13획으로 보이나 (전산폰트), 밑터진절구 구 7획으로 필순 14획, 字典에 14획 기준

水 14 窬 협문. 판장문. 담 넘을.
穴 구멍혈변

水 14 需 부드러울 (다룬 가죽 부드러울). 유 ↔ 수 [통용]
雨 비우변

木 15 牖 깨우칠. 인도할. 들창. 바라지창 (들어서 여는 창 형태).
片 조각편변

木 13 15 萸 수유 (약초 이름). 풀 이름.
艹 艸 풀초변 초두변

주의 12~14획으로 보이나 (전산폰트), (++) 변에 속하므로 밑터진절구 구 7획으로 필순 13~15획, 字典에 13~15획 기준

木 14 15 褕 고울. 쾌자. 꿩 깃털 옷. 황후 옷.
衤 衣 옷의변

木 15 糅 섞을. 잡곡밥. 섞일.
米 쌀미변

土 13 15 腴 살찔. 아랫배 살찔.
月 肉 육달월변 고기육변

주의 12~14획으로 보이나 (전산폰트), 밑터진 절구 구 7획으로 필순 13~15획, 字典에 13~15획 기준

水 15 窳 비뚤어질. 흠집. 이지러질.
穴 구멍혈변

水 15 蝤 하루살이. [추]
虫 벌레충변

火 16 儒· 선비. 학자. 유교. 유학.
人 사람인변

土 13 16 遊· 놀. 즐길. 여행할.
辶 辵 책받침변 갖은책받침변

土 13 16 逾 넘을. 지날.
辶 辵 책받침변 갖은책받침변

土 16 踰 건널. 넘을. 이길. [요]
⻊ 足 발족변

土 16 蹂 밟을. 짓밟을.
⻊ 足 발족변

金 16 諛 아첨할.
言 말씀언변

주의 15획으로 보이나 (전산폰트), 밑터진절구 구 7획으로 필순 16획, 字典에 16획 기준

金 16 諭 깨우칠. 간할. 비유할. [투]
言 말씀언변

金 17 鍮 놋쇠. 자연동. 姓.
金 쇠금변

水 17 孺 젖먹이. 사모할. 낳을.
子 아들자변

水 17 鮪 다랑어. 철갑상어.
魚 물고기어변

오행	획수	부수	한자	뜻	부수명
水	17	黑	黝	검푸른빛. 땅빛.	검을흑변
木	16 18	艹 艸	蕤	꽃. 꽃술. 장식. 늘어질. 더부룩할.	풀초변 초두변
木	16 18	艹 艸	蕕	누린내 풀. 썩어 냄새 날.	풀초변 초두변
火	18	日	曘	햇빛. 해 빛깔.	날일변
火	18	火	燸	따뜻할. 불사를.	불화변
金	18	言	[illegible]	나아갈. 꾸짖을. [추. 최]	말씀언변
金	18	革	鞣	부드러운 가죽. 무두질할.	가죽혁변
水	17 18	氵 水	濡	적실. 젖을. 베풀. 습기.	삼수변 물수변
水	12 13	氵 水	渜	濡자와 통용	삼수변 물수변
水	18	疒	癒	병 나을. 瘉와 통용	병질엄변
水	18	鼠	鼬	족제비.	쥐서변
土	19	土	壝	제단. 토담. 둘러 쌓은 담.	흙토변
土	16 19	辶 辵	遺·	남길. 끼칠. 남을.	책받침변 갖은책받침변
水	18 19	氵 水	瀢	물고기 놀. 물고기 떼지어 놀. [대]	삼수변 물수변

주의	字典에 따라 辶 辶 책받침 변 字形이 혼용되나 대법원 발표 인명용한자 字形이 辶 3획이고, 水 물수 변(4획)에 속하므로 성명학은 18, 19획 기준

오행	획수	부수	한자	뜻	부수명
金	23	言	讉	성낼. 꾸짖을.	말씀언변
火	26	龠	龥	부를. 부르짖을. 화할.	피리약변
木	32	竹	籲	부를. 부르짖을. 화할.	대죽변

紐→ 뉴 [본]　劉→ 류 [본]
柳→ 류 [본]　類→ 류 [본]
流→ 류 [본]　留→ 류 [본]
琉→ 류 [본]

육

오행	획수	부수	한자	뜻	부수명
水	06	肉	肉·	고기. 살. 몸. 혈연.	고기육변

水 08 10 月 肉 **育**· 기를. 칠.
육달월변 고기육변

주의: 月 육달월 변 4획은 성명학에서는 肉 고기 육 변 6획으로 사용. 위 글자 育의 字典과 필순 획수는 8획이라도, 성명학에서는 10획 기준

土 11 土 **堉** 기름진 땅. 흙.
흙토변

土 14 毋 **毓** 기를. 기르다. 어릴. 姓.
말무변

火 17 人 **儥** 팔. 사다.
사람인변

六→ 륙 [본] 陸→ 륙 [본]

윤

土 04 儿 **允** 진실로. 맏. 믿을. 허락할. 마땅할.
어진사람인변

金 04 勹 **匀** 나눌. 가지런할. 균형 잡힐. 윤 ↔ 균 [통용]
쌀포변

金 04 勹 **匀** 나눌. 가지런할. 균형 잡힐. 윤 ↔ 균 [통용]
쌀포변

水 04 尸 **尹** 맏. 믿을. 姓.
주검시변

火 08 日 **昀** 햇빛. 빛날.
날일변

水 07 08 氵 水 **沇** 향나무 . 윤 ↔ 연 [통용]
삼수변 물수변

金 08 09 王 玉 **玧** 옥빛. 붉을. 붉은 구슬. 윤 ↔ 문 [통용]
임금왕변 구슬옥변

水 09 11 月 肉 **胤** 맏아들. 자손. 이을.
육달월변 고기육변

火 11 彳 **徿** 胤자와 통용
두인변

火 12 門 **閏**· 윤달. 윤년.
문문변

火 13 門 **閏** 閏자와 통용
문문변

火 15 門 **閏** 閏자와 통용
문문변

土 07 12 阝 阜 **阭** 높을. [연]
좌방변 언덕부변

金 12 金 **鈗** 병기. 창.
쇠금변

木 11 13 艹 艸 **荺** 연뿌리.
풀초변 초두변

金 15 **鋆** 金 쇠금변 — 금(金).

水 15 **奫** 大 큰대변 — 물 깊을. 물 충충할. 샘물.

木 16 **橍** 木 나무목변 — 나무 이름.

水 15 16 **潤**· 氵 水 삼수변 물수변 — 윤택할. 젖을. 불을.

金 18 **贇** 貝 조개패변 — 예쁠. 아름다운 모양.
윤 ↔ 빈 [통용]

侖→ 륜 [본]　倫→ 륜 [본]
崙→ 륜 [본]　綸→ 륜 [본]
輪→ 륜 [본]

율

火 06 **聿** 聿 붓율변 — 붓. 마침내. 이에. 스스로.

水 07 08 **汩** 氵 水 삼수변 물수변 — 흐를. 맑을.

金 12 **矞** 矛 창모변 — 꽃구름. 송곳으로 뚫을.

木 13 **颶** 風 바람풍변 — 큰 바람.

土 10 13 **逮** 辶 辵 책받침변 갖은책받침변 — 걸어가는 모양. 흩어져 퍼질.
율 ↔ 건 [통용]

火 16 **燏** 火 불화변 — 빛날. 빛나는 모양.

火 16 **鴥** 鳥 새조변 — 빨리 날. 빠르다.

水 15 16 **潏** 氵 水 삼수변 물수변 — 물 흐를. 물 흐르는 모양.

水 20 **霱** 雨 비우변 — 상서로운 구름. 삼색 구름.
율 ↔ 휼 [통용]

律→ 률 [본]　栗→ 률 [본]
率→ 률 [본]

융

金 06 **戎** 戈 창과변 — 병장기. 싸움 수레.

土 09 10 **狨** 犭 犬 개사슴록변 개견변 — 원숭이 이름.

木 12 **絨** 糸 실사변 — 융. 발 고운 베.

오행	획수	한자	뜻
水	16 虫 벌레충변	融	융통할. 화할. 밝을. 화합할.
水	19 20 氵 水 삼수변 물수변	瀜	물 깊을.

隆→ 륭 [본]

은

오행	획수	한자	뜻
土	07 土 흙토변	圻	언덕. 지경. 은 ↔ 기 [통용]
水	07 口 입구변	听	웃는 모양. 방긋거릴.
土	09 土 흙토변	垠	언덕. 지경. 가장자리.
火	10 心 마음심변	恩·	은혜. 사랑할. 姓.
土	10 土 흙토변	垽	앙금. 해감. 찌꺼기. 가라앉을.
金	10 殳 갖은등글월문변	殷	성할. 나라. 많을. 姓.
金	10 言 말씀언변	訔	논쟁할. 시비할. 토론할.
水	10 口 큰입구변	圁	물 이름.
水	09 10 氵 水 삼수변 물수변	泿	물가. 물 흐르는 동쪽.
土	10 11 犭 犬 개사슴록변 개견변	狺	으르렁거릴. 개 짖는 소리.
金	10 11 王 玉 임금왕변 구슬옥변	珢	옥돌. 옥 무늬.
金	11 言 말씀언변	訢	공손한 모양. 화평할. [흔]
火	14 心 마음심변	慇	은근할. 공손할. 근심.
金	14 金 쇠금변	銀·	은. 은빛. 돈. 화폐.
水	13 14 氵 水 삼수변 물수변	溵	물소리. 물 이름. 濦과 통용
水	13 14 氵 水 삼수변 물수변	濦	물 이름.
金	14 15 王 玉 임금왕변 구슬옥변	璁	옥. 사람 이름.
金	15 言 말씀언변	誾	온화할. 화평할. 즐거울.
金	19 門 문문변	闇	誾자와 통용
木	14 16 艹 艸 풀초변 초두변	蒑	풀빛 푸른.

木 14 16 蒽 풀 이름.
艹 艸
풀초변 초두변

火 16 㥯 의지할.
人 남에게 기댈.
사람인변 은 ↔ 온 [통용]

火 16 慭 힘쓸.
心 억지로. 마음에 맞을.
마음심변

木 17 檃 바로잡을.
木 휠. 도지개
나무목변 (활을 바로잡는 틀).

土 17 嶾 산 높을.
山 산 가파를.
메산변

木 18 櫽 겹들보.
木 대마루.
나무목변

土 14 18 鄞 땅 이름.
阝 邑 고을 이름.
우방변 고을읍변

水 18 嚚 미련할.
口 어리석을.
입구변

水 17 18 濦 물 이름.
氵 水 물소리.
삼수변 물수변

金 19 齗 잇몸.
齒 이뿌리.
이치변

土 17 22 隱· 숨을.
阝 阜 기댈. 은퇴할. 근신할.
좌방변 언덕부변

水 22 癮 두드러기.
疒 인박힐.
병질엄변

木 21 23 蘟 인동덩굴.
艹 艸 은인 (蘟荵, 나물 이름).
풀초변 초두변

金 27 齞 웃을.
齒 이 가지런할.
이치변

을

木 01 乙· 새.
乙 제비. 둘째 천간.
새을변

土 06 圪 흙더미.
土 담 높은 모양.
흙토변

火 12 鳦 제비.
鳥 현조 (玄鳥).
새조변

음

水 07 吟· 신음할.
口 끙끙 앓을. 읊을.
입구변

金 09 音· 소리.
音 음악.
소리음변

土 11 崟 험준할.
山 산 높고 험할. 메.
메산변 가파를.

水 12 喑 소리 지를.
口 목 쉴. 목 잠길. 입 다물.
입구변

水 17 噾 喑자와 통용
口
입구변

水 11 12 淫· 음란할.
氵 水 간음할. 심할.
삼수변 물수변

火 12 13 愔 고요할.
忄 心 조용할. 화평할.
심방변 마음심변

水 13 飮· 마실.
食 마실 것. 음료.
밥식변

木 14 廕 보호할.
广 덮을. 그늘.
엄호변

土 11 16 陰· 음기.
阝 阜 음. 그늘. 姓.
좌방변 언덕부변

木 15 17 蔭 그늘.
艹 艸 해그림자. 가릴. 음덕.
풀초변 초두변

水 19 霪 장마.
雨
비우변

金 20 馨 소리 화할.
音 화음 소리.
소리음변

읍

土 07 邑· 고을.
邑 마을. 도읍.
고을읍변

水 08 09 泣· 울.
氵 水 울음. 눈물.
삼수변 물수변

木 10 11 挹 뜰.
扌 手 꺼낼. 당길. 잔질할.
재방변 손수변

火 10 11 悒 답답할.
忄 心 근심할.
심방변 마음심변

水 10 11 浥 젖을.
氵 水 축축할.
삼수변 물수변

木 12 13 揖 읍할.
扌 手 사양할. [집]
재방변 손수변

응

水 16 凝· 엉길.
冫 얼. 굳힐. 이룰.
이수변

火 17 應· 응할.
心 대답할. 응당. 姓.
마음심변

土 17 19 膺 가슴.
月 肉 흉부. 받을. 안을.
육달월변 고기육변

木 22 矘 물끄러미 볼.
目 정하고 볼.
눈목변

火 24 鷹 매.
鳥 송골매.
새조변

의

木 06 衣· 옷.
衣 웃옷.
옷의변

金 07 矣· 어조사.
矢
화살시변

오행	획수	한자	부수	뜻
木	08	宜·	宀 갓머리변	마땅할. 옳을.
火	08	依·	人 사람인변	의지할. 도울. 따를.
土	09	㚤	女 계집녀변	여자 이름. 빛날.
火	10	倚	人 사람인변	의지할. 기댈. 믿을.
木	12	椅	木 나무목변	의나무. 벽오동나무.
土	11 12	猗	犭 犬 개사슴록변 개견변	불깐 개. 아름다울. 어조사. 의 ↔ 아 [통용]
金	12	欹	欠 하품흠변	(아~) 감탄사. 어조사. 거룩할. 아름답다고 할.
水	12	凒	冫 이수변	눈, 서리 쌓일. 눈, 서리 흰 모양.
火	13	意·	心 마음심변	뜻. 생각.
土	13	義·	羊 양양변	옳을. 바를. 정의. 의리.
土	14	疑·	疋 필필변	의심할. 의심. 의혹.
火	15	儀·	人 사람인변	거동. 모양. 법도. 본받을.

오행	획수	한자	부수	뜻
金	15	毅	殳 갖은등글월문변	굳셀. 의지 강할.
金	15	誼	言 말씀언변	정의. 옳을. 도타울.
水	14 15	漪	氵 水 삼수변 물수변	잔물결. 물놀이.
火	16	儗	人 사람인변	서로 의심할. 견줄. 참담할.
水	16	螘	虫 벌레충변	개미. 술구더기.
金	16	劓	刂 刀 선칼도변 칼도변	코 벨.
土	17	嶷	山 메산변	산 이름.
木	17 18	擬	扌 手 재방변 손수변	헤아릴. 추측할. 비길. 흉내낼. 본뜰.
金	18	礒	石 돌석변	돌 모양. 바위.
金	18	醫·	酉 닭유변	의원. 병 고칠.
土	07	医	匸 감출혜변	醫자와 통용 [略字] 의↔ 예 [통용]

참고	통용자는 획수, 부수, 자원오행에 관계없이 정자 밑에 배열하였음

木 17 19 薏 율무.
艹 艸 [억]
풀초변 초두변

木 19 艤 배 댈.
舟 정박. 차릴 (출항 준비).
배주변

水 19 蟻 개미.
虫 검을.
벌레충변

金 20 議· 의논할.
言 의논. 말할.
말씀언변

水 21 饐 밥 쉴.
食 쉴. 음식 상할.
밥식변

火 22 懿 아름다울.
心 클. 훌륭하다.
마음심변

이

木 02 二· 둘.
二 두. 둘째. 두 번.
두이변

土 03 已· 이미.
己 그칠. 말. 너무. 뿐.
몸기변

火 05 以· 써.
人 부터. 까닭. 또.
사람인변

水 05 尔 어조사.
小 그렇다 할. 말 이을.
작을소변

火 06 伊 저.
人 어조사. 姓.
사람인변

火 06 夷· 동이족.
大 평평할. 클. 기쁠.
큰대변 온화할.

火 06 耳· 귀.
耳 따를. 뿐.
귀이변

金 06 弛 느슨할.
弓 풀릴. 활 부릴. [치]
활궁변

水 06 而· 말 이을.
而 어조사. 너. 뿐.
말이을이변

木 07 杝 피나무.
木
나무목변

火 08 佴 버금.
人 다음.
사람인변

火 08 易 쉬울.
日 바꿀. 편할.
날일변 이 ↔ 역 [통용]

水 08 隶 밑.
隶 근본. 미칠. 이를.
미칠이변

火 08 09 怡 화할.
忄 心 기쁠.
심방변 마음심변

土 09 姨 이모.
女 처형제. 서모.
계집녀변

土 09 姷 여자 이름.
女
계집녀변

土 09 巸 아름다울.
己 즐거울.
몸기변 이 ↔ 희 [통용]

水 | 09 口 입구변 | **咿** | 선웃음칠. 책 읽는 소리.

木 | 10 木 나무목변 | **栮** | 목이 (木耳). 버섯. 느타리.

金 | 09 王 임금왕변 / 10 玉 구슬옥변 | **珆** | 옥돌. 이 ↔ 태 [통용]

金 | 10 言 말씀언변 | **訑** | 자랑할. 으쓱거릴.

金 | 10 貝 조개패변 | **貤** | 거듭. 겹칠. 뻗을. [시]

水 | 09 氵 삼수변 / 10 水 물수변 | **洟** | 콧물 흘릴. 콧물.

木 | 11 禾 벼화변 | **移**· | 옮길. 바꿀. 모낼.

木 | 09 艹 풀초변 / 11 艸 초두변 | **苡** | 질경이. 율무.

金 | 10 王 임금왕변 / 11 玉 구슬옥변 | **珥** | 귀고리. 햇무리. 날밑.

水 | 11 疒 병질엄변 | **痍** | 상처. 다칠. 부상.

木 | 10 艹 풀초변 / 12 艸 초두변 | **荑** | 벨. 깎을. [제]

火 | 12 耳 귀이변 | **聏** | 화할.

土 | 12 女 계집녀변 | **媐** | 기쁠. 즐거워할.

土 | 12 田 밭전변 | **異**· | 다를. 이상할. 딴것. 姓.

주의	속자 11획, 본자 12획, (전산폰트) 필순이 11획으로 보이나, 성명학 (++)은 12획 기준

土 | 12 羊 양양변 | **羨** | 고을 이름. 넓을.

土 | 09 辶 책받침변 / 12 辵 갖은책받침변 | **迤** | 비스듬할. 경사질. 연할. 굽을. 잇닿을.

金 | 12 貝 조개패변 | **貽** | 증여. 줄. 전할. 끼칠.

金 | 12 貝 조개패변 | **貳** | 둘. 두. 버금.

水 | 10 月 육달월변 / 12 肉 고기육변 | **胹** | 힘줄이 강할. 힘줄이 질길.

火 | 13 聿 붓율변 | **肄** | 익힐. 노력. 수고.

火 | 14 爻 점괘효변 | **爾** | 너. 그. 어조사.

水 | 14 食 밥식변 | **飴** | 엿. 단맛. [사]

木 | 15 广 엄호변 | **廙** | 공경할. 삼갈.

주의	(전산폰트)필순은 14획으로 보이나, 字典에는 15획이므로, 성명학 (++)은 15획 기준

火 15 頁 머리혈변 頤 턱 (아래, 윗턱 총칭). 기를. 괘 이름.

火 17 鳥 새조변 鳾 제비.

火 18 彑 彐 튼가로왈변 彝 떳떳할. 법. 제기. [本字]

火 16 彐 튼가로왈변 彛 彝자와 통용 [俗字]

木 18 20 艹 艸 풀초변 초두변 薾 꽃 번성할. 화할.

土 18 21 辶 辵 책받침변 갖은책받침변 邇 가까울. 가까이할.

泥→ 니 [본]
吏→ 리 [본]
李→ 리 [본]
理→ 리 [본]
离→ 리 [본]
裏→ 리 [본]
里→ 리 [본]
尼→ 니 [본]
利→ 리 [본]
履→ 리 [본]
梨→ 리 [본]
璃→ 리 [본]
莉→ 리 [본]
裡→ 리 [본]
離→ 리 [본]

익

金 03 弋 주살익변 弋 주살. 취할. 오랑캐.

水 10 皿 그릇명변 益· 이익. 더할. 유익할.

火 11 羽 깃우변 翌 이튿날. 다음날. 명일.

火 11 羽 깃우변 翊 도울. 공경할. 나는 모양.

火 15 火 불화변 熤 사람 이름.

金 17 言 말씀언변 謚 웃을. [시]

火 18 羽 깃우변 翼· 날개. 도울. 호위할.

주의	속자 17획, 본자 18획, (전산폰트) 필순이 17획으로 보이나, 성명학 (++)은 18획 기준

火 21 鳥 새조변 鷁 새 이름. 익조.

水 21 22 氵 水 삼수변 물수변 瀷 강 이름. 스며 흐를.

주의	속자 20~21획, 본자 21~22획, (전산폰트) 필순이 20~21획으로 보이나, 성명학 (++)은 21~22획 기준

인

오행	획수	한자	뜻
木	02 儿 어진사람인변	儿	어진 사람.
火	02 人 사람인변	人·	사람. 백성. 인품.
金	03 刀 선칼도변 칼도변	刃	칼날. 날. 칼질할.
火	04 人 사람인변	仁·	어질. 인자할.
火	06 心 마음심변	忈	仁자와 통용
火	07 心 마음심변	忎	仁자와 통용
火	04 弓 활궁변	引·	당길. 이끌. 맡을. 끌.
火	05 人 사람인변	仞	길. 깊을. 잴. 여덟 자 (높이, 깊이를 재는 단위).
木	06 卩 병부절변	印·	도장. 찍을. 새길. 묻을. 姓.
水	06 口 큰입구변	因·	인할. 까닭. 이어받을.
火	07 心 마음심변	忍·	참을. 모질.
土	07 牛 소우변	牣	찰. 가득할. 꽉 막힐.
水	06 氵 07 水 삼수변 물수변	汈	젖어 맞붙을.
土	09 女 계집녀변	姻·	혼인할.
水	09 口 입구변	咽	목구멍. 목. 인 ↔ 열 [통용]
木	08 艹 10 艸 풀초변 초두변	茵	풀 이름.
水	09 氵 10 水 삼수변 물수변	洇	빠질. 잠길.
水	10 气 기운기변	氤	기운. 천지 기운 합할.
水	10 虫 벌레충변	蚓	지렁이.
木	11 宀 갓머리변	寅·	범. 동방. 셋째 지지.
木	11 禾 벼화변	秵	벼꽃.
木	10 艹 12 艸 풀초변 초두변	茵	깔개. 자리. 사철쑥.

오행	획수	부수	한자	뜻
木	12	糸 실사변	絪	기운 왕성할. 원기.
木	11 12	衤 衣 옷의변	裀	요. 까는 침구. 겹옷.
土	12	土 흙토변	堙	막을. 쌓아 만든 흙산.
土	12	女 계집녀변	婣	혼인할. 인연. → 姻 [同字]
金	12	金 쇠금변	釼	주석. 백철. 무쇠 그릇. 철(鐵).
金	12	韋 가죽위변	韌	질길 (끊어지지 않을).
金	12	革 가죽혁변	靭	韌자와 통용
金	13	革 가죽혁변	靷	(말) 가슴걸이.
水	12 13	氵 水 삼수변 물수변	湮	잠길. 빠질. [연]
木	14	夕 저녁석변	夤	공손할. 공경할. 조심할.
木	14	示 보일시변	禋	정성껏 제사지낼.
木	11	示 보일시변	秵	禋자와 통용
金	14	日 가로왈변	鞇	작은북. 소고 치며 풍류 끄는 소리.
金	14	日 가로왈변	鞕	鞇자와 통용
金	14	言 말씀언변	認·	알. 인정할. 허락할.
金	15	戈 창과변	戭	창. 긴 창. 姓. 인↔연[통용]
金	15 16	王 玉 임금왕변 구슬옥변	璌	마당. 사람 이름.
金	16	言 말씀언변	諲	공경할.
水	15 17	月 肉 육달월변 고기육변	臏	등심. 등골뼈.
水	17 18	氵 水 삼수변 물수변	濥	물줄기. 물문.

潾→ 린 [본] 璘→ 린 [본]
隣→ 린 [본] 麟→ 린 [본]

일

오행	획수	부수	한자	뜻
木	01	一 한일변	一·	하나. 한. 첫째. 오로지.

오행	획수	부수	한자	뜻
火	04	日 날일변	日·	날. 해. 낮.
火	07	人 사람인변	佚	편안할. 숨을. 허물. 실수. [질]
土	07	力 힘력변	劮	기쁠. 외람할 일. 음란할.
火	08	人 사람인변	佾	춤추는 줄. 춤. 가로줄.
火	08	欠 하품흠변	欥	기뻐할. 기쁠.
水	08 09	氵 水 삼수변 물수변	泆	끓을. 넘칠. 음탕할. 방탕할.
木	12	士 선비사변	壹	하나. 한. 오직. 오로지.
火	12	車 수레거변	軼	앞지를. 지나칠. 지날. [질. 절]
火	14	馬 말마변	馹	역마. 역말.
水	13 14	氵 水 삼수변 물수변	溢	넘칠. 가득할.
土	12 15	辶 辵 책받침변 갖은책받침변	逸·	편안. 뛰어날.
土	11 14	辶 辵 책받침변 갖은책받침변	逸	逸자와 통용
金	18	金 쇠금변	鎰	중량 (무게 단위).

임

오행	획수	부수	한자	뜻
水	04	士 선비사변	壬·	북방. 아홉째 천간.

주의: 字源五行의 士변은 木에 해당되나 訓에 의거, 天干 壬은 水에 해당 水로 기준

오행	획수	부수	한자	뜻
火	06	人 사람인변	任·	맡길. 맡을. 믿을. 姓.
土	07	女 계집녀변	妊	아이 밸. 임신할.
土	09	女 계집녀변	姙	妊자와 통용
木	09 10	衤 衣 옷의변	衽	옷깃. 옷섶.
火	10	心 마음심변	恁	생각할. 이러할. 믿을.
金	11	言 말씀언변	託	생각할.
木	10 12	艹 艸 풀초변 초두변	荏	들깨. 왕콩. 부드러울.
木	12	糸 실사변	絍	짤. 길쌈할.

오행	획수/부수	한자	뜻
木	13 禾 벼화변	稔	풍년들. 여물. [념]
金	13 貝 조개패변	賃·	품삯. 품팔이. 빌. 세 낼.
金	13 言 말씀언변	誑	믿을. 생각할. 말 많을.
水	13 食 밥식변	飪	익힐. 삶을. 너무 익을.
金	14 金 쇠금변	銋	젖을. 젖다.

林→ 림 [본] 琳→ 림 [본]
臨→ 림 [본] 霖→ 림 [본]

입

오행	획수/부수	한자	뜻
木	02 入 들입변	入·	들. 들일. 들어갈. 수입.
水	04 十 열십변	廿	스물. 이십(20).
水	03 十 열십변	卄	廿자와 통용

立→ 립 [본] 笠→ 립 [본]
粒→ 립 [본]

잉

오행	획수/부수	한자	뜻
火	04 人 사람인변	仍	인할. 기댈. 오히려. 자주.
水	05 子 아들자변	孕	아이 밸. 잉태. 품을.
木	08 艹 풀초변 10 艸 초두변	芿	새 풀싹. 움풀. 풀.
金	刂 선칼도변 12 刀 칼도변	剩	잉여. 남을. 남다. 넉넉할.
土	13 女 계집녀변	媵	보낼. 전송할. 물건 부칠. 따라보낼. 시녀. 몸종.

♣

참고	이름의 성(姓)은 반드시 漢字로 출생신고를 해야 하나, 이름(名)은 한자(인명용 한자 중에서) 또는 한글로 신고해야 한다.

ㅈ

자

오행	획수/부수	한자	뜻
水	03 子 아들자변	子·	아들. 첫째 지지. 자식. 작위.
火	05 人 사람인변	仔	자세할.
木	06 自 스스로자변	自·	자기. 스스로. 몸소. ~로 부터.
水	06 子 아들자변	字·	글자. 문자. 사랑할. 기를.
水	06 子 아들자변	孖	쌍둥이.
水	07 子 아들자변	孜	힘쓸. 부지런할. 사랑할.
木	08 禾 벼화변	秄	북돋을.
火	08 火 불화변	炙	구울. 고기구이. 친근할. 자 ↔ 적 [통용]
土	08 女 계집녀변	姉·	맏누이.
土	08 女 계집녀변	姊	姉자와 통용
金	08 刂 刀 선칼도변 칼도변	刺·	찌를. 가시. 자 ↔ 척 [통용]
水	08 口 입구변	呰	헐뜯을. 꾸짖을. 구차할. 흠.
木	09 木 나무목변	柘	산뽕나무.
土	09 女 계집녀변	姿·	맵시. 모양. 태도.
水	09 口 입구변	咨	물을. 상의할. 탄식할.
水	08 09 氵 水 삼수변 물수변	泚	물 이름. 물 맑을. [차. 체]
水	09 耒 쟁기뢰변	耔	북돋을. 김맬.
水	09 虫 벌레충변	虸	며루. 해충. 마디충. 자방벌레.
木	10 目 눈목변	眥	눈 흘겨볼. 흘길. 눈가. → 眦와 [同字]
木	10 目 눈목변	眦	눈 흘겨볼. 흘길. 눈가. → 眥와 [同字]
火	10 心 마음심변	恣·	방자할. 내키는 대로 하다.

土 10 牸 암소.
牛 암컷.
소우변

水 10 疵 흉터.
疒 결점. 허물.
병질엄변

木 09 11 茈 패랭이꽃.
艹 艸 능소화풀. 지치 (다년초).
풀초변 초두변

木 11 紫· 자줏빛.
糸 붉을.
실사변

土 11 瓷 사기 그릇.
瓦 오지 그릇.
기와와변

土 09 11 者· 놈.
耂 老 사람. 것. 어조사.
늙을로변

주의	老 6획 변과 耂 4획 변은 혼용, 字典과 學者에 따라 9, 10, 11획으로 혼용되나, 성명학에서는 老 6획 변에 속하므로 11획 기준

木 10 12 茲· 무성할.
艹 艸 더할. 돗자리. 이.
풀초변 초두변

火 10 玆 玆자와 통용
玄
검을현변

木 10 12 茨 새 이엉.
艹 艸 새로 지붕 일. 모을.
풀초변 초두변 띠. 남가새.

木 12 粢 기장.
米 피. 곡식.
쌀미변

木 12 觜 별 이름.
角 털뿔.
뿔각변

金 12 貲 재물.
貝 재화.
조개패변

金 12 訾 흉 볼.
言 헐뜯을.
말씀언변

水 12 胾 큰 고깃점.
肉 산적.
고기육변

火 13 煮 삶을.
灬 火 끓일. 익을. 구울.
연화변 불화변

火 13 雌 암컷.
隹 암. 약할.
새추변

金 13 資· 재물.
貝 재화. 자본.
조개패변

水 13 孳 부지런할.
子 새끼 칠. 우거질.
아들자변

木 12 14 莿 풀가시.
艹 艸
풀초변 초두변

火 14 慈· 인자할.
心 어머니. 사랑.
마음심변

주의	약자 13획, 본자 14획으로 혼용되나, 성명학 (艹) 에서는 14획 기준

水 13 14 滋 번식할.
氵 水 우거질. 불을.
삼수변 물수변

주의	약자 12~13획, 본자 13~14획으로 혼용되나, 성명학(++)에서는 13~14획 기준

오행	획수	부수	한자	뜻
火	15	彡 터럭발변	髭	코밑수염. 윗수염.
金	15	石 돌석변	磁	자석. 지남석. 자기.

주의	속자 14획, 본자 15획으로 혼용되나, 성명학(++)에서는 15획 기준

오행	획수	부수	한자	뜻
木	15 16	衤 衣 옷의변	褯	포대기. 어린아이 옷. 자 ↔ 석 [통용]
火	16	赤 붉을적변	赭	붉은 흙. 붉은빛.
金	16	言 말씀언변	諮	물을. 상의할. 자문.
水	16	魚 물고기어변	鮓	물고기 젓갈. 젓.
木	15 17	艹 艸 풀초변 초두변	蔗	사탕수수. 맛날.
火	17	頁 머리혈변	頿	코밑수염.
土	17	女 계집녀변	嬨	너그러울. 성품 너그럽고 순할.
金	18	金 쇠금변	鎡	호미.
木	18 20	艹 艸 풀초변 초두변	藉	깔개. 자리. 깔. 빌릴.
火	21	鳥 새조변	鶿	가마우지. 노자 (鸕鷀). 더펄새 (물새의 일종).
火	22	鳥 새조변	鷓	자고새. 자고 (꿩의 일종).

작

오행	획수	부수	한자	뜻
金	03	勹 쌀포변	勺	구기 (자루 달린 용기). 잔질할. 용량 단위.
火	07	人 사람인변	作·	지을. 일할. 일으킬.
火	07	火 불화변	灼	밝을. 불사를. 쬐일.
土	06 07	犭 犬 개사슴록변 개견변	犳	짐승 이름. 표범. 아롱짐승.
水	06 07	氵 水 삼수변 물수변	汋	물결 소리. 퍼낼.
土	08	山 메산변	岝	산 높을.
木	09	木 나무목변	柞	나무 이름. 굴참나무.
木	07 09	艹 艸 풀초변 초두변	芍	작약.

火 08 忄 심방변 09 心 마음심변 **怍** 부끄러울. 무안할.

火 09 日 날일변 **昨**· 어제. 지난날. 작년. 姓.

火 09 火 불화변 **炸** 터질. 폭발할. 화약 터질.

金 09 斤 날근변 **斫** 베다. 찍을. 칠. 姓.

金 10 酉 닭유변 **酌**· 술 따를. 잔질할.

火 11 隹 새추변 **雀** 참새.

火 12 火 불화변 **焯** 밝을. 빛날. 불기운.

土 12 臼 절구구변 **舄** 까치. 작 ↔ 석 [통용]

金 13 斤 날근변 **斮** 쪼갤. 쪼개다. 칠. 찍을.

金 13 石 돌석변 **碏** 공경할. 삼갈. 사람 이름.

木 14 糸 실사변 **綽** 너그러울. 여유. 얌전할. 많을.

金 18 爪 손톱조변 **爵**· 벼슬. 작위. 술잔.

火 19 鳥 새조변 **鵲** 까치.

水 21 口 입구변 **嚼** 씹을. 맛볼.

잔

金 10 刂 선칼도변 刀 칼도변 **剗** 깎을. 벨. 다스릴.

木 12 木 나무목변 **棧** 사다리. 비계. 잔교. [전]

水 12 子 아들자변 **孱** 나약할. 잔약할. 신음할.

水 12 歹 죽을사변 **殘**· 쇠잔할. 해칠. 악할. 나머지.

金 13 皿 그릇명변 **盞** 작은 술잔. 옥으로 만든 술잔.

水 15 氵 삼수변 16 水 물수변 **潺** 물 졸졸 흐를. 눈물 흐를.

火 22 馬 말마변 **驏** 안장 없는 말.

잠

土 07 山 메산변 **岑** 봉우리. 높을. 날카로울.

水 10 11 涔 고인 물.
氵 水 괸 물. 웅덩이.
삼수변 물수변

木 15 箴 경계할.
竹 바늘. 침.
대죽변

火 15 暫· 잠깐.
日 잠시.
날일변

水 15 16 潛· 잠길.
氵 水 감출.
삼수변 물수변

水 15 16 潜 潛자와 통용
氵 水
삼수변 물수변

木 18 簪 비녀.
竹 꽂을. 빠를.
대죽변

水 24 蠶 누에.
虫 양잠.
벌레충변

잡

金 05 卡 지킬.
卜
점복변

木 10 眨 애꾸눈.
目 눈 깜박일. 윙크할.
눈목변

金 17 磼 산 높을.
石
돌석변

木 17 18 襍 섞일.
衤 衣 섞을.　→ 雜 [同字]
옷의변

火 18 雜· 섞일.
隹 섞을. 잡될. 번거로울.
새추변

水 21 囃 장단 맞출.
口 춤 도울. 어릿광대.
입구변

장

木 03 丈· 길.
一 어른. 길이의 단위.
한일변

火 05 仗 의장 (의식에 쓰는 무기).
人 병장기. 기댈. 지팡이.
사람인변

土 06 匠 장인.
匚 기술자. 만들.
터진입구변

木 07 壯· 장할.
士 씩씩할. 굳셀. 웅장할.
선비사변

木 06 壮 壯자와 통용
士
선비사변

木 07 杖 지팡이.
木 몽둥이. 짚을.
나무목변

土 07 妝 단장할.
女 꾸밀. 모양낼.
계집녀변

木 08 長· 긴.
長 길. 어른. 오랠.
길장변

金 08 戕 죽일.
戈 무찌를. 상할.
창과변

오행	획수/부수	한자	뜻
土	08 犬 개견변	狀	문서. 편지. 모양. 형상. 장 ↔ 상 [통용]
木	10 大 큰대변	奘	클. 장대할. 성할.
木	10 爿 장수장변	牂	암컷 양. 성(盛)할.
土	10 羊 양양변	羘	숫양.
木	11 巾 수건건변	帳·	장막. 휘장. 천막. 치부책.
金	11 弓 활궁변	張·	베풀. 벌일. 당길. 姓.
金	11 立 설립변	章·	글. 문장. 밝을. 도장. 姓.
土	11 寸 마디촌변	將·	장수. 장차. 나아갈.
土	10 寸 마디촌변	将	將자와 통용
木	12 手 손수변	掌·	손바닥. 주장할. 솜씨. 맡을.
木	12 米 쌀미변	粧·	화장할. 단장할.
土	12 土 흙토변	場·	마당. 곳. 장소.
木	11 艹 풀초변 / 13 艸 초두변	莊·	씩씩할. 단정할. 姓.
土	06 广 엄호변	庄	莊자와 통용
木	13 衣 옷의변	裝·	꾸밀. 차릴. 행장. 치장할.
火	13 人 사람인변	傽	두려울. 놀랄. 손위 시숙.
木	12 艹 풀초변 / 14 艸 초두변	萇	장초나무. (양도羊桃의 딴 이름. 괭이밥과 다년초).
土	14 山 메산변	嶂	산봉우리. 높고 가파른 산.
水	14 臣 신하신변	臧	착할. 두터울. 감출. 숨을.
木	15 木 나무목변	樟	녹나무. 예장나무.
木	15 犬 개견변	獎·	장려할. 권면할. 클. 권할.
木	14 大 큰대변	奬	獎자와 통용
木	13 艹 풀초변 / 15 艸 초두변	葬·	장사 지낼. 장사.
火	15 日 날일변	暲	밝을. 햇살 올라올.

土 14 15 獐 노루.
犭 犬
개사슴록변 개견변

水 14 15 漳 물 이름.
氵 水
삼수변 물수변

水 15 漿 미음.
水 마실 것. 즙. 음료.
물수변

水 13 15 腸· 창자.
月 肉
육달월변 고기육변

木 16 廧 담장.
广 담. 둘러 막을.
엄호변

土 16 墻· 경계.
土 담장.
흙토변

木 17 牆 墻자와 통용
爿
장수장변

土 16 嬙 궁녀.
女 여자 이름. 예쁜 계집.
계집녀변

金 15 16 璋 구슬.
王 玉 아들 낳은 경사.
임금왕변 구슬옥변

水 16 瘴 풍토병.
疒 장기 (瘴氣 : 습지에
병질엄변 생기는 병).

木 17 檣 돛대.
木
나무목변

木 17 糚 화장할.
米 단장할. 꾸밀.
쌀미변

木 15 17 蔣 줄 (볏과 풀).
艹 艸 나라 이름. 姓.
풀초변 초두변

水 17 餦 산자.
食 말린 기장 엿. 경단.
밥식변

土 14 18 鄣 고을 이름.
阝 邑 가리는 물건. 막을.
우방변 고을읍변

金 18 醬 장 (된장, 간장 등).
酉
닭유변

木 17 19 薔 장미.
艹 艸
풀초변 초두변

土 14 19 障· 가로막을.
阝 阜 거리낄. 막힐.
좌방변 언덕부변

金 19 鏘 금옥 소리.
金 울리는 소리. 높을.
쇠금변

木 18 20 藏· 감출.
艹 艸 간직할. 곳간. 광.
풀초변 초두변

金 21 贓 장물.
貝 뇌물 받을.
조개패변

木 22 欌 장롱.
木 의장. [국]
나무목변

土 22 麞 노루.
鹿
사슴록변

水 22 24 臟· 내장.
月 肉 오장.
육달월변 고기육변

재

- 木 | 03 扌 재방변 · 04 手 손수변 | **才**· 재주. 재간. 근본.
- 木 | 06 冂 멀경변 | **再**· 거듭. 다시. 두 번.
- 土 | 06 土 흙토변 | **在**· 있을. 존재. 살. 살필.
- 木 | 07 木 나무목변 | **材**· 재목. 감. 재료.
- 木 | 06 扌 재방변 · 07 手 손수변 | **扗** 있을. 살. 곳.
- 火 | 07 火 불화변 | **災**· 재앙. 화재.
- 火 | 07 火 불화변 | **灾** 재앙. 횡액. 천벌. → 災 [同字]
- 水 | 09 口 입구변 | **哉**· 어조사. 비롯할. 비로소.
- 水 | 09 夂 뒤져올치변 | **粂** 공경할. 집. 재계할.
- 木 | 10 宀 갓머리변 | **宰**· 재상. 벼슬아치. 다스릴.
- 木 | 10 木 나무목변 | **栽**· 심을. 묘목. 가꾸다.
- 土 | 09 土 흙토변 | **𢦏** 栽자와 통용
- 金 | 10 貝 조개패변 | **財**· 재물.
- 木 | 10 扌 재방변 · 11 手 손수변 | **捚** 손바닥에 받을.
- 木 | 11 木 나무목변 | **梓** 가래나무. 판목. 목수. → 榟 [同字]
- 木 | 12 衣 옷의변 | **裁**· 마를 (맞게 재단할). 끊을. 결단할. 판결할.
- 土 | 12 山 메산변 | **崽** 자식. 새끼. [사]
- 火 | 13 車 수레거변 | **載**· 실을. 해. 싣다. 실어서 운반할.
- 水 | 12 氵 삼수변 · 13 水 물수변 | **溨** 맑을. 물 이름.
- 木 | 14 木 나무목변 | **榟** 가래나무. 판목. 목수. → 梓 [同字]
- 水 | 13 氵 삼수변 · 14 水 물수변 | **滓** 찌꺼기. 침전물. 때. 앙금.
- 水 | 13 氵 삼수변 · 14 水 물수변 | **渽** 물 이름.
- 木 | 16 糸 실사변 | **縡** 일 (事). 일할. 실을.

金 16 貝 賰 재물.
조개패변

土 17 齊 齋 엄숙할.
재계. 집. 성결할.
가지런할제변

土 21 齊 齎 가져갈.
가져올. 가질.
아 (탄식 소리). [자. 제]
가지런할제변

木 23 糸 纔 겨우.
잠깐. 적을. 비로소.
실사변

쟁

火 08 爪 爭· 다툴.
경쟁. 간할.
손톱조변

土 11 山 崢 산 높을.
가파를.
메산변

土 11 犭 12 犬 猙 짐승 이름.
사나울.
개사슴록변 개견변

金 12 王 13 玉 琤 옥 소리.
임금왕변 구슬옥변

木 14 竹 箏 풍경.
쟁. 악기.
대죽변

金 15 言 諍 간할.
간하는 말. 다툴.
말씀언변

金 16 金 錚 꽹과리.
징. 쇳소리.
쇠금변

金 18 金 鎗 종소리.
금석 소리.
쇠금변

저

木 05 宀 宁 쌓을.
멈출. 우두커니 섰을.
갓머리변

火 05 氏 氐 근본.
이를. 오랑캐 이름.
각시씨변

火 07 人 佇 기다릴.
우두커니 설.
사람인변

火 07 人 低· 낮을.
구부릴. 밑. 속. 안.
사람인변

木 08 广 底· 밑.
바닥. 속. 구석.
엄호변

木 08 木 杵 절굿공이.
다듬이 방망이.
나무목변

木 08 木 杼 베틀의 북.
얇을. 물통. 개수통.
나무목변

土 08 山 岨 돌산.
돌산에 흙 덮힐.
메산변

土 08 女 姐 누이.
계집아이.
계집녀변

水 08 口 咀 씹을.
방자할. 저주.
입구변

木	09	木 나무목변	**柢**	뿌리. 기초. 밑. 싹틀.
木	08 09	扌 手 재방변 손수변	**抵**·	거스릴. 밀쳐 낼. 막을. 겨룰. 닥뜨릴.
土	09	牛 소우변	**牴**	닿을. 부딪힐. 뿔로 받을.
土	08 09	犭 犬 개사슴록변 개견변	**狙**	긴팔원숭이. 노릴. 엿볼. 찾을.
水	08 09	氵 水 삼수변 물수변	**沮**	막을. 그칠. 꺾일. 샐.
水	10	疒 병질엄변	**疽**	악창 (악성 종기).
木	09 11	艹 艸 풀초변 초두변	**苴**	꾸러미. 신바닥 창. 삼씨. 마른 풀. 검을. 깔.
木	09 11	艹 艸 풀초변 초두변	**苧**	모시풀. 모시.
木	11	糸 실사변	**紵**	모시풀. 모시.
木	10 11	罒 网 그물망변	**罝**	그물. 토끼그물. 짐승그물.
木	10 11	衤 衣 옷의변	**袛**	속적삼. 땀받이.
土	11	羊 양양변	**羝**	숫양.

水	11	虫 벌레충변	**蛆**	구더기.
木	12	角 뿔각변	**觝**	맞닥뜨릴. 던질. 저촉.
土	08 12	阝 邑 우방변 고을읍변	**邸**	저택. 객사. 묵다. 姓.
金	12	言 말씀언변	**詛**	저주할. 헐뜯을. 막을.
金	12	言 말씀언변	**詆**	꾸짖을. 헐뜯을. 흉볼.
金	12	貝 조개패변	**貯**·	저축. 쌓을. 저장할.
木	13	木 나무목변	**楮**	닥나무. 종이. 돈. 姓.
火	13	隹 새추변	**雎**	물수리. 저구(雎鳩).
土	12 13	犭 犬 개사슴록변 개견변	**猪**	돼지. 豬와 통용
水	12 13	氵 水 삼수변 물수변	**渚**	물가. 모래섬.
木	12 14	艹 艸 풀초변 초두변	**菹**	김치. 절일. 채소 절일. [자]
土	11 14	辶 辵 책받침변 갖은책받침변	**這**	이것. 이. (此와 뜻이 같음)

木 15 木 欅 가죽나무.
나무목변

木 13 15 艹 艸 著· 편찬. 글 지을. 나타날. [착]
풀초변 초두변

木 15 竹 箸 젓가락. 나타날. 두드러질. [착]
대죽변

木 14 15 衤 衣 褚 솜옷. 주머니.
옷의변

水 15 16 氵 水 潴 웅덩이. 물 고일. 방죽.
삼수변 물수변

土 12 17 阝 阜 陼 삼각주. 모래섬. 둔덕.
좌방변 언덕부변

火 18 人 儲 쌓을. 저축할. 동궁. 황태자.
사람인변

土 20 𧾷 足 躇 머뭇거릴. 망설일. 밟을. [착]
발족변

金 20 齒 齟 이 어긋날. 맞지 않을.
이치변

水 19 20 氵 水 瀦 웅덩이. 방죽. 물 고일.
삼수변 물수변

木 20 22 艹 艸 藷 마. 감자. 고구마.
풀초변 초두변

참고	대법원에서 선정한 인명용 한자란 성(姓)을 제외한 이름(名)의 한자를 말한다.

적

水 06 口 吊 다다를. 이를. [조]
입구변

火 07 赤 赤· 붉을. 빌. 아무것도 없을.
붉을적변

火 08 火 炙 구울. 고기구이.
적 ↔ 자 [통용]
불화변

火 08 白 的· 과녁. 목표. 접미사. 적실할.
흰백변

土 07 08 犭 犬 狄 오랑캐. 악공. 아전. 빠를.
개사슴록변 개견변

木 11 宀 寂· 고요할. 평온할. 쓸쓸할.
갓머리변

木 11 竹 笛 피리. 저.
대죽변

土 09 12 辶 辵 迪 나아갈. 길. 이끌.
책받침변 갖은책받침변

木 11 13 艹 艸 荻 물억새. 갈대. 갈피리. 姓.
풀초변 초두변

火 13 馬 馰 별박이 말. 준마.
말마변

土 13 力 勣 공적. 업적. → 績과 통용
힘력변

土	10 13 / 辶 辵 / 책받침변 갖은책받침변	迹	자취.	행적. 좇을.
土	13 / 𧾷 足 / 발족변	跡·	발자취.	흔적. 업적. →蹟과 통용
金	13 / 貝 / 조개패변	賊·	도적.	도둑질. 해칠.
木	12 14 / 艹 艸 / 풀초변 초두변	菂	연밥.	
火	14 / 羽 / 깃우변	翟	꿩.	무적. 깃옷. [책. 탁]
土	14 / 女 / 계집녀변	嫡	아내.	정실. 본처. 맏아들.
土	11 14 / 辶 辵 / 책받침변 갖은책받침변	逖	멀.	멀리. 두려워할. → 척 [本音]
木	15 / 木 / 나무목변	樀	처마.	추녀.
木	14 15 / 扌 手 / 재방변 손수변	摘·	지적할.	따다. 들추어 낼. 요점만 가려 쓸.
金	15 / 攵 攴 / 등글월문변 칠복변	敵·	대적할.	대등할. 상대. 원수.
水	14 15 / 氵 水 / 삼수변 물수변	滴·	물방울.	물방울 떨어질.
木	16 / 禾 / 벼화변	積·	쌓을.	모을. 저축. 거듭할.
金	16 / 石 / 돌석변	磧	자갈.	돌무더기. 서덜. 모래펄.
木	17 / 糸 / 실사변	績·	공.	공적. 길쌈할.
土	15 18 / 辶 辵 / 책받침변 갖은책받침변	適·	마침.	맞을. 마땅할. 갈.
土	18 / 𧾷 足 / 발족변	蹟	사적.	발자취. 따르다.
金	18 / 言 / 말씀언변	謫	귀양갈.	유배. 꾸짖을. 죄 줄.
金	19 / 金 / 쇠금변	鏑	화살촉.	살촉.
木	20 / 竹 / 대죽변	籍·	등록부.	호적. 서적. 문서.
木	22 / 米 / 쌀미변	糴	쌀 사들일.	곡식 살. 빠를.
火	22 / 見 / 볼견변	覿	볼.	면회할. 알현할.

전

土	05 / 田 / 밭전변	田·	밭.	경작지. 姓.
土	06 / 入 / 들입변	全·	온전.	모두. 전부. 姓.

오행	획수	부수	한자	뜻
火	07	人 사람인변	佃	밭 갈. 밭. 소작인.
土	07	田 밭전변	甸	경기. 왕터 5백 리.
水	07	口 입구변	吮	빨. 빨을. 숨 들이쉴. [연]
火	08	人 사람인변	佺	신선 이름.
金	08	八 여덟팔변	典·	법. 법식. 규정. 기준. 책. 의식.
水	08	尸 주검시변	屇	구멍.
土	09	田 밭전변	畑	화전. 밭. → 田 [同字]
土	09	田 밭전변	畋	밭 갈. 평밭. 사냥할.
金	09	刂 刀 선칼도변 칼도변	前·	앞. 먼저. 앞서다.
木	10	木 나무목변	栓	나무 못. 빗장.
木	10	木 나무목변	栴	향나무.
土	10	方 모방변	旃	기. 자루 굽은 깃발.
水	10	尸 주검시변	展·	펼. 벌일. 살필. 나아갈.
火	10 11	忄 心 심방변 마음심변	悛	고칠. 이을.
土	11	寸 마디촌변	專·	오로지. 마음대로 할.
金	11	刂 刀 선칼도변 칼도변	剪	가위. 벨. 자르다.
水	11	疒 병질엄변	痊	병 나을.
木	12	大 큰대변	奠	정할. 둘. 전 올릴. 제수.
木	12	片 조각편변	牋	장계 문서. 편지. 상소. 부전.
木	10 12	艹 艸 풀초변 초두변	荃	향초. 겨자. 통발. 가는 베.
木	12	竹 대죽변	筌	통발. 물고기 잡는 기구. 섶. 다래끼.
水	12	食 밥식변	飦	죽. 된죽. 미음.
木	12 13	扌 手 재방변 손수변	揃	자를. 가지런할. 깎을. 뽑을.
火	13	人 사람인변	傳·	전할. 펼. 옮길. 전기.

火 灬 13 火 **煎** 달일.
졸일. 끓일. 지질.
연화변 불화변

火 13 隹 **雋** 살찐 고기.
姓. 전 ↔ 준 [통용]
새추변

火 13 車 **輇** 상여.
수레. 저울질할.
수레거변

土 13 土 **塡** 메울.
채울. 오랠. 편안할.
흙토변 전 ↔ 진 [통용]

金 12 王 13 玉 **琠** 옥 이름.
구슬.
임금왕변 구슬옥변

金 13 殳 **殿**· 대궐.
전각. 큰 집.
갖은등글월문변

金 13 言 **詮** 설명할.
의논할. 갖출.
말씀언변

金 13 金 **鈿** 비녀.
나전 세공. 금장식.
쇠금변

水 12 氵 13 水 **湔** 씻을.
빨. 빨다.
삼수변 물수변

水 13 雨 **電**· 번개.
전기.
비우변

木 14 竹 **箋** 부전.
간단한 메모. 편지.
대죽변 찌지. 전지. 문서.

土 14 土 **塼** 벽돌.
흙토변

土 14 女 **嫥** 아름다울.
전일할. 온전할.
계집녀변

金 14 戈 **戩** 다할.
멸할.
창과변

金 14 金 **銓** 저울질할.
사람 가릴. 전형할. 뽑을.
쇠금변

水 12 月 14 肉 **腆** 두터울.
착할.
육달월변 고기육변

木 15 广 **廛** 상점 (가게).
터. 전방.
엄호변

木 15 竹 **箭** 화살.
이대 (대나무 일종).
대죽변

木 15 竹 **篆** 전자.
한자 서체 이름. 姓.
대죽변

火 15 羽 **翦** 자를.
벨. 멸할. 없앨.
깃우변

金 15 貝 **賟** 넉넉할.
조개패변

金 15 金 **鋑** 새길.
조각할. 팔. 뚫을.
쇠금변

木 16 靑 **靛** 검푸른 물감.
청대.
푸를청변

火 16 面 **靦** 부끄러워할.
무안할. 볼.
낯면변

土 16 瓦 甎 벽돌. 벽돌 구울. → 磚 [同字]
기와와변

金 16 戈 戰· 싸울. 싸움. 전쟁. 두려워 떨.
창과변

金 16 石 磚 벽돌. 기와. 벽돌 구울. → 甎 [同字]
돌석변

金 16 金 錢· 금전. 돈. 무게 단위. 姓.
쇠금변

金 16 金 錪 가마솥. 쇠. 무거울.
쇠금변

火 17 毛 氈 양탄자. 모전. 담요. 姓.
터럭모변

火 17 車 輾 구를. 돌. 타작. [국]. [년]
수레거변

水 16 氵 17 水 澱 앙금. 찌끼. 고일. 얕은 물.
삼수변 물수변

水 16 氵 17 水 澶 물 고요할. 물 이름. 땅 이름.
삼수변 물수변

水 15 月 17 肉 膞 저민 고기. 창자. 모래주머니.
육달월변 고기육변

水 17 食 餞 보낼. 전송할.
밥식변

火 18 車 轉· 구를. 굴릴. 돌. 옮길. 회전할.
수레거변

火 18 頁 顓 오로지. 어리석을. 전단할.
머리혈변

水 18 疒 癜 어루러기 (피부병의 일종).
병질엄변

水 18 食 飦 죽. 된죽. 범벅.
밥식변

火 19 頁 顚 이마. 머리. 정수리. 꼭대기.
머리혈변

火 19 髟 鬋 귀밑머리 늘어질. 살쩍 늘어질.
터럭발변

土 19 羊 羶 누린내 날. 양의 냄새.
양양변

土 17 辶 20 辵 邅 머뭇거릴. 좇을.
책받침변 갖은책받침변

木 21 糸 纏 얽힐. 묶을. 줄. 새끼.
실사변

金 21 金 鐫 새길. 조각. 깎을. 물리칠.
쇠금변

水 21 口 囀 새 지저귈. 소리 굴릴. 새 울.
입구변

木 22 竹 籛 대 이름. 팽조의 성. 姓.
대죽변

火 22 頁 顫 떨릴. 냄새 잘 맡을.
머리혈변

오행	획수	부수	한자	뜻
土	22	山 메산변	巔	산꼭대기. 산이마.
土	22	⻊ 足 발족변	躔	궤도. 밟을. 자취. 행할.
土	18 22	阝 邑 우방변 고을읍변	鄽	가게. 터.
火	24	鳥 새조변	鸇	새매. 송골매.
水	24	疒 병질엄변	癲	미칠. 광증. 지랄병(간질). → 瘨 [仝]
水	24	魚 물고기어변	鱣	철갑상어. [선]

절

오행	획수	부수	한자	뜻
金	04	刀 칼도변	切·	끊을. 간절. 절 ↔ 체 [통용]
土	07	山 메산변	岊	산기슭. 산굽이. 산모퉁이.
木	07 08	扌 手 재방변 손수변	折·	꺾을. 굽힐. 타협할.
火	11	日 날일변	晢	밝을. 총명할. 슬기로울. 절 ↔ 제 [통용]
水	10 11	氵 水 삼수변 물수변	浙	물 이름. 땅 이름.
木	12	糸 실사변	絕·	끊을. 떨어질.
木	12	糸 실사변	絶	絕자와 통용
金	14	戈 창과변	截	다스릴. 말 잘할. 끊을.
木	15	竹 대죽변	節·	마디. 토막. 예절. 절개. → 節 [同字]
水	20	疒 병질엄변	癤	부스럼. → 癤 [同字]
水	22	穴 구멍혈변	竊·	도둑질. 훔칠.

점

오행	획수	부수	한자	뜻
火	05	卜 점복변	占·	점. 점칠. 차지할. 姓.
火	07	人 사람인변	佔	볼. 차지할. → 覘 [同字]
木	08	广 엄호변	店·	가게. 상점. 주점.
土	08	山 메산변	岾	땅 이름. 고개. [국] [재]
金	09 10	王 玉 임금왕변 구슬옥변	玷	이지러질. 흠질. 허물. 옥티.

자원오행	획수	한자	뜻
木	09 艹 풀초변 / 11 艸 초두변	苫	이엉. 거적. 짚 이을.
木	11 竹 대죽변	笘	회초리. 채찍.
木	11 米 쌀미변	粘	끈끈할. 차질. 붙을. 붙일. 姓.
水	11 虫 벌레충변	蛅	쐐기 (애벌레). [염]
火	12 見 볼견변	覘	엿볼. 몰래 볼. → 佔 [同字]
木	14 風 바람풍변	颭	물결 일. 바람에 펄렁거릴.
土	14 土 흙토변	墊	빠질. 젖을. 눌릴.
水	14 氵 삼수변 / 15 水 물수변	漸·	차츰. 점점. 스밀. 번질.
水	16 雨 비우변	霑	젖을. 적실. 은혜를 베풂.
水	16 魚 물고기어변	鮎	메기.
木	15 艹 풀초변 / 17 艸 초두변	蔪	우거질. 풀 더부룩할.
木	17 黍 기장서변	黏	차질. 풀. 달라붙을.
水	17 黑 검을흑변	點·	점 찍을. 점. 검은 점.
木	08 大 큰대변	奌	點자와 통용
火	09 灬 연화변 / 火 불화변	点	點자와 통용
木	18 竹 대죽변	簟	대자리. 삿자리. 대 이름.

접

자원오행	획수	한자	뜻
木	12 木 나무목변	椄	나무 접붙일. 이을. 형벌 틀.
木	11 扌 재방변 / 12 手 손수변	接·	이을. 접할. 댈. 맞을. 대접할.
土	12 ⻊ 足 발족변	跕	떨어질. 미끄러질. 밟을. → 첩 [本音]
木	13 木 나무목변	楪	평상. 널평상. 마루.
水	14 虫 벌레충변	蜨	나비. 들나비.
木	14 扌 재방변 / 15 手 손수변	摺	주름. 접을. [랍]

水 15 虫 벌레충변 **蝶**· 나비. 들나비.

土 𧾷 16 足 발족변 **蹀** 밟을. 종종걸음.

水 20 魚 물고기어변 **鰈** 가자미. 넙치. [탑]

정

火 02 一 한일변 **丁**· 고무래. 장정. 성할. 넷째 천간. 姓.

주의	字源五行의 一변은 木에 해당되나 訓에 의거, 天干 丁은 火에 해당 火로 기준

水 04 二 두이변 **井**· 우물. 정자. 취락. 姓.

土 05 止 그칠지변 **正**· 바를. 옳을. 바로잡을.

水 05 口 입구변 **叮** 정성스러울. 부탁할. 물을.

木 06 木 나무목변 **朾** 칠. 두드릴. 깃대.

火 06 火 불화변 **灯** 열화 (烈火). 촛불. 등잔.

水 05 氵 삼수변 06 水 물수변 **汀** 물가. 물 이름. 모래섬.

木 07 廴 민책받침변 **廷**· 조정. 법정. 공정할.

火 07 人 사람인변 **佂** 바삐 갈. 급히 가는 모양. 황급할. 허둥댈.

土 07 女 계집녀변 **姘** 안존할. 엄전할. 덕성스러울.

土 07 田 밭전변 **町** 밭두둑. 밭 지경.

金 06 王 임금왕변 07 玉 구슬옥변 **玎** 옥 소리.

水 07 口 입구변 **呈** 드릴. 바칠. 보일. 드러낼.

水 07 疒 병질엄변 **疔** 부스럼. 헌데. 종기.

木 08 宀 갓머리변 **定**· 정할. 반듯이. 그칠.

火 08 彳 두인변 **征**· 정벌할. 칠. 취할.

土 08 女 계집녀변 **姃** 단정할.

金 08 夂 등글월문변 攴 칠복변 **政**· 정사 (정치, 행정 업무). 다스릴. 바로잡을. (9획 아님)

주의	(전산폰트) 필순이 9획으로 보이나 字典에 8획이므로 8획 기준

木 | 09 木 | **柾** | 나무 바를. 사람 이름.
나무목변

火 | 09 亠 | **亭**· | 정자. 집. 머무를.
돼지해머리변

火 | 09 人 | 侹 | 긴 모양. 곧을. 평평하다.
사람인변

火 | 09 火 | **炡** | 빛날. 불 번쩍거릴.
불화변

火 | 08 忄 09 心 | **怔** | 두려워할. 황급할. 두근거릴.
심방변 마음심변

金 | 09 言 | **訂**· | 바로잡을. 고칠.
말씀언변

金 | 09 貝 | **貞**· | 곧을. 바를. 곧다.
조개패변

金 | 09 酉 | **酊** | 술 취할. 비틀거릴.
닭유변

水 | 09 穴 | **穽** | 함정. 구덩이. 허방다리.
구멍혈변

木 | 10 广 | **庭**· | 뜰. 집안.
엄호변

木 | 10 目 | 眐 | 바라볼.
눈목변

金 | 10 金 | **釘** | 못. 박을.
쇠금변

木 | 10 扌 11 手 | **挺** | 곧을. 빼어날. 나아갈.
재방변 손수변

木 | 11 方 | **旌** | 기. 나타낼. 표할. 姓.
모방변

木 | 11 木 | **桯** | 기둥. 탁자. 걸상.
나무목변

木 | 11 木 | **梃** | 막대기. 지팡이. 외줄기. 꼿꼿한 모양.
나무목변

木 | 11 青 | 靕 | 조출하게 꾸밀.
푸를청변

火 | 11 人 | **停**· | 머무를. 머무르게 할.
사람인변

火 | 11 人 | **偵** | 탐문할. 염탐. 정탐. 묻다.
사람인변

火 | 11 頁 | **頂**· | 정상. 꼭대기. 이마. 정수리.
머리혈변

土 | 11 土 | 埩 | 밭 갈. (흙을) 다스릴.
흙토변

土 | 11 女 | **婧** | 날씬할. 가냘플. 여자 정결할. 정 ↔ 청 [통용]
계집녀변

水 | 10 氵 11 水 | 涏 | 곧을. 물길이 곧은 모양. [전]
삼수변 물수변

水 | 09 月 11 肉 | 胜 | 새 이름. 정 ↔ 성 [통용]
육달월변 고기육변

오행	획수	부수	한자	뜻
木	12	巾 (수건건변)	幀	그림 족자. 화상.
木	12	木 (나무목변)	棖	문설주. 기둥. 막대기.
木	11 12	扌 手 (재방변 손수변)	掟	펼칠. 펼. 둘러칠.
木	12	禾 (벼화변)	程·	과정. 길. 법식. 한정. 姓.
火	11 12	忄 心 (심방변 마음심변)	情·	뜻. 정. 사랑.
火	12	日 (날일변)	晶	맑을. 밝을. 수정. 결정.
火	12	日 (날일변)	晸	해 뜰. 해 돋는 모양.
土	12	女 (계집녀변)	婷	예쁠. 아리따울.
金	11 12	王 玉 (임금왕변 구슬옥변)	珵	옥돌. 패옥. 옥 이름.
金	11 12	王 玉 (임금왕변 구슬옥변)	珽	옥홀. 홀. 옥 이름.
金	12	言 (말씀언변)	証	증거. 증명할. 간할.
水	11 12	氵 水 (삼수변 물수변)	淀	얕은 물. 얕은 웅덩이. 배 댈.
水	11 12	氵 水 (삼수변 물수변)	淨·	깨끗할. 맑을.
木	13	木 (나무목변)	楨	광나무. 단단한 나무.
木	13	目 (눈목변)	睛	눈알. 안구. 눈망울.
木	11 13	艹 艸 (풀초변 초두변)	莛	풀 줄기. 줄거리.
木	13	竹 (대죽변)	筳	가는 대. 셈대. 구릿대. 대쪽.
木	13	糸 (실사변)	綎	인끈. 실 인끈. 띳술.
木	13	舟 (배주변)	艇	거룻배. 길고 작은 배.
木	13	靑 (푸를청변)	靖	편안할. 고요할.
火	13	鼎 (솥정변)	鼎	솥. 세발솥.
金	13	金 (쇠금변)	鉦	징.
金	13	石 (돌석변)	碇	닻. 닻 내릴.
水	12 13	氵 水 (삼수변 물수변)	渟	물 고일. 머무를. 물가.

오행	획수	부수	한자	뜻
水	12 13	氵 水 (삼수변 물수변)	渟	물 이름.
木	14	示 (보일시변)	禎	상서로울. 복. 행복. 바를.
木	14	米 (쌀미변)	精·	정할. 깨끗할. 정신.
木	14	靑 (푸를청변)	靘	검푸른 빛. 치장 환희할.
金	14	酉 (닭유변)	酲	숙취. 술병 (酒病). 술 깰.
木	15	靑 (푸를청변)	靚	단장할. 안존할. 조용할. 밝을.
金	15	金 (쇠금변)	鋌	쇳덩이. 판금.
金	15	金 (쇠금변)	鋥	칼날 세울. 칼 갈.
水	15	雨 (비우변)	霆	천둥소리. 번개.
木	16	靑 (푸를청변)	靜·	고요할. 조용할. 맑다. 밝다.
木	14	靑 (푸를청변)	静	靜자와 통용
火	16	頁 (머리혈변)	頲	곧을. 머리가 곧을. 사람 이름.
土	13 16	辶 辵 (책받침변 갖은책받침변)	遉	엿볼. 염탐할. 순라꾼.
金	16	攵 攴 (등글월문변 칠복변)	整·	정돈할. 가지런할. 정제할.
金	16	言 (말씀언변)	諪	조정할. 고를.
金	16	金 (쇠금변)	錠	촛대. 등자. 신선로. 제기 그릇.
木	17	木 (나무목변)	檉	능수버들. 위성류나무.
火	17	頁 (머리혈변)	顈	아름다울. 연예인 (광대).
土	15 19	阝 邑 (우방변 고을읍변)	鄭	나라. 중할. 姓.
水	19 20	氵 水 (삼수변 물수변)	瀞	깨끗할. 맑을. 정결할.
水	19 20	氵 水 (삼수변 물수변)	瀞	깨끗할. 맑을. 정결할.

제

오행	획수	부수	한자	뜻
水	07	弓 (활궁변)	弟·	아우. 동생. 제자.
金	08	刂 刀 (선칼도변 칼도변)	制·	제도. 법. 억제할. 지을.

오행	획수	한자	뜻
木	09 巾 수건건변	帝·	임금.
土	09 女 계집녀변	姼	예쁠. 아름답다. [시. 치]
土	10 女 계집녀변	娣	여동생. 제수. 손아랫동서.
木	11 木 나무목변	梯	사다리. 나무 어릴.
木	11 竹 대죽변	第·	차례. 순서. 집. 시험.
火	11 人 사람인변	偙	준걸 (지혜와 풍채가 뛰어남).
火	10 忄 심방변 11 心 마음심변	悌	공손할. 공경. 부드러울.
火	11 日 날일변	晢	별이 빛날. 반짝일. 제 ↔ 절 [통용]
土	11 示 보일시변	祭·	제사. 제사 지낼. 제 ↔ 채 [통용]
木	12 禾 벼화변	稊	돌피 (볏과 한해살이풀). 강아지풀. 버들개지. 싹.
木	12 目 눈목변	睇	흘깃 볼. 곁눈으로 볼.
土	12 土 흙토변	堤·	언덕. 방죽. 둑. 제방.
土	12 女 계집녀변	媞	안존할. 예쁠. 제↔시 [통용]
土	11 犭 개사슴록변 12 犬 개견변	猘	미친 개.
水	12 口 입구변	啼	울. 울부짖을.
木	12 扌 재방변 13 手 손수변	提·	끌. 들. 내놓을. [리]
木	14 示 보일시변	禔	편안할. 복. 제 ↔ 시. 지 [통용]
木	14 衣 옷의변	製·	지을. 만들. 마름.
土	14 齊 가지런할제변	齊·	모두. 가지런할. 나라. [재]
金	13 王 임금왕변 14 玉 구슬옥변	瑅	옥 이름. 제당 (瑅瑭).
木	15 糸 실사변	緹	붉은 비단. 붉은빛. 명주.
土	10 阝 좌방변 15 阜 언덕부변	除·	덜. 버릴. 제할. 나눗셈.
火	16 人 사람인변	儕	무리. 벗. 동아리. 짝. 함께.
土	16 足 발족변	蹄	굽. 말발굽. 발. 올무.

오행	획수	부수	한자	뜻
土	16	⻊ 足 발족변	踶	찰. 발로 차다. 밟을. 발굽.
金	16	刂 刀 선칼도변 칼도변	劑	약 지을. 약제. 조제할. [자]
金	16	言 말씀언변	諸·	모두. 여러. 무릇. 姓.
金	16	酉 닭유변	醍	맑은 술. 약주. 우락(牛酪).
土	17	⻊ 足 발족변	蹏	굽. 발. 올무.
土	12 17	阝 阜 좌방변 언덕부변	隄	둑. 방죽. 제방. 막을.
金	17	金 쇠금변	鍗	가마솥. 쇠 이름.
水	17	魚 물고기어변	鮧	큰 메기. 창자젓. [이]
木	17 18	扌 手 재방변 손수변	擠	물리칠. 밀칠. 떨어질.
火	18	頁 머리혈변	題·	제목. 표제. 문제. 글제.
水	17 18	氵 水 삼수변 물수변	濟·	나루. 건널. 구제할. 이룰.
水	11 12	氵 水 삼수변 물수변	済	濟자와 통용
木	19	韭 부추구변	韲	양념할. 섞을. 무침. 회.
土	14 19	阝 阜 좌방변 언덕부변	際·	사이. 즈음. 사귈. 만날. 가. 끝.
木	18 20	艹 艸 풀초변 초두변	薺	냉이.
水	18 20	月 肉 육달월변 고기육변	臍	배꼽. 꼭지.
水	20	魚 물고기어변	鯷	메기.
土	21	⻊ 足 발족변	躋	오를. 올릴.
土	17 22	阝 阜 좌방변 언덕부변	隮	오를. 무지개. 구름 피어오를.
水	22	雨 비우변	霽	갤. 비 갤. 쾌청. 풀릴.

조

오행	획수	부수	한자	뜻
金	02	刀 칼도변	刁	조두(刁斗). 바라.
土	04	弓 활궁변	弔·	조상할. 조문할. 불쌍히 여길.
金	04	爪 손톱조변	爪	손톱. 깍지. 긁을. 할퀼.

五行	획수/부수	한자	뜻
火	06 儿 어진사람인변	兆·	억조 (수의 단위). 조. 점괘. 빌미. 조짐.
火	06 日 날일변	早·	이를. 일찍. 새벽.
土	07 力 힘력변	助·	도울. 구조.
水	07 白 흰백변	皁	하인. 검을. 구유.
木	07 扌 재방변 08 手 손수변	找	채울. 보충할. 찾을.
火	08 人 사람인변	佻	방정맞을. 경박할. 좀도둑.
火	08 彳 두인변	徂	있을. 겨눌. 갈. 가다.
火	09 人 사람인변	俎	도마. 적대 (炙臺).
火	09 日 날일변	昭	밝을. 조 ↔ 소 [통용]
火	09 火 불화변	炤	밝을. 환한 모양. 姓. 조 ↔ 소 [통용]
水	09 歹 죽을사변	殂	죽을. 임금의 죽음.
木	10 禾 벼화변	租·	세금. 부세. 구실. 세 낼.
木	10 竹 대죽변	笊	조리 (쌀 이는 데 쓰는 기구). 광주리.
火	10 日 날일변	晁	아침. 고을 이름. → 朝의 [古字]
火	10 日 날일변	晀	밝을.
金	10 厂 민엄호변	厝	둘 (置). 두다. 방치하다. [착]
金	10 示 보일시변	祖·	할아비. 선조. 조상. 시초.
金	10 示 보일시변	祚	복. 지위. 자리.
水	10 冫 이수변	凋	시들. 여윌. 느른할. 姓.
水	10 虫 벌레충변	蚤	벼룩. 일찍. 손톱.
木	11 木 나무목변	條·	가지. 곁가지. 조리. 조목.
木	11 目 눈목변	眺	바라볼. 조망. 살필.
木	11 米 쌀미변	粗	거칠. 클. 대강. 엉성할.
木	11 糸 실사변	組·	짤. 인끈. 조직. 만들.

오행	획수	부수	한자	뜻	부수명
火	11	彡	彫	새길. 그릴. 꾸밀.	터럭삼변
火	11	鳥	鳥·	새.	새조변
土	11	曰	曹	무리. 짝. 나라. 姓.	가로왈변
土	10	曰	曺	曹자와 통용 한국의 姓. [국]	가로왈변
土	11	示	祧	천묘할. 조묘(고조 이상의 묘).	보일시변
金	11	金	釣	낚시. 낚을.	쇠금변
水	11	穴	窕	정숙할. 안존할. 얌전할. 고울.	구멍혈변
水	09 11	月 肉	胙	제사 고기. 제육. 복(福).	육달월변 고기육변
木	12	木	棗	대추. 대추나무. 姓.	나무목변
木	08	木	枣	棗자와 통용	나무목변
木	11 12	扌 手	措	두다. 둘. 놓다. 베풀.	재방변 손수변
木	12	糸	絩	오색실. 비단실. 색실.	실사변
金	12	言	詔	조서. 고할. 알리다.	말씀언변
金	12	金	鈟	낚을. 낚시. 구할.	쇠금변
水	12	月	朝·	아침. 조정. 임금 뵐. 왕조.	달월변
木	13	禾	稠	빽빽할. 진할. 많을. 움직일. 姓.	벼화변
木	13	糸	條	끈. 엮은 줄. 실 띠.	실사변

주의	속자 12획, 본자 13획 혼용되나 성명학에서는 13획 기준

오행	획수	부수	한자	뜻	부수명
火	13	人	傮	마칠. 끝내다.	사람인변
火	13	灬 火	照·	비출. 비출. 햇빛. 대조할.	연화변 불화변
土	08 13	阝 阜	阻	험할. 떨어질. 막을. 막힐.	좌방변 언덕부변
金	12 13	王 玉	琱	새길. 옥 다듬을.	임금왕변 구슬옥변
金	13	言	誂	유혹. 꾈. 꾀할. 희롱할.	말씀언변
火	14	聿	肇	비로소. 비롯할. 민첩할.	붓율변

오행	획수	한자	뜻
火	14 走 달릴주변	趙	나라 이름. 아침. 오랠. 姓.
土	14 山 메산변	嶆	깊을. 깊다. 산골 깊을.
土	11 14 辶 辵 책받침변 갖은책받침변	造·	지을. 만들. 세울. 이를.
金	14 金 쇠금변	銚	가래. 쟁개비. 냄비.
水	14 口 입구변	嘈	지껄일. 시끄러울.
水	14 虫 벌레충변	蜩	매미. 매미 허물. 쓰르라미.
木	15 木 나무목변	槽	구유 (가축 먹이 그릇). 홈통. 술통. 물통. 술 거르는 틀.
金	15 言 말씀언변	調·	고를. 고루. 조절할. 뽑을. 조 ↔ 주 [통용]
水	15 口 입구변	嘲	비웃을. 조롱할. 지저귈.
水	14 15 氵 水 삼수변 물수변	漕	배 저을. 배로 실어 나를. 뱃길.
火	16 隹 새추변	雕	독수리. 새길. 옥 다듬을. 姓.
金	16 金 쇠금변	錭	쇠. 불리지 않은 쇠.
水	16 口 입구변	噪	떠들썩할. 시끄러울. 뭇 새 지저귈.
水	15 16 氵 水 삼수변 물수변	潮·	조수. 밀물. 썰물.
木	16 17 扌 手 재방변 손수변	操·	잡을. 곡조. 다룰. 지조.
木	15 17 艹 艸 풀초변 초두변	蔦	담쟁이. 담쟁이덩굴. 겨우살이.
木	17 米 쌀미변	糙	현미. 거친 쌀. 애찧은 쌀.
木	17 米 쌀미변	糟	지게미. 찌끼. 막걸리.
木	17 舟 배주변	艚	거룻배. 작은 배.
火	17 火 불화변	燥·	마를. 건조할. 불에 말릴.
火	16 17 忄 心 심방변 마음심변	懆	근심할.
土	17 女 계집녀변	嬥	날씬할. 곧고 예쁠. 아리따울.
水	16 17 氵 水 삼수변 물수변	澡	씻을. 깨끗이 닦을.
土	15 18 辶 辵 책받침변 갖은책받침변	遭	만날. 상봉할. 두를. 번.

五行	획수	한자	뜻
土	18 黽 맹꽁이변	鼂	아침. 고운 옥. 벌레 이름. 바다거북. 姓.
金	17 王 임금왕변 18 玉 구슬옥변	璪	무늬. 면류관 드림 옥.
木	19 糸 실사변	繰	감색 비단. 야청 통견. 견사. 야청빛. [소]
火	19 鳥 새조변	鵰	독수리. 보라매. 수리새.
水	17 月 육달월변 19 肉 고기육변	臊	누린내. 개, 돼지 기름. [소]
水	19 魚 물고기어변	鯛	도미 (바다 물고기).
土	20 ⻊ 足 발족변	躁	성급할. 조급할. 시끄러울. 떠들.
金	20 言 말씀언변	譟	시끄러울. 떠들썩할. 기뻐할.
水	21 穴 구멍혈변	竈	부엌. 부엌 귀신. 조왕.
木	20 艹 풀초변 22 艸 초두변	藻	꾸밈. 무늬. 조류. 바닷말.
木	25 米 쌀미변	糶	곡식 팔. 쌀 내어 팔.

참고	대법원에서 선정한 인명용 한자란 성(姓)을 제외한 이름(名)의 한자를 말한다.

족

五行	획수	한자	뜻
土	07 足 발족변	足·	발. 근본. 넉넉할.
木	11 方 모방변	族·	겨레. 일가. 친족. 동족.
水	16 疒 병질엄변	瘯	피부병. 옴. 진버짐.
木	17 竹 대죽변	簇	조릿대. 모일. 떼. [주. 착]
金	19 金 쇠금변	鏃	화살촉. 살촉.

존

五行	획수	한자	뜻
水	06 子 아들자변	存·	있을. 존재. 보전할.
木	09 扌 재방변 10 手 손수변	拵	꽂을. 지을. 만들. 의지할.
木	12 寸 마디촌변	尊·	높을. 높일. 어른. 공경할.

졸

五行	획수	한자	뜻
金	08 十 열십변	卒·	마칠. 군사. 갑자기. 죽을.

오행	획수	한자	뜻
木	08 09 扌 手 재방변 손수변	拙·	옹졸할. 못생길. 서두르다.
土	11 12 犭 犬 개사슴록변 개견변	猝	갑자기. 갑작스러울. 빠르다.

종

오행	획수	한자	뜻
火	06 人 사람인변	伀	두려워할. 겁내다. 급할.
木	08 宀 갓머리변	宗·	마루. 으뜸. 종묘. 근본. 姓.
木	09 木 나무목변	柊	나무 이름. 방망이.
火	10 人 사람인변	倧	신인 (神人). 옛 신인.
木	11 糸 실사변	終·	마칠. 마침. 다할. 끝날.
火	11 彳 두인변	從·	따를. 쫓을. 모실. 모일.
火	11 12 忄 心 심방변 마음심변	悰	즐거울. 즐길. 생각.
水	11 12 氵 水 삼수변 물수변	淙	물소리. 물 댈.
木	13 木 나무목변	椶	종려나무.
木	12 木 나무목변	棕	椶자와 통용
金	12 13 王 玉 임금왕변 구슬옥변	琮	옥돌. 서옥 이름.
木	14 禾 벼화변	種·	종자. 씨. 심을. 종류.
木	14 糸 실사변	綜	모을. 자세할.
水	14 疒 병질엄변	瘇	발 종기. 수종다리. 다리가 붓다.
木	15 木 나무목변	樅	전나무.
火	15 心 마음심변	慫	권할. 종용할. 놀랄.
火	14 15 忄 心 심방변 마음심변	慒	생각할. 심란할. 꾀할.
水	13 15 月 肉 육달월변 고기육변	腫	종기. 부스럼. 부르틀.
土	16 ⻊ 足 발족변	踵	발꿈치. 뒤밟을. 이를. 자주.
金	15 16 王 玉 임금왕변 구슬옥변	瑽	패옥 소리. 옥 소리.
木	17 糸 실사변	縱·	세로. 놓을. 놓아줄.

金 17 金 쇠금변 **鍾** 술잔. 모일. 쇠북. → 鐘 [통용]

水 17 虫 벌레충변 **螽** 베짱이. 메뚜기. 누리.

土 ⻊ 18 足 발족변 **蹤** 발자취. 행적. 흔적. 행방.

土 ⻊ 15 足 발족변 **踪** 蹤자와 통용

金 20 金 쇠금변 **鐘**· 쇠북. 종. 인경. 姓. → 鍾 [통용]

좌

火 05 工 장인공변 **左**· 왼. 왼쪽. 증거. 도울.

火 07 人 사람인변 **佐**· 도울. 보좌관. 권할.

土 07 土 흙토변 **坐**· 앉을. 지킬. 자리.

金 刂 09 刀 선칼도변 칼도변 **剉** 꺾을. 꺾일. 썰. 저밀. 부술.

木 10 广 엄호변 **座**· 자리. 위치. 지위.

木 10 11 扌 手 재방변 손수변 **挫** 꺾을. 꺾일. 부러질.

水 12 疒 병질엄변 **痤** 뾰루지. 부스럼. 멍울. 종기.

木 11 13 艹 艸 풀초변 초두변 **莝** 여물. 저밀. 꼴.

火 17 髟 터럭발변 **髽** 북상투(대충 올린 상투). 복머리.

죄

木 13 14 罒 网 그물망변 **罪**· 허물. 죄. 죄인. 형벌.

주

木 05 丶 점주변 **主**· 주인. 임금. 주장할.

木 06 木 나무목변 **朱**· 붉을. 姓.

木 06 舟 배주변 **舟**· 배.

水 06 一 한일변 **丟** 잃어버릴. 갈. 떠날.

水 川 06 巛 개미허리변 **州**· 고을. 골. 삼각주.

火 07 人 사람인변 **住**· 살. 머무를. 거처.

오행	획수	부수	한자	뜻
火	07	走 (달릴주변)	走·	달릴. 달아날. 빨리 갈.
木	08	宀 (갓머리변)	宙·	집. 하늘. 무한한.
火	08	人 (사람인변)	侏	난쟁이. 광대. 속일.
火	08	人 (사람인변)	侜	속일. 가리울.
土	08	女 (계집녀변)	姓	예쁠. 여자 이름.
水	08	口 (입구변)	呪	빌. 기원할. 방자할. 저주할.
水	08	口 (입구변)	周·	두루. 둘레. 골고루. 姓.
木	09	大 (큰대변)	奏·	아뢸. 연주할. 모이다. 나아갈.
木	09	木 (나무목변)	柱·	기둥. 버틸. 기러기발.
木	08 09	扌 手 (재방변 손수변)	拄	버틸. 떠받칠.
木	09	糸 (실사변)	紂	말고삐. 끈. 껑거리끈. 수레고삐.
火	09	火 (불화변)	炷	심지. 불사를. 피울.
土	09	女 (계집녀변)	姝	예쁠. 꾸밀. 빛깔 고울. 순종.
水	08 09	氵 水 (삼수변 물수변)	注·	물 댈. 부을. 주의할. 주 낼.
水	09	冂 (멀경변)	冑	투구.

주의
冑 冂 (멀경 변) 일 때는 9획 투구 주.
冑 肉 (고기육 변) 일 때는 11획 자손, 맏아들 주로 사용.

오행	획수	부수	한자	뜻
木	10	木 (나무목변)	株·	뿌리. 그루. 나무. 주식.
水	09 10	氵 水 (삼수변 물수변)	洲·	물가. 섬. 대륙.
水	10	酉 (닭유변)	酒·	술.
水	10	酉 (닭유변)	酎	진한 술. 전국술 (세 번 빚은 술). 소주.
木	11	糸 (실사변)	紬	명주. 모을. 철할.
木	11	糸 (실사변)	絑	댈. 이을. 서로 닿게 하다.
火	11	人 (사람인변)	做	지을. 만들.
火	11	日 (날일변)	晝·	낮.

金 10 11 珛 옥.
王 玉 구슬. 사람 이름.
임금왕변 구슬옥변

金 10 11 珠· 구슬.
王 玉 진주. 姓.
임금왕변 구슬옥변

金 11 硃 주사.
石
돌석변

水 11 蛀 나무좀.
虫 나무굼벵이.
벌레충변

水 09 11 胕 팔꿈치.
月 肉 → 부 [本音]
육달월변 고기육변 주 ↔ 부 [통용]

주의	
	주 음일 때 → 팔꿈치 주
	부 음일 때 → 장부, 육부, 종기 부

水 09 11 冑 맏아들.
月 肉 자손. 후손. 姓.
육달월변 고기육변

주의	
	胄 冂 (멀경 변) 일 때는 9획 투구 주.
	冑 肉 (고기육 변) 일 때는 11획 자손,
	맏아들 주로 사용.

木 12 尌 세울.
寸 아이 종. 놈. 姓.
마디촌변

木 12 椆 나무 이름. 삿대.
木 영수목 (상록수 일종).
나무목변

木 12 絑 붉을.
糸 붉은 비단.
실사변

火 12 晭 밝을.
日
날일변

火 12 晭 햇빛.
日
날일변

金 12 註 주 낼.
言 글뜻 풀.
말씀언변

金 12 詋 저주할.
言 빌. 방자할.
말씀언변

金 12 貯 재물.
貝
조개패변

水 12 蛛 거미.
虫
벌레충변

火 13 趎 사람 이름.
走
달릴주변

火 13 輈 수레채.
車 끌채. 굳셀.
수레거변

土 09 13 邾 나라 이름.
阝 邑
우방변 고을읍변

金 13 皗 밝을.
白 비단 흴.
흰백변

金 13 誅 벨.
言 칠. 멸할. 덜. 다스릴.
말씀언변

金 13 鉒 쇳돌.
金 광석.
쇠금변

水 12 13 湊 모일.
氵 水 물 모일. 항구.
삼수변 물수변

오행	획수·부수	한자	뜻
水	11 冫 이수변	凑	湊자와 통용
木	14 糸 실사변	綢	얽힐. 얽을. 동여맬. [도]
木	13 14 衤 衣 옷의변	裯	홑이불. 속적삼. 소매.
火	14 耳 귀이변	聙	귀밝을. 귀.
水	14 口 입구변	嗾	부추길. 선동할. [수]
木	15 广 엄호변	廚	부엌. 주방. 상자. 姓.
火	15 馬 말마변	駐	머무를. 체류할. 주재할.
土	12 15 辶 辵 책받침변 갖은책받침변	週	두루. 주일. 돌. 회전.
金	15 言 말씀언변	調	아침. 주 ↔ 조 [통용]
金	15 貝 조개패변	賙	진휼 (賑恤)할. 기민 (飢民) 먹일. 보탤. 도와줄.
水	13 15 月 肉 육달월변 고기육변	腠	살결. 살갗. 피부.
火	16 人 사람인변	儔	짝. 무리. 동아리.
火	16 車 수레거변	輳	모일. 사물이 한 곳에 모일.
土	13 16 辶 辵 책받침변 갖은책받침변	遒	닥칠. 다가설. 굳을. 모일.
土	11 14 辶 辵 책받침변 갖은책받침변	逎	遒자와 통용
水	15 16 氵 水 삼수변 물수변	澍	단비. 적실. 물 댈. 姓.
水	16 雨 비우변	霌	비 모양. 운우 (雲雨) 모양. 구름.
水	16 雨 비우변	霔	장마. 비 오래 내릴.
木	17 巾 수건건변	幬	휘장. 커튼. 덮다. 수레 휘장. [도]
木	15 17 艹 艸 풀초변 초두변	蔟	태주 (12율의 하나). 모을. 정월 율명. 정월.
火	18 火 불화변	燽	드러날. 현저할. 밝을.
土	19 田 밭전변	疇	밭두둑. 무리. 이랑.
水	19 黽 맹꽁이변	鼄	거미.
木	20 竹 대죽변	籌	산가지. 살. 꾀. 계책. [도]

木 | 21 竹 대죽변 | **籒** | 주문 (한자 서체 이름). 큰 전자. 글 읽을.

土 | 21 足 발족변 | **躊** | 머뭇거릴. 주저할. 망설일.

金 | 22 金 쇠금변 | **鑄**· | 쇠 불릴. 지을. 부어 만들.

죽

木 | 06 竹 대죽변 | **竹**· | 대나무. 대.

木 | 12 米 쌀미변 | **粥** | 죽. 미음. 죽 먹을. 姓.

준

火 | 09 人 사람인변 | **俊**· | 준걸. 뛰어날. 큰. 姓.

木 | 10 糸 실사변 | **純** | 테두리. 선 두를. 가선. 가장자리. 준 ↔ 순 [통용]

火 | 10 彳 두인변 | **逡** | 물러갈.

火 | 10 隹 새추변 | **隼** | 송골매. 맹수의 총칭.

土 | 10 山 메산변 | **峻** | 높을. 가파를.

水 | 10 冫 이수변 | **准** | 승인할. 평할. 견줄. 법. 비준할. → 準의 [俗字]

火 | 11 人 사람인변 | **倖** | 부유하다. 부 (富)할. 두터울. [춘]

火 | 11 火 불화변 | **焌** | 불 당길. 태울. 불 땔.

火 | 11 日 날일변 | **晙** | 밝을. 이른 아침. 이를.

土 | 11 土 흙토변 | **埻** | 과녁. 살받이 터. 쌓은 흙. 법. 표준. 기준.

水 | 10 氵 삼수변 11 水 물수변 | **浚** | 깊을. 빼앗을. 취할.

木 | 12 目 눈목변 | **睃** | 볼.

金 | 12 皮 가죽피변 | **皴** | 주름질. 트다. 틀. 살 터질.

土 | 12 田 밭전변 | **畯** | 농부. 권농관. 준걸.

土 | 12 立 설립변 | **竣** | 마칠. 그칠. 끝낼.

火 | 13 心 마음심변 | **惷** | 어수선할. 산란할.

火 | 13 隹 새추변 | **雋** | 영특할. 준걸. 우수할. 준 ↔ 전 [통용]

土 10 13 ⻌ 辵 **迿** 먼저. 앞설.
책받침변 갖은책받침변

木 14 糸 **綧** 피륙 넓이. 비단 폭 넓이. 표준. 준할. 어지러울.
실사변

火 14 人 **僔** 모을. 모일. 무리.
사람인변

火 14 人 **僎** 돕는 사람. 향음주인 돕는 사람. [선]
사람인변

土 14 ⻊ 足 **踆** 그칠. 마칠. 일 마칠. 찰.
발족변

土 11 14 ⻌ 辵 **逡** 뒷걸음. 뒷걸음질 칠. 머뭇거릴.
책받침변 갖은책받침변

水 13 14 氵 水 **準·** 고를. 법. 평평할. 준하다.
삼수변 물수변

> 水 12 冫 **准** 準자와 통용
> 이수변

木 13 15 ⺾ 艸 **葰** 왕성할. 클. 꽃술. 생강. 향채 이름.
풀초변 초두변

火 15 人 **儁** 준걸. 뛰어날.
사람인변

土 15 土 **壿** 무성할. 그칠. 술단지. <선비 사 士변과는 별개>
흙토변

> **주의** 土 흙토변 壿 무성할 준과 士 선비 사변 壿 기쁠 준과 字形이 비슷하나 土 흙 토변 字가 맞다.

土 10 15 ⻏ 阜 **陖** 높을. 가파를.
좌방변 언덕부변

> 土 10 土 **埈** 陖자와 통용
> 흙토변

木 16 宀 **寯** 모일. 모을. 재주 좋을.
갓머리변

木 16 木 **樽** 술통. 술그릇. 술단지.
나무목변

木 15 16 扌 手 **撙** 누를. 꺾을. 억제할. 모일. → 존 [本音]
재방변 손수변

水 16 食 **餕** 대궁 (먹고 남은 음식). 제사 퇴물. 턱찌끼.
밥식변

火 16 17 忄 心 **⿰忄雋** 똑똑할. 슬기로울. 민첩할.
심방변 마음심변

火 17 馬 **駿** 준마. 뛰어난 사람.
말마변

金 17 立 **竴** 기쁠.
설립변

木 18 門 **⿵門雋** 뛰어날. 빼어날.
문문변

火 18 鳥 **鵔** 금계. 꿩 비슷한 새 이름.
새조변

土 18 缶 **罇** 술통. 술그릇. 술두루미.
장군부변

오행	획수	한자	뜻
水	17 18 氵 水 삼수변 물수변	濬	깊을. 심오할.
水	12 口 입구변	睿	濬자와 통용 준 ↔ 예 [통용]
土	19 𧾷 足 발족변	蹲	웅크릴. 걸터앉을. 쭈그릴.
土	16 19 辶 辵 책받침변 갖은책받침변	遵·	쫓을. 행할. 순종할. 따라갈.
金	20 金 쇠금변	罇	창고달.
水	21 虫 벌레충변	蠢	꿈틀거릴. 어리석을. 일어날.
水	23 魚 물고기어변	鱒	송어 (松魚). 물고기 이름.

줄

오행	획수	한자	뜻
木	09 乙 새을변	乼	줄 (묶는 데 쓰는 긴 줄). 음역자. [국]
木	09 11 艹 艸 풀초변 초두변	茁	풀싹. 싹. 풀 성할. 姓.

중

오행	획수	한자	뜻
土	04 丨 뚫을곤변	中·	가운데. 속. 사이. 맞출.
火	06 人 사람인변	仲·	버금. 다음. 둘째. 가운데.
土	09 里 마을리변	重·	무거울. 중요할. 거듭할.
木	11 罒 目 눈목변	眾	무리. 많을. 여럿.
水	12 血 피혈변	衆·	무리. 많을. 백성. 대중.

즉

오행	획수	한자	뜻
水	09 卩 병부절변	卽·	곧. 이제. 만약. 나아갈.
水	07 卩 병부절변	即	卽자와 통용
水	12 口 입구변	喞	두런거릴. 소곤거릴. 물 댈. 벌레소리. [즐. 질]

즐

오행	획수	한자	뜻
木	19 木 나무목변	櫛	빗질할. 빗. 촘촘히 설.
火	20 馬 말마변	騭	수말 (수컷 말). 오를. 이룰. 정할.

참고	작명은 소리(音)로만, 뜻(訓)으로만, 또는 소리(音)와 뜻(訓)으로 모두 할 수 있다.

즙

水 | 05 氵 삼수변 | 06 水 물수변 | **汁** 즙. 진액. 국물. [협]

木 | 13 木 나무목변 | **楫** 노. 노 저을.

즙 ↔ 집 [통용]

木 | 13 艹 풀초변 | 15 艸 초두변 | **葺** 지붕을 일. 기울. 겹칠. → 집 [本音]

木 | 17 木 나무목변 | **檝** 노. 삿대. → 집 [本音]

木 | 17 艹 풀초변 | 19 艸 초두변 | **蕺** 삼백초. 메밀나물. → 집 [本音]

증

木 | 09 扌 재방변 | 10 手 손수변 | **拯** 건질. 도울. 구원. 구조. 들.

火 | 灬 연화변 | 10 火 불화변 | **烝** 찔. 불기운. 김 오를.

水 | 10 疒 병질엄변 | **症**· 병 증세. 병세.

火 | 12 曰 가로왈변 | **曾**· 일찍. 곧. 거듭. 이에.

土 | 15 土 흙토변 | **增**· 더할. 늘릴. 많아질.

土 | 15 山 메산변 | **嶒** 산 높고 험할. 산 모양.

木 | 14 艹 풀초변 | 16 艸 초두변 | **蒸**· 찔. 무더울. 증발할.

火 | 15 忄 심방변 | 16 心 마음심변 | **憎**· 증오할. 미워할.

土 | 17 瓦 기와와변 | **甑** 시루 (떡 찌는 질그릇).

金 | 17 矢 화살시변 | **矰** 주살 (살에 매어 새를 잡는 화살).

木 | 18 糸 실사변 | **繒** 비단. 명주.

木 | 17 罒 | 18 网 그물망변 | **罾** 그물. 어망.

金 | 19 言 말씀언변 | **證**· 증거. 증명할. 증험할. 보증할.

金 | 19 貝 조개패변 | **贈**· 줄. 보낼. 선사. 선물하다.

지

土 | 04 丿 삐침변 | **之**· 갈. 이를. 어조사.

土 | 04 支 지탱할지변 | **支**· 지탱할. 가를. 헤아릴.

오행	획수	부수	한자	뜻
土	04	止 그칠지변	止·	그칠. 막을. 고요할.
水	05	口 입구변	只·	다만. 단지. 뿐. 오직. 어조사.
火	06	日 날일변	旨	뜻. 생각. 맛좋을. (임금의 뜻 : 교지)
土	06	力 힘력변	劧	굳건할. 굳을.
土	06	土 흙토변	地·	땅. 곳. 지위. 처지.
土	06	至 이를지변	至·	이를. 지극할. 도래하다.
火	07	心 마음심변	志·	뜻. 뜻할. 마음. 기록할.
土	07	厂 민엄호변	厎	숫돌. 정할.
土	07	土 흙토변	址	터.
土	07	土 흙토변	坻	모래섬. 머무를.
水	07	口 입구변	吱	가는 소리. 소리. 목소리.
水	06 07	氵 水 삼수변 물수변	池·	못. 연못. 姓.
木	08	木 나무목변	枝·	가지. 버틸.
木	07 08	扌 手 재방변 손수변	抵	손바닥. 칠. 손벽 칠. 옆으로 칠.
火	07 08	忄 心 심방변 마음심변	忯	믿을. 지 ↔ 기 [통용]
土	08	土 흙토변	坁	머무를. 모래섬. 작은 섬.
金	08	矢 화살시변	知·	알. 분별할. 깨달을. 주장할.
金	10	矢 화살시변	矨	知자와 통용
水	07 08	氵 水 삼수변 물수변	沚	모래톱 (물, 강 가운데의 조그만 섬). 물가.
水	07 08	氵 水 삼수변 물수변	泜	달라붙을. 멈출. 가지런할.
木	09	木 나무목변	枳	탱자나무.
木	09	示 보일시변	祉	복록. 복. 하늘에서 내리는 행복.
水	09	口 입구변	咫	여덟 치. 8촌. 길이.
水	08 09	氵 水 삼수변 물수변	泜	강 이름.

木 09 10 扌 手 **指**· 손가락. 가리킬.
재방변 손수변

木 09 10 扌 手 **持**· 가질. 잡을. 지닐. 보전할.
재방변 손수변

木 10 禾 **秪** 벼 익을. 마침. 다만.
벼화변

木 08 10 艹 艸 **芝** 지초 (神草). 영지. 버섯.
풀초변 초두변

木 08 10 艹 艸 **芷** 어수리 (미나릿과 풀). 구릿대. 지초.
풀초변 초두변

木 10 糸 **紙**· 종이.
실사변

木 09 10 衤 衣 **衹** 마침. 다만. 이따금. 때마침. [기]
옷의변

木 08 10 月 肉 **肢** 팔다리. 사지. 수족.
육달월변 고기육변

火 10 舌 **舐** 핥을. → 시 [本音]
혀설변

金 10 石 **砥** 숫돌. 갈. 평평할.
돌석변

金 10 示 **祗** 공경할. 존경할.
보일시변

水 09 10 氵 水 **沚** 섬. 작은 섬. 물 벽찰. 갑자기 불은 물.
삼수변 물수변

木 11 角 **觗** 만날. 합할. [치]
뿔각변

土 11 ⻊ 足 **趾** 발꿈치. 복사뼈 아랫부분.
발족변

火 12 日 **智**· 지혜. 슬기로울. 姓.
날일변

金 16 矢 **𥏼** 智자와 통용
화살시변

火 12 車 **軹** 굴대 머리. 바퀴 굴대 끝.
수레거변

土 07 12 阝 阜 **阯** 터. 땅 이름.
좌방변 언덕부변

水 12 疒 **痣** 검은사마귀.
병질엄변

水 10 12 月 肉 **脂** 기름기. 비계. 진. 연지.
육달월변 고기육변

木 14 宀 **實** 이를. 이르다. 도달할. 姓. 지 ↔ 실 [통용]
갓머리변

木 14 木 **榰** 주춧돌. 기둥 밑. 버틸.
나무목변

木 13 14 扌 手 **搘** 버틸. 괼. 괴다. 기둥 받침.
재방변 손수변

木 14 示 **禔** 복. 편안할. 지 ↔ 시. 제 [통용]
보일시변

火 | 14 馬 말마변 | 駤 | 굳셀.

金 | 14 言 말씀언변 | 誌· | 기록. 기록할.

水 | 14 虫 벌레충변 | 蜘 | 거미.

木 | 15 手 손수변 | 摯 | 잡을. 올릴. 지극할.

土 | 15 土 흙토변 | 墀 | 섬돌 위 뜰. 섬뜰. 지대 뜰.

주의 字典에 따라 14획, 15획으로 혼용되나, 성명학에서는 15획으로 기준

土 | 15 ⻊ 足 발족변 | 踟 | 머뭇거릴.

金 | 15 金 쇠금변 | 鋕 | 새길. 명심. 마음에 새기다.

水 | 14 15 氵 水 삼수변 물수변 | 漬 | 담글. 잠길. 젖을. 물들.

木 | 16 竹 대죽변 | 篪 | 피리. 젓대. 저. 저 이름. 대 이름 (竹名).

水 | 15 16 忄 心 삼수변 물수변 | 潪 | 물 이름.

水 | 17 魚 물고기어변 | 鮨 | 젓갈. 젓. [기. 시. 예]

金 | 18 貝 조개패변 | 贄 | 폐백. [얼]

土 | 16 19 辶 辵 책받침변 갖은책받침변 | 遲· | 더딜. 늦을. 기다릴.

주의 字典에 따라 15~18획, 16~19획으로 혼용되나, 성명학에서는 16~19획 기준

金 | 19 言 말씀언변 | 識 | 표할. 표. 적을. 지 ↔ 식 [통용]

火 | 22 鳥 새조변 | 鷙 | 맹금 (육식하는 새). 날쌔다. 굳셀. 칠.

土 | 22 ⻊ 足 발족변 | 躓 | 넘어질. 쓰러질. 밟을.

직

木 | 08 目 눈목변 | 直· | 곧을. 바를. 바로.

木 | 13 禾 벼화변 | 稙 | 올벼 (일찍 심은 벼). 벼.

木 | 15 禾 벼화변 | 稷 | 기장. 메기장. 피.

木 | 15 示 보일시변 | 禝 | 사람 이름. 오곡신 (五穀神). 요임금의 신하.

木 | 18 糸 실사변 | 織· | 짤. 만들.

오행	획수	부수	한자	뜻
火	18	耳 귀이변	職·	직분. 벼슬. 직품. 맡을.

진

오행	획수	부수	한자	뜻
土	07	辰 별신변	辰·	별. 다섯째 지지. 진 ↔ 신 [통용]
木	08	木 나무목변	杓	바디. 사침대.
木	08 09	扌 手 재방변 손수변	抮	되돌릴. 휘어잡을. 거머잡을. 껴안을.
火	09	人 사람인변	侲	어린이. 동자. 착할.
火	09	日 날일변	昣	밝을.
水	09	歹 죽을사변	殄	다할. 끊어질. 면할. 죽을.
木	10	目 눈목변	眞·	참. 진리. 진실. 바를. 姓.
木	10	目 눈목변	真	眞자와 통용 [俗字]
木	10	禾 벼화변	秦	나라. 벼슬 이름. 姓.
火	10	日 날일변	晉	나아갈. 나라.
火	10	日 날일변	晋	晉자와 통용
土	10	田 밭전변	畛	두둑. 경계. 밭 사이 길. 밭 지경. 본바탕.
金	09 10	王 玉 임금왕변 구슬옥변	珍·	보배. 보배로울. 진귀할.
金	13	金 쇠금변	鉁	珍자와 통용
金	09 10	王 玉 임금왕변 구슬옥변	珎	珍자와 통용
水	10	口 입구변	唇	놀랄. 경악. [순]
水	09 10	氵 水 삼수변 물수변	津	나루. 언덕. 인연.
水	10	疒 병질엄변	疹	홍역. 열병. 앓을. 역질.
木	11	木 나무목변	桭	평고대. 처마. 기둥 사이. 대청.
木	10 11	扌 手 재방변 손수변	振·	떨칠. 떨. 움직일. 진동할.
木	11	目 눈목변	眹	눈동자. 조짐.

木 10 11 衤 衣 옷의변 **袗** 홑옷. 수놓은 옷. 고운 옷. 아름다울.

火 11 臣 신하신변 **⿰臣尔** 밝을. 환할. 명랑할.

金 11 攵 攴 등글월문변 칠복변 **⿰亻敒** 다스릴. [신]

金 10 11 王 玉 임금왕변 구슬옥변 **珒** 옥 이름.

火 12 走 달릴주변 **趁** 쫓을. 머뭇거릴.

火 12 車 수레거변 **軫** 수레 난간. 수레.

金 12 言 말씀언변 **診** 진찰할. 볼. 맥을 봄.

木 13 靑 푸를청변 **靕** 바를.

土 13 土 흙토변 **塡** 진정할. 평정할. 다할. 누를. 진 ↔ 전 [통용]

水 13 口 입구변 **嗔** 성낼. [전]

木 13 14 扌 手 재방변 손수변 **搢** 꽂을. 끼울. 흔들.

木 14 木 나무목변 **榛** 개암나무. 가시나무. 덤불.

木 14 木 나무목변 **槇** 나뭇결이 고울. 나뭇결이 단단할.

火 13 14 忄 心 심방변 마음심변 **愼** 땅 이름 (지명). 진 ↔ 신 [통용]

火 12 13 忄 心 심방변 마음심변 **慎** 愼자와 통용

土 14 土 흙토변 **塵** 먼지. 티끌.

金 14 皿 그릇명변 **盡**· 다할. 극진할. 빌.

金 06 尸 주검시변 **尽** 盡자와 통용

金 14 貝 조개패변 **賑** 넉넉할. 풍부할. 구휼할. 줄.

金 14 言 말씀언변 **⿰言辰** 움직일. [정]

水 13 14 氵 水 삼수변 물수변 **溱** 많을. 펼. 펴질. 성할. 이를. 姓. 물 이름.

水 13 14 氵 水 삼수변 물수변 **滇** 고을 이름. 현 이름.

木 15 禾 벼화변 **稹** 빽빽할. 밀접할. 촘촘할.

木 15 目 눈목변 **瞋** 눈 부릅뜰. 성낼.

木 15 示 禛 복 받을. 삼실.
보일시변

土 10 阝 15 阜 陣· 진 칠. 진.
좌방변 언덕부변

土 12 辶 15 辵 進· 나아갈. 오를. 올릴.
책받침변 갖은책받침변

金 14 王 15 玉 瑱 귀고리. 귀막이 옥. 옥 이름.
임금왕변 구슬옥변

金 14 王 15 玉 瑨 옥돌. 아름다운 옥돌.
임금왕변 구슬옥변

金 14 王 15 玉 𤦪 瑨자와 통용
임금왕변 구슬옥변

水 15 雨 震· 우레. 진동. 천둥. 괘 이름.
비우변

木 14 艹 16 艸 蓁 우거질. 많을. 풍성할.
풀초변 초두변

木 16 糸 縉 분홍빛. 붉은 비단. 꽂을.
실사변

木 16 糸 縝 고울. 맺을. 찬찬할. 촘촘할.
실사변

火 16 人 儘 다할. 완수할.
사람인변

土 11 阝 16 阜 陳· 베풀. 벌일. 말할. 姓.
좌방변 언덕부변

土 16 至 臻 이를. 도달할. 모일.
이를지변

木 15 艹 17 艸 蔯 사철쑥. 약쑥. 더위지기.
풀초변 초두변

火 17 車 轃 이를. 도달할. 수레바탕.
수레거변

金 16 王 17 玉 璡 옥돌.
임금왕변 구슬옥변

水 17 虫 螴 가슴 설렐. 불안감. 벌레 굽실거릴.
벌레충변

金 18 金 鎭· 진압할. 진정할. 편안케 할.
쇠금변

火 20 髟 鬒 머리숱 많을.
터럭발변

질

水 05 口 叱 꾸짖을. 책망할. 욕할.
입구변

木 08 巾 帙 책갑. 책. 책권. 차례. 姓.
수건건변

火 08 人 侄 어리석을. 단단할. 조카.
사람인변

土 09 土 垤 개미집. 개밋둑.
흙토변

土 09 女 계집녀변 **姪**· 조카.

木 10 木 나무목변 **桎** 차꼬 (죄수의 형구). 족쇄. 쐐기.

木 10 禾 벼화변 **秩**· 차례. 녹. 관직. 벼슬.

水 10 疒 병질엄변 **疾**· 병. 아플. 괴로워할.

水 11 穴 구멍혈변 **窒** 막을. 막힐. 머물. 멈출. [절]

木 12 糸 실사변 **絰** 질 (상복에 두른 삼베 띠). 수질(상복 머리띠). 요질(허리띠).

土 09 12 辶 辵 책받침변 갖은책받침변 **迭** 번갈아 들. 교대. 갈마들. 姓. [일]

土 12 ⻊ 足 발족변 **跌** 넘어질. 꺼꾸러질. 지나칠.

水 12 虫 벌레충변 **蛭** 거머리. 그리마. 姓.

土 13 女 계집녀변 **嫉** 시기할. 미워할. 시새움할.

土 09 13 阝 邑 우방변 고을읍변 **郅** 고을 이름. 이를. 오를.

金 15 貝 조개패변 **質**· 바탕. 근본. 본질. 품성. 품질.

木 14 16 艹 艸 풀초변 초두변 **蒺** 남가새 (풀). 질려(일년초 이름).

水 15 17 月 肉 육달월변 고기육변 **膣** 새살 날. 음문. 여자의 생식기.

金 19 20 王 玉 임금왕변 구슬옥변 **瓆** 사람 이름.

金 23 金 쇠금변 **鑕** 모루. 도끼. 모탕 (대장간 작업대 밑의 받침 쇠).

짐

水 10 月 달월변 **朕** 나. 조짐. 짐(임금이 자신을 칭하는 말).

火 13 斗 말두변 **斟** 짐작할. 머뭇거릴. 姓.

火 15 鳥 새조변 **鴆** 짐새 (깃을 술에 담갔다가 마시면 죽는 독조毒鳥).

집

火 04 人 사람인변 **什** 세간. 물건. 가구. 시편. 집 ↔ 십 [통용]

水 09 口 입구변 **咠** 귓속말. 소곤거릴. 참소할. [즙]

土 11 土 흙토변 **執**· 잡을. 모을. 가질. 姓.

오행	획수	한자	뜻
火	12 隹 새추변	集·	모을. 나아갈. 문집.
木	13 木 나무목변	楫	배 젓는 노. 돛대. 집 ↔ 즙 [통용]
金	13 戈 창과변	戢	거둘. 모을. 그칠. [즙]
木	15 糸 실사변	緝	모일. 모을. 낳을. [즙]
火	16 車 수레거변	輯	모일. 모을. 얻을. 화목할.
水	15 氵 삼수변 16 水 물수변	潗	샘날. 샘솟을.
水	15 氵 삼수변 16 水 물수변	濈	潗자와 통용
金	20 金 쇠금변	鏶	판금. 쇳조각.

징

오행	획수	한자	뜻
火	15 彳 두인변	徵·	거둘. 부를. 구할. [치]
水	15 氵 삼수변 16 水 물수변	澄	맑을.
水	15 氵 삼수변 16 水 물수변	澂	(물) 맑을.
木	17 目 눈목변	瞪	똑바로 볼. 직시할.
火	19 心 마음심변	懲·	징계할. 응징. 혼날.
水	18 氵 삼수변 19 水 물수변	瀓	맑을. 깨끗할.
水	20 疒 병질엄변	癥	어혈. 적병. 적취.

♣

ㅊ

차

水 03 叉 又 또우변 — 양갈래. 깍지 낄.

木 05 且· 一 한일변 — 또. 또한. 만일. 우선.

火 06 次· 欠 하품흠변 — 버금. 다음. 둘째. 차례.

土 06 此· 止 그칠지변 — 이. 이에. 이어. 이것.

火 07 車 車 수레거변 — 수레. 姓. 차 ↔ 거 [통용]

土 07 岔 山 메산변 — 갈림길. 산길 나뉠.

火 08 侘 人 사람인변 — 자랑할. 뽐낼. 낙망할.

火 08 佽 人 사람인변 — 도울. 나란할. 편리할. 빠를.

土 09 姹 女 계집녀변 — 아름다울. 자랑할. 예쁜 여자.

火 10 借· 人 사람인변 — 빌릴. 꾸어 줄. 도울. 가령.

火 10 差· 工 장인공변 — 어긋날. 다를. 층질. [치]

火 11 徣 彳 두인변 — 빌릴. 꿀(꾸다). 기댈. → 借 [同字]

木 10 12 茶 艹 艸 풀초변 초두변 — 차. 차나무. 차↔다 [통용]

金 12 硨 石 돌석변 — 옥돌. 조개 껍데기. 차거(硨磲 : 7보의 하나).

土 13 嵯 山 메산변 — 우뚝 솟을. 산 울뚝불뚝할. [치]

水 13 嗟 口 입구변 — 탄식할. 감탄할.

木 14 槎 木 나무목변 — 엇깎다. 비스듬히 자를. 뗏목. 떼.

木 14 箚 竹 대죽변 — 찌를. 이를. 오다. 닿을. 적을.

金 14 15 瑳 王 玉 임금왕변 구슬옥변 — 고울. 옥빛 깨끗할. 웃을.

金 15 磋 石 돌석변 — 갈. 연마할. 학문을 닦음.

土 17 蹉 ⻊ 足 발족변 — 넘어질. 미끄러질. 지날. 틀릴.

오행	획수	한자	뜻
土	15 18 / 辶 辵 / 책받침변 갖은책받침변	遮	가릴. 막을. 덮다. [자]
水	21 / 鹵 / 소금밭변	鹺	소금. 몹시 짤.
木	24 / 大 / 큰대변	奲	너그러울. 관대할. 차 ↔ 다 [통용]

착

오행	획수	한자	뜻
水	10 / 穴 / 구멍혈변	窄	좁을. 닥칠.
木	10 11 / 扌 手 / 재방변 손수변	捉·	잡을. 낄.
土	12 / 羊 / 양양변	着·	붙을. 다다를. 부딪칠.
木	13 14 / 扌 手 / 재방변 손수변	搾	짤. 짜낼.
金	14 / 斤 / 날근변	斮	깎을. 쪼갤.
金	16 / 金 / 쇠금변	錯·	섞일. 어긋날. 그르칠. 잘못할.
木	16 17 / 扌 手 / 재방변 손수변	擉	찌를. 꽂을. 작살.
金	18 / 戈 / 창과변	戳	찍을. 창으로 찌를. 도장 찍을.
金	22 / 齒 / 이치변	齪	악착할. 작을. 잔달.
金	28 / 金 / 쇠금변	鑿	뚫을. 끌. 파다. [조]

찬

오행	획수	한자	뜻
木	13 / 米 / 쌀미변	粲	흰 쌀. 정미. 빛날. 선명할.
木	15 16 / 扌 手 / 재방변 손수변	撰	글 지을. 가릴. 갖출.
木	16 / 竹 / 대죽변	篡	빼앗을. 잡을.
木	17 / 竹 / 대죽변	簒	篡자와 통용
水	16 / 食 / 밥식변	餐	먹을. 음식물. 거둘. [손]
火	17 / 火 / 불화변	燦	빛날. 번쩍번쩍할.
水	16 17 / 氵 水 / 삼수변 물수변	澯	맑을. 물 맑을. 물 모양.
金	17 18 / 王 玉 / 임금왕변 구슬옥변	璨	옥빛. 옥 광채.
水	18 / 穴 / 구멍혈변	竄	숨을. 숨길. 도망할. 내칠.

오행	획수	부수	한자	뜻
金	19	貝 조개패변	贊·	찬성할. 도울.
金	15	貝 조개패변	賛	贊자와 통용
木	20	糸 실사변	纂	모을. 이을. 편찬할.
火	21	人 사람인변	儹	모을. 일 공론할.
火	17	人 사람인변	僣	儹자와 통용
金	21	刂 선칼도변 / 刀 칼도변	劗	머리 깎을. 덜. 벨. 끊을.
水	21	食 밥식변	饌	반찬. 차려낼. 음식. [반. 선]
木	21 22	扌 재방변 / 手 손수변	攛	던질. 펼. 후릴.
土	22	山 메산변	巑	산이 높을. 뾰족한 산.
土	22	女 계집녀변	嬪	희고 환할. 예쁠.
木	22 23	扌 재방변 / 手 손수변	攢	모일. 옹기종기 모일.
木	23	木 나무목변	欑	모을. 모일.
金	23 24	王 임금왕변 / 玉 구슬옥변	瓚	옥그릇. 옥잔. 큰 홀.
木	25	糸 실사변	纘	이을. 잇다. 계승. 모을.
火	26	走 달릴주변	趲	놀라 흩어질. 흩어져 달아날.
金	26	言 말씀언변	讚·	기릴. 칭찬할. 찬양할. 도울.
金	22	言 말씀언변	讃	讚자와 통용
金	27	金 쇠금변	鑽	뚫을. 송곳. 끌.
火	29	火 불화변	爨	부뚜막. 불 땔. 아궁이.

찰

오행	획수	부수	한자	뜻
木	05	木 나무목변	札	편지. 패. 적을. 미늘 (갑옷의 비늘).
木	04 05	扌 재방변 / 手 손수변	扎	뺄. 뽑을. 札의 俗字
金	08	刂 선칼도변 / 刀 칼도변	刹	절. 사원. 탑. 기둥.
木	11	糸 실사변	紮	감을. 묶을. 동여맬.

木 14 宀 **察**· 살필. 상고할. 자세할. 갓머리변

木 17 扌 18 手 **擦** 문지를. 비빌. 마찰할. 재방변 손수변

참

金 10 立 **站** 역 마을. 역참. 우두커니 설. 설립변

火 11 厶 **參**· 참여할. 낄. 뵐. 간여할. 참 ↔ 삼 [통용] 마늘모변

金 11 斤 **斬** 벨. 끊어질. 목 베일. 날근변

火 14 人 **僭** 참담할. 주제넘을. 사치. 어그러질. 사람인변

土 14 土 **塹** 구덩이 팔. 팔. 해자 (성밖 둘레를 둘러싼 연못). 흙토변

土 14 山 **嶄** 산 높을. 가파를. 뾰족할. 메산변

木 15 木 **槧** 판목. 분판. 판. 편지. 나무목변

火 14 忄 15 心 **慘**· 참혹할. 비참. 슬플. 심방변 마음심변

火 15 心 **慙**· 부끄러울. 수치스럴. 마음심변

火 14 忄 15 心 **慚** 慙자와 통용 심방변 마음심변

火 15 忄 16 心 **憯** 슬퍼할. 비통할. 미워할. 아플. 심방변 마음심변

木 17 比 **毚** 토끼. 약은 토끼. 별 이름. 견줄비변

火 19 人 **儳** 어긋날. 빠를. 경솔한 말. 사람인변

金 19 言 **譖** 참소할. 거짓. 속일. 말씀언변

金 19 金 **鏨** 새길. 작은 끌. 쇠금변

土 20 山 **巉** 가파를. 낭떠러지. 메산변

木 20 扌 21 手 **攙** 찌를. 날카로울. 재방변 손수변

木 21 木 **欃** 살별 (혜성 이름). 혜성. 수통. 박달나무. 나무목변

火 20 忄 21 心 **懺** 뉘우칠. 회개할. 심방변 마음심변

火 21 馬 **驂** 곁말. 곁마. 곁말 세울. 말마변

水 23 黑 **黲** 검푸를. 검푸르죽죽할. 검을흑변

金 24 讖 言 말씀언변 — 예언. 조짐. 징조. 비결.

金 24 讒 言 말씀언변 — 헐뜯을. 사특할. 속일. 해칠.

金 25 鑱 金 쇠금변 — 보습 쇠 (쟁기 날). 침. 송곳.

水 26 饞 食 밥식변 — 탐할.

창

火 08 昌· 日 날일변 — 창성할. 번성할. 아름다울.

金 08 刱 刂 刀 선칼도변 칼도변 — 비롯할. 처음. 시작할. 상할.

火 09 昶 日 날일변 — 밝을. 통할. 해 길.

木 10 鬯 鬯 술창변 — 울창주 (기장으로 빚은 제주). 술 이름.

火 10 倉· 人 사람인변 — 창고. 곳집. 姓.

火 10 倀 人 사람인변 — 미칠. 창귀(倀鬼, 虎鬼).

火 10 倡 人 사람인변 — 광대. 여배우. 가무.

土 11 娼 女 계집녀변 — 창녀. 노는 계집.

水 11 唱· 口 입구변 — 부를. 노래 부를.

水 11 窓· 穴 구멍혈변 — 창문. 창. 바라지. 굴뚝.

火 12 傖 人 사람인변 — 천할. 시골뜨기. 놈. [쟁]

火 12 晿 日 날일변 — 사람 이름.

火 11 12 悵 忄 心 심방변 마음심변 — 슬퍼할. 한탄할. 섭섭할.

火 11 12 惝 忄 心 심방변 마음심변 — 경황없을. 실망할. 멍할.

土 11 12 猖 犭 犬 개사슴록변 개견변 — 미쳐 날뛸. 놀랄.

金 12 創· 刂 刀 선칼도변 칼도변 — 비롯할. 시작할. 성할.

金 12 敞 攵 支 등글월문변 칠복변 — 시원할. 넓을. 높을. 열.

水 12 滄 冫 이수변 — 찰. 추울.

水 11 12 淐 氵 水 삼수변 물수변 — 물 이름.

오행	획수	부수	한자	뜻
水	11 12	氵 水 (삼수변 물수변)	淌	큰 물결. 흐르는 모양.
水	12	穴 (구멍혈변)	窗	창. 지게문. 굴뚝.
木	13 14	扌 手 (재방변 손수변)	搶	닿을. 부딪칠. 어지러울.
木	14	木 (나무목변)	槍	무기. 창. 소총. 다다를. 姓.
木	12 14	艹 艸 (풀초변 초두변)	菖	창포.
火	14	彡 (터럭삼변)	彰	빛날. 나타낼. 선명할. 뚜렷할.
火	13 14	忄 心 (심방변 마음심변)	愴	슬플. 서러울. 비통할.
火	14	日 (날일변)	暢·	통할. 화창할. 자랄. 펼.
金	14	戈 (창과변)	戧	다칠. 상할. 거스릴. 創의 [古字]

주의	創으로 쓰일 때는 비로소 창, 비롯할 창의 뜻으로 쓰임

오행	획수	부수	한자	뜻
水	12 14	月 肉 (육달월변 고기육변)	脹	팽창할. 복창증. 부풀. 배부를.
水	13 14	氵 水 (삼수변 물수변)	滄	바다. 푸를. 찰. 서늘할.
木	15	广 (엄호변)	廠	헛간. 곳집. 공장.
金	14 15	王 玉 (임금왕변 구슬옥변)	瑲	옥 소리. 풍류 소리.
水	14 15	氵 水 (삼수변 물수변)	漲	물 넘칠. 물 불을. 물 넘쳐흐를.
水	15	疒 (병질엄변)	瘡	종기. 부스럼. 상처.
木	16	舟 (배주변)	艙	선창. 선실. 갑판 밑.
木	14 16	艹 艸 (풀초변 초두변)	蒼·	푸를. 무성할. 우거질.
木	16	門 (문문변)	閶	하늘 문. 궁문. 천상의 문.
火	16	毛 (터럭모변)	氅	새털. 새털 옷.
金	16	金 (쇠금변)	錩	날카로울. 예리할.
土	17	⻊ 足 (발족변)	蹌	추창할. 춤 출. 비틀거릴.
火	21	鳥 (새조변)	鶬	왜가리. 재두루미.

참고	작명은 소리(音)로만, 뜻(訓)으로만, 또는 소리(音)와 뜻(訓)으로 모두 할 수 있다.

채

자원오행	획수	부수	한자	뜻
木	08	釆 분별할변	采	캘. 취할. 가릴. 姓.
金	10	石 돌석변	砦	진터. 진 칠. 보루. 울타리.
木	11	宀 갓머리변	寀	녹봉. 동관(同官). 식읍.
火	11	彡 터럭삼변	彩·	채색. 광채. 무늬.
土	11	土 흙토변	埰	사패지 (임금이 하사한 논, 밭). 채지. 무덤.
土	11	女 계집녀변	婇	여자 이름.
土	11	示 보일시변	祭	나라 이름. 땅 이름. 姓. 채 ↔ 제 [통용]
金	11	貝 조개패변	責	빚. 부채. 채 ↔ 책 [통용] [책]
金	11	金 쇠금변	釵	비녀. [차]
木	11 12	扌 手 재방변 손수변	採·	캘. 가려낼. 딸(따다). 채취할.
木	12	木 나무목변	棌	참나무.
木	10 12	艹 艸 풀초변 초두변	茝	구릿대. 어수리 (다년초). 궁궁이 싹 (芎藭).
木	13	目 눈목변	睬	주목할. 속된 말. 속언 (俗言).
火	13	人 사람인변	債·	빚. 빚질. 빌릴.
金	12 13	王 玉 임금왕변 구슬옥변	琗	옥빛. 옥 무늬. 옥 문채.
木	12 14	艹 艸 풀초변 초두변	菜·	나물. 야채. 푸성귀. 姓.
木	14	宀 갓머리변	寨	나무 우리. 목책. 울타리.
木	14	糸 실사변	綵	비단. 채색 비단. 무늬.
木	15 17	艹 艸 풀초변 초두변	蔡	거북. 나라 이름. 복 받을. 姓.

책

자원오행	획수	부수	한자	뜻
木	05	冂 멀경변	冊·	책. 서적. 칙서.
木	05	冂 멀경변	册	冊자와 통용
木	09	木 나무목변	柵	성채. 목책. 말뚝. 울타리.

木 11 竹 大죽변 **筞** 책. 권책. 姓.

金 11 貝 조개패변 **責**· 꾸짖을. 책망할. 책임. 임무.
책 ↔ 채 [통용] [채]

水 11 虫 벌레충변 **蚱** 벼메뚜기. 말매미.

木 12 竹 대죽변 **策**· 계책. 꾀. 대쪽.

木 14 巾 수건건변 **幘** 건. 머릿수건. 망건.

水 14 口 입구변 **嘖** 외칠. 혀 찰. 말 많을.

金 15 石 돌석변 **磔** 찢을. 능지할. 책형.

木 17 竹 대죽변 **簀** 평상발. 갈대발. 대자리.

처

土 08 女 계집녀변 **妻**· 아내.

水 10 冫 이수변 **凄** 쓸쓸할. 찰. 싸늘할.

土 11 虍 범호변 **處**· 곳. 살. 있을. 머무를. 처할.

土 05 几 안석궤변 **処** 處자와 통용 [略字]

火 11 忄 심방변 12 心 마음심변 **悽** 슬플. 애통할. 애처로울.

水 11 氵 삼수변 12 水 물수변 **淒** 쓸쓸할. 서글플. 찰. 찬바람.

木 12 艹 풀초변 14 艸 초두변 **萋** 풀 무성할. 우거질. 문채 모양.

土 11 阝 우방변 15 邑 고을읍변 **郪** 땅 이름.

火 19 見 볼견변 **覰** 엿볼.

척

木 04 尸 주검시변 **尺**· 자. 길이. 길이의 단위.

金 05 斤 날근변 **斥**· 물리칠. 가리킬. 지적할.

金 08 刂 선칼도변 刀 칼도변 **刺** 찌를.
척 ↔ 자 [통용]

木 08 扌 재방변 09 手 손수변 **拓**· 넓을. 넓힐. 주울. 열.
척 ↔ 탁 [통용]

火 10 人 사람인변 **倜** 대범할. 기개 있을. 뛰어날.

火 10 隻 佳 새추변 — 외짝. 하나. 짝. 척.

金 10 剔 刂 刀 선칼도변 칼도변 — 뼈 발라낼. 벨. 깎을. 버릴. [체]

木 10 11 拺 扌 手 재방변 손수변 — 칠. 때릴. 두드릴. 나갈.

金 11 戚· 戈 창과변 — 친척. 겨레. 슬플. 근심할.

火 11 12 惕 忄 心 심방변 마음심변 — 두려워할. 근심할.

土 12 跖 𧾷 足 발족변 — 발바닥. 밟을.

水 10 12 脊 月 肉 육달월변 고기육변 — 척추. 등골뼈. 등마루.

土 13 塉 土 흙토변 — 척박할. 박토. 메마른 땅.

土 14 墌 土 흙토변 — 터. 기지. 토대. 터 다질.

土 08 坧 土 흙토변 — 墌자와 통용

水 14 蜴 虫 벌레충변 — 도마뱀. → 역 [本音] [석]

木 14 15 摭 扌 手 재방변 손수변 — 습득할. 취할. 주울.

火 15 慼 心 마음심변 — 근심할. 슬플. 서러울. 걱정.

火 14 15 慽 忄 心 심방변 마음심변 — 慼자와 통용

土 10 15 陟 阝 阜 좌방변 언덕부변 — 오를. 올릴. 나아갈.

水 14 15 滌 氵 水 삼수변 물수변 — 씻을. 닦을. 헹구다. 청소할.

水 15 瘠 疒 병질엄변 — 여윌. 파리할. 궁핍할.

土 18 蹠 𧾷 足 발족변 — 밟을. 발바닥. 이를. 도착. [저]

木 18 19 擲 扌 手 재방변 손수변 — 던질. 버릴.

土 22 躑 𧾷 足 발족변 — 주저할. 머뭇거릴.

천

水 03 千· 十 열십변 — 일천. 여러. 많을.

水 03 川· 川 巛 개미허리변 — 내. 냇물. 하천.

火 04 天· 大 큰대변 — 하늘. 임금. 천제. 하느님. 姓.

火 05 人 사람인변 **仟** 일천. 천 사람. 무성할.

木 06 舛 어길천변 **舛** 어그러질. 틀릴. 어수선할.

金 07 王 임금왕변 08 玉 구슬옥변 **玔** 옥고리. 옥 팔찌.

木 09 示 보일시변 **祆** 하늘. 종교 이름. 귀신 이름.

木 07 艹 풀초변 09 艸 초두변 **芊** 우거질. 풀 무성할.

水 09 水 물수변 **泉**· 샘.

水 09 穴 구멍혈변 **穿** 뚫을. 뚫릴. 구멍. 통할.

火 10 人 사람인변 **俴** 엷을. 얕을.

火 10 人 사람인변 **倩** 예쁠. 남자의 미칭. 엄전할. 입매 예쁠.

水 09 氵 삼수변 10 水 물수변 **洊** 연거푸. 이를. 거듭 이를. 자주.

土 07 辶 책받침변 10 辵 갖은책받침변 **辿** 천천히 걸을. 느리게 걸을.

土 06 阝 좌방변 11 阜 언덕부변 **阡** 밭둑길. 두렁. 언덕.

金 11 金 쇠금변 **釧** 팔찌. 팔가락지. 姓.

木 10 艹 풀초변 12 艸 초두변 **茜** 꼭두서니 (다년생 만초). 꼭두서니색 (진홍색).

木 10 艹 풀초변 12 艸 초두변 **荐** 거듭할 (중첩, 재차). (돗) 자리 깔. 깔개. 풀 이름. 천거할.

土 12 至 이를지변 **臶** 거듭. 자주.

水 12 口 입구변 **喘** 숨 찰. 숨. 호흡. 코 골. 헐떡거릴.

水 11 氵 삼수변 12 水 물수변 **淺**· 옅을. 엷을. 물 얕을.

火 14 人 사람인변 **僢** 어그러질. 등질. 바탕.

火 15 人 사람인변 **儃** 머뭇거릴. 어찌. → 선. 단. 탄 [本音]

土 15 𧾷 足 발족변 **踐**· 밟을. 오를. 행할. 모을.

金 15 貝 조개패변 **賤**· 천할. 업신여길. 값싼. 흔할.

木 14 艹 풀초변 16 艸 초두변 **蒨** 선명한 모양. 우거질. 꼭두서니 (꼭두서닛과의 다년초).

木 16 扌 재방변 17 手 손수변 **擅** 멋대로. 천단. 오로지. 가질. 의지할.

오행	획수	부수	한자	뜻
木	16 18	艹 艸 (풀초변 초두변)	蒇	경계할. 갖출. 풀.
木	18	靑 (푸를청변)	韆	하늘. 근본. 천체.
木	17 19	艹 艸 (풀초변 초두변)	薦·	천거할. 드릴. 깔.
土	16 19	辶 辵 (책받침변 갖은책받침변)	遷·	옮길. 바꿀. 귀양 보낼. 姓.
水	18 19	氵 水 (삼수변 물수변)	濺	흩뿌릴. 뿌릴. 물 빨리 흐를.
木	20	門 (문문변)	闡	밝힐. 열. 관여할. 넓힐.
金	24	革 (가죽혁변)	韆	그네.

철

오행	획수	부수	한자	뜻
火	05	凵 (위터진입구변)	凸	볼록할. 뾰족할.
金	10	刂 刀 (선칼도변 칼도변)	剟	깎을. 찌를. 벨. 새길.
土	10	土 (흙토변)	埑	밝을. 밝은. 슬기로울. 哲 [同字]
水	10	口 (입구변)	哲·	밝을. 슬기로울. 총명할.
水	12	口 (입구변)	喆	哲자와 통용
火	11	心 (마음심변)	悊	밝을. 공경할. 슬기로울. → 哲의 [古字]
水	11	口 (입구변)	啜	마실. 먹을. 훌쩍거릴.
木	11 12	扌 手 (재방변 손수변)	掇	주울. 캘.
火	11 12	忄 心 (심방변 마음심변)	惙	근심할. 고달플. 그칠.
木	14	糸 (실사변)	綴	철할. 꿰맬. 이을. 맺을.
金	14	金 (쇠금변)	銕	쇠. 단단한 철. → 鐵의 [古字]
水	14	食 (밥식변)	餮	탐할. 먹을. 음식.
火	15	彳 (두인변)	徹·	통할. 뚫을. 관철할. 사무칠.
火	15	車 (수레거변)	輟	그칠. 멈출. 꿰맬.
木	15 16	扌 手 (재방변 손수변)	撤	거둘. 치울. 제거할.
金	16	金 (쇠금변)	錣	바늘. 물미 (채찍 끝에 끼운 쇠침). 산가지.

오행	획수	한자	뜻
水	15 氵 삼수변 / 16 水 물수변	澈	맑을. 물 맑을.
木	17 目 눈목변	瞮	눈 밝을.
水	18 食 밥식변	餮	탐할. 식탐할.
火	19 車 수레거변	轍	바퀴 자국.
金	19 欠 하품흠변	歠	마실. 크게 들이마실.
金	21 金 쇠금변	鐵·	쇠. 무기. 단단할.
金	13 金 쇠금변	鉄	鐵자와 통용

첨

오행	획수	한자	뜻
金	06 小 작을소변	尖·	뾰족할. 날카로울. 작을. 끝.
火	08 ⺗ 밑마음심변 / 心 마음심변	忝	욕될. 더럽힐. 부끄러울.
水	08 氵 삼수변 / 09 水 물수변	沾	더할. 젖을. 적실. [점. 첩]
土	11 甘 달감변	甛	달. 맛날. 낮잠. 곤히 잠잘.
土	11 甘 달감변	甜	甛자와 통용
火	12 心 마음심변	惉	팰. 음조가 고르지 아니할.
水	11 氵 삼수변 / 12 水 물수변	添·	덧붙일. 더할. 맛 더할.
火	13 人 사람인변	僉	모두. 다. 여러.
金	13 言 말씀언변	詹	이를. 도달할. 말 많을. [담]
金	15 言 말씀언변	諂	아첨할. 아양떨. 알랑거릴.
木	16 巾 수건건변	幨	휘장. 수레 휘장. 차 휘장.
木	17 木 나무목변	檐	추녀. 처마. 평고대. → 簷 [同字]
木	18 目 눈목변	瞻	우러러볼. 쳐다볼.
木	19 竹 대죽변	簽	쪽지. 죽롱(竹籠). 표제. 서명할.
木	18 衤 / 19 衣 옷의변	襜	행주치마. 앞치마.
木	19 竹 대죽변	簷	처마. 지붕. 기슭. → 檐[同字]

자원오행	획수/부수	한자	뜻
木	21 木 나무목변	櫼	쐐기. 문설주.
水	20 氵 삼수변 / 21 水 물수변	瀸	적실. 젖을. 건수 샘.
木	23 竹 대죽변	籤	제비 (제비뽑기). 시험할. 산가지. 점대.

첩

자원오행	획수/부수	한자	뜻
木	08 巾 수건건변	帖	문서. 장부. 표제. [체]
土	08 女 계집녀변	妾·	첩. 소실. 계집아이.
水	08 口 입구변	呫	소곤거릴. 지껄일. 맛볼.
火	08 忄 심방변 / 09 心 마음심변	怗	고요할. 편안할. 복종할.
火	10 人 사람인변	倢	빠를. 이길. 이로울. 편할.
木	11 扌 재방변 / 12 手 손수변	捷	빠를. 이길.
金	12 貝 조개패변	貼	붙일. 붙을. 메울. 편안할.
土	12 土 흙토변	堞	성가퀴 (성 위에 쌓은 담).
水	12 口 입구변	喋	말 잘할. 구변 좋을. 재잘거릴.
木	13 片 조각편변	牒	편지. 서찰. 증서. 문서.
木	13 目 눈목변	睫	속눈썹. 눈 감을.
火	14 車 수레거변	輒	문득. 갑자기. 번번이. 姓.
金	16 言 말씀언변	諜	염탐할. 염탐꾼.
木	17 衣 옷의변	褺	겹옷.
土	22 田 밭전변	疊	겹쳐질. 포개질. 거듭.

청

자원오행	획수/부수	한자	뜻
木	08 靑 푸를청변	靑·	푸를. 봄. 젊을. 동쪽.
木	08 靑 푸를청변	青	靑자와 통용
水	10 冫 이수변	凊	서늘할. 찰.
木	11 囗 큰입구변	圊	뒷간. 변소.

土 11 女 계집녀변 **婧** 날씬할. 가냘픈. 여자 정결할. 청 ↔ 정 [통용]

火 12 日 날일변 **晴**· 맑을. 갤. 날이 갤.

火 12 日 날일변 晴 晴자와 통용

水 11 氵 삼수변 12 水 물수변 **淸**· 맑을. 깨끗할.

水 11 氵 삼수변 12 水 물수변 清 淸자와 통용

木 12 艹 풀초변 14 艸 초두변 **菁** 우거질. 무성한 모양. [정]

水 14 虫 벌레충변 **蜻** 잠자리. 귀뚜라미.

金 15 言 말씀언변 **請**· 청할. 알릴. 부를. 들을.

金 15 言 말씀언변 請 請자와 통용

火 19 鳥 새조변 **鶄** 해오라기. 푸른 백로. 교청새.

水 19 魚 물고기어변 **鯖** 청어. [정]

火 22 耳 귀이변 **聽**· 들을. 들어줄. 판결할.

木 25 广 엄호변 **廳**· 관청. 대청. 마루.

체

金 04 刂 선칼도변 刀 칼도변 **切** 온통. 일체. 모두. 전부. 체 ↔ 절 [통용]

金 09 刂 선칼도변 刀 칼도변 **剃** 머리 깎을. 깎을.

金 09 石 돌석변 **砌** 섬돌 (돌계단). 문지방. 즈음.

金 09 王 임금왕변 10 玉 구슬옥변 **玼** 옥빛 깨끗할.

水 10 氵 삼수변 11 水 물수변 **涕** 눈물. 울. 울다.

木 12 木 나무목변 **棣** 산앵두나무.

火 12 日 가로왈변 **替**· 바꿀. 대신. 대신할. 폐할.

水 12 彑 크 튼가로왈변 **彘** 돼지. 땅 이름.

木 15 糸 실사변 **締** 맺을. 연결할. 체결할.

木 13 艹 풀초변 15 艸 초두변 **蒂** 가시. 꼭지. 뿌리.→ 蔕 [同字]

火 15 鬄 머리 깎을.
髟 땋은 머리. [척]
터럭발변

土 12 15 逮· 잡을.
⻌ 辵 쫓을. 미칠. [태]
책받침변 갖은책받침변

水 14 15 滯· 막힐.
氵 水 엉길. 쌓일. 남을.
삼수변 물수변

水 15 殢 고단할.
歹 나른할. 늘어질.
죽을사변

金 16 諦 살필.
言 이치. [제]
말씀언변

金 16 諟 자세히 할.
言 살필.
말씀언변 체 ↔ 시 [통용]

木 15 17 蔕 가시.
艹 艸 꼭지. 뿌리. → 蒂 [同字]
풀초변 초두변

土 14 17 遞· 갈릴.
⻌ 辵 역말. 교대. 차례를 바꿀.
책받침변 갖은책받침변

金 23 體· 몸.
骨 신체. 용모. 근본.
뼈골변 → 体 [略字]

水 24 靆 구름 낄.
雨 흐릴.
비우변

초

金 07 初· 처음.
刂 刀 첫. 시작. 시초.
선칼도변 칼도변

木 07 08 抄· 뽑을.
扌 手 뺄. 베낄. 가로챌.
재방변 손수변

木 08 杪 나무 끝.
木 끝. 가는 가지.
나무목변

火 08 炒 볶을.
火 불에 익힘. 시끄러울.
불화변

土 08 妱 여자 이름자.
女
계집녀변

土 08 岧 산 높은 모양.
山
메산변

木 08 09 招· 부를.
扌 手 불러올. 손짓할.
재방변 손수변

木 09 秒· 초 (시간 단위).
禾 초침. [묘]
벼화변

火 09 俏 닮을.
人 같을. 예쁠. 아리따울.
사람인변

火 08 09 怊 슬퍼할.
忄 心 슬플. 섭섭할.
심방변 마음심변

水 07 09 肖· 닮을.
月 肉 같을. 본받을. 姓.
육달월변 고기육변

土 10 峭 산 가파를.
山 산 높을.
메산변

金 10 耖 밭 갈.
耒 농기구. 써레.
쟁기뢰변

오행	획수	한자	뜻
水	10 口 입구변	哨	망볼. 파수병. 경계할. [소]
木	11 木 나무목변	梢	나무 끝. 우듬지. 끝. [소]
木	09 艹 풀초변 11 艸 초두변	苕	완두. 능소화. 풀 이름.
火	11 人 사람인변	偢	근심할. 어리석을. 볼.
火	10 忄 심방변 11 心 마음심변	悄	급할. 근심할. 고요할.
金	11 金 쇠금변	鈔	좋은 쇠. 좋을.
木	12 木 나무목변	椒	산초나무. 후추. 향.
木	12 禾 벼화변	稍	점점. 작을. 끝. 벼줄기 끝. [소]
木	10 艹 풀초변 12 艸 초두변	草·	풀.
木	06 艸 초두변	艸	草자와 통용
火	灬 연화변 12 火 불화변	焦	탈. 그을릴. 초조할.
火	12 走 달릴주변	超·	뛰어넘을. 뛸. 넘을.
火	12 車 수레거변	軺	작은 차. 수레. 동차.
土	09 辶 책받침변 12 辵 갖은책받침변	迢	멀. 아득할. 높을.
金	12 石 돌석변	硝	초석. 망석 (화약 재료). 돌 단단한 모양.
金	12 金 쇠금변	鈔	노략질. 약탈할. 취할.
金	12 酉 닭유변	酢	초. 신맛. [작]
水	12 豸 갖은돼지시변	貂	담비 (동물).
木	13 木 나무목변	楚	나라. 초나라. 고을.
木	13 糸 실사변	綃	생사. 생실. 생초. 명주실.
火	12 忄 심방변 13 心 마음심변	愀	정색할. 근심할. 풀죽을.
土	13 力 힘력변	勦	노곤할. 토벌할. 수고로울.
金	刂 선칼도변 13 刀 칼도변	剿	괴롭힐. 노곤할. 날랠. → 勦 [소]
火	14 人 사람인변	僬	밝게 볼. 명찰할.

金 14 誚 言 말씀언변 — 꾸짖을. 책망할.

火 15 趠 走 달릴주변 — 뛸. 넘을. 오월 바람.

火 15 髫 髟 터럭발변 — 더벅머리. 늘어뜨린 머리.

土 15 嫶 女 계집녀변 — 수척할. 얼굴 파리할. 마를.

土 15 嶕 山 메산변 — 산 높을. 산 우뚝 솟을.

金 15 醋 酉 닭유변 — 초. 신 조미료. [작]

水 15 噍 口 입구변 — 씹을. 먹을. 지저귈. 새소리.

木 16 樵 木 나무목변 — 나무할. 땔나무.

火 16 燋 火 불화변 — 횃불. 홰. 그슬릴. 불 당길.

火 15 忄 심방변 16 心 마음심변 憔 — 수척할. 파리할. 쇠약할.

金 16 鞘 革 가죽혁변 — 칼집. 말 채찍 끝장식. 말 안장 받침.

金 17 礁 石 돌석변 — 암초. 숨은 바윗돌.

金 17 鍬 金 쇠금변 — 가래. 삽. → 鍫 [同字]

金 17 鍫 金 쇠금변 — 가래. 삽. → 鍬 [同字]

木 16 艹 풀초변 18 艸 초두변 蕉 — 파초. 섶나무. 티끌. 초췌할.

金 18 礎· 石 돌석변 — 주춧돌. 기초. 밑.

金 19 譙 言 말씀언변 — 꾸짖을. 책망할.

金 19 醮 酉 닭유변 — 제사 지낼. 초례. 빌.

金 20 齠 齒 이치변 — 이 갈.

火 21 顦 頁 머리혈변 — 파리할. 근심하는 모양.

木 23 ⿰黹虘 黹 바느질치변 — 오색 빛. 오색 고운 빛.

火 23 鷦 鳥 새조변 — 뱁새. 초명새.

촉

火 09 促· 人 사람인변 — 재촉할. 독촉할. 촉박할.

오행	획수·부수	원획·부수	한자	뜻
水	目 눈목변	13 虫 벌레충변	蜀	나라 이름. 나비애벌레. 배추벌레.
火		17 火 불화변	燭·	촛불. 밝을. 촉광.
木	17 艹 풀초변	19 艸 초두변	薥	철쭉나무. 접시꽃. 촉규화.
木		20 角 뿔각변	觸·	닿을. 찌를. 범할. 받을.
土	𧾷	20 足 발족변	躅	머뭇거릴.
金		23 骨 뼈골변	髑	해골.
木		24 目 눈목변	矗	우거질. 무성할. 곧을. 우뚝할.
水		24 口 입구변	囑	부탁할. 당부할. 맡길. 청촉할.
火		25 日 날일변	曯	비출. 비칠.
火		25 火 불화변	爥	촛불. 비칠. 비출.
木		26 目 눈목변	矚	볼. 주시할. 뚫어지게 볼.

참고	작명은 소리(音)로만, 뜻(訓)으로만, 또는 소리(音)와 뜻(訓)으로 모두 할 수 있다.

촌

오행	획수·부수	원획·부수	한자	뜻
土		03 寸 마디촌변	寸·	마디 (길이의 단위). 작을. 치. 헤아릴. 촌수.
水		06 口 입구변	吋	인치 (inch). 길이의 단위. 영국의 척도.
木		07 木 나무목변	村·	마을. 시골.
土	07 阝 우방변	11 邑 고을읍변	邨	村자와 통용
火	06 忄 심방변	07 心 마음심변	忖	헤아릴. 쪼갤. 姓.

총

오행	획수·부수	원획·부수	한자	뜻
土		10 冖 민갓머리변	冢	무덤. 봉토.
土		13 土 흙토변	塚	冢자와 통용
火		11 心 마음심변	悤	바쁠. 총명할. 슬기로울. 허둥댈. 서두를. 총총할.
金		13 金 쇠금변	銃·	총. 도끼자루 구멍.

주의	속자 14획, 본자 13획, (전산폰트) 필순이 14획이나, 성명학에서는 13획 기준

木 14 15 揔 합할.
扌 手 거느릴. 묶을. 모두.
재방변 손수변 → 總 [소]

木 13 15 葱 파(채소).
艹 艸 파뿌리. 푸를. 좋은 기운.
풀초변 초두변

火 14 15 憁 분주할.
忄 心 바쁠. 실심할.
심방변 마음심변

木 15 17 蓯 우거질.
艹 艸 풀 빽빽할.
풀초변 초두변

木 15 17 蔥 파(채소).
艹 艸 푸를. 葱과 통용
풀초변 초두변

木 17 總· 합할.
糸 다. 모을. 거느릴.
실사변

木 14 総 總자와 통용
糸
실사변

火 17 聽· 귀 밝을.
耳 총명할.
귀이변

火 14 聡 聰자와 통용 [俗字]
耳
귀이변

水 18 叢 모일.
又 모을. 떼. 떨기.
또우변

木 19 寵 사랑할.
宀 귀여워할. 필.
갓머리변

金 19 鏦 창.
金 찌를.
쇠금변

火 21 驄 푸른빛 말.
馬 총이말.
말마변

찰

木 15 16 撮 사진 찍을.
扌 手 (손가락으로) 집을.
재방변 손수변 모을. 취할.

최

土 11 崔 높을.
山 姓.
메산변

水 12 最· 가장.
曰 제일.
가로왈변

火 13 催· 재촉할.
人 독촉할. 베풀. 열.
사람인변 일어날. 닥쳐올.

水 11 13 脧 아이 불알.
月 肉 갓난아이 음부.
육달월변 고기육변

木 14 榱 서까래
木 (지붕에 걸쳐 지른 나무).
나무목변

木 14 15 摧 꺾을.
扌 手 억제할. 누를.
재방변 손수변

水 15 嘬 물다.
口 씹을. 한입에 먹을.
입구변

水 14 15 漼 깊을.
氵 水 눈물 흘릴. 허술할.
삼수변 물수변

木 16 糸 **縗** 상복 이름. 상복.
실사변

金 15 王 16 玉 **璀** 빛날. 옥빛 찬란할.
임금왕변 구슬옥변

金 16 石 **確** 산 높고 험한 모양.
돌석변

추

木 08 巾 **帚** (청소하는) 비. (비로) 쓸. 댑싸리.
수건건변

火 08 隹 **隹** 새. 꼬리 짧은 새.
새추변

木 08 扌 09 手 **抽**· 뽑을. 뺄. 당기다.
재방변 손수변

木 09 禾 **秋**· 가을. 결실. 때. 해. 姓.
벼화변

金 09 酉 **酋** 우두머리. 두목. 오래될. 숙성할. 묵은 술.
닭유변

木 10 艸 **芻** 꼴. 꼴꾼. 짚. 말린 풀. 짐승 먹이.
초두변

土 11 女 **娵** 별 이름. 미녀. 젊을. 여자 이름.
계집녀변

木 11 扌 12 手 **推**· 천거할. 밀. 추천하다. [퇴]
재방변 손수변

木 11 扌 12 手 **捶** 종아리 칠. 짓찧을. 두드릴.
재방변 손수변

木 12 木 **椎** 망치. 몽치. 방망이. 등뼈.
나무목변

火 11 忄 12 心 **惆** 슬퍼할. 섭섭할. 실심할.
심방변 마음심변

水 12 口 **啾** 소리. 찍찍거릴. 울.
입구변

木 13 木 **楸** 가래나무. 바둑판.
나무목변

木 13 手 **揫** 모을. 묶을. 거둘.
손수변
→ 揪 [同字]

土 10 辶 13 辵 **追**· 쫓을. 따를.
책받침변 갖은책받침변

水 12 氵 13 水 **湫** 다할. 서늘할. 못. 늪. [초]
삼수변 물수변

木 13 扌 14 手 **搥** 칠. 북 칠. 종아리 칠.
재방변 손수변

木 14 竹 **箠** 채찍. 채찍질할. 대마디.
대죽변

火 14 人 **僦** 빌릴. 고용할. 세 낼. 품삯.
사람인변

土 14 瓦 **甃** 벽돌 담. 우물 벽돌. 벽돌.
기와와변

자원오행	획수	한자	뜻
木	15 木 나무목변	樞	지도리. 고동 (일을 함에 있어 가장 중요한 점).
木	13 15 艹 艸 풀초변 초두변	萩	쑥. 다북쑥. 가래나무.
土	15 土 흙토변	墜	떨어질. 떨어뜨릴. 무너질.
金	15 皮 가죽피변	皺	주름질. 주름 잡힐. 마른 대추.
金	15 言 말씀언변	諏	물을. 상의할. 꾀할.
木	14 16 艹 艸 풀초변 초두변	蒭	꼴. 풀 베다. 짐승 먹이.
木	16 糸 실사변	縐	주름 질. 가는 갈포. 베. 가늘다.
木	16 糸 실사변	縋	줄에 매달. 매달릴.
土	11 16 阝 阜 좌방변 언덕부변	陬	모퉁이. 구석. 현 이름. 정월의 별칭.
金	16 金 쇠금변	錐	송곳. 바늘.
金	16 金 쇠금변	錘	저울눈. 무게.
水	16 疒 병질엄변	瘳	병 나을. 덜.
木	17 竹 대죽변	篘	버금자리. 버금. 가지런할.
火	17 走 달릴주변	趨	달릴. 향할. 추창할. [촉]
土	13 17 阝 邑 우방변 고을읍변	鄒	땅 이름. 나라 이름. 姓.
金	17 酉 닭유변	醜·	추할. 더러울. 악할.
火	18 隹 새추변	雛	병아리. 새 새끼.
火	18 馬 말마변	騅	오추마. 푸르고 흰 얼룩말.
火	18 鬼 귀신귀변	魋	뭉치머리. 상투. 북상투.
金	18 金 쇠금변	鎚	저울추. 쇠몽둥이. [퇴]
金	18 革 가죽혁변	鞦	그네. 밀치 끈 (말 꼬리에 거는 막대).
火	19 鳥 새조변	鵻	작은 비둘기. 아롱 비둘기.
火	20 馬 말마변	騶	마부. 기수. 달릴.
火	20 鳥 새조변	鷲	무수리 (황새과의 물새).

水 20 魚 **鰌** 미꾸라지. 능가할. 물고기어변

水 20 魚 **鰍** 鰌자와 통용 물고기어변

木 21 禾 **龝** 가을. → 秋 [同字] 벼화변

火 21 鳥 **鶵** 병아리. 새 새끼. 원추새. 새조변

土 33 鹿 **麤** 클. 거칠. 굵을. 사슴록변

축

土 04 一 **丑·** 소. 둘째 지지. 한일변

木 08 竹 **竺** 대나무 (竹). 나라 이름. 姓. [독] 대죽변

土 08 女 **妯** 동서. 계집녀변

水 08 豕 **豖** 발 얽은 돼지 걸음. [촉] 돼지시변

土 10 田 **畜·** 가축. 칠. 기를. 쌓을. 밭전변

金 10 示 **祝·** 빌. 축문. 기원할. 축하할. 보일시변

木 11 舟 **舳** 고물 (선박의 꼬리. 선미). 배주변

木 12 竹 **筑** 악기 이름. 주울. 대죽변

火 12 車 **軸** 굴대. 수레바퀴. 베틀북. 수레거변

土 11 辶 14 辵 **逐·** 쫓을. 다툴. 물리칠. 책받침변 갖은책받침변

木 14 艹 16 艸 **蓄·** 저축. 쌓을. 모을. 저장할. 풀초변 초두변

木 16 竹 **築·** 쌓을. 다질. 지을. 대죽변

木 17 糸 **縮·** 축소. 줄일. 오그라들. 실사변

土 18 足 **蹙** 닥칠. 재촉할. 고생할. [척] 발족변

土 𧾷 18 足 **蹜** 종종걸음 칠. 디딜. 발족변

土 18 黽 **鼀** 두꺼비. 맹꽁이변

土 𧾷 19 足 **蹴** 찰. 차다. 밟을. (축구) 발족변

주의: 𧾷, 足 발족 변 7획은 혼용 사용됨

춘

오행	획수	부수	한자	뜻
火	09	日 날일변	春·	봄. 청춘. 화할.
木	13	木 나무목변	椿	나무 이름. 참죽나무. 姓.
金	13 14	王 玉 임금왕변 구슬옥변	瑃	옥 이름.
金	16	貝 조개패변	賰	넉넉할. [준]

출

오행	획수	부수	한자	뜻
木	05	木 나무목변	朮	차조 (찰기 있는 조). 삽주. 姓. → 秫 [술]
土	05	凵 위터진입구변	出·	날. 나갈. 뛰어날.
木	10	禾 벼화변	秫	차조. 붉은 조. 찹쌀.
水	17	黑 검을흑변	黜	물리칠. 내리칠. 떨어뜨릴.

충

오행	획수	부수	한자	뜻
木	05	儿 어진사람인변	充·	찰. 채울. 가득할.

주의	(전산폰트) 필순은 6획으로 보이고, 현재 본자 5획, 와자(譌字) 6획으로 혼용되나 성명학에서는 5획 기준

오행	획수	부수	한자	뜻
火	07 08	忄 心 심방변 마음심변	忡	근심할.
火	08	心 마음심변	忠·	충성.
水	07 08	氵 水 삼수변 물수변	沖	화할. 빌. 공허. 날아오를. 어릴. 깊을. 찌를.
水	06	冫 이수변	冲	沖자와 통용
木	10	衣 옷의변	衷	속 마음. 속옷. 착할. 정성. 가운데.
金	10 11	王 玉 임금왕변 구슬옥변	珫	귀고리 옥. 옥돌.
火	15	行 다닐행변	衝·	충돌할. 부딪칠. 찌를. 뚫을.
水	18	虫 벌레충변	蟲·	벌레.
水	06	虫 벌레충변	虫	蟲자와 통용

췌

오행	획수	부수	한자	뜻
火	11 12	忄 心 심방변 마음심변	悴	초췌할. 파리할. 근심할. 핼쑥할.

木	12 扌 재방변	13 手 손수변	**揣**	잴. 헤아릴.
火	12 忄 심방변	13 心 마음심변	**惴**	두려워할. 근심.
水		13 疒 병질엄변	**瘁**	병들. 여윈 모양. 파리할.
木	12 艹 풀초변	14 艸 초두변	**萃**	모을. 떨기. [취]
火		17 頁 머리혈변	**顇**	파리할. 병들. 야윌.
金		18 貝 조개패변	**贅**	혹. 군더더기. 모을.
水	16 月 육달월변	18 肉 고기육변	**膵**	이자 (췌장).

취

水		07 口 입구변	**吹·**	불. 불다. 악기 불.
火		08 火 불화변	**炊**	불 땔. 불. 밥 지을.
水		08 又 또우변	**取·**	취할. 가질.
土		10 冖 민갓머리변	**冣**	쌓을. 모을. → 추 [本音]
水		10 自 스스로자변	**臭·**	냄새. 냄새 날. 썩을.
土		11 女 계집녀변	**娶**	장가들. 아내를 맞을.
火		12 毛 터럭모변	**毳**	솜털. 가는 털. 연할.
土		12 尢 절름발이왕변	**就·**	나아갈. 이룰.
水	10 月 육달월변	12 肉 고기육변	**脆**	연할. 무를. 가벼울.
火		14 羽 깃우변	**翠**	푸를. 비취빛. 물총새.
火		14 耳 귀이변	**聚**	모을. 모일. 마을. 촌락.
火		15 走 달릴주변	**趣·**	뜻. 취지. 나아갈. 주창할.
金		15 酉 닭유변	**醉·**	취할. (술) 취할.
水		15 口 입구변	**嘴**	부리. 주둥이. 사물의 뾰족한 끝.
木		16 木 나무목변	**橇**	썰매.
火		23 鳥 새조변	**鷲**	독수리. 수리.

火	24 馬 말마변	驟	달릴. 몰. 빠를. 갑작스러울. 별안간.

측

火	04 人 사람인변	仄	기울. 뒤틀. 어렴풋할.
火	08 日 날일변	昃	기울. 해 기울어질. 오후.
火	11 人 사람인변	側·	곁. 옆. 기울어질.
木	12 广 엄호변	廁	뒷간. 변소.
木	11 厂 민엄호변	厠	廁자와 통용
火	12 忄 심방변 13 心 마음심변	惻	슬퍼할. 불쌍할. 아플.
水	12 氵 삼수변 13 水 물수변	測·	잴. 측량할. 헤아릴.

층

木	15 尸 주검시변	層·	계단. 층. 층층대. 겹.

참고	대법원에서 선정한 인명용 한자란 성(姓)을 제외한 이름(名)의 한자를 말한다.

치

水	05 㔾 卩 병부절변	卮	술잔. 잔. 연지.
水	07 豸 갖은돼지시변	豸	벌레. 발 없는 벌레. 풀릴.
火	08 人 사람인변	侈	사치할. 오만할. 많을.
土	09 山 메산변	峙	고개. 언덕. 산 우뚝 설.
土	09 至 이를지변	致·	이를. 다할. 줄. 부를. 보낼.

주의	속자 10획, 본자 9획 통용, (전산폰트) 필순 10획으로 보이나, 성명학은 9획 기준

水	09 口 입구변	哆	(크게) 입 딱 벌릴. 클. 많을.
水	08 氵 삼수변 09 水 물수변	治·	다스릴. 관리할. 병 고칠.
火	10 人 사람인변	値·	값. 가격. 가치.
火	10 心 마음심변	恥·	부끄러울. 창피할. 욕될.
水	10 虫 벌레충변	蚩	어리석을. 얕볼. 업신여길. 치벌레. 벌레 이름.

주의	字典에 따라 10획, 11획으로 혼용되나, 성명학에서는 10획 기준

木	11 木 나무목변	梔	치자나무. 치자.
土	06 阝 좌방변 11 阜 언덕부변	阤	비탈질. 사태날. 무너질. 헐릴.
土	11 田 밭전변	畤	제터 (제사 지내는 터).
水	11 疒 병질엄변	痔	치질.
水	11 疒 병질엄변	痓	풍병. 악할. 나쁠.
水	11 氵 삼수변 12 水 물수변	淄	검은빛. 물 이름. 검게 물들일.
木	13 宀 갓머리변	寘	둘. 놓을. 그칠.
木	13 禾 벼화변	稚	어릴. 어린 벼. 만생종.
木	17 禾 벼화변	穉	稚자와 통용

주의	字典에 따라 16획, 17획으로 혼용되나, 성명학에서는 17획 기준

木	13 糸 실사변	絺	가는 칡베. 가는 갈포 (칡).
火	13 隹 새추변	雉	꿩.
火	13 馬 말마변	馳	달릴. 질주할.
土	13 𧾷 足 발족변	跱	머뭇거릴. 주저할. 정지할.
水	13 口 입구변	嗤	비웃을. 웃음거리. 냉소할.
木	13 罒 14 网 그물망변	置·	둘. 두다. 놓을. 베풀.
木	12 艹 풀초변 14 艸 초두변	菑	묵정밭 (경작 않고 묵힌 잡초밭). 따비밭.
木	14 糸 실사변	緇	검을. 검은빛. 검은 옷.
木	15 巾 수건건변	幟	표기 (표지가 있는 기). 표적.
木	15 糸 실사변	緻	촘촘할. 빽빽할. 꿰맬. 기울. 고울. 찬찬할.
火	15 車 수레거변	輜	짐수레. 바퀴살 끝.
金	15 齒 이치변	齒·	이. 치아. 나이.
木	15 衤 16 衣 옷의변	褫	빼앗을. 옷 벗길.

火 16 火 불화변 **熾** 성할. 맹렬할. 불꽃. 불 활활 탈.

火 16 鳥 새조변 **鴟** 올빼미. 솔개.

火 16 鳥 새조변 **鴙** 꿩. → 雉 [同字]

金 16 金 쇠금변 **錙** 저울눈. 무게의 단위. 중량 이름.

火 17 鳥 새조변 **鵄** 소리개. 솔개. 올빼미.

木 17 19 艹 艸 풀초변 초두변 **薙** 백목련.

水 19 疒 병질엄변 **癡** 어리석을. 미련할. 미치광이.

水 13 疒 병질엄변 **痴** 癡자와 통용

水 19 魚 물고기어변 **鯔** 숭어 (물고기 이름).

칙

土 09 力 힘력변 **勅** 칙서. 신칙할. 조서. 경계할. → 敕 [同字]

金 09 刂 刀 선칼도변 칼도변 **則**· 법칙. 법. 본받을. [즉]

金 11 攵 攴 등글월문변 칠복변 **敕** 칙서. 신칙할. 조서. 경계할. → 勅 (同字)

水 13 食 밥식변 **飭** 삼갈. 신칙할. 갖출. 훈계.

친

火 16 見 볼견변 **親**· 친할. 일가. 가까울. 어버이.

木 20 木 나무목변 **櫬** 무궁화나무.

木 21 22 衤 衣 옷의변 **襯** 속옷. 베풀. 가까이할. 접근.

칠

金 02 07 一 한일변 **七**· 일곱. 일곱 번.

주의	필순은 2획이나, 성명학에서는 수의 의미를 획수로 하므로 7획 기준

木 09 木 나무목변 **柒** 옻나무. 옻. 옻칠. 漆과 통용

水 14 15 氵 水 삼수변 물수변 **漆**· 옻칠할. 옻. 물 검을. 캄캄할.

침

木 08 木 나무목변 **枕**· 베개. 침목.

火 07 忄 심방변 08 心 마음심변 **忱** 정성. 믿을.

水 07 氵 삼수변 08 水 물수변 **沈**· 잠길. 빠질. 가라앉을.
침 ↔ 심 [통용]

火 09 人 사람인변 **侵**· 침노할. 범할. 점점.

金 10 石 돌석변 **砧** 다듬잇돌. 모탕. 방칫돌 (다듬잇돌의 방언).

金 10 金 쇠금변 **針**· 침. 바늘.

水 10 氵 삼수변 11 水 물수변 **浸**· 잠길. 젖을. 적실. 번질.

木 12 木 나무목변 **棽** 나뭇가지 무성할. 우거질. 뒤덮일.
침 ↔ 림 [통용]

木 13 宀 갓머리변 **寖** 잠길. 젖을. 점점.

木 13 木 나무목변 **椹** 모탕. 도끼 바탕. 받침. 토막.

金 12 王 임금왕변 13 玉 구슬옥변 **琛** 보배. 옥침. 진귀하다.

木 14 宀 갓머리변 **寢**· 잠 잘. 잘. 쉴.

土 11 阝 우방변 15 邑 고을읍변 **郴** 고을 이름. 땅 이름.

金 15 金 쇠금변 **鋟** 새길. 판 새길 (조각). 송곳.

火 17 馬 말마변 **駸** 말 달릴. 빠를.

金 17 金 쇠금변 **鍼** 침. 바늘. 찌를.→ 針 [同字]

칩

水 17 虫 벌레충변 **蟄** 겨울잠 잘. 동면할. 엎드릴. 숨을.

칭

木 10 禾 벼화변 **秤** 저울. 공평할. → 稱의 [俗字]

木 14 禾 벼화변 **稱**· 일컬을. 헤아릴. 저울질할. 칭찬.

♣

ㅋ

쾌

木	04 大 큰대변	夬	정할. 결단할. 괘 이름. [결]
火	07 忄 심방변 / 08 心 마음심변	快·	쾌할. 시원할. 상쾌할. 빠를.
水	16 口 입구변	噲	목구멍. 들이마실. 훤할.

♣

ㅌ

타

火	05 人 사람인변	他·	다를. 딴. 남.
木	05 扌 재방변 / 06 手 손수변	打·	칠. 타. 다스. 때릴.
木	06 木 나무목변	朶	늘어질. 움직일. 가지.
土	07 女 계집녀변	妥·	온당할. 편안. 평온할.
火	07 人 사람인변	佗	다를. 더할. 마음 든든할. 짊어질.
土	08 土 흙토변	坨	비탈질. 땅 이름.
木	08 扌 재방변 / 09 手 손수변	拖	잡아 끌. 끌. 이끌.
木	08 扌 재방변 / 09 手 손수변	拕	이끌. 끌.
木	09 木 나무목변	柁	선박 키. 나무 단단할.
水	09 口 입구변	咤	꾸짖을. 슬퍼할. 입맛 다실.
水	08 氵 삼수변 / 09 水 물수변	沱	물 이름. 물 갈라질. 큰비.
木	11 舟 배주변	舵	선박 키. 키. → 柁[仝]
水	11 口 입구변	唾	침. 침 뱉을.
土	12 足 발족변	跎	헛디딜. 미끄러질. 때 놓칠.

오행	획수	한자	뜻
金	12 言 말씀언변	詑	속일.
火	12 忄 심방변 / 13 心 마음심변	惰	게으를. 버릇. 사투리.
火	13 馬 말마변	馱	짐 실을. 짐. 태울. [태]
土	08 阝 좌방변 / 13 阜 언덕부변	陀	비탈질. 험할. 땅 이름.
土	13 身 몸신변	躱	몸 피할. 비킬.
金	13 言 말씀언변	詫	자랑할. 신통할.
火	15 馬 말마변	駝	낙타. 약대. 곱사등이. 태울.
火	15 馬 말마변	駞	낙타. 곱사등이. 약대.
土	15 土 흙토변	墮·	떨어질. 떨어뜨릴.
木	16 木 나무목변	橢	길쭉할.
木	13 木 나무목변	楕	橢자와 통용
火	16 鳥 새조변	鴕	타조.
水	16 魚 물고기어변	鮀	모래무지. 문절망둑.
土	25 黽 맹꽁이변	鼉	악어.

탁

오행	획수	한자	뜻
木	06 扌 재방변 / 07 手 손수변	托·	부탁. 의뢰할. 의지할. 맡길.
木	08 十 열십변	卓·	뛰어날. 높을. 책상. 姓.
土	08 土 흙토변	坼	터질. 찢을. 갈라질. 싹 틀.
金	08 石 돌석변	矺	돌로 칠. 나무 이름.
木	09 广 엄호변	度	헤아릴. 잴. 물을. 탁 ↔ 도 [통용]
木	09 木 나무목변	柝	딱따기 (야경 방망이). 열릴. 열. 터질. 쪼갤.
木	08 扌 재방변 / 09 手 손수변	拓	박을. 밀칠. 탁 ↔ 척 [통용]
木	08 扌 재방변 / 09 手 손수변	拆	터질. 찢을. 갈라질.
水	08 氵 삼수변 / 09 水 물수변	沰	떨어질. 돌 던질. 붉을.

火	10 人 사람인변	倬	밝을. 클.
金	10 言 말씀언변	託	부탁할. 의지할.
水	11 口 입구변	啄	부리로 쫄. 쫄. 부리로 쪼아먹을. 두드릴.　[주]
火	12 日 날일변	晫	밝을. 환할.
水	11 12 氵 水 삼수변 물수변	涿	칠. 물방울. 들을.
金	12 13 王 玉 임금왕변 구슬옥변	琢	다듬을. 쫄. 연마할.
金	12 13 王 玉 임금왕변 구슬옥변	琸	사람 이름.
土	15 ⻊ 足 발족변	趠	멀. 탁월할. 뛰어날.
土	12 15 ⻌ 辵 책받침변 갖은책받침변	逴	멀. 뛰어날. 뛸. 넘을.
木	16 木 나무목변	橐	전대 (주머니). 자루.
木	14 木 나무목변	槖	橐자와 통용
水	16 17 氵 水 삼수변 물수변	濁·	물 흐릴. 어지러울.
木	17 18 扌 手 재방변 손수변	擢	제거할. 뽑을. 빼낼. 선별할.
水	17 18 氵 水 삼수변 물수변	濯·	빨래할. 빨. 씻을.
金	21 金 쇠금변	鐸	방울. 요령.
木	20 22 艹 艸 풀초변 초두변	蘀	낙엽 질. 마를. 초목 껍질.
木	22 竹 대죽변	籜	대 껍질. 죽순 껍질.

탄

水	07 口 입구변	呑	삼킬. 감출.
土	08 土 흙토변	坦	평탄할. 넓을. 너그러울.
火	09 火 불화변	炭·	석탄. 숯. 숯불. 원소 이름.
木	14 糸 실사변	綻	터질. 옷 솔기 터질. 꿰맬. 필.
金	14 言 말씀언변	誕·	탄생할. 낳을. 놓을. 클. 기를.
水	14 口 입구변	嘆	한숨 쉴. 탄식할.　→ 歎[수]

金 15 弓 활궁변 **彈**· 탄알. 총알. 탄핵할. 姓.

金 15 欠 하품흠변 **歎**· 탄식. 기릴. 감탄할. 읊을.

火 16 日 날일변 **暺** 밝을.

火 15 忄 심방변 16 心 마음심변 **憚** 꺼릴. 수고할. 미워할. 화낼.

水 16 歹 죽을사변 **殫** 다할. 낱낱이 할. → 단 [本音]

火 16 忄 심방변 17 心 마음심변 **憻** 평평할. 너그러울. 밝을. 편안할.

火 22 馬 말마변 **驒** 점박이 말.

水 22 氵 삼수변 23 水 물수변 **灘** 여울. 물가. 물 흐를.

木 22 扌 재방변 23 手 손수변 **攤** 펼. 열.

水 24 疒 병질엄변 **癱** 중풍. 마비될. 뻣뻣할.

탈

火 09 人 사람인변 **侻** 가벼울. 교활할. 옳을.

水 11 月 육달월변 13 肉 고기육변 **脫**· 벗어날. 벗을. 빠질. 여윌. 탈 ↔ 태 [통용]

木 14 大 큰대변 **奪**· 빼앗을. 잃을.

탐

火 07 心 마음심변 **忐** 허전할. 마음 허할. 두려워할. → 담 [本音]

木 09 目 눈목변 **眈** 얕볼. 노려볼. 으늑할.

火 10 耳 귀이변 **耽** 좋아할. 즐길. 귀 축 처질. 빠질.

金 11 貝 조개패변 **貪**· 탐낼. 탐할. 바랄.

金 11 酉 닭유변 **酖** 술을 즐길. 술에 빠질. [짐]

木 11 扌 재방변 12 手 손수변 **探**· 정탐할. 더듬을. 찾을.

水 14 口 입구변 **嗿** 소리. 여럿이 먹는 소리. 많을.

탑

火 12 人 사람인변 **傝** 답답할. 용렬할. 나쁠.

土 13 土 흙토변 **塔**· 탑. 절.

土 13 土 흙토변 **塌** 떨어질. 낮은 땅.

木 14 木 나무목변 **榻** 걸상. 긴 걸상. 책상.

木 13 14 扌 手 재방변 손수변 **搨** 베낄. 본뜰. 탁본. 비문 박을.

탕

木 08 巾 수건건변 **帑** 나라 금고. 나라 곳집. [노]

金 08 宀 갓머리변 **宕** 방탕할. 지나칠. 넓을.

水 12 13 氵 水 삼수변 물수변 **湯**· 물 끓일. 끓을.

金 14 石 돌석변 **碭** 옥돌. 무늬 있는 돌.

木 16 米 쌀미변 **糖** 엿. 사탕. 탕 ↔ 당 [통용]

火 16 火 불화변 **燙** 데울. 불에 델. 씻을.

水 17 皿 그릇명변 **盪** 씻을. 움직일.

木 16 18 艹 艸 풀초변 초두변 **蕩** 쓸어 버릴. 방탕할. 옮길.

木 21 23 艹 艸 풀초변 초두변 **蘯** 쓸어 없앨. 넓고 클.

태

木 04 大 큰대변 **太**· 클. 첫째. 처음. 콩. 姓.

水 05 口 입구변 **台** 별. 삼태성. 기르다.

火 06 07 忄 心 심방변 마음심변 **忕** 살필. 사치할. 태 ↔ 세 [통용] [설]

金 07 儿 어진사람인변 **兌** 서방. 곧을. 바꿀. 기쁠. 괘 이름.

水 08 子 아들자변 **孡** 임신할. 아이 밸.

水 07 08 氵 水 삼수변 물수변 **汰** 씻을. 밀릴. 추릴. 사치할.

火 09 心 마음심변 **怠**· 게으를. 거만할. 업신여길.

水 09 歹 죽을사변 **殆**· 위태할. 위태로울. 거의.

참고	이름의 성(姓)은 반드시 漢字로 출생신고를 해야 하나, 이름(名)은 한자(인명용 한자 중에서) 또는 한글로 신고해야 한다.

水 09 泰· 氺 水 오수변 물수변
클.
편안할. 넉넉할. 심할.
괘 이름.

주의: 9, 10획으로 혼용되나 氺(오수)는 필순 5획으로 타변에 속하면 필순에 따라 5획이나, 氺(오수)는 水(물수 변) 4획에 속하므로 성명학은 9획 기준. **(예)** 暴 사나울 포는 日변에 속하므로 氺(오수)는 필순 5획으로 15획

土 10 娧 女 계집녀변
기쁠.
천천히 할. 더딜.

金 09 10 珆 王 玉 임금왕변 구슬옥변
용무늬.
용무늬 있는 홀 옥.
옥 이름. 태 → 이[통용]

木 09 11 苔 艹 艸 풀초변 초두변
이끼.

木 11 笞 竹 대죽변
매질할.
볼기칠. 태형.

土 11 埭 土 흙토변
둑.
보. 방죽.

水 09 11 胎 月 肉 육달월변 고기육변
아이 밸.
잉태. 새끼 밸.

土 08 12 邰 阝 邑 우방변 고을읍변
땅 이름.
나라 이름.

주의: 阝우부방 변 3획은 성명학에서는 邑 고을읍 변 7획으로 사용됨

土 09 12 迨 辶 辵 책받침변 갖은책받침변
이르다.
미칠. 닿을. 바랄.

土 12 跆 𧾷 足 발족변
유린할.
밟을. 노래할.

金 12 鈦 金 쇠금변
티타늄 (Titanium)
(화학 원소명).

水 11 13 脫 月 肉 육달월변 고기육변
천천히 할.
느릿할. 기뻐할.
태 ↔ 탈 [통용]

木 14 颱 風 바람풍변
태풍.
몹시 부는 바람.

火 14 態· 心 마음심변
태도.
모양. 형태.

水 13 14 溙 氵 水 삼수변 물수변
물 모양.
물에 씻기는 모양.

火 15 駘 馬 말마변
둔할. 둔마 (느린 말).
여위고 지치다.

水 16 鮐 魚 물고기어변
복어.

택

木 06 宅· 宀 갓머리변
집.
대지. 택 ↔ 댁 [통용]

土 09 垞 土 흙토변
언덕.
성 (城) 이름.

木 16 17 擇· 扌 手 재방변 손수변
가릴.
고를. 뽑을.

水	16 17 氵 水	澤·	못. 은혜. 덕택. 윤택할.

삼수변 물수변

탱

木	12 牙	撐	버팀목. 버팀.

어금니아변

木	15 16 扌 手	撐	버틸. 취할. 버팀목.

재방변 손수변

木	15 16 扌 手	撑	버틸. 버팀목.　撐과 통용

재방변 손수변

> 주의　扌재방 변 3획은 성명학에서는 手 손수 변 4획으로 사용됨

터

木	18 19 扌 手	攄	펼. 펴다. 오를. 姓.

재방변 손수변

토

土	03 土	土·	흙. 땅. 오행의 하나.

흙토변

水	06 口	吐·	토할. 뱉을. 게울. 펼.

입구변

木	08 儿	兎	토끼. 달.

어진사람인변

> 주의　(전산폰트) 필순 9획으로 보이나 (전산 오류로 사료됨) 字典에 8획이므로 성명학에서는 8획 기준

木	07 儿	兔	兎자와 통용　[俗字]

어진사람인변

> 주의　(전산폰트) 필순 8획으로 보이나 (전산 오류로 사료됨) 字典에 7획이므로 성명학에서는 7획 기준

金	10 言	討·	찾을. 칠. 다스릴. 구할.

말씀언변

톤

水	15 口	噋	느릿할. 느릿느릿 걸을. 입기운.

입구변

통

火	09 10 忄 心	恫	상심할. 슬플. 아플.

심방변 마음심변

水	09 10 氵 水	洞	통달할. 꿰뚫을. 통 ↔ 동[통용]

삼수변 물수변

木	11 木	桶	그릇 통. (열 되들이) 통.

나무목변

木	12 竹	筒	대통 (대나무 통). 통. 퉁소. 대롱.

대죽변

오행	획수	한자	뜻
木	12 糸 실사변	統·	거느릴. 통치할. 벼리. 합칠. 혈통. 계통.
水	12 疒 병질엄변	痛·	아플. 원통할. 상할. 심할.
木	13 竹 대죽변	筩	대통 (대나무 통). 통. 망보는 대통.
土	11 14 辶 辵 책받침변 갖은책받침변	通·	통할. 형통할. 알릴. 내왕할.
木	15 木 나무목변	樋	나무 이름. 어름나무. 대 홈통.
火	14 15 忄 心 심방변 마음심변	慟	애통할. 서럽게 울.

퇴

오행	획수	한자	뜻
土	11 土 흙토변	堆	언덕. 쌓을. 쌓일.
土	10 13 辶 辵 책받침변 갖은책받침변	退·	물러갈. 물리칠. 겸손할.
木	14 木 나무목변	槌	망치. 내던질. 칠. [추]
木	14 16 月 肉 육달월변 고기육변	腿	넓적다리. 다리 살.
木	15 16 衤 衣 옷의변	褪	옷 벗을. 벗을. 물러설. 바랠.
火	16 頁 머리혈변	頹	무너질. 쇠할. 질풍. 떨어질.
土	15 20 阝 阜 좌방변 언덕부변	隤	무너질. 미끄러질. 피곤할.

투

오행	획수	한자	뜻
土	07 女 계집녀변	妒	투기할. 미워할.
木	07 08 扌 手 재방변 손수변	投·	던질. 줄. 보낼. 버릴.
土	08 女 계집녀변	妬	투기할. 강새암할.
木	10 大 큰대변	套	덮개. 클. 겹칠. 씌울.
火	11 人 사람인변	偸	훔칠. 도둑질. 탐낼. 구차할.
水	12 13 氵 水 삼수변 물수변	渝	변할. 달라질. [유]
土	11 14 辶 辵 책받침변 갖은책받침변	透·	투철할. 통할. 뛰어넘을.

주의	
	辶 책받침 변 4획은 성명학에서는 辵 갖은책받침 변 7획으로 사용됨

오행	획수	한자	뜻
金	14 骨 뼈골변	骰	주사위.

金 20 門 **鬪**· 싸울. 싸움. 다툴.
싸울투변

퉁

火 07 人 **佟** 강 이름. 姓.
사람인변

특

火 07 心 **忒** 변할. 의심할. 틀릴.
마음심변

土 10 牛 **特**· 특별할. 뛰어날. 다만. 짝.
소우변

火 15 心 **慝** 간사할. 사특할. 속일. 악할.
마음심변

틈

木 18 門 **闖** 쑥 내밀. 엿볼. 말이 문을 나오는 모양. [침]
문문변

♣

ㅍ

파

오행	획수	한자	뜻
土	04 己 몸기변	巴	땅 이름. 뱀.
水	05 口 입구변	叵	어려울. 옳지 못할. 하지 못할.
土	07 女 계집녀변	妑	여자 이름. 새앙머리. 두 갈래로 머리 땋을.
木	07 扌 재방변 / 08 手 손수변	把·	잡을. 가질. 쥘. 자루. 지킬.
木	08 木 나무목변	杷	비파나무. 발고무래. 써레.
木	08 父 아비부변	爸	아비. 아버지.
土	08 土 흙토변	坡	고개. 언덕.
土	08 山 메산변	岥	산비탈. 비뚤어질. 언덕.
金	08 爪 손톱조변	爬	긁을. 잡을. 길. 손 짚고 기다.
火	08 忄 심방변 / 09 心 마음심변	怕	두려울.
水	08 氵 삼수변 / 09 水 물수변	波·	물결. 진동할. 진동하는 결.
木	08 艹 풀초변 / 10 艸 초두변	芭	파초. 향기풀 이름.
木	10 竹 대죽변	笆	가시대. 울타리.
金	09 王 임금왕변 / 10 玉 구슬옥변	玻	유리 (glass). 파리 (玻璃).
金	10 石 돌석변	破·	깨어질. 파할. 깨뜨릴.
金	10 耒 쟁기뢰변	耙	쇠스랑. 써레. 갈퀴.
水	09 氵 삼수변 / 10 水 물수변	派·	보낼. 물 갈래. 갈래 보낼.
土	11 女 계집녀변	婆	할미. 조모. 늙은 여자. [바]
土	12 ⻊ / 足 발족변	跛	절뚝발이. 절룩거릴. [피]
金	12 王 임금왕변 / 13 玉 구슬옥변	琶	악기 이름. 비파.
木	12 艹 풀초변 / 14 艸 초두변	菠	시금치.

오행	획수	부수	한자	뜻
火	14	頁 머리혈변	頗·	치우칠. 비뚤어질. 편벽될. 자못. 약간. 많이.
木	13 15	艹 艸 풀초변 초두변	葩	꽃송이. 꽃.
木	15 16	扌 手 재방변 손수변	播·	씨 뿌릴. 심을. 달아날. 퍼뜨릴.
木	15 16	罒 网 그물망변	罷·	마칠. 파할. 그만둘. 그치다.
木	17	白 흰백변	皤	머리 흴. 머리 센 모양.
木	18 19	扌 手 재방변 손수변	擺	벌여 놓을. 열. 열릴. 흔들.
木	19	竹 대죽변	簸	쌀 까부를. 키.
土	15 19	阝 邑 우방변 고을읍변	鄱	땅 이름. 고을 이름.
水	24 25	氵 水 삼수변 물수변	灞	물 이름. 물가.

판

오행	획수	부수	한자	뜻
土	07	土 흙토변	坂	언덕. 늪. 고개. 산비탈.
金	07	刂 刀 선칼도변 칼도변	判·	판단할. 판결할. 쪼갤. 姓.
木	08	木 나무목변	板·	널판지. 널. 판목.
木	08	片 조각편변	版·	인쇄. 조각. 판목. 짜갤.
金	11	貝 조개패변	販·	매매할. 팔. 장사.
土	07 12	阝 阜 좌방변 언덕부변	阪	언덕. 산비탈.
金	12	金 쇠금변	鈑	금박. 금화. 불린 금. 널조각.
金	16	辛 매울신변	辦	힘쓸. 갖출.
木	19	瓜 오이과변	瓣	오이씨. 꽃이파리. 날름쇠. [국]

팔

오행	획수	부수	한자	뜻
水	05	口 입구변	叭	입 벌릴. 벌릴. 나팔.
木	06	木 나무목변	朳	고무래. 쓰레받기. 삼태기.
水	05 06	氵 水 삼수변 물수변	汃	물결 소리. 물 모양.
金	02 08	八 여덟팔변	八·	여덟.

주의	필순은 2획이나, 성명학에서는 수의 의미를 획수로 하므로 8획으로 기준

木 10 11 扌 手 捌 깨뜨릴. 깨칠. 여덟. 고무래.
재방변 손수변

패

金 07 貝 貝· 조개. 재물. 패 ↔ 배 [통용]
조개패변

水 07 子 孛 살별. 혜성. 꼬리 달린 별.
아들자변

火 08 人 佩 노리개. 찰. 패옥.
사람인변

水 07 08 氵 水 沛 늪. 습지. 비 쏟아질.
삼수변 물수변

木 10 方 旆 깃발. 기. 깃발 날리는 모양.
모방변

水 10 口 唄 염불 소리. 노래 읊을. 인도 노래.
입구변

火 10 11 忄 心 悖 어그러질. 어지러울. [발]
심방변 마음심변

土 10 11 犭 犬 狽 이리. 허겁지겁할. 낭패.
개사슴록변 개견변

金 11 攵 攴 敗· 패할. 무너질. 깨뜨릴.
등글월문변 칠복변

金 10 11 王 玉 珮 패옥. 옥띠. 찰.
임금왕변 구슬옥변

水 10 11 氵 水 浿 물 이름. 물가.
삼수변 물수변

木 12 片 牌 패. 간판. 방패.
조각편변

木 13 禾 稗 돌피. 피. 잘. 기다릴.
벼화변

水 15 雨 霈 큰비. 비 쏟아질.
비우변

水 21 雨 霸 으뜸. 두목. 권세 잡을.
비우변

金 19 襾 覇 霸자와 통용 덮을아변

팽

木 09 示 祊 제사 이름. 사당문 제사.
보일시변

金 10 石 砰 물소리. 돌 구르는 소리.
돌석변

火 11 灬 火 烹 삶을. 삶아 죽이다.
연화변 불화변

火 12 彡 彭 나라 이름. 땅. 많을. 姓.
터럭삼변

水 15 16 澎 물소리.
氵 水 파도 소리.
삼수변 물수변

土 16 18 膨 배부를.
月 肉 부를. 불룩해질.
육달월변 고기육변

水 18 蟚 방게.
虫 → 蟛 [同字]
벌레충변

水 18 蟛 방게.
虫 → 蟚 [同字]
벌레충변

퍅

火 12 13 愎 괴팍할.
忄 心 성질이 강퍅함. 강할.
심방변 마음심변

편

木 04 片· 조각.
片 쪽. 한 쪽. 姓.
조각편변

木 09 扁 작을.
戶 넓적할. 특별할. 姓.
지게호변

火 09 便· 편할.
人 마땅할.
사람인변 편 ↔ 변 [통용]

火 11 偏· 치우칠.
人 편벽될. 기울.
사람인변

金 11 匾 납작할.
匚 얇은 그릇. 평평할.
감출혜변 → 변 [本音]

火 12 徧 두루.
彳 널리. 모두.
두인변

火 12 13 惼 좁을.
忄 心 조급할. 편협할.
심방변 마음심변

木 13 15 萹 마디풀.
艹 艸 일년초. → 변 [本音]
풀초변 초두변

木 14 15 褊 좁을.
衤 衣 옷 낄. 너울거릴.
옷의변 → 변 [本音]

木 15 艑 거룻배.
舟 배 이름. 작은 배.
배주변

木 15 緶 꿰맬.
糸 옷에 무늬 놓은.
실사변

木 15 編· 책 지을.
糸 엮을. 편집. 책 맨 끈.
실사변

木 15 篇· 책.
竹 편.
대죽변

火 15 翩 나부낄.
羽 훌쩍 날. 너풀거릴.
깃우변

水 15 蝙 박쥐.
虫 뽈쥐(박쥐의 방언).
벌레충변

土 13 16 遍· 두루.
辶 辵 [변]
책받침변 갖은책받침변

金 16 諞 말 잘할.
言 말 교묘히 할. [변]
말씀언변

金 18 革 가죽혁변 **鞭** 채찍. 채찍질할. 회초리.

火 19 馬 말마변 **騙** 기만할. 뛰어오를. 속일.

폄

金 10 石 돌석변 **砭** 돌침. 경계.

水 10 穴 구멍혈변 **窆** 하관할. 광중.

金 12 貝 조개패변 **貶** 폄하. 덜. 감할. 깎아내릴.

평

木 05 干 방패간변 **平**· 평평할. 평할. 다스릴. 화평할. 姓.

土 08 土 흙토변 **坪** 평평할. 벌판. 평 (면적 단위).

木 09 木 나무목변 **枰** 바둑판. 판. 장기판. 은행나무.

木 08 09 扌 手 재방변 손수변 **抨** 탄핵할.

火 08 09 忄 心 심방변 마음심변 **怦** 조급할. 두근거릴. 칼칼할.

水 08 09 氵 水 삼수변 물수변 **泙** 물소리.

木 09 11 艹 艸 풀초변 초두변 **苹** 개구리밥. 다북쑥.

金 12 言 말씀언변 **評**· 의논. 평할. 평론할. 품평할.

木 12 14 艹 艸 풀초변 초두변 **萍** 개구리밥. 부평초.

水 16 魚 물고기어변 **鮃** 넙치. 가자미.

木 15 17 艹 艸 풀초변 초두변 **蓱** 개구리밥. 부평초.

폐

水 07 口 입구변 **吠** 짖을. 개가 짖을.

金 08 10 月 肉 육달월변 고기육변 **肺**· 허파. 부아.

주의	字源五行의 肉변은 水에 해당되나 訓에 의거, 肺는 金에 해당 金으로 기준

木 11 門 문문변 **閉**· 닫을. 막을. 막힐. 마칠.

土 10 11 犭 犬 개사슴록변 개견변 **狴** 옥 (獄). 짐승 이름.

金 12 攵 攴 **敝** 옷 해질. 낡을. 패할. 무너질.
등글월문변 칠복변

木 15 巾 **幣**· 비단. 폐백. 예물. 돈.
수건건변

木 15 广 **廢**· 폐할. 버릴.
엄호변

土 10 15 阝 阜 **陛** 섬돌 (돌 계단). 계단.
좌방변 언덕부변

水 15 廾 **弊**· 폐해. 폐단. 나쁠. 옷이 낡다.
스물입발변

土 16 女 **嬖** 사랑할. 총애 받을. 사랑 받을.
계집녀변

土 16 犬 **獘** 넘어질. 곤할. 폐단. 죽을.
개견변

水 17 疒 **癈** 못쓸. 폐할. 고질.
병질엄변

木 16 18 艹 艸 **蔽**· 덮을. 가릴. 가리울.
풀초변 초두변

金 18 攵 攴 **斃** 죽을. 넘어질. 엎어질.
등글월문변 칠복변

포

木 05 巾 **布**· 베. 피륙. 펼. [보]
수건건변

金 05 勹 **包**· 쌀. 꾸릴. 보따리. 姓.
쌀포변

火 07 人 **佈** 펼. 두루. 알릴.
사람인변

木 08 广 **庖** 부엌. 푸줏간.
엄호변

水 08 口 **咆** 고함 지를. 범의 소리. 으르렁거릴.
입구변

木 09 勹 **匍** 기어갈. 길. 문지를.
쌀포변

木 08 09 扌 手 **抱**· 안을. 품을. 아름. 가질.
재방변 손수변

木 08 09 扌 手 **拋** 던질. 버릴.
재방변 손수변

木 07 08 扌 手 **抛** 拋자와 통용
재방변 손수변

火 08 09 忄 心 **怖** 두려워할. 떨. 으를.
심방변 마음심변

火 09 火 **炮** 털 그슬릴. 싸서 구울.
불화변

火 09 灬 火 **炰** 털 그슬릴. 까불거릴.
연화변 불화변

水 08 09 氵 水 **泡** 물거품. 성할. 흐를. 물 이름.
삼수변 물수변

자원오행	획수	부수	한자	뜻
木	10	口 큰입구변	**圃**	나물밭. 농군. 姓.
金	10	石 돌석변	**砲**	대포. 돌 쇠뇌.
水	10	口 입구변	**哺**	물 먹일. 머금을. 씹을.
水	10	疒 병질엄변	**疱**	천연두. 마마. 붓는 병. 부르틀.
木	11	勹 쌀포변	**匏**	박. 바가지. 8음의 하나.
木	10 11	扌 手 재방변 손수변	**捕**·	사로잡을. 잡을.
木	09 11	艹 艸 풀초변 초두변	**苞**	무성할. 그령. 덤불. 밑.
木	10 11	衤 衣 옷의변	**袍**	도포. 솜옷. 웃옷. 두루마기.
火	11	日 날일변	**晡**	저녁때. 해질. 신시 (申時).
水	10 11	氵 水 삼수변 물수변	**浦**·	물가. 개펄.
水	09 11	月 肉 육달월변 고기육변	**胞**·	세포. 태.
水	11 13	月 肉 육달월변 고기육변	**脯**	말린 고기. 포육. 포.
金	13	金 쇠금변	**鉋**	대패. 말털을 빗기는 빗.
土	11 14	辶 辵 책받침변 갖은책받침변	**逋**	포탈할. 세금 못 받는 것. 체납. 달아날.
金	14	言 말씀언변	**誧**	도울. 클. 간할. 큰 소리.
金	14	革 가죽혁변	**鞄**	장인. 가죽 다루는 장인 (革工).
水	14	食 밥식변	**飽**·	배부를. 찰. 가득할. 만족.
木	13 15	艹 艸 풀초변 초두변	**葡**	포도. 포도나무. 나무 이름.
木	15	衣 옷의변	**褒**	칭찬할. 기릴. 포장할.
火	15	日 날일변	**暴**	사나울. 해칠. 급할. 포 ↔ 폭 [통용]
金	15	金 쇠금변	**鋪**	문고리. 펼. 퍼질. 베풀.
木	14 16	艹 艸 풀초변 초두변	**蒲**	창포. 부들 (풀 종류). 냇버들.
水	16	食 밥식변	**餔**	새참. 먹을. 저녁 곁두리.
水	16	魚 물고기어변	**鮑**	절인 어물. 갖바치. 전복. 姓.

오행	획수·부수	한자	뜻
火	17 人 사람인변	儤	숙직. 번 (숙직). 번들. 과외의 일.
火	17 日 날일변	暴	급할. 갑자기. 창졸.
水	18 魚 물고기어변	鯆	돌고래. 가오리.

폭

오행	획수·부수	한자	뜻
木	12 巾 수건건변	幅·	폭. 넓이. 넓을.
火	15 日 날일변	暴·	사나울. 볕에 말릴. 햇볕 쪼일. 폭 ↔ 포 [통용]
火	16 車 수레거변	輻	바퀴살. 다투어 모일. [부] 폭 ↔ 복 [통용]
火	19 日 날일변	曝	볕 쪼일. 햇볕에 쬘.
火	19 火 불화변	爆·	폭발할. 불 터질.
水	18 氵 삼수변 19 水 물수변	瀑	폭포. 소나기. [포. 팍]

표

오행	획수·부수	한자	뜻
木	07 木 나무목변	杓	자루. 북두자루. 별 이름.
木	09 衣 옷의변	表·	겉. 밖. 거죽. 표. 모범. 姓.
火	10 人 사람인변	俵	나누어 줄. 흩을.
火	10 髟 터럭발변	髟	머리털 날릴. 머리털 희뜩희뜩할. 갈기.
水	10 豸 갖은돼지시변	豹	표범.
木	11 彡 터럭삼변	彪	무늬. 표범의 문채. 범.
火	11 示 보일시변	票·	표. 쪽지. 표할.
水	11 歹 죽을사변	殍	굶어 죽을. 배 곯아 죽을.
火	13 人 사람인변	僄	가벼울. 경솔할. 날쌜.
土	13 力 힘력변	勡	겁박할. 겁탈할. 으를.
金	13 刂 선칼도변 刀 칼도변	剽	겁박할. 표독할. 빠를. 찌를.
木	13 衤 14 衣 옷의변	裱	목도리. 목수건. 장황.
土	14 女 계집녀변	嫖	날랠 (민첩). 여자 이름.

水 14 口 입구변 **嘌** 빠를. 빨리 몰아갈. 획 부는 모양.

木 15 木 나무목변 **標**· 표시할. 나타낼. 기록할. 姓.

木 14 扌 재방변 15 手 손수변 **摽** 칠. 떨어질.

火 14 忄 심방변 15 心 마음심변 **慓** 재빠를. 날랠. 급할. 가벼울.

주의	忄 심방 변 3획은 성명학에서는 心 마음심 변 4획으로 사용됨

火 15 火 불화변 **熛** 불똥 튈. 불티.

水 14 氵 삼수변 15 水 물수변 **漂**· 떠내려갈. 뜰. 유랑할. 떠돌.

木 16 瓜 오이과변 **瓢** 표주박. 바가지. 박.

木 17 糸 실사변 **縹** 옥색 비단. 옥색 빛. 휘날릴.

火 17 耳 귀이변 **瞟** 겨우 들을. 가며 들을.

金 19 金 쇠금변 **鏢** 칼날. 푼끌. 칼집. 끝장식.

木 20 風 바람풍변 **飄** 질풍. 회오리바람. 빠를. (바람에) 드날릴. 유랑할.

木 21 風 바람풍변 **飆** 폭풍. 회오리바람. 바람.

木 21 風 바람풍변 **飇** 飆자와 통용

火 21 馬 말마변 **驃** 누런 말. 군셀. 날쌜.

水 22 魚 물고기어변 **鰾** 부레.

金 23 金 쇠금변 **鑣** 성(盛)한 모양. (말) 재갈 (입에 물리는 쇠토막).

품

水 09 口 입구변 **品**· 물품. 품수. 등급. 법. 품성.

木 13 禾 벼화변 **稟** 여쭐. 품할. 바탕. 명 받을. 줄.

풍

木 09 風 바람풍변 **風**· 바람. 풍속. 가르침. 경치.

火 12 馬 말마변 **馮** 고을 이름. 벼슬 이름. 姓. [빙]

木 13 木 나무목변 **楓** 단풍. 단풍나무.

木 18 豆 (콩두변) **豐·** 풍년. 넉넉할.

木 13 豆 (콩두변) **豊** 豐자와 통용

水 14 疒 (병질엄변) **瘋** 편두통. 두풍. 미치광이.

金 16 言 (말씀언변) **諷** 풍자할. 욀. 비유로 간할.

피

金 05 皮 (가죽피변) **皮·** 껍질. 가죽. 姓. [비]

火 08 彳 (터럭삼변) **彼·** 저이. 저. 저편. 그. 하여금. 3인칭 대명사.

木 08 扌 (재방변) 09 手 (손수변) **披** 흩어질. 헤칠. 열. 펼. 나눌.

水 10 疒 (병질엄변) **疲·** 피곤할. 지칠. 파리할.

木 10 衤 (옷의변) 11 衣 **被·** 입을. 당할. 받을. 姓.

金 12 言 (말씀언변) **詖** 치우칠. 말 잘할. 간사할.

土 08 阝 (좌방변) 13 阜 (언덕부변) **陂** 저수지. 못. 곁. 비탈. [파]

金 14 革 (가죽혁변) **鞁** 말 가슴걸이. 말고삐.

火 15 髟 (터럭발변) **髲** 가발. 다리(가발). 머리쓰개.

土 17 辶 (책받침변) 20 辵 (갖은책받침변) **避·** 피할. 면할.

픽

水 13 月 (육달월변) 15 肉 (고기육변) **腷** 답답할. 뜻 막힐. 우울할.

필

水 04 匚 (감출혜변) **匹·** 짝. 한 쌍. 상대. 혼자.

火 05 心 (마음심변) **必·** 반드시. 꼭. 기필코. 필연코.

土 05 疋 (필필변) **疋** 짝. 필. 끗. 발. [소]

火 07 人 (사람인변) **佖** 점잖을. 가득할. 견줄.

水 08 口 (입구변) **咇** 향기 날. 향기로울.

水 08 氵 (삼수변) 09 水 (물수변) **泌** 샘물 흐를. 물. 샘물. 필↔비[통용]

오행	획수	부수	한자	뜻
金	09 10	王 玉 (임금왕변 구슬옥변)	珌	칼 장식. 칼 장식 옥.
木	09 11	艹 艸 (풀초변 초두변)	苾	향기로울. 풀 이름.
土	11	田 (밭전변)	畢·	마칠. 다할. 다. 끝낼. 姓.
木	12	竹 (대죽변)	筆·	붓. 글씨. 글.
金	12	弓 (활궁변)	弼	도울. 거듭. 도지개. 姓.
水	12	水 (물수변)	⿱必水	샘 솟을.
金	13	金 (쇠금변)	鉍	창자루. 도끼자루.
木	14	香 (향기향변)	馝	향기로울.
火	15	馬 (말마변)	駜	살찐 말.
金	15	攵 攴 (등글월문변 칠복변)	⿰畢攵	끝내다. 다할. 불 모양.
水	14 15	氵 水 (삼수변 물수변)	滭	용솟음할. 성한 모양.
水	16	角 (뿔각변)	觱	대평수. 악기 이름. 필률.
木	15 17	艹 艸 (풀초변 초두변)	蓽	콩. 사립문.
木	16 17	罒 网 (그물망변)	罼	족대. 그물.
木	17	竹 (대죽변)	篳	사립문. 울타리.
土	18	⻊ 足 (발족변)	蹕	길 치울. 통행을 금할.
火	19	鳥 (새조변)	鵯	직박구리. 큰부리까마귀.
金	20	革 (가죽혁변)	鞸	슬갑. 차 묶는 가죽. → 韠 [同字]
金	20	韋 (가죽위변)	韠	폐슬 (蔽膝). 슬갑. → 鞸 [同字]

핍

오행	획수	부수	한자	뜻
金	05	丿 (삐침변)	乏	모자랄. 떨어질. 빌. 없을.
火	11	人 (사람인변)	偪	핍박할. 각반 (행전). 닥칠.
土	13 16	辶 辵 (책받침변 갖은책받침변)	逼	궁핍할. 핍박할. 닥칠. 가까울.

♣

ㅎ

하

오행	획수·부수	한자	뜻
水	03 一 한일변	下·	아래. 낮출. 내릴. 姓.
火	07 人 사람인변	何·	어찌. 누구. 얼마. 무엇. 姓.
土	07 山 메산변	岈	산 깊을. 산골 휑할.

주의: (전산폰트 오류로 사료됨) 필순 8획으로 보이나, 字典에 7획이므로 7획 기준

오행	획수·부수	한자	뜻
水	07 口 입구변	呀	입 벌릴.
木	08 扌 재방변 09 手 손수변	抲	지휘할. 멜.
金	09 欠 하품흠변	歌	크게 웃을. 껄껄 웃을.
水	08 氵 삼수변 09 水 물수변	河·	물. 강. 내. 강 이름. 姓.
火	10 夊 천천히걸을쇠변	夏·	여름. 왕조 이름. 姓.
火	09 日 날일변	昰	夏자와 통용

참고: 통용자는 획수, 부수, 자원오행에 관계없이 정자 밑에 배열하였음

오행	획수·부수	한자	뜻
金	12 貝 조개패변	賀·	하례할. 경축. 축하. 위로할. 姓.
木	13 广 엄호변	廈	큰 집. 집.
木	12 厂 민엄호변	厦	廈자와 통용
木	11 艹 풀초변 13 艸 초두변	荷·	짐. 연. 질. 멜. 무.
木	13 門 문문변	閜	크게 열릴. 공허할.
火	13 火 불화변	煆	불사를. 말릴. 빛날.
金	13 王 임금왕변 14 玉 구슬옥변	瑕	허물. 티. 흠. 틈.
金	14 石 돌석변	碬	숫돌.
水	14 口 입구변	嘏	클. 복. 높을. 하↔가 [통용]
水	14 疒 병질엄변	瘕	뱃속 병. 여자 뱃속 병. 인후병.

오행	획수	부수	한자	뜻
火	14 15	忄 心 (심방변 마음심변)	懗	뜻 없을. 자랑할. [호]
水	15	虫 (벌레충변)	蝦	새우. 두꺼비.
火	16	赤 (붉을적변)	赮	붉을. 붉은빛.
土	13 16	辶 辵 (책받침변 갖은책받침변)	遐	멀. 멀어지다. 어찌.
水	16	口 (입구변)	嗃	웃을. 껄껄 웃을. 하하 웃을.
土	17	缶 (장군부변)	罅	갈라질. 금 갈. 틈.
金	17	金 (쇠금변)	鍜	목투구.
水	17	口 (입구변)	嚇	웃을. 웃음소리. 으를. 협박할. 하 ↔ 혁 [통용]
水	17	雨 (비우변)	霞	안개. 노을.
火	17 18	忄 心 (심방변 마음심변)	懗	공갈할. 속일.
木	17 19	艹 艸 (풀초변 초두변)	蕸	연잎.
金	19	言 (말씀언변)	讀	대답할. 네. 사람의 이름.
水	20	魚 (물고기어변)	鰕	새우. 두꺼비. → 蝦[仝]

학

오행	획수	부수	한자	뜻
木	09	虍 (범호변)	虐	학대할. 해칠. 사나울.
土	09 10	犭 犬 (개사슴록변 개견변)	狢	오소리. 담비.
金	12	石 (돌석변)	确	자갈땅.
水	13	口 (입구변)	嗃	엄할. 꾸짖을. 기뻐할.
土	10 14	阝 邑 (우방변 고을읍변)	郝	땅 이름.
水	14	疒 (병질엄변)	瘧	학질. 말라리아. → 약 [本音]

주의: 字典에 따라 14획, 15획으로 혼용되나, 성명학에서는 14획 기준

오행	획수	부수	한자	뜻
金	16	言 (말씀언변)	謔	희롱할. 농담할. 농. 희학질할.

주의: 字典에 따라 16획, 17획으로 혼용되나, 성명학에서는 16획 기준

오행	획수	부수	한자	뜻
水	16	子 (아들자변)	學 •	배울. 학문. 본받을. 깨달을.

水	08 子 아들자변	学	學자와 통용	
土	17 土 흙토변	壑	산골짜기. 구렁. 골.	
火	21 鳥 새조변	鶴·	학. 두루미.	
金	21 白 흰백변	皬	흰 학. 새 흴.	
火	24 鳥 새조변	鷽	산비둘기. 산까치.	

한

木	06 07 扌 手 재방변 손수변	扞	막을. 덮다.
火	06 07 忄 心 심방변 마음심변	忓	아름다울. 착할. 좋을. 한 ↔ 간 [통용]
火	07 日 날일변	旱·	가물. 물 없을.
水	06 07 氵 水 삼수변 물수변	汗·	땀. 땀 흘리다.
木	07 09 罒 网 그물망변	罕	드물. 그물. 별 이름.

주의 필순 7획으로 보이나, 网 그물망 변 6획에 속하므로(본부수에 의거) 성명학은 9획 기준

火	09 10 忄 心 심방변 마음심변	恨·	원통할. 한할. 뉘우칠.
土	06 10 阝 邑 우방변 고을읍변	邗	땅 이름.
木	10 11 扌 手 재방변 손수변	捍	막을. 호위할.
火	10 11 忄 心 심방변 마음심변	悍	사나울. 굳셀. 성급할. 정성.
土	11 門 문문변	閈	이문. 낮은 담.
土	08 12 阝 邑 우방변 고을읍변	邯	땅 이름. 조나라 서울. 현 이름. 한 ↔ 감 [통용] [호]
土	12 門 문문변	閒	한가할. 편안할. 틈. 사이.
水	12 宀 갓머리변	寒·	찰. 차갑다. 떨. 추울.
水	12 門 문문변	閑·	한가할. 막을. 폐쇄할. → 閒 [소]
火	14 人 사람인변	僩	굳셀. 위엄스러울. 우아할.
土	09 14 阝 阜 좌방변 언덕부변	限·	한정할. 한계. 지경.
火	15 日 날일변	暵	말릴. 마를. 볕 쬘. 더운 기운.

土 15 女 계집녀변 **嫻** 우아할.
아담할. 익힐.
→嫺 [同字]

土 15 女 계집녀변 **嫺** 우아할.
아담할. 익힐.

水 14 氵 삼수변 15 水 물수변 **漢·** 한수.
물 이름. 은하. 한나라.

木 16 木 나무목변 **橺** 큰 나무.

木 16 門 문문변 **[illegible]** 익힐.

火 16 羽 깃우변 **翰** 붓.
날개. 금계. 글. 편지.

水 15 氵 삼수변 16 水 물수변 **澖** 넓을.
아득히 넓은 모양.

火 17 馬 말마변 **駻** 사나운 말.

土 17 山 메산변 **[illegible]** 산 모양.
산 높은 모양.

金 17 韋 가죽위변 **韓·** 나라 이름.
姓.

金 17 鼻 코비변 **鼾** 코 골.
코 고는 소리.

水 16 氵 삼수변 17 水 물수변 **澣** 빨래할.
옷 빨. 열흘.
→ 浣 [완]

火 18 隹 새추변 **雗** 흰 꿩.

水 19 氵 삼수변 20 水 물수변 **瀚** 넓을.
넓고 큰 모양. 바다.
북해. 사람 이름.

火 23 鳥 새조변 **鶾** 새 이름.

할

金 12 刂 선칼도변 刀 칼도변 **割·** 벨.
끊을. 나눌. 가를.

木 15 目 눈목변 **瞎** 애꾸눈.
한 눈 멀.

火 17 車 수레거변 **轄** 다스릴.
관장하다. 관리할.
수레 비녀장할.

함

水 07 口 입구변 **含·** 머금을.
넣다. 품을.

木 08 凵 위터진입구변 **函** 함.
상자. 글월. 편지.

水 09 口 입구변 **咸·** 다.
모두. 두루. 姓.

水 12 口 입구변 **喊** 소리칠.
고함 지를.

오행	획수	한자	뜻
水	11 12 氵 水 삼수변 물수변	涵	젖을. 잠길. 받아들이다.
木	11 13 艹 艸 풀초변 초두변	菡	꽃봉오리. 꽃술. 꽃 필.
木	12 14 艹 艸 풀초변 초두변	萏	연 봉오리. 연꽃 봉오리.
金	14 金 쇠금변	銜	재갈. 관함. 원망할. 머금을.
水	11 口 입구변	啣	銜자와 통용
木	15 糸 실사변	緘	봉할. 묶을. 봉한 자리.
土	11 16 阝 阜 좌방변 언덕부변	陷·	빠질. 함정. 추락.
金	16 言 말씀언변	諴	화합할. 정성. 화할.
木	18 木 나무목변	檻	우리. 난간. 함정. 잡을.
木	20 舟 배주변	艦	군함. 병선. 전선. 싸움배.
木	20 門 문문변	闞	범의 소리. 으르렁거릴. 우렁찰. → 闞 [소]
水	20 鹵 소금밭변	鹹	짤. 소금기.
火	21 車 수레거변	轞	수레 소리. 함거.

합

오행	획수	한자	뜻
水	06 口 입구변	合·	합할. 모을. 맞을.
金	08 勹 쌀포변	匌	기운 답답할. 두를. 돌.
木	09 木 나무목변	柙	짐승 우리. 가둘. 나무 이름.
水	09 口 입구변	哈	크게 마실. 마시다. 웃는 소리. 물고기 많이 우굴거릴.
金	10 皿 그릇명변	盍	덮을. 합할. 어찌 아니할.
金	11 皿 그릇명변	盒	그릇. 합.
水	12 虫 벌레충변	蛤	대합조개. 기생개구리. 두꺼비.
土	09 13 阝 邑 우방변 고을읍변	郃	고을 이름.
水	13 口 입구변	嗑	말 많을. 수다할.
木	14 木 나무목변	榼	통. (물, 술) 통. 뚜껑. 덮개.

五行	획수	한자	뜻
木	14 門 문문변	閤	쪽문. 협문. 마을.
水	13 氵 삼수변 14 水 물수변	溘	갑자기. 문득. 잠깐. 이를.
土	10 阝 좌방변 15 阜 언덕부변	陜	고을. 땅 이름.
木	18 門 문문변	闔	문짝. 닫을. 뜸. 전부.

항

五行	획수	한자	뜻
水	04 亠 돼지해머리변	亢	목구멍. 목. 목덜미. 높을. 오를. 극진할.

주의	字源五行의 亠변은 火에 해당되나 訓에 의거, 水에 해당 水로 기준

五行	획수	한자	뜻
木	05 大 큰대변	夯	멜. 다질.
火	06 人 사람인변	伉	굳셀. 짝. 배필. 정직할. 강직할.
火	06 行 다닐행변	行	항렬. 줄. 대열. 항↔행 [통용]
木	07 扌 재방변 08 手 손수변	抗·	대항할. 겨룰. 막을. 들. 올릴.
木	08 木 나무목변	杭	건널. 나룻배. 고을 이름.
火	08 火 불화변	炕	말릴. 마를.
水	07 氵 삼수변 08 水 물수변	沆	큰물. 물. 넓을.
土	09 女 계집녀변	姮	여자 이름. 미인. 항아 (궁녀).
土	14 女 계집녀변	嫦	姮자와 통용
土	09 己 몸기변	巷·	거리. 골목. 구렁.
土	09 缶 장군부변	缸	항아리.
水	07 月 육달월변 09 肉 고기육변	肛	항문. 똥구멍. 밑구멍.
木	10 木 나무목변	桁	차꼬 (형구의 하나). 배다리 (부교). 횃대.
木	10 舟 배주변	航·	배로 물 건널. 배. 날. 비행할. 항해.
火	09 忄 심방변 10 心 마음심변	恒·	항상. 떳떳할.
火	09 忄 심방변 10 心 마음심변	恆	恒자와 통용
火	12 頁 머리혈변	項·	항목. 조목. 목. 목덜미.

土 12 缶 장군부변 **缿** 투서함. 벙어리저금통.

火 13 頁 머리혈변 **頏** 목구멍. 목. 새 날아 내릴.

水 12 氵 삼수변 13 水 물수변 **港**· 항구. 뱃길. 구렁.

土 09 阝 좌방변 14 阜 언덕부변 **降** 항복할. 떨어질. 항 ↔ 강 [통용]

해

水 06 亠 돼지해머리변 **亥**· 돼지. 돝. 열두 번째 지지.

주의	字源五行의 亠변은 火에 해당되나 訓에 의거, 地支 亥는 水에 해당 水로 기준

水 08 口 입구변 **咍** 비웃을. 웃음소리.

木 09 示 보일시변 **祄** 하늘이 도울.

土 09 女 계집녀변 **姟** 백 조. 수(數)의 단위.

참고	경(經)의 10배, 조(兆)의 100배에 해당하는 수(數)의 단위.

土 09 土 흙토변 **垓** 지경. 경계. 땅끝 닿는 곳.

水 09 口 입구변 **咳** 방긋 웃을. 기침. 갖출.

水 09 子 아들자변 **孩** 어린아이. 어릴. 어를. 웃을.

木 10 宀 갓머리변 **害**· 해칠. 해할. 방해할. 손해.

火 10 日 날일변 **晐** 갖출. 겸할.

金 10 欠 하품흠변 **欬** 기침할.

水 10 大 큰대변 **奚**· 어찌. 왜. 종. 종족 이름.

木 11 目 눈목변 **眩** 서로 볼. 눈 큰 모양. 사람 이름. [개]

火 11 人 사람인변 **偕** 함께할. 굳셀.

水 10 氵 삼수변 11 水 물수변 **海**· 바다. 널리. 크게. 姓.

水 09 氵 삼수변 10 水 물수변 **海** 海자와 통용

水 11 疒 병질엄변 **痎** 학질 (말라리아). 병. 하루거리.

木 12 糸 실사변 **絯** 묶을. 걸. 잡아 맬. 굵은 실.

오행	획수	한자	뜻
木	13 木 나무목변	楷	본보기. 법. 본뜰. 해서.
木	13 角 뿔각변	解·	풀. 가를. 해부할. 벗을.
金	13 言 말씀언변	該·	갖출. 그. 해당할. 마땅할.
土	09 阝 좌방변 14 阜 언덕부변	陔	층계. 계단. 층층대. 언덕.
金	13 王 임금왕변 14 玉 구슬옥변	瑎	검은 옥돌.
火	15 頁 머리혈변	頦	턱밑. 아래턱.
木	16 广 엄호변	廨	관청. 관아.
火	16 馬 말마변	駭	놀랠. 놀랄. 소란. 북 울릴.
土	16 山 메산변	嶰	산골짜기. 고을 이름.
金	16 言 말씀언변	諧	화할. 화합할. 글 이름.
金	16 骨 뼈골변	骸	뼈. 몸. 정강이뼈.
火	16 忄 심방변 17 心 마음심변	懈	게으를. 느슨할. 나태할.
土	16 犭 개사슴록변 17 犬 개견변	獬	해태. 짐승 이름.
金	17 酉 닭유변	醢	젓갈. 젓. 절일. 장조림.
水	16 氵 삼수변 17 水 물수변	澥	바다 이름.
水	17 魚 물고기어변	鮭	복어. 어채.
木	17 艹 풀초변 19 艸 초두변	薤	염교 (백합과의 다년초) (파 비슷한 훈채 이름).
水	19 虫 벌레충변	蟹	게.
土	17 辶 책받침변 20 辵 갖은책받침변	邂	만날. 우연히 만날.
水	19 氵 삼수변 20 水 물수변	瀣	이슬의 기운.

핵

오행	획수	한자	뜻
水	08 力 힘력변	劾	힘쓸. 캐물을. 핵실할.
木	10 木 나무목변	核·	씨. 핵실. 중심. 과실 씨.
火	16 羽 깃우변	翮	깃촉. 죽지.

오행	획수/부수	한자	뜻
金	19 襾 덮을아변	覈	핵실할. 씨. 핵 (核).

행

오행	획수/부수	한자	뜻
火	06 行 다닐행변	行·	다닐. 행할. 행 ↔ 항 [통용]
木	07 木 나무목변	杏	살구. 은행.
木	08 干 방패간변	幸·	다행. 요행. 바랄.
火	10 人 사람인변	倖	요행. 다행. 아첨할. 총애할.
木	10 12 艹 艸 풀초변 초두변	荇	마름풀. 노랑어리연꽃. 姓.
火	11 12 忄 心 심방변 마음심변	悻	성낼. 발끈 성낼.
水	11 12 氵 水 삼수변 물수변	涬	큰물 모양. 기운. 천연스러울.

향

오행	획수/부수	한자	뜻
水	06 口 입구변	向·	향할. 나아갈. 대할. 접대.
土	08 亠 돼지해머리변	享·	누릴. 받을. 드릴. 제사 지낼.
木	09 香 향기향변	香·	향기. 향기로울.
火	10 日 날일변	晑	밝을.
金	10 11 王 玉 임금왕변 구슬옥변	珦	옥 이름. 구슬.
水	15 食 밥식변	餉	건량. 군량. 군비. 도시락.
土	13 17 阝 邑 우방변 고을읍변	鄕·	고향. 마을. 시골.
木	17 19 艹 艸 풀초변 초두변	薌	곡식 냄새. 향기. 향초. 기장. → 香 [同字]
水	19 口 입구변	嚮	향할. 대할. 누릴. 접때. 지난번.
土	20 鹿 사슴록변	麝	사향사슴.
金	22 音 소리음변	響·	소리. 음향. 소리 울릴.
水	22 食 밥식변	饗	대접할. 제사 지낼. 드릴. 연회.

허

오행	획수/부수	한자	뜻
金	11 言 말씀언변	許·	허락. 승인할. 가량. 쯤. 姓.

木 | 12 虍 범호변 | 虛· | 빌. 헛될. 약할.

土 | 15 土 흙토변 | 墟 | 옛 터. 터. 기슭.

水 | 15 口 입구변 | 噓 | 탄식할. 내불. 불. 울.

주의	字典에 따라 14, 15획으로 혼용되나 성명학에서는 15획 기준

金 | 16 欠 하품흠변 | 歔 | 한숨 쉴. 흐느껴 울.

헌

火 | 08 日 날일변 | 昍 | 밝을. 헌 ↔ 훤 [통용]

火 | 10 車 수레거변 | 軒· | 초헌. 툇마루. 난간. 추녀.

火 | 16 心 마음심변 | 憲· | 법. 모범. 본받을. 가르칠.

火 | 16 車 수레거변 | 轞 | 초헌.

木 | 19 巾 수건건변 | 幰 | 휘장. 수레 포장. 더위막이.

木 | 20 木 나무목변 | 櫶 | 나무 이름.

木 | 19 20 扌 手 재방변 손수변 | 攇 | 물건 동여맬. 비길.

火 | 19 20 忄 心 심방변 마음심변 | 憓 | 깨달을. 알.

土 | 20 犬 개견변 | 獻· | 드릴. 바칠. 어진. 사람.

土 | 23 山 메산변 | 巘 | 산봉우리. 시루 같은 산봉우리.

헐

金 | 13 欠 하품흠변 | 歇 | 휴식. 쉴. 그칠. 헐할. 값쌀.

험

土 | 16 山 메산변 | 嶮 | 높고 험할. 산 가파를.

土 | 16 17 犭 犬 개사슴록변 개견변 | 獫 | 입이 긴 개. 오랑캐 이름. [렴]

土 | 16 21 阝 阜 좌방변 언덕부변 | 險· | 위태로울. 험할. 간악할.

火 | 23 馬 말마변 | 驗· | 증험할. 시험할. 효능. 살필.

土 | 23 24 犭 犬 개사슴록변 개견변 | 玁 | 오랑캐 이름.

혁

火 08 人 **侐** 사람인변 — 고요할. 적막하다.

木 09 大 **奕** 큰대변 — 클. 성대할. 겹칠. 차례. 아름다울.

火 09 廾 **弈** 스물입발변 — 바둑. 바둑 잘 둘.

金 09 革 **革**· 가죽혁변 — 가죽. 고칠. 괘 이름.

水 09 氵 10 水 **洫** 삼수변 물수변 — 논도랑. 개천. 봇도랑.

火 11 火 **焃** 불화변 — 밝을. 붉을.

火 12 火 **焱** 불화변 — 불꽃. 세찬 불꽃.

火 14 赤 **赫** 붉을적변 — 빛날. 붉을.

水 17 口 **嚇** 입구변 — 성낼. 혁 ↔ 하 [통용]

火 18 火 **爀** 불화변 — 붉을. 빛날.

金 18 鬥 **鬩** 싸울투변 — 싸울. 다툴. 송사할.

火 21 赤 **赩** 붉을적변 — 붉은빛. 진한 붉은빛.

현

火 05 玄 **玄**· 검을현변 — 검을. 오묘할. 깊을. 하늘. 姓.

火 07 見 **見** 볼견변 — 나타날. 볼. 뵐. 보일. 현재. 현 ↔ 견 [통용]

木 08 弓 **弦** 활궁변 — 활시위. 악기 줄. 반달.

土 08 女 **妶** 계집녀변 — 절개 있을. 여자 이름.

水 08 口 **呟** 입구변 — 소리. 음성.

火 09 人 **俔** 사람인변 — 염탐꾼. 엿볼. 바람개비. 비유할. [견]

火 08 忄 09 心 **怰** 심방변 마음심변 — 팔 (賣). 매매할.

火 09 火 **炫** 불화변 — 빛날. 밝을.

火 09 日 **昡** 날일변 — 햇빛. 일광. 당혹할.

水 08 氵 09 水 **泫** 삼수변 물수변 — 이슬빛. 물 깊고 넓을.

오행	획수	한자	뜻
木	10 目 눈목변	眩	아찔할. 현혹할. 어두울. [환]
土	10 女 계집녀변	娊	여자 이름. 허리 가늘.
土	10 山 메산변	峴	고개. 재. 산 이름.
金	09 王 임금왕변 / 10 玉 구슬옥변	玹	옥돌. 옥빛.
水	10 疒 병질엄변	痃	가래톳. 힘줄 당기는 병.
木	11 糸 실사변	絃·	악기 줄. 줄. 현악기. 탈.
木	11 舟 배주변	舷	뱃전.
火	11 日 날일변	晛	볕기운. 햇발.
火	11 行 다닐행변	衒	자랑할. 팔. 팔다.
金	12 貝 조개패변	眩	衒자와 통용
金	11 弓 활궁변	弦	활. 강한 활.
木	12 木 나무목변	楹	땅 이름.
木	12 目 눈목변	睍	아름다운 모양. 불거진 눈. 고울.
木	12 糸 실사변	絢	무늬. 빠를. 고울. 문채. [순]
金	11 王 임금왕변 / 12 玉 구슬옥변	現·	나타날. 이제. 지금. 밝을.
金	11 王 임금왕변 / 12 玉 구슬옥변	琄	패옥 늘어질.
金	13 金 쇠금변	鉉	솥귀. 고리.
水	13 虫 벌레충변	蜆	바지락. 까막조개.
金	14 言 말씀언변	誢	말다툼할. 간하는 말. 간사할.
火	15 人 사람인변	儇	영리할. 빠를.
土	10 阝 좌방변 / 15 阜 언덕부변	限	한정할. 한계.
金	15 貝 조개패변	賢·	어질. 어진 이. 어진 사람.
金	15 金 쇠금변	鋗	노구솥.
金	15 金 쇠금변	鋧	작은 끌. 푼끌. 작은 창.

오행	획수 / 부수	한자	뜻
木	16 糸 실사변	縣·	고을. 현. 매달. 걸다.
土	16 女 계집녀변	嬛	정숙할. 산뜻할. 얌전할.
火	17 馬 말마변	駽	검푸른 말. 철총이.
木	19 糸 실사변	繯	얽을. 맬. 둘릴. 휘감을.
火	19 羽 깃우변	翾	파득파득 날. 급할. 빠를.
火	20 心 마음심변	懸·	매달. 달. 걸. 멀.
金	20 言 말씀언변	譞	영리할. 깨달을. 슬기로울.
金	22 言 말씀언변	讂	구할. 욕심 낼.
火	23 頁 머리혈변	顯·	나타날. 드러날. 밝을. 높을.
火	18 頁 머리혈변	顕	顯자와 통용
水	26 氵 삼수변 / 27 水 물수변	灦	물 맑을. 물. 물 모양.

주의	
주	氵삼수 변 3획은 성명학에서는
의	水 물수 변 4획으로 사용됨

혈

오행	획수 / 부수	한자	뜻
水	03 子 아들자변	孑	외로울. 고단할. 나머지. 짧을.
水	05 穴 구멍혈변	穴·	구멍. 움. 굴.
水	06 血 피혈변	血·	피.
火	09 頁 머리혈변	頁	머리. 두부. 목. 목덜미. [엽]
木	12 糸 실사변	絜	헤아릴. 잴. 묶을.
火	13 走 달릴주변	趐	나아갈. 날아갈.

혐

오행	획수 / 부수	한자	뜻
土	13 女 계집녀변	嫌·	싫어할. 의심할. 혐의.

협

오행	획수 / 부수	한자	뜻
水	05 口 입구변	叶	화합할. 화할. → 協 [古字]
木	07 大 큰대변	夾	낄. 가까울. 가질.

水 08 冾 ⺀ 이수변 — 화할. 윤택할.

水 08 協· 十 열십변 — 힘 합할. 화할. 도울. 맞을.

木 09 匧 匚 터진입구변 — 옷상자. 옷장. 궤맵.

火 09 俠 人 사람인변 — 협객. 협사. 협기. 의로울.

火 09 10 恊 忄 心 심방변 마음심변 — 합할. 화할. 맞을. 겁낼. → 協 [同字]

土 10 埉 土 흙토변 — 물가.

土 10 峽 山 메산변 — 골짜기. 골. 물 낀 산골.

木 10 11 挾 扌 手 재방변 손수변 — 낄. 끼울. 도울.

火 10 11 悏 忄 心 심방변 마음심변 — 뜻 맞을. 생각할.

土 10 11 狹 犭 犬 개사슴록변 개견변 — 좁을. 좁힐. 좁아질.

水 10 11 浹 氵 水 삼수변 물수변 — 두루 미칠. 퍼질. 젖을.

水 10 12 脅· 月 肉 육달월변 고기육변 — 갈빗대. 곁. 겨드랑이. 으를. 위협할.

水 10 12 脇 月 肉 육달월변 고기육변 — 脅자와 통용

木 11 13 莢 艹 艸 풀초변 초두변 — 꼬투리 (콩과 식물 이름). 명협. 조협.

火 12 13 愜 忄 心 심방변 마음심변 — 만족할. 쾌할. 마음에 맞을.

木 15 篋 竹 대죽변 — 상자. 대로 만든 상자. [겹]

金 15 鋏 金 쇠금변 — 집게. 부젓가락. 칼.

火 16 頰 頁 머리혈변 — 쾌적할. 뺨. 姓.

형

木 05 兄· 儿 어진사람인변 — 형. 맏. 언니.

金 06 刑· 刂 刀 선칼도변 칼도변 — 형벌. 형벌할. 죽일.

火 07 形· 彡 터럭삼변 — 모양. 형상. 꼴. 얼굴.

土 07 亨· 亠 돼지해머리변 — 형통할. 통달할. 제사. 드릴.

火 08 侀 人 사람인변 — 이룰. 성취하다.

오행	원획	획수	한자	뜻
火		09 火 불화변	炯	빛날. 밝을.
土		09 土 흙토변	型	거푸집. 모형. 본보기. 법.
水	08 氵 삼수변	09 水 물수변	泂	멀. 찰. 깊을. 넓을.
土		10 女 계집녀변	娙	(맵시) 어여쁠. 여자 벼슬 이름.
土	07 阝 우방변	11 邑 고을읍변	邢	땅 이름. 나라 이름. 姓.
金	10 王 임금왕변	11 玉 구슬옥변	珩	노리개. 구슬. 패옥.
土	09 辶 책받침변	12 辵 갖은책받침변	逈	멀. 빛날. 뛰어날.

오행	원획	획수	한자	뜻
土	10 辶 책받침변	13 辵 갖은책받침변	迥	逈자와 통용

주의: 辶 책받침 변 4획은 성명학에서는 辵 갖은책받침 변 7획으로 사용됨

오행	원획	획수	한자	뜻
金		12 言 말씀언변	詗	염탐할. 고발할. 똑똑할.
木	12 艹 풀초변	14 艸 초두변	荊	모형. 곤장. 광대싸리. 荆과 통용
火		14 火 불화변	熒	등불. 비칠. 빛날.
金		14 夊 천천히걸을쇠변	夐	멀. 멀다. 길. [현]
水		14 水 물수변	滎	실개천. 물 이름. 물결 일.
土	10 阝 좌방변	15 阜 언덕부변	陘	지레목 (산줄기 끝). 산 잘룩할. 언덕.

주의: 阝 좌방 변 3획은 성명학에서는 阜 언덕부 변 8획으로 사용됨

오행	원획	획수	한자	뜻
金		15 玉 구슬옥변	瑩	맑을. 옥빛 조촐할. 의혹할. 형 ↔ 영 [통용]
火		16 行 다닐행변	衡·	저울. 저울대. 평평할.
水		16 虫 벌레충변	螢·	반딧불이. 개똥벌레.
金		18 金 쇠금변	鎣	꾸밀. 줄 (연장. 도구). 장식하다.
水	18 氵 삼수변	19 水 물수변	瀅	물 맑을. 맑을.
木		20 香 향기향변	馨	꽃다울. 향기로울. 향기.
水	21 氵 삼수변	22 水 물수변	瀯	사람 이름. 물 이름.

혜

오행	획수	한자	뜻
水	02 匸 감출혜변	匸	감출. 덮다.
金	04 八 여덟팔변	兮·	어조사. 감탄사.
木	09 目 눈목변	盻	돌아볼. 눈 흘겨볼. 흘길.
火	11 彐 튼가로왈변	彗	별. 별이름. 빗자루. 혜 ↔ 세 [통용]
金	11 言 말씀언변	訡	진실한 말. 정성스런 말.
火	12 人 사람인변	傒	가둘. 묶을. 기다릴.
火	12 心 마음심변	惠·	은혜. 인자할. 줄. 사랑.
火	10 心 마음심변	恵	惠자와 통용
火	13 彳 두인변	徯	지름길. 사잇길. 기다릴.
水	14 口 입구변	嘒	가냘플. 매미 소리. 소리 화할.
木	15 木 나무목변	槥	널. 작은 관.
火	15 宀 갓머리변	寭	밝힐. 깨달을.
火	15 心 마음심변	慧·	슬기. 지혜. 밝을. 민첩할.
火	15 日 날일변	暳	별 반짝일. 반짝거릴. 많은 별.
金	15 革 가죽혁변	鞋	신. 짚신.
木	16 木 나무목변	橞	나무 이름.
火	15 忄 심방변 16 心 마음심변	憓	사랑할. 순할. 유순할.
水	15 氵 삼수변 16 水 물수변	潓	물 이름. 물결.
土	17 ⻊ 足 발족변	蹊	좁은 길. 지름길. 건널. 기다릴.
金	17 言 말씀언변	謑	창피 줄. 꾸짖고 욕할. 비뚤.
木	16 艹 풀초변 18 艸 초두변	蕙	난초. 혜초. 아름다울.
金	19 言 말씀언변	譓	순할. 슬기 많을.
金	19 酉 닭유변	醯	식초. 초. 육장.

金 20 鐿 金 쇠금변 날카로울. 세모 창. 큰 솥.

金 22 譓 言 말씀언변 슬기로울. 재주와 슬기. 순할.

호

木 04 戶· 戶 지게호변 집. 지게문. 지킬.

水 04 互· 二 두이변 서로.

金 05 乎· 丿 삐침변 어조사. 온.

土 06 好· 女 계집녀변 좋을. 아름다울.

水 06 冱 冫 이수변 얼어붙을. 얼. 찰. 추위.

木 08 弧 弓 활궁변 활꼴. 활. 활꼴 곡선.

木 08 杲 木 나무목변 밝을. 높을.　호 ↔ 고 [통용]

木 08 虎· 虍 범호변 범. 용맹할.

木 08 虍 虍 범호변 범의 문채. 호피 무늬. 범호 변.

火 08 昊 日 날일변 하늘. 여름 하늘.

火 08 昈 日 날일변 빛날. 밝을. 문채 날.

土 08 岵 山 메산변 산. 산에 초목이 많을.

水 08 呼· 口 입구변 부를. 부르짖을. 숨 내쉴.

水 07 08 沍 氵 水 삼수변 물수변 찰. 얼어붙을. 추위.

木 07 09 芐 艹 艸 풀초변 초두변 지황 (한약초).

木 08 10 芦 艹 艸 풀초변 초두변 芐자와 통용

火 08 09 怙 忄 心 심방변 마음심변 믿을. 의지할.

土 08 09 狐 犭 犬 개사슴록변 개견변 여우. 姓.

土 10 瓳 瓦 기와와변 벽돌. 큰 기와.

金 10 祜 示 보일시변 복. 신이 주는 복.

木 11 扈 戶 지게호변 호종할. 넓을. 뒤따를. 호위할. 姓.

오행	획수	부수	한자	뜻
木	11	瓜 (오이과변)	瓠	표주박. 박. 병. 姓.
火	11	日 (날일변)	晧	밝을. 빛날. 해 돋을.
火	11	毛 (터럭모변)	毫·	터럭. 가는 털. 아주 가늘. 붓끝.
土	11	女 (계집녀변)	婋	영리할. 재치있을. 호→효[통용]
水	10 11	氵 水 (삼수변 물수변)	浩·	넓을. 넓고 클.
水	15 16	氵 水 (삼수변 물수변)	澔	浩자와 통용
水	09 11	月 肉 (육달월변 고기육변)	胡·	오랑캐. 턱밑 살. 오래 살. 늙은이. 姓.
金	12	士 (선비사변)	壺	항아리. 병.
金	12	白 (흰백변)	皓	흴. 희게 빛날. 깨끗할.
水	11 12	氵 水 (삼수변 물수변)	淏	맑을. 맑은 모양.
木	13	虍 (범호변)	號·	부를. 이름. 부르짖을.
水	05	口 (입구변)	号	號자와 통용
火	13	耳 (귀이변)	聕	들을. 긴 귀.
土	12 13	犭 犬 (개사슴록변 개견변)	猢	원숭이.
金	12 13	王 玉 (임금왕변 구슬옥변)	琥	호박. 옥그릇. 서옥. 姓.
水	12 13	氵 水 (삼수변 물수변)	湖·	호수. 물.
土	14	女 (계집녀변)	嫭	아름다울. 예쁜 모양.
土	14	女 (계집녀변)	嫮	예쁠. 아름다울. 자랑할.
土	14	牛 (소우변)	犒	호궤할 (음식을 베풀어 군사에게 먹여 위로함).
金	13 14	王 玉 (임금왕변 구슬옥변)	瑚	산호.
水	13 14	氵 水 (삼수변 물수변)	滈	장맛비. 물 이름. 물 넘칠.
水	14	豕 (돼지시변)	豪·	호걸. 호협할. 성할. 귀인.
木	13 15	艹 艸 (풀초변 초두변)	葫	마늘. 풀 이름. 호리병박.
木	15	米 (쌀미변)	糊	붙이는 풀. 바를. 끈끈할. 흐릴.

오행	획수	한자	뜻
火	15 火 불화변	熩	빛날.
火	15 白 흰백변	皜	흰 모양. 밝을. 흴.
火	15 白 흰백변	皞	밝을. 하늘. 흴.
水	15 口 입구변	嗥	부르짖을.
水	14 15 氵 水 삼수변 물수변	滸	물가. 물가의 평지.
水	14 15 氵 水 삼수변 물수변	滬	강 이름. 심해의 다른 이름.
水	15 虫 벌레충변	蝴	나비. 들나비.
木	16 糸 실사변	縞	흰 비단. 명주. 흴. 흰빛.
木	14 16 艹 艸 풀초변 초두변	蒿	쑥. 다북쑥. 김 오를. 고달플.
火	16 人 사람인변	儫	호걸. 영웅.
金	16 酉 닭유변	醐	우락 더껑이 제호 (우유에서 정제한 음료).
木	15 17 艹 艸 풀초변 초두변	蔰	채색할. 빛. 빛날.
土	17 土 흙토변	壕	해자. 못. 지명. 땅 이름.
土	13 17 阝 邑 우방변 고을읍변	鄗	땅 이름. 호 ↔ 교 [통용]

주의	阝 우부방 변 3획은 성명학에서는 邑 고을읍 변 7획으로 사용됨

오행	획수	한자	뜻
金	18 金 쇠금변	鎬	호경. 냄비. 빛날. 땅 이름.
水	17 18 氵 水 삼수변 물수변	濠	물 이름. 물.
水	17 18 氵 水 삼수변 물수변	濩	퍼질. 은나라 풍류.
水	18 食 밥식변	餬	된죽. 미음. 입에 풀칠할. 기식 (寄食)할.
火	19 髟 터럭발변	鬍	구레나룻. 수염.
火	21 頁 머리혈변	顥	클. 빛나는 모양.
金	21 言 말씀언변	護·	호위. 보호할. 지킬. 도울.
金	23 音 소리음변	頀	구할. 풍류 이름.
水	24 25 氵 水 삼수변 물수변	灝	크고 넓을. 클. 끝없을.

혹

金 08 戈 창과변 **或**· 혹은. 혹. 혹시. 있다.

火 12 心 마음심변 **惑**· 미혹할. 혹할. 현혹. 의심할.

火 14 火 불화변 **熇** 뜨거워질. 불꽃 일. 혹 ↔ 효 [통용]

金 14 酉 닭유변 **酷** 심할. 독할. 잔인할. 괴로울.

혼

火 08 日 날일변 **昏**· 날 저물. 어두울. 혼미할.

火 09 人 사람인변 **倱** 완전할.

木 10 口 큰입구변 **圂** 뒷간. [환]

土 11 女 계집녀변 **婚**· 혼인할.

火 12 火 불화변 **焜** 빛날. 불빛. 밝을. 환할.

水 11 氵 삼수변 12 水 물수변 **混**· 섞을. 흐릴. 섞일.

水 12 氵 삼수변 13 水 물수변 **涽** 미정. 정해지지 않을. 정리 못할.

水 12 氵 삼수변 13 水 물수변 **渾** 흐릴.

火 14 鬼 귀신귀변 **魂**· 넋. 혼.

金 13 王 임금왕변 14 玉 구슬옥변 **琿** 아름다운 옥. 옥 이름.

水 13 氵 삼수변 14 水 물수변 **溷** 더러울. 뒷간. 어지러울.

木 16 門 문문변 **閽** 문지기. 대궐 문지기.

火 19 頁 머리혈변 **顐** 얼굴빛 혼혼할. 머리 둥글. 혼 ↔ 운 [통용]

홀

土 07 口 큰입구변 **囫** 온전할. 완전할. 덩어리. [흘]

火 08 心 마음심변 **忽**· 문득. 갑자기. 소홀히 할. 잊을. 다할.

木 10 竹 대죽변 **笏** 홀. 피리 가락 맞출. [문]

火 11 忄 심방변 12 心 마음심변 **惚** 황홀할.

홍

火 05 弓 활궁변 **弘**· 클. 넓을. 넓힐.

水 07 水 물수변 **汞** 수은.

木 09 糸 실사변 **紅**· 붉을. 연지.

水 09 口 입구변 **哄** 떠들썩할. 속일. 공갈할.

水 08 氵 삼수변 09 水 물수변 **泓** 물 깊을. 깊을.

水 09 虫 벌레충변 **虹** 무지개. 채색한 기 (旗).

火 10 火 불화변 **烘** 횃불. 비칠. 말릴. 불 쬘.

火 10 日 날일변 **晎** 먼동 틀. 날 밝아올.

金 10 言 말씀언변 **訌** 어지러울. 내홍. 모함할. 무너질.

水 09 氵 삼수변 10 水 물수변 **洪**· 넓을. 클. 홍수. 큰물. 姓.

金 14 金 쇠금변 **鉷** 쇠뇌 고동. 돌을 쏘는 큰 활. 석궁.

木 15 竹 대죽변 **篊** 홈통. 대나무 묶음. 통발.

金 16 鬥 싸울투변 **鬨** 싸울. 싸우는 소리.

水 15 氵 삼수변 16 水 물수변 **澒** 수은. 잇닿을. 혼돈할.

火 17 鳥 새조변 **鴻**· 기러기. 클.

화

火 04 匕 비수비변 **化**· 될. 교화할. 화할. 姓.

火 04 火 불화변 **火**· 불. 불사를. 급할.

木 05 禾 벼화변 **禾**· 벼. 곡식. 곡물.

水 08 口 입구변 **和**· 화할. 화목할. 온화할. 姓.

木 08 艹 풀초변 10 艸 초두변 **花**· 꽃. 아름다울.

火 10 人 사람인변 **俰** 화할.

金 11 貝 조개패변 **貨**· 재물. 재화. 화폐.

木 12 田 밭전변 **畫**· 그림. 채색. 그리다.

土 13 田 밭전변 **畵** 畫자와 통용

金 13 言 말씀언변 **話**· 이야기. 말. 말할.

金 13 革 가죽혁변 **靴** 가죽신. 구두. 양화 (洋靴).

木 14 示 보일시변 **禍**· 재앙. 재화. 재해.

木 12 艹 풀초변 14 艸 초두변 **華**· 빛날. 꽃. 화려. 나라 이름.

주의	艹 풀초 변 4획은 성명학에서는 艸 초두머리 변 6획으로 사용됨

土 15 女 계집녀변 **嬅** 탐스러울. 얌전할. 여자 이름.

水 15 口 입구변 **嘩** 시끄러울. 지껄일. 떠들썩할. → 譁 [同字]

木 16 木 나무목변 **樺** 벚나무. 자작나무.

水 15 氵 삼수변 16 水 물수변 **澕** 물 깊을.

金 19 言 말씀언변 **譁** 떠들썩할. 들렐. 시끄러울. [와]

火 22 馬 말마변 **驊** 준마.

火 22 龠 피리약변 **龢** 화목할. 화할. → 和의 [古字]

확

木 14 广 엄호변 **廓** 클. 넓을. 넓힐. 확 ↔ 곽 [통용]

金 15 石 돌석변 **確**· 확실할. 굳을.

金 15 石 돌석변 **碻** 確자와 통용

木 19 禾 벼화변 **穫**· 벼 벨. 곡식 거둘. 수확.

木 18 扌 재방변 19 手 손수변 **擴**· 넓힐. 늘릴. 확대.

木 20 目 눈목변 **矍** 두리번거릴. 눈빛이 빛날. → 곽 [本音]

金 21 石 돌석변 **礭** 회초리. 채찍질할. 매. → 각 [本音]

金 22 金 쇠금변 **鑊** 가마솥. 발 없는 큰 솥.

木 23 扌 재방변 24 手 손수변 **攫** 움켜쥘. 붙잡다. 빼앗을.

오행	획수	부수	한자	뜻
金	25	矛 창모변	矡	송곳. 창. 호미. → 곽 [本音]

환

오행	획수	부수	한자	뜻
土	03	丶 점주변	丸·	둥글. 탄자. 알. 탄알.
火	04	幺 작을요변	幻	미혹할. 허깨비. 변할. 바뀔.
木	09	宀 갓머리변	宦	내시. 벼슬. 내관. 환관.
木	09	大 큰대변	奐	빛날. 클. 성할.
木	09	糸 실사변	紈	흰 비단. 고운 명주. 맺을. 겹칠.
木	10	木 나무목변	桓	굳셀. 씩씩할.
水	09 10	氵 水 삼수변 물수변	洹	물 많은 모양. 물 세차게 흐를. 환 ↔ 원 [통용]
火	11	心 마음심변	患·	근심할. 재앙. 병.
火	11	日 날일변	晥	밝은 모양. 밝을. 깨끗할.
木	12	目 눈목변	睆	아름다운. 고울. 밝을. 사람 이름.
木	12	糸 실사변	絙	느려 터질. 느즈러질. 끈. 줄.
火	12	白 흰백변	皖	샛별. 밝은 별. 땅 이름.
水	12	口 입구변	喚	부를. 외칠. 소환할.
木	12 13	扌 手 재방변 손수변	換·	바꿀. 교체. 주고받다.
火	13	火 불화변	煥	불꽃. 빛날. 붉은 모양.
水	12 13	氵 水 삼수변 물수변	渙	물 이름. 문채 날. 풀릴. 흩어질. 괘 이름.
水	13	豕 돼지시변	豢	짐승 기를. 칠. 기를.
金	13 14	王 玉 임금왕변 구슬옥변	瑍	환옥. 문채 있는 옥.
木	16	宀 갓머리변	寰	대궐 담. 경기 고을. 기내.
土	16	囗 큰입구변	圜	두를. 에워쌀. 돌릴.
木	16 17	扌 手 재방변 손수변	擐	꿸. 꿰일. 입을. [관]
金	17	金 쇠금변	鍰	무게 단위. 엿냥쭝. 고리. 황철.

金 17 18 環· 고리.
王 玉 두를. 둥근 구슬.
임금왕변 구슬옥변

土 20 轘 환형 (찢어 죽일).
車 거열 (車裂)할. 땅 이름.
수레거변

土 17 20 還· 복귀할.
辶 辵 돌아올. 돌릴.
책받침변 갖은책받침변

주의	辶 책받침 변 4획은 성명학에서는 辵 갖은책받침 변 7획으로 사용됨

金 21 鐶 가락지.
金 고리. 반지.
쇠금변

水 21 鰥 홀아비.
魚 물고기 이름. 병 앓을.
물고기어변

火 21 22 懽 기뻐할.
忄 心 기쁠.
심방변 마음심변

金 22 歡· 기뻐할.
欠 즐거울. 즐길. 친할.
하품흠변

火 23 鬟 쪽진 머리.
髟 쪽. 계집종.
터럭발변

金 24 25 瓛 옥홀.
王 玉 서옥. 사람 이름.
임금왕변 구슬옥변

주의	王 구슬옥 변(임금 왕) 4획은 성명학 에서는 玉 구슬옥 변 5획으로 사용됨

火 28 驩 기뻐할.
馬 기쁠.
말마변

활

水 09 10 活· 살.
氵 水 생기 있을. 응용할.
삼수변 물수변

水 12 蛞 올챙이.
虫 달팽이. 괄태충.
벌레충변

土 13 14 猾 꾀 많을.
犭 犬 교활할. 어지러울.
개사슴록변 개견변

주의	犭 개사슴록 변 3획은 성명학에서는 犬 개견 변 4획으로 사용됨

水 13 14 滑 미끄러울.
氵 水 활 ↔ 골 [통용]
삼수변 물수변

木 17 闊 너그러울.
門 넓을. 활달할.
문문변

水 17 18 濶 闊자와 통용
氵 水
삼수변 물수변

水 17 豁 골짜기.
谷 뚫린 골. 넓을. 클. 통할.
골곡변

황

火 08 09 恍 어렴풋할.
忄 心 당황할. 갑자기. 멍할.
심방변 마음심변 황홀할.

金 09 皇· 임금.
白 클. 비로소.
흰백변

오행	획수	부수	한자	뜻
水	08 09	氵 水 (삼수변 물수변)	況·	상황. 정황. 모양. 비유할. 하물며.
水	07 09	月 肉 (육달월변 고기육변)	肓	명치끝. 흉격.
火	09 10	忄 心 (심방변 마음심변)	恍	황홀할. 어두울. 멍할.
火	10	日 (날일변)	晃	밝을. 빛날.
火	10	日 (날일변)	晄	晃자와 통용
木	11	几 (안석궤변)	凰	봉황새. 새. 봉황의 암컷.
木	10 12	艹 艸 (풀초변 초두변)	荒·	거칠. 흉년 들.

주의	
	艹 풀초 변 4획은 성명학에서는 艸 초두머리 변 6획으로 사용됨

오행	획수	부수	한자	뜻
火	12	彳 (두인변)	徨	방황할. 헤맬. 배회할. 노닐.
土	12	土 (흙토변)	堭	당집. 벽이 없는 집. 전각.
土	12	女 (계집녀변)	媓	사람 이름. 어미. 어머니.
土	12	黃 (누를황변)	黃·	누를. 누른빛. 姓.
金	12	貝 (조개패변)	貺	하사할. 줄.
水	12	口 (입구변)	喤	울음소리.
木	13	巾 (수건건변)	幌	덮개. 휘장. 포장 덮개.
木	13	木 (나무목변)	楻	깃대.
火	12 13	忄 心 (심방변 마음심변)	惶	두려워할. 당황할. 다급할.

주의	
	忄 심방 변 3획은 성명학에서는 心 마음심 변 4획으로 사용됨

오행	획수	부수	한자	뜻
火	13	火 (불화변)	煌	빛날. 불빛 이글거릴.
水	12 13	氵 水 (삼수변 물수변)	湟	해자 (垓子). 빨리 흐를. 물 이름.
木	14	木 (나무목변)	榥	책상. 깃대. 창.
火	13 14	忄 心 (심방변 마음심변)	慌	황홀할. 허겁지겁할. 어렴풋할.
火	13 14	忄 心 (심방변 마음심변)	愰	마음 청백할. 밝을. 들뜰.
火	14	火 (불화변)	熀	빛날. 불빛 이글거릴. 황 ↔ 엽 [통용]

金 13 14 **瑝** 옥 소리.
王 玉 종소리. 옥돌.
임금왕변 구슬옥변

水 13 14 **滉** 물 깊고 넓을.
氵 水
삼수변 물수변

주의	氵삼수 변 3획은 성명학에서는 水 물수 변 4획으로 사용됨

木 15 **篁** 대 이름.
竹 대숲. 피리.
대죽변

水 15 **蝗** 황충.
虫 누리 (메뚜기과 곤충).
벌레충변

土 13 16 **遑** 허둥거릴.
辶 辵 급할.
책받침변 갖은책받침변

水 15 16 **潢** 웅덩이.
氵 水 못 깊을.
삼수변 물수변

土 12 17 **隍** 해자
阝 阜 (성 주위에 둘러 판 못).
좌방변 언덕부변

주의	阝좌방 변 3획은 성명학에서는 阜 언덕부 변 8획으로 사용됨

金 16 17 **璜** 구슬.
王 玉 반달 옥. 패옥.
임금왕변 구슬옥변

木 18 **簧** 피리서.
竹 피리. 다급할.
대죽변

金 18 **鍠** 종소리.
金 방울.
쇠금변

회

火 06 **灰** 재.
火 석회.
불화변

水 06 **回**· 돌아올.
口 돌.
큰입구변

火 08 **佪** 어정거릴.
人 거닐. 머뭇거리다.
사람인변 → 徊 [同字]

火 09 **徊** 배회할.
彳 노닐. 어정거릴.
두인변

水 09 **廻** 돌아올.
廴 돌. 피할.
민책받침변

火 09 10 **恢** 넓을.
忄 心 클.
심방변 마음심변

水 09 10 **洄** 물 거슬러 흐를.
氵 水 회류. 역류할.
삼수변 물수변

火 10 11 **悔**· 뉘우칠.
忄 心 한할.
심방변 마음심변

火 11 **晦** 그믐.
日 어두울.
날일변

金 11 **盔** 바리 (밥그릇).
皿 주발. 투구 (철모). 동이.
그릇명변

木 10 12 **茴** 회향풀.
艹 艸 방풍 잎사귀.
풀초변 초두변

오행	획수	부수	한자	뜻
水	11 12	氵 水 삼수변 물수변	淮	물 이름.
水	12	虫 벌레충변	蛔	회충. 거위.
木	13	曰 가로왈변	會·	모일. 모을. 모임. 맞춤.
木	06	人 사람인변	会	會자와 통용
土	10 13	辶 辵 책받침변 갖은책받침변	迴	돌아올. 돌.
金	13	貝 조개패변	賄	뇌물. 재물. 선사할.
金	13	言 말씀언변	詼	조롱할. 비웃을.
水	13	匚 터진입구변	匯	물 돌아 모일. 물 돌아 나갈.
金	14	言 말씀언변	誨	가르칠. 보일. 교훈.
火	16	頁 머리혈변	頮	세수할. 낯 씻을.
木	17	木 나무목변	檜	나무 이름. 노송나무.
土	16 17	犭 犬 개사슴록변 개견변	獪	교활할. 간교할. [쾌]
水	16 17	氵 水 삼수변 물수변	澮	밭도랑. 봇도랑. 물 이름.
木	19	糸 실사변	繪	수놓을. 그림. 그릴.
木	12	糸 실사변	絵	繪자와 통용
水	17 19	月 肉 육달월변 고기육변	膾	회 칠. 회.
火	19 20	忄 心 심방변 마음심변	懷·	품을. 생각할. 위로할. 달랠.
水	24	魚 물고기어변	鱠	회. 생선회.

획

오행	획수	부수	한자	뜻
木	08	田 밭전변	画	그림. 그을. 畫의 [俗字]
金	14	刂 刀 선칼도변 칼도변	劃·	계획할. 그을. 쪼갤.
水	17	口 입구변	嚄	부르짖을. 외칠. 깜짝 놀랄. 아 ~.
土	17 18	犭 犬 개사슴록변 개견변	獲·	얻을. 손에 넣을.

주의　犭개사슴록 변 3획은 성명학에서는 犬 개견 변 4획으로 사용됨

횡

자원오행	획수	한자	부수	뜻
木	08	宖	宀 갓머리변	집이 울릴. 클. 편안할.
金	12	鈜	金 쇠금변	쇠북 소리. 쇳소리.
木	16	横·	木 나무목변	비낄. 가로. 가로지를.
水	15 16	澋	氵 水 삼수변 물수변	물이 빙 돌. 물 돌아 나갈.
金	20	鐄	金 쇠금변	종. 큰 종. 쇠북. 종소리.
土	25	黌	黃 누를황변	글방. 학교.

효

자원오행	획수	한자	부수	뜻
火	04	爻	爻 점괘효변	괘효. 사귈. 본받을. 변할. 괘 이름.
水	07	孝·	子 아들자변	효도. 효자. 부모 잘 섬길.
火	09	侾	人 사람인변	점잖을. 큰 모양.
木	10	庨	广 엄호변	집 높을.
木	10	虓	虍 범호변	울부짖을. 범이 울부짖을.
火	10	烋	灬 火 연화변 불화변	기운 건장할. 자긍할. 뽐낼. 효 ↔ 휴 [통용]
火	09 10	恔	忄 心 심방변 마음심변	쾌할. 유쾌할. 기분 좋을.
金	10	效·	攵 攴 등글월문변 칠복변	본받을. 힘쓸.
金	08	効	力 힘력변	效자와 통용
水	10	哮	口 입구변	으르렁거릴. 성낼.
水	09 10	淆	氵 水 삼수변 물수변	강 이름. 물 흘러 합할.
水	08 10	肴	月 肉 육달월변 고기육변	술안주. 안주.

주의	月 육달월 변 4획은 성명학에서는 肉 고기육 변 6획으로 상용됨.

자원오행	획수	한자	부수	뜻
木	11	梟	木 나무목변	올빼미. 웅장할. 영웅.
土	11	崤	山 메산변	산 이름.
土	11	婋	女 계집녀변	여자 마음 영리할. 효 → 호 [통용]

오행	획수	부수	한자	뜻	부수명
水	10 11	氵 水	涍	물 이름. 물가. 姓.	삼수변 물수변
火	12	人	傚	본받을.	사람인변
金	12	殳	殽	섞일. 어지러울.	갖은등글월문변
水	11 12	氵 水	淆	뒤섞일. 흐릴. 어지러울.	삼수변 물수변
水	12	穴	窙	높은 기운. 높을. 활달할.	구멍혈변
火	14	火	熇	햇볕에 쬘. 불길 성할. 엄할. 효 → 혹 [통용]	불화변
金	14	欠	歊	김 오를. 기운 날.	하품흠변
金	14	酉	酵	발효. 술밑. 지게미. 술 괼.	닭유변
火	15	白	皛	나타날. 밝을.	흰백변
火	16	日	曉·	새벽. 밝을. 깨달을.	날일변
水	17	口	嚆	울릴. 외칠. 부르짖을.	입구변
水	17	食	餚	반찬. 안주. 익힌 요리. 어육.	밥식변
金	18	言	謼	부르짖을. 울. [호]	말씀언변
金	20	攴	斅	가르칠. 교육할. 깨달을.	칠복변
水	21	口	囂	시끄러울. 들렐. 소리. [오]	입구변
火	22	馬	驍	날랠. 굳셀. 좋은 말. [교]	말마변

후

오행	획수	부수	한자	뜻	부수명
木	06	木	朽	썩은 냄새. 썩을. 부패.	나무목변
水	06	口	后	임금. 왕후. 사직. 뒤 (後). 姓.	입구변
水	07	口	吼	울부짖을. 소리. 아우성 칠. 울.	입구변
水	07	口	吽	소 울. 소 울음소리. → 음. 우 [本音]	입구변
土	08	女	姁	예쁠. 할미. 할머니.	계집녀변
木	07 09	艹 艸	芋	클. 벼슬 이름. 후↔우[통용]	풀초변 초두변
火	09	人	侯·	제후. 임금. 후작. 벼슬.	사람인변

火 09 彳 두인변 **後**· 뒤. 뒤질.

土 09 厂 민엄호변 **厚**· 두터울. 두꺼울. 짙을. 후할.

土 09 土 흙토변 **垕** 厚자와 통용

土 09 土 흙토변 **垕** 두터울.

주의 상기 통용자와 字形이 약간 다르고 (꼬리가 길게) 획수, 뜻, 오행은 같다.

金 09 矢 화살시변 **矦** 임금. 제후. 아름다울. 侯의 [古字]

火 10 人 사람인변 **候**· 기후. 철. 기다릴. 살필.

火 10 欠 하품흠변 **欱** 즐거워할.

金 10 11 王 玉 임금왕변 구슬옥변 **珝** 옥 이름.

金 11 酉 닭유변 **酗** 주정할. 주사를 피울 (부릴).

木 12 巾 수건건변 **帿** 과녁. → 侯 [仝]

土 12 土 흙토변 **堠** 장승. 봉화지기.

水 12 口 입구변 **喉** 목구멍. 목. 긴한 곳.

水 12 口 입구변 **煦** 불. 숨을 내쉴. 따뜻할.

火 13 灬 火 연화변 불화변 **煦** 따뜻하게 할. 더울. 햇빛.

土 12 13 犭 犬 개사슴록변 개견변 **猴** 원숭이.

土 10 13 辶 辵 책받침변 갖은책받침변 **逅** 만날. 우연히 만날.

金 13 言 말씀언변 **詡** 자랑할. 클. 날랠. 두루.

水 13 口 입구변 **嗅** 냄새 맡을. 냄새 날.

木 15 竹 대죽변 **篌** 공후 (현악기 이름).

水 18 食 밥식변 **餱** 말린 밥. 건량 (乾糧).

金 19 言 말씀언변 **謼** 거짓말. 빈말. 망령된 말.

훈

金 10 言 말씀언변 **訓**· 가르칠. 뜻. 훈계할. 주 낼.

자원오행	획수	한자	뜻
火	11 灬 火 연화변 불화변	焄	향내 날. 불길 오를. 김 쐴. 그을릴.
火	13 日 날일변	暈	무리. 햇무리. 현기증 날. 훈 ↔ 운 [통용]
火	13 火 불화변	煇	구울. 지지다. 훈↔휘 [통용]
火	14 灬 火 연화변 불화변	熏	불기운. 더울.
火	13 灬 火 연화변 불화변	熏	熏자와 통용
木	13 15 艹 艸 풀초변 초두변	葷	매운 채소. 훈채. 냄새 날.
火	16 力 힘력변	勳	공 (功). 공적.
火	12 力 힘력변	勛	勳자와 통용
火	15 力 힘력변	勲	勳자와 통용
土	17 土 흙토변	壎	질나팔 (흙으로 만든 악기).
土	13 土 흙토변	塤	壎자와 통용
火	18 火 불화변	燻	연기 낄. 불길 치밀. 질식.
火	18 日 날일변	曛	석양빛. 황혼. 땅거미 질. 어스레할.
土	17 18 犭 犬 개사슴록변 개견변	獯	오랑캐 이름.
木	17 19 艹 艸 풀초변 초두변	薫	향기풀. → 薰의 [俗字]
木	18 20 艹 艸 풀초변 초두변	薰	향기풀.
木	19 21 艹 艸 풀초변 초두변	蘍	薰자와 통용
木	20 糸 실사변	纁	분홍빛.
金	22 金 쇠금변	鑂	금빛 변할. 금빛 투색할. 바랠.

훌

자원오행	획수	한자	뜻
金	12 欠 하품흠변	欻	재빠를. 문득. 홀연. 일. → 欻 [同字]

훙

자원오행	획수	한자	뜻
木	17 19 艹 艸 풀초변 초두변	薨	훙서할. 귀인이 죽음. [횡]

훤

오행	획수	부수	한자	뜻
火	08	日 (날일변)	昍	밝을. 훤 ↔ 헌 [통용]
火	10	火 (불화변)	烜	빛나고 밝을. 마를.
水	12	口 (입구변)	喧	지껄일. 크게 말할.
火	12 13	忄 心 (심방변 마음심변)	愃	너그러울. 아담할. 훤↔선 [통용]
火	13	日 (날일변)	暄	따뜻할. 더울. 늦봄.
火	13	火 (불화변)	煊	따뜻할. → 暄 [同字]
木	13 15	艹 艸 (풀초변 초두변)	萱	원추리. 풀. 망우초.
金	16	言 (말씀언변)	諠	시끄러울. 떠들. 잊을. 거짓.
金	16	言 (말씀언변)	諼	속일. 거짓. 잊을.

훼

오행	획수	부수	한자	뜻
木	06	十 (열십변)	卉	풀. 초목.
木	05	十 (열십변)	卉	卉 자와 통용

참고	통용자는 획수, 부수, 자원오행에 관계없이 정자 밑에 배열하였음

오행	획수	부수	한자	뜻
木	09	艸 (초두변)	芔	풀. 성할.
水	09	虫 (벌레충변)	虺	살무사. 독사.
水	12	口 (입구변)	喙	부리. 숨 쉴. [달]
金	13	殳 (갖은등글월문변)	毀	헐. 헐어질. 비방할.
金	13	殳 (갖은등글월문변)	毁·	헐. → 毀의 [俗字]
火	17	火 (불화변)	燬	불. 탈. 불 성할.

휘

오행	획수	부수	한자	뜻
木	12 13	扌 手 (재방변 손수변)	揮·	휘두를. 두를. 뿌릴. 떨칠.
火	13	彑 彐 (튼가로왈변)	彙	무리. 모을. 고슴도치.
火	13	日 (날일변)	暉	빛날. 햇빛. 광채.

오행	획수	부수	한자	뜻
火	13	火 불화변	煇	빛날. 일광. 휘 ↔ 훈 [통용]
火	13	火 불화변	煒	밝을. 빛날. 휘 ↔ 위 [통용]
木	15	麻 삼마변	麾	대장기. 지휘. 가리킬.
火	15	羽 깃우변	翬	훨훨 날. 날개 칠.
火	15	車 수레거변	輝·	빛날. 빛.
木	15 16	扌 手 재방변 손수변	撝	찢을. 가리킬. 두를.
金	16	言 말씀언변	諱	꺼릴. 기피. 숨길.
火	17	彳 두인변	徽	아름다울.

휴

오행	획수	부수	한자	뜻
火	06	人 사람인변	休·	쉴. 좋을. 휴가.
木	09	广 엄호변	庥	그늘. 덮다. 쉬다.
水	09	口 입구변	咻	신음 소리. 떠들. 입병 앓는 소리.
火	10	灬 火 연화변 불화변	烋	아름다울. 화할. 휴 ↔ 효 [통용]
土	11	田 밭전변	畦	밭두둑. 밭 쉰 이랑.
木	13 14	扌 手 재방변 손수변	携·	이끌. 끌. 가질. 들.
火	16	髟 터럭발변	髹	옻칠할. 옻. 검붉은색.
火	17	鳥 새조변	鵂	수리부엉이.
水	17	虍 범호변	虧	이지러질. 덜. 줄다. 부족.
土	18 23	阝 阜 좌방변 언덕부변	隳	무너질. 떨어질. 무너뜨릴.

휼

오행	획수	부수	한자	뜻
火	08	卩 병부절변	卹	불쌍할. 근심할. 진휼할. [솔]
火	09 10	忄 心 심방변 마음심변	恤	동정할. 구휼할. 구제할. 근심.
土	16 19	辶 辵 책받침변 갖은책받침변	遹	좇을. 따를. 이에. 지을. 삐뚤. [율. 술]
金	19	言 말씀언변	譎	속일. 기만할. 어긋날.

金 20 金 쇠금변 **鐍** 고리. 걸쇠. 상자 장식할. [결. 윭]

水 20 雨 비우변 **霱** 상서로운 구름. 삼색 구름. 휼 ↔ 율 [통용]

火 23 鳥 새조변 **鷸** 도요새. 물총새. 황새.

흉

水 04 凵 위터진입구변 **凶**· 흉할. 재앙. 허물.

木 06 儿 어진사람인변 **兇** 두려워할. 흉악할.

金 06 勹 쌀포변 **匈** 가슴. 흉흉할. 요란할.

火 09 10 忄 心 심방변 마음심변 **恟** 두려울.

水 09 10 氵 水 삼수변 물수변 **洶** 용솟음할. 물이 세찰. 물소리.

水 10 12 月 肉 육달월변 고기육변 **胸**· 가슴. 마음.

水 10 12 月 肉 육달월변 고기육변 **胷** 가슴. 마음. → 胸 [同字]

참고	작명은 소리(音)로만, 뜻(訓)으로만, 또는 소리(音)와 뜻(訓)으로 모두 할 수 있다.

흑

水 12 黑 검을흑변 **黑**· 검을. 흑색. 어두울.

흔

火 07 08 忄 心 심방변 마음심변 **忻** 기뻐할.

火 08 日 날일변 **昕** 새벽. 해 돋을. 아침.

火 08 欠 하품흠변 **欣** 기쁠. 좋아할. 기꺼울.

火 08 火 불화변 **炘** 화끈할. 더울. 빛 성할.

火 09 彳 두인변 **很** 패려궂을. 이길. 다툴. → 한[本音]

水 11 疒 병질엄변 **痕** 흉터. 상처 자국. 흔적.

木 11 12 扌 手 재방변 손수변 **掀** 치켜들. 번쩍 들. [헌]

火 11 12 忄 心 심방변 마음심변 **惞** 즐거워할. 기쁠. 사람 이름.

金 25 酉 닭유변 **釁** 피 바를 (피를 발라 신에게 제사 지낼).

흘

오행	획수	부수	한자	뜻
火	05	人 사람인변	仡	용감. 클. 높을. 날랠. [홀]
土	06	山 메산변	屹	높을. 산 우뚝 솟을.
水	06	口 입구변	吃	머뭇거릴. 말 더듬을.
水	06 07	氵 水 삼수변 물수변	汔	거의. 물 마를. 물 잦을.
水	08	疒 병질엄변	疙	머리 종기. 쥐부스럼. 어리석을.
木	09	糸 실사변	紇	묶을. 실 끝. 질 낮은 명주실.
土	07 10	辶 辵 책받침변 갖은책받침변	迄	마침내. 이를. 까지.

주의	辶 책받침 변 4획은 성명학에서는 辵 갖은책받침 변 7획으로 사용됨

오행	획수	부수	한자	뜻
金	10	言 말씀언변	訖	마칠. 이를. [글]
金	18	齒 이치변	齕	씹을. 깨물.

흠

오행	획수	부수	한자	뜻
火	04	欠 하품흠변	欠	하품. 모자랄. 부족할. 결함.
金	12	欠 하품흠변	欽	공경할. 존경할. 칙명.
金	13	欠 하품흠변	歆	받을. 대접할. 부러워할. 움직일. 흠향할.
木	15	广 엄호변	廞	진열할. 포진할. 일.
金	24	金 쇠금변	鑫	기쁠. 사람 이름.

흡

오행	획수	부수	한자	뜻
水	07	口 입구변	吸·	숨 들이쉴. 마실. 빨.
火	09 10	忄 心 심방변 마음심변	恰	흡족할. 흡사할. 마치. 합할.
水	09 10	氵 水 삼수변 물수변	洽	윤택할. 합할. 젖을. 화할.
火	12	羽 깃우변	翕	합할. 모을. 화합할.
火	12	羽 깃우변	翖	모을. 합할. 성할. →翕 [同字]
水	15	口 입구변	噏	숨 들이쉴. 거둘.

金 16 歙 欠 하품흠변 — 줄일. 숨 들이쉴. 거둘.

水 15 16 潝 氵 水 삼수변 물수변 — 빨리 흐를. 물소리. 용렬할.

흥

土 15 興· 臼 절구구변 — 흥할. 일어날.

주의: 字典에 따라 15, 16획으로 혼용되나, 밑터 진절구 구로 필순이 16획이라도 절구 구변 6획에 속하므로 성명학은 15획 기준

희

木 07 希· 巾 수건건변 — 바랄. 희망. 드물.

火 09 俙 人 사람인변 — 희미할. 비슷할. 소송할. 송사할. 느낄.

土 09 姬 女 계집녀변 — 계집. 아가씨. 근본.

土 09 姫 女 계집녀변 — 姬자와 통용

土 09 𢀿 己 몸기변 — 아름다울. 즐거울. 희↔이 [통용]

水 09 咥 口 입구변 — 웃을. 허허 웃을.

水 10 唏 口 입구변 — 슬피 울. 탄식할. 소리.

火 11 晞 日 날일변 — 마를. 말릴. 밝을. 햇볕에 쬘.

火 11 烯 火 불화변 — 불빛. 볕 쬘. 晞와 통용

火 10 11 悕 忄 心 심방변 마음심변 — 생각할. 원할. 슬퍼할.

金 11 欷 欠 하품흠변 — 한숨 내쉴. 흐느낄.

木 12 稀· 禾 벼화변 — 적을. 드물. 성길.

水 12 喜· 口 입구변 — 기쁠. 즐거울. 좋을. 기꺼울.

火 13 煕 灬 火 연화변 불화변 — 밝을. 빛날. 넓을.

火 13 熙 灬 火 연화변 불화변 — 煕자와 통용

火 14 熈 灬 火 연화변 불화변 — 煕자와 통용

오행	획수/부수	한자	뜻
火	14 人 사람인변	僖	즐거울. 기쁠. 기꺼울.
水	14 豕 돼지시변	豨	큰 돼지. 신성한 짐승.
水	14 冫 이수변	凞	빛날. 화할.
土	15 女 계집녀변	嬉	아름다울. 즐길.
水	15 口 입구변	嘻	화락할. 웃을. 아~ 감동할.
木	16 木 나무목변	橲	나무 이름. 복. 경사.
火	15 忄 심방변 16 心 마음심변	憘	기뻐할. 좋아할. 憙의 [古字]
火	16 心 마음심변	憙	기뻐할. 좋아할.
火	16 灬 연화변 16 火 불화변	熹	밝을. 빛날. 성할. 아름다울. 사람 이름.
火	16 火 불화변	熺	熹자와 통용
火	16 日 날일변	暿	성할. 빛날. 더울.
土	16 羊 양양변	羲	기운. 화할. 숨. 복희씨. 황제 이름.

주의
字典에 따라 16, 17획으로 혼용되나 성명학은 16획 기준

오행	획수/부수	한자	뜻
水	16 口 입구변	噫	탄식할. 한숨 쉴. 느낄.
木	17 示 보일시변	禧	복. 행복. 길할. 경사스러울.
土	17 女 계집녀변	嬉	기쁠. 즐거울.
金	17 戈 창과변	戲·	놀다. 연극. 희롱할.
金	16 戈 창과변	戱	戲자와 통용
火	18 火 불화변	燹	들불 (野火). 야화 (夜火). 불.
金	19 言 말씀언변	譆	감탄할. 뜨겁다. 아~ 소리 지를.
水	19 食 밥식변	餼	보낼. (곳집) 쌀. 희생.
火	20 日 날일변	曦	햇빛. 빛날. 일광.
火	20 火 불화변	爔	불. 햇빛.
土	20 牛 소우변	犧	희생할. 사랑할. [사]

오행	획수	부수	한자	뜻
水	22	口 입구변	囍	기쁨. 쌍희 (雙喜). 비슷할. [국]

히

오행	획수	부수	한자	뜻
水	09	尸 주검시변	屎	앓을. 신음할. 끙끙거릴. 히 ↔ 시 [통용]

힐

오행	획수	부수	한자	뜻
土	06 07	犭 犬 개사슴록변 개견변	犵	오랑캐. 남녘 오랑캐 이름.
金	13	言 말씀언변	詰	꾸짖을. 힐난할. 따지다.
火	15	頁 머리혈변	頡	곧은 목. 날아오를. 사람 이름.
水	18	黑 검을흑변	黠	영리할. 약을. 꾀가 많을. 교활할. → 할 [本音]
木	20 21	衤 衣 옷의변	襭	옷깃. 옷자락 걷을.
木	21	糸 실사변	纈	홀치기염색. 맺을. 무늬 있는 비단.

♣

참고	이름의 성(姓)은 반드시 漢字로 출생신고를 해야 하나, 이름(名)은 한자(인명용 한자 중에서) 또는 한글로 신고해야 한다.

참고	대법원에서 선정한 인명용 한자란 성(姓)을 제외한 이름(名)의 한자를 말한다.

5. 부수 (변) 종류 및 명칭

1. 저자 임의로, 학자마다 字典마다 달리하는 부수의 명칭을 혼동없이 이해를 돕고자 표기하였다. (저자 임의로 표기에 대해 시시비비가 없기를 바란다)
2. 본부수와 약부수를 혼용하는 부수를 ( ) 안에 표기하였다.
3. • 표는 별도의 명칭을 가지고 있고, 쓰이는 위치에 따라 字形이 변하는 변의 글자임

	1획 변
一	한일 변
丨	뚫을곤 변
丶	점주 변
丿	삐침 변 (삐침별 변)
乙 (乚)	새을 변
亅	갈고리궐 변

	2획 변
二	두이 변
亠	돼지해머리 변 (돼지해밑 변)
人 (亻)	사람인 변
儿	어진사람인 변 (어진사람인발 변)
入	들입 변
八	여덟팔 변
冂	멀경 변 (멀경몸 변)
冖	민갓머리 변
冫	이수 변
几	안석궤 변 (기댈상궤결 변)
凵	위터진입구 변 (위튼입구몸 변)
刀 (刂)	칼도 변 [선칼도 변] •
力	힘력 변
勹	쌀포 변 (쌀포몸 변)
匕	비수비변 (비수비엄 변)
匚	터진입구 변 (튼입구 변) (튼입구몸 변)
匸	감출혜 변 (감출혜몸 변) (터진에운담 변)
十	열십 변
卜	점복 변
卩	병부절 변
厂	민엄호 변 (민음호 변) (민음호밑 변) (민엄호밑 변)
厶	마늘모 변
又	또우 변

	3획 변
口	입구 변 (입구밑 변)
囗	큰입구 변 (큰입구몸 변) (에운담 변)

3 획 변	
土	흙토 변
士	선비사 변
夂	뒤져올치 변 (뒤처져올치 변)
夊	천천히걸을쇠 변 (천천히걸을쇠발 변)
夕	저녁석 변
大	큰대 변
女	계집녀 변
子	아들자 변
宀	갓머리 변
寸	마디촌 변
小	작을소 변
尢 (尣) (兀)	절름발이왕 변
尸	주검시 변 (주검시엄 변) (주검시밑 변)
屮	왼손좌 변
山	메산 변 (뫼산 변)
川 (巛)	개미허리 변
工	장인공 변
己	몸기 변
巾	수건건 변

3 획 변	
干	방패간 변
幺	작을요 변
广	엄호 변 (음호밑 변)
廴	민책받침 변
廾	스물입발 변 (밑스물입) (밑스물십)
弋	주살익 변
弓	활궁 변
彑 (彐)	튼가로왈 변 (터진가로왈 변) (터진가로왈밑 변)
彡	터럭삼 변 (삐친석삼 변)
彳	두인 변 (중인 변)

4 획 변	
心 (忄) (⺗)	마음심 변 [심방 변] • [밑마음심 변] •
戈	창과 변
戶	지게호 변
手 (扌)	손수 변 [재방 변] •

4 획 변	
支	지탱할지 변 (버틸지 변) (가지지 변)
攴 (攵)	칠복 변 (두드릴복 변) (등글월문 변) [등글월문 변] •
文	글월문 변
斗	말두 변
斤	날근 변 (도끼근 변)
方	모방 변
无 (旡)	없을무 변 (이미기방 변) (이미기몸 변)
日	날일 변
曰	가로왈 변
月	달월 변
木	나무목 변
欠	하품흠 변 (하픔흠방 변) (하품흠몸 변)
止	그칠지 변
歹 (歺)	죽을사 변
殳	갖은등글월문 변
毋	말무 변

4 획 변

比	견줄비 변
毛	터럭모 변 (털모 변)
氏	각시씨 변 (성씨씨 변)
气	기운기 변 (기운기엄 변) (기운기밑 변)
水 (氵) (氺)	물수 변 (아래물수 변) [삼수 변] • [오수 변] •
火 (灬)	불화 변 [연화 변] • [연화발 변] •
爪	손톱조 변 (손톱조머리 변) (손톱머리 변)
父	아비부 변
爻	점괘효 변
爿	장수장 변
片	조각편 변
牙	어금니아 변
牛	소우 변
犬 (犭)	개견 변 [개사슴록 변] •

5 획 변

玄	검을현 변 (가물현 변)
玉 (王)	구슬옥 변 [구슬옥 변] •
瓜	오이과변 (외과 변)
瓦	기와와 변
甘	달감 변
生	날생 변
用	쓸용 변
田	밭전 변
疋	필필 변 (짝필 변)
疒	병질엄 변 (병질안 변) (병녁안 변)
癶	필발머리 변 (필발밑 변) (걸을발 변)
白	흰백 변
皮	가죽피 변
皿	그릇명 변 (그릇명밑)
目 (罒)	눈목 변
矛	창모 변

5 획 변

矢	화살시 변 (살시 변)
石	돌석 변
示 (礻)	보일시 변
禸	짐승발자국유 변 (자귀유 변)
禾	벼화 변
穴	구멍혈 변 (구멍혈밑 변)
立	설립 변

6 획 변

竹	대죽 변 (대죽머리 변)
米	쌀미 변
糸	실사 변
缶	장군부 변
网 (罒) (罓)	그물망 변
羊	양양 변
羽	깃우 변
老 (耂)	늙을로 변 (늙을로밑 변) (늙을로엄 변)

6 획 변

而	말이을이 변
	(말이이 변)
耒	쟁기뢰 변
	(장기뢰 변)
	(가래뢰 변)
耳	귀이 변
聿	붓율 변
	(오직율 변)
肉	고기육 변
(月)	[육달월 변] •
臣	신하신 변
自	스스로자 변
至	이를지 변
臼	절구구 변
(𦥑)	[밑터진절구구 변]•
舌	혀설 변
舛	어길천 변
	(어그러질천 변)
	(어길천밑 변)
舟	배주 변
艮	괘이름간 변
	(머무를간 변)
	(그칠간 변)
色	빛색 변
艸	초두 변
	(초두머리 변)
	(풀초 변)

6 획 변

(艹)	풀초 변
	[초두머리 변] •
	[초두밑 변] •
虍	범호 변
	(범호엄 변)
	(범호밑 변)
虫	벌레충 변
	(벌레훼 변)
血	피혈 변
行	다닐행 변
	(갈행 변)
衣	옷의 변
(衤)	
襾	덮을아 변
	(덮을아밑 변)

7 획 변

見	볼견 변
角	뿔각 변
言	말씀언 변
谷	골곡 변
豆	콩두 변
豕	돼지시 변
豸	갖은돼지시 변
	(벌레치 변)
	(발없는벌레치 변)

7 획 변

貝	조개패 변
	(자개패 변)
赤	붉을적 변
走	달릴주 변
	(달아날주 변)
足	발족 변
(⻊)	
身	몸신 변
車	수레거 변
辛	매울신 변
辰	별신 변
	(별진 변)
辵	갖은책받침 변
	(책받침 변)
	(쉬엄쉬엄갈착 변)
(⻌)	(책받침 변)
邑	고을읍 변
(⻏)	[우부방 변] •
	[우방 변] •
酉	닭유 변
釆	분별할 변
	(분별할채 변)
	(나눌 변)
里	마을리 변

8 획 변

金	쇠금 변
長 (镸)	길장 변 (긴장 변)
門	문문 변
隶	미칠이 변 (밑이 변)
阜 (阝)	언덕부 변 [좌부방 변] • [좌방 변] •
隹	새추 변
雨	비우 변
靑	푸를청 변
非	아닐비 변

9 획 변

面	낯면 변 (면면 변)
革	가죽혁 변
韋	가죽위 변 (다룬가죽위 변) (다룸가죽위 변)
韭	부추구 변
音	소리음 변
頁	머리혈 변
風	바람풍 변
飛	날비 변

9 획 변

食 (飠)	밥식 변
首	머리수 변
香	향기향 변

10 획 변

馬	말마 변
骨	뼈골 변
高	높을고 변
髟	터럭발 변 (터럭발밑 변) (터럭표밑 변) (터럭발엄 변) (머리털늘어질표 변)
鬥	싸울투 변 (싸움투안 변)
鬯	술창 변 (울창주창 변)
鬲	솥력 변 (다리굽은솥력 변) (오지병격 변)
鬼	귀신귀 변

11 획 변

魚	물고기어 변 (고기어 변)

11 획 변

鳥	새조 변
鹵	소금밭로 변 (짠땅로 변)
鹿	사슴록 변
麥	보리맥 변
麻	삼마 변

12 획 변

黃	누를황 변
黍	기장서 변
黑	검을흑 변
黹	바느질치 변 (바느질할치 변)

13 획 변

黽	맹꽁이 변 (맹꽁이맹 변) (힘쓸민 변)
鼎	솥정 변
鼓	북고 변
鼠	쥐서 변

14 획 변

鼻	코비 변
齊	가지런할제 변

	15 획 변
齒	이치 변
	16 획 변
龍	용룡 변
龜	거북귀 변
	17 획 변
龠	피리약 변

♣

6. 인명용 한자 8,319字 중 동자 이음자의 허용 字

동자 이음	훈	음	한 자	훈	음
가 ↔ 고	값	가	賈	장사	고
가 ↔ 하	클	가	嘏	클	하
간 ↔ 안	정결할	간	矸	깨끗한	안
간 ↔ 한.안	다할	간	忓	아름다울	한
감 ↔ 림	옥돌	감	玪	아름다운 옥	림
감 ↔ 한	땅 이름	감	邯	뜻 없을	한
강 ↔ 항	내릴	강	降	항복할	항
개 ↔ 기	화락할	개	豈	어찌	기
갱 ↔ 경	다시	갱	更	고칠	경
거 ↔ 차	수레	거	車	수레	차
건 ↔ 율	세울	건	建	걸어가는 모양	율
견 ↔ 현	볼	견	見	나타날	현
계 ↔ 글	맺을	계	契	나라이름 글. 사람이름	설
계 ↔ 설	맺을	계	契	나라이름 글. 사람이름	설
고 ↔ 호	높을	고	杲	밝을	호
골 ↔ 활	다스릴	골	滑	미끄러울	활
곶 ↔ 관	곶	곶	串	익힐	관
곽 ↔ 확	넓을	곽	廓	클	확
관 ↔ 완	네 발 달린 도마	관	梡	나무 이름	완
교 ↔ 호	땅 이름	교	鄗	땅 이름	호
구 ↔ 귀	글귀	구	句	글귀	귀
구 ↔ 귀	땅 이름	구	龜	거북 귀. 터질	균
구 ↔ 균	땅 이름	구	龜	거북 귀. 터질	균

동자 이음			훈	음	한자	훈	음
균	↔	윤	고를	균	勻	나눌	윤
균	↔	연	고를	균	均	따를	연
금	↔	김	쇠	금	金	쇠	김
긍	↔	선	뻗칠	긍	亘	베풀	선
기	↔	은	언덕	기	圻	언덕	은
기	↔	지	공경할	기	忯	믿을	지
나	↔	내	어찌	나	奈	어찌	내
나	↔	내	어찌	나	柰	사과	내
나	↔	라	나팔	나	喇	나팔	라
늘	↔	얼	음을 표시	늘	乯	땅 이름	얼
니	↔	미	물 맑을	니	瀰	물 넘칠	미
다	↔	차	차	다	茶	차	차
다	↔	단	땅 이름	다	鄲	땅 이름	단
다	↔	차	너그러울	다	奲	너그러울	차
단	↔	란	붉을	단	丹	붉을	란
담	↔	염	불 탈	담	炎	불꽃	염
당	↔	탕	엿	당	糖	엿	탕
대	↔	영	햇빛	대	旲	햇빛	영
댁	↔	택	집	댁	宅	집	택
도	↔	탁	법	도	度	헤아릴	탁
독	↔	두	읽을	독	讀	구절	두
돈	↔	순	어스름할	돈	焞	밝을	순
동	↔	통	마을	동	洞	통달할	통
락	↔	악	풍류	락	樂	풍류 악. 좋아할	요
락	↔	요	풍류	락	樂	풍류 악. 좋아할	요
로	↔	료	장마	로	潦	장마	료

동자 이음	훈	음	한 자	훈	음
림 ↔ 침	무성할	림	棽	무성할	침
랑 ↔ 량	꼬리 흰 말	랑	駺	꼬리 흰 말	량
률 ↔ 솔	비율	률	率	거느릴	솔
면 ↔ 민	졸	면	眠	볼	민
모 ↔ 무	법	모	橅	법	무
문 ↔ 윤	붉은 옥	문	玧	옥빛	윤
묘 ↔ 무	이랑	묘	畝	이랑	무
박 ↔ 백	호박	박	珀	호박	백
반 ↔ 분	나눌	반	朌	머리 클	분
반 ↔ 번	물 이름	반	磻	강 이름	번
반 ↔ 빈	얼룩지다	반	豳	나라 이름	빈
발 ↔ 별	불기운	발	炦	불기운	별
배 ↔ 북	등지다	배	北	북녘	북
배 ↔ 패	조개	배	貝	조개	패
변 ↔ 편	똥오줌	변	便	편할	편
보 ↔ 부	클	보	溥	넓을	부
복 ↔ 부	거듭	복	復	다시	부
복 ↔ 폭	바퀴살	복	輻	바퀴살	폭
부 ↔ 불	아닐	부	不	아닐	불
부 ↔ 주	장부	부	胕	팔꿈치	주
비 ↔ 필	샘물 흐를	비	泌	샘물 흐를	필
빈 ↔ 윤	예쁠	빈	贇	예쁠	윤
삭 ↔ 색	노끈	삭	索	찾을	색
삭 ↔ 수	자주 할	삭	數	셈할	수
살 ↔ 쇄	죽일	살	殺	감할	쇄
삼 ↔ 참	석	삼	參	참여할	참

동자 이음	훈	음	한자	훈	음
상 ↔ 장	형상	상	狀	문서	장
상 ↔ 양	도토리	상	樣	모양	양
새 ↔ 시	맘에 맞지 않을	새	愢	겸손할	시
새 ↔ 색	요새	새	塞	막힐	색
생 ↔ 성	덜	생	省	살필	성
서 ↔ 여	기쁠	서	悆	기쁠	여
서 ↔ 예	펼	서	豫	미리	예
석 ↔ 작	신발	석	舄	까치	작
석 ↔ 자	자리	석	褯	포대기	자
선 ↔ 훤	쾌할	선	愃	너그러울	훤
선 ↔ 수	아름다운 옥	선	璓	옥 이름	수
설 ↔ 예	도지개	설	枻	노	예
설 ↔ 세	말씀	설	說	달랠 세. 기뻐할	열
설 ↔ 열	말씀	설	說	달랠 세. 기뻐할	열
섭 ↔ 엽	고을 이름	섭	葉	잎	엽
성 ↔ 정	비린내	성	胜	새 이름	정
세 ↔ 선	물 뿌릴	세	洒	엄숙할	선
세 ↔ 선	씻을	세	洗	씻을	선
세 ↔ 혜	살별	세	彗	별 이름	혜
소 ↔ 조	소명할	소	昭	밝을	조
소 ↔ 조	밝을	소	炤	밝을	조
소 ↔ 쇠	힘쓸	소	釗	사람 이름	쇠
소 ↔ 어	깨끗할	소	衙	그칠	어
솔 ↔ 수	거느릴	솔	帥	장수	수
수 ↔ 숙	별자리	수	宿	잘	숙
수 ↔ 유	기다릴	수	需	부드러울	유

동자 이음			훈	음	한자	훈	음
순	↔	준	순수할	순	純	테두리	준
습	↔	십	주울	습	拾	열	십
시	↔	히	똥	시	屎	신음할	히
시	↔	제	자세할	시	媞	안존할	제
시	↔	제	편안할	시	禔	편안할	제
시	↔	지	편안할	시	褆	복	지
시	↔	체	바로잡을	시	諟	자세히 할	체
식	↔	지	지식	식	識	표할	지
신	↔	진	때	신	辰	별	진
실	↔	지	열매	실	實	이를	지
심	↔	침	즙액	심	沈	잠길	침
십	↔	집	열	십	什	세간	집
아	↔	예	아이	아	兒	아이	예
아	↔	의	부드러울	아	猗	불깐 개	의
악	↔	오	악할	악	惡	미워할	오
안	↔	온	배부를	안	餲	배부를	온
애	↔	예	쑥	애	艾	다스릴	예
야	↔	약	반야	야	若	만약	약
약	↔	요	대략	약	約	약속할	요
역	↔	이	바꿀	역	易	쉬울	이
연	↔	윤	물 흐를	연	沇	향나무	윤
연	↔	인	사람 이름	연	戭	창	인
열	↔	인	목 멜	열	咽	목구멍	인
엽	↔	황	환한 모양	엽	熀	빛날	황
영	↔	형	구슬	영	瑩	맑을	형
예	↔	의	동개. 활집	예	医	의원	의

동자 이음			훈	음	한자	훈	음
예	↔	준	밝을	예	睿	깊을	준
예	↔	운	재주	예	芸	향초	운
오	↔	우	따뜻할	오	燠	위로할 우. 따뜻할	욱
오	↔	욱	따뜻할	오	燠	위로할 우. 따뜻할	욱
온	↔	은	편안할	온	隱	의지할	은
와	↔	왜	예쁠	와	娃	예쁠	왜
완	↔	원	몸 주무를	완	杬	이팝나무	원
완	↔	원	어여쁠	완	婉	순할	원
완	↔	원	나라 이름	완	阮	나라 이름	원
완	↔	원	저울	완	鋺	저울	원
우	↔	후	토란	우	芋	클	후
운	↔	원	더할	운	員	관원	원
운	↔	훈	햇무리	운	暈	무리	훈
운	↔	혼	둥글	운	顚	얼굴빛 혼혼할	혼
울	↔	완	쌓일	울	宛	완연할	완
원	↔	환	물 이름	원	洹	물 세차게 흐를	환
위	↔	휘	밝을	위	煒	밝을	휘
율	↔	휼	상서로운 구름	율	霱	상서로운 구름	휼
이	↔	희	아름다울	이	熙	아름다울	희
자	↔	적	구울	자	炙	구울	적
자	↔	척	찌를	자	刺	찌를	척
절	↔	체	끊을	절	切	온통	체
절	↔	제	밝을	절	晢	별이 빛날	제
정	↔	청	날씬할	정	婧	날씬할	청
조	↔	주	고를	조	調	아침	주
준	↔	전	영특할	준	雋	살찐 고기	전

동자 이음			훈	음	한 자	훈	음
즙	↔	집	노	즙	楫	배 젓는 노	집
진	↔	전	진정할	진	塡	메울	전
척	↔	탁	넓을	척	拓	박을	탁
채	↔	책	빚	채	責	꾸짖을	책
탈	↔	태	벗어날	탈	脫	천천히 할	태
태	↔	이	용무늬	태	珆	옥돌	이
포	↔	폭	사나울	포	暴	사나울	폭
하	↔	혁	웃을	하	嚇	성낼	혁
항	↔	행	항렬	항	行	다닐	행
헌	↔	훤	밝을	헌	晅	밝을	훤
호	↔	효	영리할	호	婋	영리할	효
혹	↔	효	뜨거워질	혹	熇	햇볕에 쬘	효
효	↔	휴	기운 건장할	효	烋	아름다울	휴
훈	↔	휘	구울	훈	煇	빛날	휘

♣

7. 주요 약 · 속자의 허용 및 불용

(※ 이름은 가능하면 정자로 써야 혼동을 주지 않음)

註) 1. O 표는 대법원이 정자와 약 • 속자(고자)를 동시에 통용이 가능하도록 인정한 한자임.
2. X 표는 불인정한 한자임
3. 앞(좌측)의 한자가 정자이고, 숫자는 획수임.

[ㄱ]

X 가 假 11 ↔ 仮 06
X 가 價 15 ↔ 価 08
O 각 慤 14 ↔ 愨 15
O 간 杆 07 ↔ 桿 11
O 간 癇 17 ↔ 癎 17
O 감 鑑 22 ↔ 鑒 22
O 강 岡 08 ↔ 崗 11
O 강 強 11 ↔ 强 12
O 강 鋼 16 ↔ 鋥 18
O 강 襁 17 ↔ 繈 18
O 개 個 10 ↔ 逮 14
O 개 蓋 16 ↔ 盖 11
X 거 據 17 ↔ 拠 08
O 건 建 09 ↔ 逮 13
O 건 乾 11 ↔ 乹 09
O 걸 傑 12 ↔ 杰 08
X 검 檢 17 ↔ 検 12
O 검 劒 16 ↔ 剣 15
O 결 潔 16 ↔ 洯 10
O 결 潔 16 ↔ 潔 14
O 결 鍥 17 ↔ 鐸 18
X 경 徑 10 ↔ 径 08
X 경 經 13 ↔ 経 11
X 경 輕 14 ↔ 軽 12
X 계 繼 20 ↔ 継 13
O 고 攷 06 ↔ 考 08
O 관 寬 15 ↔ 寛 13
O 관 館 17 ↔ 舘 16
X 관 關 19 ↔ 関 14
X 관 觀 25 ↔ 観 18
O 광 廣 15 ↔ 広 05
X 광 鑛 23 ↔ 鉱 13
O 교 敎 11 ↔ 教 11
O 구 丘 05 ↔ 坵 08
X 구 區 11 ↔ 区 04
O 구 廏 14 ↔ 廐 14
X 구 龜 16 ↔ 亀 11
X 구 舊 18 ↔ 旧 05
X 구 驅 21 ↔ 駆 14
O 국 國 11 ↔ 国 08
X 권 勸 20 ↔ 勧 13
O 권 權 22 ↔ 権 15
O 규 糾 08 ↔ 糺 07
O 긍 亙 06 ↔ 亘 06
O 기 棋 12 ↔ 碁 13

[ㄴ]

O 나 拏 09 ↔ 拿 10
O 년 秊 08 ↔ 年 06

[ㄷ]

O 다 多 06 ↔ 夛 06
X 단 單 12 ↔ 単 09
X 단 團 14 ↔ 団 06
O 단 檀 17 ↔ 檀 17
X 담 擔 17 ↔ 担 09
X 당 當 13 ↔ 当 06
X 당 黨 20 ↔ 党 10
O 대 臺 14 ↔ 坮 08
O 대 擡 18 ↔ 抬 09
O 덕 德 15 ↔ 悳 12
↔ 徳 14
X 도 圖 14 ↔ 図 07
X 독 讀 22 ↔ 読 14
O 동 同 06 ↔ 仝 05

[ㄹ]

X 람 覽 21 ↔ 覧 16
O 랑 郞 14 ↔ 郎 13
O 래 來 08 ↔ 来 07
↔ 𧼮 15
X 량 兩 08 ↔ 両 06
O 량 涼 12 ↔ 凉 10
X 력 歷 16 ↔ 歴 14
X 련 練 15 ↔ 練 14
X 련 聯 17 ↔ 联 12
O 령 伶 07 ↔ 伶 07
O 례 禮 18 ↔ 礼 06
X 로 勞 12 ↔ 労 07
O 뢰 賴 16 ↔ 頼 16
O 룡 龍 16 ↔ 竜 10
O 름 凜 15 ↔ 凛 15
O 리 裏 13 ↔ 裡 13
O 리 離 19 ↔ 离 11
O 린 鄰 19 ↔ 隣 20

[ㅁ]

O 만 萬 15 ↔ 万 03
O 망 莽 14 ↔ 莾 12
O 면 麪 15 ↔ 麵 20
O 묘 妙 07 ↔ 玅 09
O 무 無 12 ↔ 无 04
O 미 彌 17 ↔ 弥 08

[ㅂ]

X 발 發 12 ↔ 発 09
O 배 杯 08 ↔ 盃 09
O 배 裵 14 ↔ 裴 14
O 백 柏 09 ↔ 栢 10
O 번 飜 21 ↔ 翻 18
O 변 騈 18 ↔ 駢 16
X 변 變 23 ↔ 変 09
O 병 幷 08 ↔ 并 06
O 병 竝 10 ↔ 並 08
O 병 鉼 16 ↔ 鉼 14
O 병 騈 18 ↔ 駢 16
O 보 寶 20 ↔ 宝 08
O 봉 峯 10 ↔ 峰 10
X 불 佛 07 ↔ 仏 04
O 비 毗 09 ↔ 毘 09
O 비 祕 10 ↔ 秘 10
O 빈 濱 18 ↔ 浜 11

[ㅅ]

O 사 絲 12 ↔ 糸 06
X 사 辭 19 ↔ 辞 13
O 상 牀 08 ↔ 床 07

O 색 濇 19 ↔ 濇 17
O 서 敍 11 ↔ 叙 09
O 서 棲 12 ↔ 栖 10
O 석 晳 12 ↔ 晰 12
X 석 釋 20 ↔ 釈 11
O 설 卨 12 ↔ 卨 11
O 성 成 07 ↔ 成 06
O 성 城 10 ↔ 城 09
O 성 晟 11 ↔ 晟 10
↔ 晠 11
O 성 盛 12 ↔ 盛 11
O 성 聖 13 ↔ 聖 13
O 성 誠 14 ↔ 誠 13
X 성 聲 17 ↔ 声 07
O 쇄 鎖 18 ↔ 鎻 18
O 수 修 10 ↔ 脩 13
O 수 壽 14 ↔ 寿 07
O 수 豎 15 ↔ 竪 13
O 수 穗 17 ↔ 穂 15
O 시 柹 09 ↔ 柿 09
↔ 柿 09
O 실 實 14 ↔ 実 08
O 쌍 雙 18 ↔ 双 04

[ㅇ]

O 아 亞 08 ↔ 亜 07
O 아 兒 08 ↔ 児 07
X 악 樂 15 ↔ 楽 13
O 암 巖 23 ↔ 岩 08
O 앙 昂 08 ↔ 昻 09
O 애 礙 19 ↔ 碍 13
X 약 藥 21 ↔ 薬 19
O 엄 嚴 20 ↔ 厳 17
X 여 與 14 ↔ 与 03
X 역 譯 20 ↔ 訳 11
O 연 娟 10 ↔ 娟 09
O 연 煙 13 ↔ 烟 10
O 연 淵 13 ↔ 渕 12
O 염 艷 24 ↔ 艶 19
O 영 榮 14 ↔ 栄 09
↔ 荣 10
X 영 營 17 ↔ 営 12
O 예 叡 16 ↔ 睿 14
↔ 睿 12
O 예 蘂 22 ↔ 蕊 18
O 예 藝 21 ↔ 芸 10
X 예 譽 21 ↔ 誉 13
O 오 鼇 24 ↔ 鰲 22
O 온 穩 19 ↔ 穏 16
O 옹 癰 23 ↔ 癕 18
O 용 宂 05 ↔ 冗 04
O 용 鎔 18 ↔ 熔 14
O 욱 稶 13 ↔ 稶 15
O 위 衛 16 ↔ 衞 15
X 응 應 17 ↔ 応 07
O 의 醫 18 ↔ 医 07
O 이 彝 18 ↔ 彜 16
O 임 妊 07 ↔ 姙 09
O 입 廿 04 ↔ 卄 03

[ㅈ]

O 자 姊 08 ↔ 姉 08
X 자 滋 13 ↔ 滋 14
O 잠 潛 16 ↔ 潜 16
O 장 莊 13 ↔ 庄 06
O 장 牆 17 ↔ 墻 16
X 전 傳 13 ↔ 伝 06
X 전 戰 16 ↔ 戦 13
X 전 錢 16 ↔ 銭 14
O 점 點 17 ↔ 点 09
奌 08
X 정 淨 12 ↔ 浄 09
O 정 靜 16 ↔ 静 14
X 제 齊 14 ↔ 斉 08
O 제 濟 18 ↔ 済 12
O 종 鐘 20 ↔ 鍾 17
O 주 遒 16 ↔ 遒 14
O 준 準 14 ↔ 準 12

O	즉	卽	09	↔	即	07
X	증	增	15	↔	増	14
X	증	證	19	↔	証	12
O	진	眞	10	↔	真	10
O	진	晉	10	↔	晋	10
O	진	珍	10	↔	鉁	13
				↔	珎	10
O	진	盡	14	↔	尽	06
O	진	愼	14	↔	慎	13
O	진	璡	15	↔	瑨	15

[ㅊ]

O	찬	簒	16	↔	篡	17
O	찬	贊	19	↔	賛	15
O	찬	儹	21	↔	儧	17
O	찬	讚	26	↔	讃	22
X	참	參	11	↔	参	08
O	책	册	05	↔	冊	05
O	처	處	11	↔	処	05
O	철	哲	10	↔	喆	12
O	철	鐵	21	↔	鉄	13
O	청	靑	08	↔	青	08
O	청	請	15	↔	請	15
X	청	廳	25	↔	庁	05
X	체	體	23	↔	体	07
O	초	草	12	↔	艸	06
O	총	冢	10	↔	塚	13
O	총	總	17	↔	総	14
O	총	聰	17	↔	聡	14
X	추	樞	15	↔	枢	08
O	충	沖	08	↔	冲	06
O	충	蟲	18	↔	虫	06
X	치	齒	15	↔	歯	12
O	치	癡	19	↔	痴	13
O	칠	漆	15	↔	柒	09
X	칭	稱	14	↔	称	10

[ㅌ]

O	타	橢	16	↔	楕	13
X	택	擇	17	↔	択	08
X	택	澤	17	↔	沢	08
O	토	兔	08	↔	兎	07

[ㅍ]

O	패	霸	21	↔	覇	19
O	표	飆	21	↔	飇	21
O	풍	豐	18	↔	豊	13

[ㅎ]

O	하	廈	13	↔	厦	12
O	학	學	16	↔	学	08
O	함	銜	14	↔	啣	11
O	항	恆	10	↔	恒	10
O	해	海	11	↔	海	10
X	헌	獻	20	↔	献	13
X	현	縣	16	↔	県	09
O	현	顯	23	↔	顕	18
O	형	迥	12	↔	逈	13
X	형	螢	16	↔	蛍	11
O	혜	惠	12	↔	恵	10
O	호	號	13	↔	号	05
O	화	畫	12	↔	畵	13
X	확	擴	19	↔	拡	09
X	환	歡	22	↔	歓	15
O	활	闊	17	↔	濶	18
O	회	會	13	↔	会	06
O	회	繪	19	↔	絵	12
O	효	效	10	↔	効	08
O	훈	熏	14	↔	熏	13
O	훈	勳	16	↔	勛	12
				↔	勲	15
O	훼	毁	13	↔	毀	13
X	흑	黑	12	↔	黒	11
O	희	姬	09	↔	姫	09
O	희	熙	13	↔	煕	13
				↔	熈	14
O	희	熹	16	↔	熺	16
O	희	戲	17	↔	戱	16

♣

8. 부　　록

가. 가족관계 촌수표

직계(直系) 및 방계(傍系) 혈족도(血族圖)

父子는 1寸, 兄弟는 2寸, 從은 4-5寸,
再從은 6-7寸, 三從은 8-9寸, 四從은 10-11寸

5寸 현조 玄祖					
4寸 고조 高祖					6寸 종고조 從高祖
3寸 증조 曾祖				5寸 종증조 從曾祖	7寸 재종증조 再從曾祖
2寸 조부 祖父			4寸 종조 從祖	6寸 재증조 再曾祖	8寸 삼종조 三從祖
1寸 부 父		3寸 백숙부 伯叔父	5寸 종백숙부 從伯叔父	7寸 재종백숙 再從伯叔	9寸 삼종백숙 三從伯叔
0寸 자기 自己	2寸 형제 兄弟	4寸 종형제 從兄弟	6寸 재종형제 再從兄弟	8寸 삼종형제 三從兄弟	10寸 사종형제 四從兄弟
1寸 자 子	3寸 질 姪	5寸 종질 從姪	7寸 재종질 再從姪	9寸 삼종질 三從姪	11寸 사종질 四從姪
2寸 손자 孫子	4寸 종손 從孫	6寸 재종손 再從孫	8寸 삼종손 三從孫	10寸 사종손 四從孫	12寸 오종손 五從孫

친족간 촌수(親族間 寸數)

○ 직계는 촌수를 따지지 않는 것이 원칙임(左右로 一寸). 숫자는 촌수 표시

6 從姑母 종고모	7 再從曾祖 재종증조	8 三從祖 삼종조	9 三從叔 삼종숙	11 四從兄弟 사종형제	11 四從姪 사종질		
(형제)	5 從曾祖父 종증조부	6 再從祖 재종조	7 再堂叔 재당숙	8 三從兄弟 삼종형제	9 三從姪 삼종질	10 四從孫 사종손	
	(형제)	4 從祖父 종조부	5 堂叔 당숙	6 再從兄弟 재종형제	7 再從姪 재종질	8 三從孫 삼종손	9 三從從孫 삼종종손
		(형제)	3 伯叔父 백숙부	4 從兄弟 종형제	5 從姪 종질	6 再從孫 재종손	7 再從從孫 재종종손
			(형제)	2 兄弟 형제	3 姪 (질 : 조카)	4 從孫 종손	5 從從孫 종종손
1 高祖父 고조부	1 曾祖父 증조부	1 祖父 조부	1 父 부	0 己 나	1 子 자	1 孫子 손자	1 從孫子 종손자
			(자매)	2 姉妹 자매	3 生姪 생질	4 離孫 이손	
		(자매)	3 姑母 고모	4 內從兄弟 내종형제	5 內從姪 내종질	6 內再從姪 내재종질	
	(자매)	4 大姑母 대고모	5 內從叔 내종숙	6 內再從 내재종	7 內再從姪 내재종질	8 內三從孫 내삼종손	
(자매)	5 曾大姑母 증대고모	6 內再從祖 내재종조	7 內再從叔 내재종숙	8 內三從 내삼종	9 內三從姪 내삼종질	10 內四從孫 내사종손	
6 高大姑母 고대고모							

부계 혈족간 촌수(父系血族間 寸數)

七代祖7							
六代祖6							從六代祖 8
五代祖5						從五代祖 7	
高祖父母4					從高祖父母6	再從高祖父母8	
曾祖父母3				從曾祖父母5	再從曾祖父母7		
祖父母2			從祖父母 4	再從祖父母6	三從曾父母8		
父 母1		伯叔父母 3	從伯叔父母5	從伯叔父母7			
自 己 配偶者	兄弟姉妹 2	從兄弟姉妹4	再從兄弟姉妹6	三從兄弟姉妹8			
子1	姪 3	從姪 5	再從姪 7				
孫 子2	從孫 4	再從孫 6	三從孫 8				
曾 孫3	從曾孫 5	再從曾孫 7					
玄 孫4	從玄孫 6	再從玄孫 8					
五代孫5	五代姪孫 7						
六代孫6	六代姪孫 8						
七代孫7							
八代孫8							

※ 從은 4~5寸, 再從은 6~7寸, 三從은 8~9寸

나. 우리나라 성씨 및 본관

성 씨	획수	본 관
賈 가	13	蘇州(소주) 泰安(태안) 太原(태원)
價 가	15	高山(고산) 馬靈(마령)
干 간	3	慶州(경주) 羅州(나주) 南陽(남양)
竿 간	9	東州(동주) 海州(해주)
簡 간	18	加平(가평) 南陽(남양)
碣 갈	14	牟平(모평)
葛 갈	15	羅州(나주) 南陽(남양) 南原(남원) 大邱(대구) 西原(서원) 淸州(청주)
甘 감	5	昌源(창원) 忠州(충주) 合浦(합포) 檜山(회산)
江 강	7	押海(압해)
姜 강	9	慶州(경주) 光州(광주) 衿川(금천) 同福(동복) 白川(배천) 信川(신천) 安東(안동) 全州(전주) 晋州(진주) 海美(해미)
剛 강	10	忠州(충주)
康 강	11	康翎(강령) 谷山(곡산) 信川(신천) 雲南(운남) 任實(임실) 載寧(재령) 晋州(진주) 忠州(충주)
强 강	12	槐山(괴산) 忠州(충주)
疆 강	19	晋州(진주)
介 개	4	驪州(여주)
堅 견	11	金浦(김포) 沙梁(사량) 水原(수원) 麗州(여주) 忠州(충주) 川寧(천녕)
甄 견	14	尙州(상주) 全州(전주) 黃澗(황간)
京 경	8	金化(김화)
庚 경	8	慶州(경주) 仁川(인천) 全州(전주)
耿 경	10	沙川(사천) 安城(안성) 陽根(양근)
景 경	12	泰仁(태인) 海州(해주)
卿 경	12	臨江(임강)

성 씨	획수	본 관
敬 경	13	安城(안성) 陽根(양근)
慶 경	15	扶安(부안) 淸州(청주)
季 계	8	江華(강화) 新平(신평)
契 계	9	慶州(경주)
桂 계	10	衿川(금천) 遂安(수안)
固 고	8	押海(압해) 永同(영동)
高 고	10	開城(개성) 廣寧(광녕) 金化(김화) 高峯(고봉) 衿川(금천) 潭陽(담양) 上黨(상당) 安東(안동) 延安(연안) 沃溝(옥구) 龍潭(용담) 宜寧(의령) 長興(장흥) 濟州(제주) 兎山(토산) 會寧(회령) 橫城(횡성)
古爾 고이	19	
曲 곡	6	沔川(면천) 龍宮(용궁)
谷 곡	7	端和(단화)
骨 골	10	江華(강화)
公 공	4	開城(개성) 金浦(김포) 文川(문천)
孔 공	4	曲阜(곡부) 昌原(창원) 坡平(파평)
空 공	8	金浦(김포)
貢 공	10	水原(수원) 仁川(인천)
公孫 공손	14	永同(영동) 楓巖(풍암)
瓜 과	5	平原(평원)
郭 곽	14	鳳山(봉산) 善山(선산) 餘美(여미) 淸州(청주) 苞山(포산) 海美(해미) 玄風(현풍)
廣 광	15	龍潭(용담)
槐 괴	14	昌原(창원)
仇 구	4	宜寧(의령) 昌原(창원)
丘 구	5	平海(평해)

성 씨	획수	본 관
具 구	8	廣州(광주) 綾城(능성) 綾州(능주) 昌原(창원)
邱 구	12	恩栗(은율)
瞿 구	18	甕津(옹진)
國 국	11	潭陽(담양) 恩栗(은율) 豊川(풍천)
菊 국	14	
鞠 국	17	潭陽(담양) 福城(복성) 靈光(영광) 恩栗(은율)
君 군	7	南原(남원)
弓 궁	3	兎山(토산)
宮 궁	10	慈山(자산) 咸悅(함열)
鴌 궉	15	善山(선산) 淳昌(순창) 淸州(청주)
權 권	22	安東(안동) 醴泉(예천)
斤 근	4	淸州(청주)
琴 금	13	桂陽(계양) 奉化(봉화)
奇 기	8	開成(개성) 幸州(행주)
箕 기	14	幸州(행주)
起 기	10	西原(서원) 沃川(옥천) 漢陽(한양)
吉 길	6	開成(개성) 善山(선산) 海平(해평)
金 김	8	加平(가평) 嘉興(가흥) 杆城(간성) 江東(강동) 江陵(강릉) 江西(강서) 江陽(강양) 江陰(강음) 康津(강진) 江華(강화) 開寧(개령) 開城(개성) 見州(견주) 結城(결성) 慶山(경산) 京山(경산) 慶州(경주) 鷄林(계림) 高靈(고령) 古阜(고부) 高山(고산) 固城(고성) 高陽(고양) 公州(공주) 光山(광산) 光陽(광양) 廣州(광주) 槐山(괴산) 交河(교하) 求禮(구례) 金陵(금릉) 錦山(금산) 金山(금산) 錦城(금성) 衿川(금천) 錦川(금천) 金川(금천) 金華(금화) 金寧(김녕) 金堤(김제)

성씨	획수	본관
金 김	8	金浦(김포) 金海(김해) 金化(김화) 羅州(나주) 樂安(낙안)
		南陽(남양) 南原(남원) 南平(남평) 藍浦(남포) 南海(남해)
		老安(노안) 綾城(능성) 綾州(능주) 達城(달성) 潭陽(담양)
		唐岳(당악) 棠岳(당악) 大邱(대구) 德山(덕산) 德水(덕수)
		東萊(동래) 道康(도강) 登州(등주) 茂長(무장) 茂朱(무주)
		文化(문화) 密陽(밀양) 白川(배천) 保寧(보령) 報恩(보은)
		鳳山(봉산) 鳳州(봉주) 奉化(봉화) 扶寧(부령) 扶安(부안)
		扶餘(부여) 富平(부평) 盆城(분성) 比安(비안) 泗川(사천)
		三陟(삼척) 三和(삼화) 商山(상산) 祥原(상원) 霜陰(상음)
		尙州(상주) 瑞山(서산) 胥州(서주) 瑞興(서흥) 善山(선산)
		宣城(선성) 雪城(설성) 星州(성주) 成川(성천) 遂安(수안)
		水原(수원) 隨州(수주) 樹州(수주) 淳昌(순창) 順天(순천)
		順興(순흥) 昇平(승평) 始興(시흥) 信川(신천) 新平(신평)
		牙山(아산) 安康(안강) 安老(안노) 安東(안동)新 安東(안동)舊
		安岳(안악) 安山(안산) 安城(안성) 安定(안정) 野城(야성)
		陽根(양근) 梁山(양산) 楊州(양주) 陽澤(양택) 楊平(양평)
		彦陽(언양) 驪州(여주) 燕岐(연기) 燕城(연성) 延安(연안)
		延日(연일) 燕州(연주) 延豊(연풍) 靈光(영광) 盈德(영덕)
		永同(영동) 永山(영산) 靈山(영산) 靈岩(영암) 靈巖(영암)
		英陽(영양) 寧越(영월) 永柔(영유) 永州(영주) 榮州(영주)
		永川(영천) 寧海(영해) 永興(영흥) 禮安(예안) 醴泉(예천)
		烏川(오천) 玉果(옥과) 玉城(옥성) 玉川(옥천) 沃川(옥천)
		甕津(옹진) 完山(완산) 龍宮(용궁) 龍潭(용담) 龍城(용성)
		龍安(용안) 友鹿(우록) 牛峰(우봉) 雲峰(운봉) 蔚山(울산)
		熊川(웅천) 原州(원주) 月城(월성) 儒州(유주) 殷栗(은율)

성 씨	획수	본 관
金 김	8	恩律(은율) 宜寧(의령) 義城(의성) 義州(의주) 義興(의흥)
		利川(이천) 伊川(이천) 益山(익산) 益和(익화) 仁同(인동)
		一善(일선) 任實(임실) 臨津(임진) 臨陂(임피) 長湍(장단)
		長城(장성) 長淵(장연) 積城(적성) 全州(전주) 定山(정산)
		井邑(정읍) 貞州(정주) 濟州(제주) 中奉(중봉) 中和(중화)
		珍島(진도) 珍山(진산) 振威(진위) 鎭岺(진잠) 晋州(진주)
		鎭川(진천) 鎭海(진해) 昌寧(창녕) 昌原(창원) 昌平(창평)
		天安(천안) 鐵原(철원) 淸道(청도) 靑山(청산) 靑松(청송)
		靑陽(청양) 淸州(청주) 淸風(청풍) 草溪(초계) 竺山(축산)
		春陽(춘양) 春川(춘천) 忠州(충주) 漆原(칠원) 太原(태원)韓
		太原(태원)中 兎山(토산) 通州(통주) 通川(통천) 坡州(파주)
		坡平(파평) 平山(평산) 平壤(평양) 平昌(평창) 平澤(평택)
		平海(평해) 豊基(풍기) 豊德(풍덕) 豊山(풍산) 豊川(풍천)
		河陰(하음) 漢南(한남) 韓山(한산) 咸博(함박) 咸陽(함양)
		咸昌(함창) 咸平(함평) 咸興(함흥) 陜川(합천) 海南(해남)
		海州(해주) 海平(해평) 海豊(해풍) 幸州(행주) 玄風(현풍)
		洪州(홍주) 花開(화개) 和順(화순) 黃利(황리) 黃州(황주)
		興德(흥덕) 興海(흥해) 熙川(희천)
羅 나	20	軍威(군위) 錦城(금성) 羅州(나주) 比安(비안) 壽城(수성)
		安定(안정) 義城(의성) 定山(정산)
南 남	9	固城(고성) 南原(남원) 英陽(영양) 宜寧(의령)
南宮 남궁	19	南平(남평) 富潤(부윤) 咸悅(함열)
浪 낭	11	楊州(양주) 揚州(양주) 晋州(진주)
乃 내	2	開城(개성) 延安(연안)
奈 내	8	羅州(나주)

성 씨	획수	본 관
來 내(래)	8	豊川(풍천)
路 노(로)	13	開城(개성) 大元(대원) 北清(북청) 忠州(충주) 太原(태원)
魯 노(로)	15	江華(강화) 廣州(광주) 密陽(밀양) 楊州(양주) 忠州(충주) 咸平(함평) 咸豊(함풍)
盧 노(로)	16	慶州(경주) 光山(광산) 光州(광주) 谷山(곡산) 交河(교하) 童城(동성) 萬頃(만경) 尙州(상주) 新昌(신창) 安康(안강) 安東(안동) 延日(연일) 靈光(영광) 龍城(용성) 長淵(장연) 淸道(청도) 忠州(충주) 平壤(평양) 豊川(풍천) 海州(해주)
蘆 노(로)	22	延白(연백)
綠 녹(록)	14	慶山(경산)
雷 뇌(뢰)	13	喬桐(교동)
賴 뇌(뢰)	16	
段 단	9	江陵(강릉) 江陰(강음) 大興(대흥) 延安(연안) 豊德(풍덕)
單 단	12	
端 단	14	韓山(한산)
唐 당	10	密陽(밀양) 淸州(청주)
大 대	3	大山(대산) 密陽(밀양) 渤海(발해)
對 대	14	雲南(운남)
大室 대실	12	
都 도	16	書濟(서제) 星山(성산) 星州(성주) 全州(전주) 坡平(파평) 八莒(팔거)
道 도	16	固城(고성)
陶 도	16	南陽(남양) 順天(순천) 豊壤(풍양)
獨 독	17	丹陽(단양) 丹城(단성)

성 씨	획수	본 관
獨孤 독고	25	廣陵(광릉) 羅州(나주) 南原(남원)
豚 돈	11	木川(목천)
頓 돈	11	木川(목천)
敦 돈	12	西原(서원) 淸州(청주)
童 동	12	富寧(부령) 全州(전주) 淸州(청주) 忠州(충주)
董 동	15	開城(개성) 廣州(광주) 廣川(광천) 金海(김해) 南原(남원) 登州(등주) 雪城(설성) 水原(수원) 安東(안동) 穎陽(영양) 榮州(영주) 永川(영천) 寧海(영해) 原州(원주) 宜寧(의령) 晋州(진주) 昌原(창원) 淸州(청주) 淸河(청하) 淸海(청해) 忠州(충주) 河東(하동) 黃州(황주)
東方 동방	12	晋州(진주) 淸州(청주)
杜 두	7	慶寧(경녕) 杜山(두산) 杜陵(두릉)
枓 두	8	社陵(사릉) 豊德(풍덕)
登 등	12	固城(고성)
馬 마	10	木川(목천) 長興(장흥) 全州(전주)
麻 마	11	上谷(상곡) 烈山(열산) 永平(영평) 陜川(합천)
萬 만	15	江陵(강릉) 江華(강화) 開城(개성) 廣州(광주) 永豊(영풍)
		翼谷(익곡) 鎭江(진강)
梅 매	11	忠州(충주)
孟 맹	8	新昌(신창) 坡州(파주)
盟 맹	8	坡州(파주)
明 명	13	西蜀(서촉) 延安(연안) 漢陽(한양)
明臨 명림	25	
毛 모	4	公山(공산) 公州(공주) 廣州(광주) 廣川(광천) 金海(김해) 瑞山(서산)

성 씨	획수	본 관				
牟 모	6	晋州(진주)	咸平(함평)			
睦 목	13	桂陽(계양)	泗川(사천)	沃川(옥천)		
蒙 몽	16	奉化(봉화)	兎山(토산)			
苗 묘	11	旌善(정선)				
墨 묵	15	廣寧(광녕)	遼東(요동)			
文 문	4	甘泉(감천)	江陵(강릉)	江城(강성)	開寧(개령)	結城(결성)
		南平(남평)	陵城(능성)	綾城(능성)	丹城(단성)	保寧(보령)
		善山(선산)	安東(안동)	靈山(영산)	長淵(장연)	旌善(정선)
		鐵原(철원)	河陽(하양)			
門 문	8	松林(송림)	仁同(인동)	仁川(인천)		
物 물	8	槐山(괴산)				
未 미	5	儒城(유성)	長湍(장단)			
米 미	6	載寧(재령)				
彌 미	17	鎭川(진천)				
閔 민	12	驪興(여흥)	榮州(영주)	黃驪(황려)		
朴 박	6	江陵(강릉)	康津(강진)	江華(강화)	京山(경산)	慶州(경주)
		高靈(고령)	固城(고성)	高城(고성)	公州(공주)	廣州(광주)
		龜山(구산)	丘珍(구진)	軍威(군위)	金川(금천)	羅州(나주)
		蘭浦(난포)	南原(남원)	南州(남주)	南川(남천)	魯城(노성)
		尼山(니산)	唐津(당진)	德源(덕원)	德津(덕진)	沔川(면천)
		務安(무안)	文義(문의)	文州(문주)	密城(밀성)	密陽(밀양)
		潘南(반남)	鳳山(봉산)	比安(비안)	泗川(사천)	三陟(삼척)
		三和(삼화)	商山(상산)	尙州(상주)	善山(선산)	淳昌(순창)
		順天(순천)	順興(순흥)	安東(안동)	安城(안성)	押海(압해)

성 씨	획수	본 관				
朴 박	6	野城(야성)	彦陽(언양)	麗水(여수)	驪州(여주)	驪興(여흥)
		燕山(연산)	靈岩(영암)	寧海(영해)	牛峰(우봉)	雲峰(운봉)
		蔚山(울산)	月城(월성)	殷山(은산)	殷豊(은풍)	陰城(음성)
		義昌(의창)	義興(의흥)	麟蹄(인제)	任實(임실)	長城(장성)
		全州(전주)	旌善(정선)	貞州(정주)	竹山(죽산)	珍原(진원)
		晋州(진주)	昌原(창원)	天安(천안)	鐵城(철성)	青松(청송)
		春川(춘천)	忠州(충주)	泰山(태산)	泰安(태안)	泰仁(태인)
		平山(평산)	平壤(평양)	平州(평주)	平澤(평택)	咸陽(함양)
		海州(해주)	橞城(혜성)			
班 반	11	開城(개성)	固城(고성)	光州(광주)	平海(평해)	
潘 반	16	巨濟(거제)	結城(결성)	光州(광주)	岐城(기성)	南平(남평)
方 방	4	開城(개성)	軍威(군위)	尙州(상주)	新昌(신창)	溫陽(온양)
		昌城(창성)				
房 방	8	南陽(남양)	南原(남원)	密陽(밀양)	水原(수원)	梁山(양산)
		寧海(영해)	溫陽(온양)	川寧(천녕)	抱川(포천)	
芳 방	10	聞慶(문경)	鐵原(철원)			
邦 방	11	慶州(경주)	廣州(광주)	槐山(괴산)	羅州(나주)	德川(덕천)
		務安(무안)	水多(수다)	永興(영흥)	醴泉(예천)	堤川(제천)
		鐵原(철원)	太原(태원)	坡州(파주)	豊基(풍기)	海州(해주)
		幸州(행주)				
龐 방	19	渴陽(갈양)	開城(개성)	太原(태원)韓	太原(태원)中	
裵 배	14	京山(경산)	慶州(경주)	昆山(곤산)	昆陽(곤양)	金海(김해)
		達城(달성)	大邱(대구)	大同(대동)	盆城(분성)	星山(성산)
		星州(성주)	月城(월성)	鎭安(진안)	咸興(함흥)	峽溪(협계)
		和順(화순)	興海(흥해)			

성 씨	획수	본 관
裵 배	14	金海(김해) 星州(성주)
白 백	5	開城(개성) 槐山(괴산) 藍浦(남포) 南海(남해) 大興(대흥) 聞慶(문경) 善山(선산) 水原(수원) 林川(임천) 赤城(적성) 稷山(직산) 淸道(청도) 泰仁(태인) 海美(해미) 解顔(해안)
栢 백	10	抱川(포천)
凡 범	3	安州(안주)
范 범	11	光州(광주) 錦城(금성) 羅州(나주)
卞 변	4	沔川(면천) 密陽(밀양) 草溪(초계)
邊 변	22	加恩(가은) 聞慶(문경) 原州(원주) 長淵(장연) 全州(전주) 黃州(황주)
別 별	7	平昌(평창)
甫 보	7	公州(공주)
卜 복	2	沔川(면천) 洪州(홍주)
奉 봉	8	江華(강화) 河陰(하음)
鳳 봉	14	慶州(경주)
夫 부	4	濟州(제주) 漢陽(한양)
傅 부	12	楊根(양근)
附 부	13	童星(동성)
夫餘 부여	20	百濟(백제)
扶餘 부여	24	
負鼎 부정	22	
丕 비	5	隴西(농서)
彬 빈	11	達成(달성) 潭陽(담양) 大邱(대구)
賓 빈	14	陵昌(능창) 達城(달성) 大邱(대구) 密陽(밀양) 壽城(수성) 靈光(영광) 義城(의성)

성 씨	획수	본 관
冰 빙	5	慶州(경주) 谷城(곡성)
史 사	5	居昌(거창) 慶州(경주) 淸州(청주) 坡平(파평)
舍 사	8	富平(부평) 伊川(이천)
謝 사	17	晋州(진주) 韓山(한산)
司空 사공	13	居平(거평) 軍威(군위) 孝靈(효령)
司馬 사마	15	居平(거평) 伊川(이천)
森 삼	12	三嘉(삼가)
尙 상	8	果川(과천) 木川(목천)
相 상	9	密陽(밀양)
桑 상	10	安邊(안변)
西 서	6	
徐 서	10	軍威(군위) 南陽(남양) 南平(남평) 大邱(대구) 達城(달성) 唐城(당성) 福興(복흥) 峯城(봉성) 扶餘(부여) 連山(연산) 鹽州(염주) 龍宮(용궁) 宜寧(의령) 利川(이천) 伊川(이천) 長城(장성) 浙江(절강) 平當(평당) 黃山(황산)
西門 서문	14	東州(동주) 安陰(안음)
石 석	5	廣陵(광릉) 廣州(광주) 星州(성주) 潮州(조주) 忠州(충주) 海州(해주) 花園(화원) 洪州(홍주)
昔 석	8	慶州(경주) 月城(월성) 龍仁(용인)
席 석	10	江華(강화) 通津(통진)
釋 석	20	光山(광산) 水原(수원)
石抹 석말	14	廣陵(광릉)
先 선	6	晋城(진성)
宣 선	9	光州(광주) 同福(동복) 寶城(보성) 利川(이천) 全州(전주)
鮮 선	17	新溪(신계) 太原(태원)

성 씨	획수	본 관
鮮于 선우	20	太原(태원)
偰 설	11	慶州(경주)
薛 설	19	慶州(경주) 淳昌(순창) 沃川(옥천)
葉 섭	15	慶州(경주) 公村(공촌)
成 성	7	江華(강화) 昌寧(창녕)
星 성	9	
김 소	5	大同(대동) 楊州(양주)
素 소	10	廣州(광주) 豊德(풍덕)
邵 소	12	南陽(남양) 安康(안강) 益山(익산) 平山(평산)
蘇 소	22	鎭江(진강) 晋州(진주)
小室 소실	12	
孫 손	10	慶州(경주) 求禮(구례) 羅州(나주) 密陽(밀양) 屛山(병산) 扶寧(부령) 比安(비안) 安東(안동) 安峽(안협) 月城(월성) 一直(일직) 淸州(청주) 平海(평해)
宋 송	7	江陰(강음) 金海(김해) 羅州(나주) 南陽(남양) 德山(덕산) 聞慶(문경) 福興(복흥) 瑞山(서산) 新平(신평) 雙阜(쌍부) 安山(안산) 冶爐(야로) 冶城(야성) 楊州(양주) 礪山(여산) 延安(연안) 沃溝(옥구) 龍城(용성) 恩津(은진) 義城(의성) 竹山(죽산) 鎭川(진천) 鐵原(철원) 淸州(청주) 泰仁(태인) 泰安(태안) 洪州(홍주) 懷德(회덕)
松 송	8	
水 수	4	江南(강남) 江陵(강릉) 金海(김해) 雲梯(운제)
守 수	6	開城(개성) 廣州(광주)
洙 수	10	達城(달성) 密陽(밀양)
壽 수	14	文登(문등)

성 씨	획수	본 관
輸 수	16	忠州(충주)
舜 순	12	林川(임천) 坡州(파주)
荀 순	12	連谷(연곡) 一直(일직) 林川(임천) 昌原(창원) 鴻山(홍산)
淳 순	12	
順 순	12	
承 승	8	光山(광산) 光州(광주) 楊州(양주) 陽川(양천) 延日(연일) 忠州(충주)
昇 승	8	甲鄕(갑향) 南原(남원) 密陽(밀양) 昌平(창평)
勝 승	12	富潤(부윤) 延白(연백)
僧 승	14	慶州(경주) 清州(청주)
柴 시	9	金化(김화) 綾鄕(능향) 泰仁(태인)
施 시	9	星州(성주) 浙江(절강)
時 시	10	長豊(장풍)
申 신	5	高靈(고령) 谷城(곡성) 朔寧(삭녕) 信川(신천) 牙山(아산) 鵝洲(아주) 寧海(영해) 殷豊(은풍) 利川(이천) 朝宗(조종) 昌州(창주) 天安(천안) 平山(평산)
辛 신	7	高靈(고령) 靈山(영산) 寧越(영월)
莘 신	13	豊德(풍덕)
愼 신	14	居昌(거창) 雙阜(쌍부)
實 실	14	泰安(태안)
沈 심	8	富有(부유) 三陟(삼척) 宜寧(의령) 全州(전주) 靑松(청송) 豊山(풍산)
尋 심	12	開寧(개령)
阿 아	13	
安 안	6	康津(강진) 公山(공산) 廣州(광주) 洞州(동주) 尼山(니산)

성 씨	획수	본 관
安 안	6	順興(순흥) 安康(안강) 安山(안산) 靈山(영산) 堤川(제천) 酒泉(주천) 竹山(죽산)新 竹山(죽산)舊 忠州(충주) 耽津(탐진) 太原(태원)
仰 앙	6	延白(연백)
艾 애	8	延豊(연풍) 榮州(영주) 全州(전주) 漢陽(한양)
夜 야	8	開城(개성) 峯城(봉성) 石淺(석천) 原平(원평)
良 양(량)	7	濟州(제주) 彩運(채운)
凉 양(량)	10	鴻山(홍산)
梁 양(량)	11	金海(김해) 羅州(나주) 南原(남원) 楊州(양주) 林川(임천) 濟州(제주) 彩運(채운) 忠州(충주)
楊 양	13	南原(남원) 密陽(밀양) 安岳(안악) 中和(중화) 淸州(청주) 通州(통주)
陽 양	17	金化(김화)
襄 양	17	
魚 어	11	江陵(강릉) 江華(강화) 慶興(경흥) 密陽(밀양) 忠州(충주) 咸從(함종) 咸平(함평)
於 어	8	麻田(마전)
嚴 엄	20	尙州(상주) 寧越(영월)
呂 여(려)	7	星山(성산) 星州(성주) 咸陽(함양)
余 여	7	宜寧(의령)
餘 여	16	餘美(여미)
力 역(력)	2	河陰(하음)
延 연	7	開城(개성) 谷山(곡산)
連 연(련)	14	羅州(나주) 禮山(예산) 全州(전주)
燕 연	16	全州(전주) 定州(정주)

성 씨	획수	본 관				
廉 염(렴)	13	開城(개성)	瑞原(서원)	水原(수원)	坡州(파주)	坡平(파평)
閻 염	16					
葉 엽	15	水原(수원)	處仁(처인)			
永 영	5	康翎(강령)	平海(평해)			
榮 영	14	永川(영천)				
靈 영(령)	24	漢陽(한양)				
令孤 영고	13	文化(문화)				
芮 예	10	沔川(면천)	缶溪(부계)	水原(수원)	義興(의흥)	
午 오	4	密陽(밀양)				
伍 오	6	復興(부흥)				
吳 오	7	高敞(고창)	軍威(군위)	羅州(나주)	樂安(낙안)	郎山(낭산)
		同福(동복)	荳原(두원)	寶城(보성)	三嘉(삼가)	延日(연일)
		寧遠(영원)	蔚山(울산)	殷豊(은풍)	義城(의성)	長鬐(장기)
		長興(장흥)	全州(전주)	珍原(진원)	平海(평해)	咸陽(함양)
		咸平(함평)	咸興(함흥)	海州(해주)	和順(화순)	興陽(흥양)
玉 옥	5	班城(반성)	寧越(영월)	宜寧(의령)		
溫 온	14	慶州(경주)	金溝(금구)	鳳城(봉성)	西原(서원)	溫陽(온양)
		清州(청주)				
邕 옹	10	淳昌(순창)	玉川(옥천)			
翁 옹	10	金浦(김포)				
曰 왈	4	旌善(정선)				
王 왕	4	江陵(강릉)	開城(개성)	巨濟(거제)	大田(대전)	東昌(동창)
		宜寧(의령)	濟南(제남)	清州(청주)	海州(해주)	
尿 요(뇨)	7	荒調(황조)				
要 요	9	大邱(대구)				

성 씨	획수	본 관				
姚 요	9	水原(수원)	忠州(충주)	徽州(휘주)		
龍 용(룡)	16	廣州(광주)	楊根(양근)	淸州(청주)	忠州(충주)	鴻山(홍산)
		洪州(홍주)	洪川(홍천)			
于 우	3	木川(목천)				
禹 우	9	剛州(강주)	丹陽(단양)	禮安(예안)	榮州(영주)	
祐 우	10	南陽(남양)	長興(장흥)	載陽(재양)		
遇 우	16	星州(성주)				
釪侯 우후	25					
郁 욱	13	海州(해주)				
芸 운	10	全州(전주)				
雲 운	12	長興(장흥)	淸州(청주)	咸興(함흥)		
元 원	4	廣州(광주)	原州(원주)			
袁 원	10	比屋(비옥)	比安(비안)			
員 원	10	德水(덕수)				
韋 위	9	江華(강화)	驪州(여주)			
魏 위	18	遂寧(수령)	燕岐(연기)	長興(장흥)		
兪 유	9	康津(강진)	高靈(고령)	金山(금산)	杞溪(기계)	務安(무안)
		仁同(인동)	長沙(장사)	昌原(창원)	川寧(천녕)	耽津(탐진)
柳 유(류)	9	高興(고흥)	大同(대동)	文化(문화)	白川(배천)	富平(부평)
		西寧(서령)	瑞山(서산)	善山(선산)	若木(약목)	延安(연안)
		靈光(영광)	陸昌(육창)	仁同(인동)	長興(장흥)	全州(전주)
		貞州(정주)	晋州(진주)	豊山(풍산)	興陽(흥양)	
庾 유	12	茂松(무송)	平山(평산)			
劉 유(류)	15	江陵(강릉)	居昌(거창)	慶州(경주)	白川(배천)	白州(백주)
		延安(연안)	全州(전주)	忠州(충주)		

성 씨	획수	본 관
陸 육(륙)	16	管城(관성) 泗川(사천) 沃川(옥천)
尹 윤	4	高敞(고창) 慶州(경주) 杞溪(기계) 南原(남원) 德山(덕산) 德豊(덕풍) 茂松(무송) 新寧(신녕) 楊州(양주) 陽川(양천) 驪州(여주) 永川(영천) 醴泉(예천) 竹山(죽산) 酒泉(주천) 漆原(칠원) 坡州(파주) 坡平(파평) 平山(평산) 咸安(함안) 海南(해남) 海州(해주) 海平(해평) 玄風(현풍)
律 율(률)	9	槐山(괴산)
殷 은	10	椧谷(명곡) 延安(연안) 楡谷(유곡) 泰仁(태인) 幸州(행주)
乙 을	1	義州(의주)
陰 음	16	廣州(광주) 竹山(죽산)
伊 이	6	白川(배천) 延豊(연풍) 銀川(은천) 忠州(충주) 太原(태원)
李 이(리)	7	加利(가리) 嘉山(가산) 加平(가평) 江東(강동) 江陽(강양) 康津(강진) 江華(강화) 開城(개성) 居昌(거창) 結聖(결성) 結城(결성) 京山(경산) 慶州(경주) 高靈(고령) 古阜(고부) 固城(고성) 公州(공주) 光山(광산) 光陽(광양) 廣州(광주) 光州(광주) 廣平(광평) 金溝(금구) 杞溪(기계) 機張(기장) 金浦(김포) 羅州(나주) 樂安(낙안) 南平(남평) 隴西(농서) 尼山(니산) 丹城(단성) 丹陽(단양) 潭陽(담양) 大興(대흥) 德山(덕산) 德水(덕수) 德恩(덕은) 道康(도강) 道安(도안) 洞溪(동계) 東城(동성) 碧珍(벽진) 保城(보성) 報恩(보은) 鳳山(봉산) 扶安(부안) 扶餘(부여) 富平(부평) 泗川(사천) 三陟(삼척) 商山(상산) 祥原(상원) 尙州(상주) 西林(서림) 瑞山(서산) 舒川(서천) 星山(성산) 星州(성주) 隋城(수성) 遂安(수안) 水原(수원) 淳昌(순창) 順天(순천) 信川(신천) 新平(신평) 牙山(아산) 安東(안동) 安山(안산) 安城(안성)

성씨	획수	본관				
李 이(리)	7	安岳(안악)	安平(안평)	陽山(양산)	楊山(양산)	梁山(양산)
		陽城(양성)	楊州(양주)	驪州(여주)	延安(연안)	延豊(연풍)
		盈德(영덕)	瀛州(영주)	寧川(영천)	永川(영천)	寧海(영해)
		永興(영흥)	禮山(예산)	禮安(예안)	溫陽(온양)	甕津(옹진)
		完山(완산)	龍宮(용궁)	龍安(용안)	龍仁(용인)	龍川(용천)
		羽溪(우계)	牛峰(우봉)	蔚山(울산)	原州(원주)	原川(원천)
		月城(월성)	陰竹(음죽)	益山(익산)	益興(익흥)	麟蹄(인제)
		仁川(인천)	臨江(임강)	林川(임천)	臨坡(임파)	長鬐(장기)
		長城(장성)	長水(장수)	長興(장흥)	載寧(재령)	全義(전의)
		全州(전주)	旌善(정선)	貞州(정주)	朝宗(조종)	中峯(중봉)
		中和(중화)	砥平(지평)	眞寶(진보)	眞城(진성)	鎭安(진안)
		振威(진위)	晋州(진주)	眞宅(진택)	車城(차성)	昌寧(창녕)
		昌平(창평)	川寧(천녕)	鐵城(철성)	青松(청송)	淸安(청안)
		淸州(청주)	青海(청해)	楚山(초산)	忠州(충주)	泰安(태안)
		太原(태원)韓	太原(태원)中	通津(통진)	平山(평산)	平壤(평양)
		平昌(평창)	河濱(하빈)	河陰(하음)	鶴城(학성)	韓山(한산)
		咸安(함안)	咸陽(함양)	咸平(함평)	咸興(함흥)	陜川(합천)
		海南(해남)	海州(해주)	洪州(홍주)	洪川(홍천)	花山(화산)
		興陽(흥양)	懷德(회덕)	淮陽(회양)		
異 이	12	童城(동성)	密陽(밀양)			
益 익	10	杞溪(기계)				
翌 익	11	陰竹(음죽)				
印 인	6	喬桐(교동)	延安(연안)			
任 임	6	果川(과천)	谷城(곡성)	牙善(아선)	長興(장흥)	晋州(진주)
		豊川(풍천)	風村(풍촌)	咸豊(함풍)	懷德(회덕)	會津(회진)

성씨	획수	본관
林 임(림)	8	開寧(개령) 慶州(경주) 吉安(길안) 羅州(나주) 保安(보안) 甫州(보주) 扶安(부안) 扶餘(부여) 庇仁(비인) 常山(상산) 善山(선산) 淳昌(순창) 新平(신평) 安東(안동) 安山(안산) 安陰(안음) 安義(안의) 醴泉(예천) 沃溝(옥구) 沃野(옥야) 蔚珍(울진) 恩津(은진) 利安(이안) 益山(익산) 臨坡(임파) 臨河(임하) 全州(전주) 兆陽(조양) 鎭川(진천) 平澤(평택) 檜城(회성)
乙支 을지	5	
慈 자	14	遼陽(요양) 中原(중원) 海州(해주)
庄 장	6	淸風(청풍)
將 장	11	慶州(경주)
章 장	11	居昌(거창) 福城(복성)
張 장	11	嘉山(가산) 康津(강진) 結城(결성) 高州(고주) 求禮(구례) 金溝(금구) 金海(김해) 羅州(나주) 丹陽(단양) 德水(덕수) 木川(목천) 鳳城(봉성) 扶安(부안) 尙質(상질) 松禾(송화) 壽城(수성) 順天(순천) 安東(안동) 驪興(여흥) 永嘉(영가) 永同(영동) 永川(영천) 禮山(예산) 沃溝(옥구) 玉山(옥산) 龍川(용천) 蔚珍(울진) 仁同(인동) 長連(장련) 全州(전주) 浙江(절강) 知禮(지례) 鎭安(진안) 晋州(진주) 鎭川(진천) 昌寧(창녕) 川寧(천녕) 靑松(청송) 太原(태원) 興德(흥덕) 興城(흥성) 興陽(흥양) 興海(흥해)
場 장	12	木川(목천)
莊 장	13	衿川(금천) 長連(장련)
萇 장	14	燕岐(연기)
蔣 장	17	金浦(김포) 牙山(아산) 靑鳧(청부)

성 씨	획수	본 관
墻籬 장리	41	南原(남원)
再會 재회	19	
翟 적	14	林川(임천)
田 전	5	廣平(광평) 喬桐(교동) 南陽(남양) 潭陽(담양) 安州(안주) 延安(연안) 靈光(영광) 禮山(예산) 牛峰(우봉) 定山(정산) 珍原(진원) 泰山(태산) 平澤(평택) 河陰(하음)
全 전	6	甘泉(감천) 慶山(경산) 慶州(경주) 鷄林(계림) 機張(기장) 羅州(나주) 羅城(나성) 寶城(보성) 扶餘(부여) 星山(성산) 星州(성주) 安東(안동) 玉山(옥산) 沃川(옥천) 完山(완산) 龍宮(용궁) 長城(장성) 全州(전주) 旌善(정선) 竹山(죽산) 天安(천안) 通津(통진) 八莒(팔거) 平康(평강) 咸昌(함창) 黃澗(황간)
專 전	11	陽天(양천)
錢 전	16	開城(개성) 冠山(관산) 聞慶(문경) 知禮(지례) 兎山(토산)
占 점	5	槐山(괴산)
丁 정	2	羅州(나주) 武靈(무령) 押海(압해) 野城(야성) 靈光(영광) 靈城(영성) 義城(의성) 旌善(정선) 昌原(창원)
井 정	4	連川(연천) 鎭江(진강)
貞 정	9	楊州(양주)
程 정	12	光州(광주) 河南(하남) 韓山(한산)
鄭 정	19	慶州(경주) 固城(고성) 昆陽(곤양) 公山(공산) 廣州(광주) 光州(광주) 錦城(금성) 金浦(김포) 羅州(나주) 瑯琊(낭야) 東萊(동래) 保寧(보령) 奉化(봉화) 西京(서경) 瑞山(서산) 野城(야성) 楊州(양주) 延白(연백) 延日(연일) 盈德(영덕) 迎日(영일) 永定(영정) 永川(영천) 禮泉(예천) 烏川(오천)

성 씨	획수	본 관				
鄭 정	19	溫陽(온양)	甕津(옹진)	義安(의안)	長鬐(장기)	長興(장흥)
		全州(전주)	定山(정산)	貞州(정주)	晋陽(진양)	晋州(진주)
		昌原(창원)	靑山(청산)	淸州(청주)	草溪(초계)	八溪(팔계)
		平海(평해)	豊基(풍기)	河東(하동)	鶴城(학성)	咸平(함평)
		咸豊(함풍)	海南(해남)	海州(해주)		
諸 제	16	固城(고성)	漆原(칠원)			
諸葛 제갈	31	南陽(남양)	南原(남원)			
齊楚 제초	27					
曺 조	10	嘉興(가흥)	南平(남평)	綾城(능성)	壽城(수성)	安東(안동)
		靈岩(영암)	玉州(옥주)	仁山(인산)	長興(장흥)	昌寧(창녕)
		昌平(창평)	淸道(청도)			
趙 조	14	江西(강서)	康津(강진)	金堤(김제)	密陽(밀양)	白川(배천)
		扶安(부안)	富潤(부윤)	淳昌(순창)	牙山(아산)	楊州(양주)
		驪興(여흥)	永興(영흥)	玉川(옥천)	林川(임천)	酒泉(주천)
		稷山(직산)	眞寶(진보)	太原(태원)	平山(평산)	平壤(평양)
		豊壤(풍양)	河東(하동)	韓山(한산)	漢陽(한양)	咸安(함안)
		洪陽(홍양)	橫城(횡성)	興陽(흥양)		
祖彌 조미	27					
宗 종	8	槐山(괴산)	萬頃(만경)	毛押(모압)	泰仁(태인)	通津(통진)
		黃原(황원)				
種 종	14	昆湄(곤미)				
鍾 종	17	登州(등주)	旋義(선의)	靈岩(영암)	天安(천안)	豊德(풍덕)
		河陰(하음)				
左 좌	5	大淸(대청)	濟州(제주)	淸州(청주)		
朱 주	6	開城(개성)	羅州(나주)	綾城(능성)	新安(신안)	押海(압해)

성 씨	획수	본 관
朱 주	6	野城(야성) 熊川(웅천) 全州(전주)
周 주	8	森溪(삼계) 尙州(상주) 安義(안의) 長興(장흥) 昌寧(창녕) 鐵原(철원) 草溪(초계) 豊基(풍기) 咸安(함안) 陜川(합천)
珠 주	11	慶州(경주)
俊 준	9	淸州(청주)
仲室 중실	15	
曾 증	12	鎭江(진강)
池 지	7	丹陽(단양) 忠州(충주)
知 지	8	利川(이천)
智 지	12	槐山(괴산) 槐州(괴주) 鳳山(봉산) 鳳州(봉주) 豊山(풍산)
直 직	8	槐山(괴산)
晋 진	10	南原(남원) 楊根(양근)
秦 진	10	南原(남원) 三陟(삼척) 永春(영춘) 龍仁(용인) 晋州(진주) 平康(평강) 豊基(풍기) 濟州(제주)
眞 진	10	南原(남원) 西山(서산)
震 진	15	江華(강화)
陳 진	16	江陵(강릉) 廣東(광동) 羅州(나주) 南海(남해) 德昌(덕창) 福州(복주) 三陟(삼척) 神光(신광) 梁山(양산) 楊州(양주) 驪陽(여양) 臨坡(임파) 興德(흥덕)
車 차	7	延安(연안) 沃川(옥천) 龍城(용성) 平山(평산)
昌 창	8	江陵(강릉) 居昌(거창) 公州(공주) 礪山(여산) 長城(장성) 昌寧(창녕)
倉 창	10	牙山(아산) 礪山(여산) 長城(장성)
采 채	8	礪山(여산)
蔡 채	17	光州(광주) 陰城(음성) 仁川(인천) 平康(평강) 平原(평원)

성 씨	획수	본 관
冊 책	5	豆毛(두모)
拓 척	9	谷山(곡산) 永興(영흥) 林川(임천)
千 천	3	江華(강화) 開城(개성) 廣州(광주) 安東(안동) 穎陽(영양) 尹陽(윤양)
天 천	4	延安(연안) 牛峰(우봉)
肖 초	9	濟州(제주)
楚 초	13	江陵(강릉) 星州(성주) 淸州(청주) 巴陵(파릉) 漢陽(한양)
燭 촉	17	金海(김해)
寵 총	19	開城(개성)
崔 최	11	杆城(간성) 江陵(강릉) 江華(강화) 開城(개성) 慶州(경주) 鷄林(계림) 古阜(고부) 孤竹(고죽) 曲江(곡강) 光陽(광양) 廣州(광주) 槐山(괴산) 羅州(나주) 朗周(낭주) 大寧(대령) 道川(도천) 東州(동주) 登州(등주) 扶安(부안) 朔寧(삭녕) 祥原(상원) 尙州(상주) 瑞城(서성) 瑞和(서화) 隋城(수성) 水原(수원) 樹州(수주) 順天(순천) 新豊(신풍) 牙山(아산) 安東(안동) 楊州(양주) 陽川(양천) 延豊(연풍) 盈德(영덕) 靈岩(영암) 永川(영천) 永興(영흥) 完山(완산) 龍崗(용강) 龍宮(용궁) 龍州(용주) 牛峰(우봉) 原州(원주) 全州(전주) 貞州(정주) 竹州(죽주) 稷山(직산) 珍山(진산) 晋州(진주) 川寧(천녕) 鐵原(철원) 靑松(청송) 淸州(청주) 草溪(초계) 秋溪(추계) 忠州(충주) 耽津(탐진) 泰仁(태인) 通川(통천) 豊川(풍천) 河陰(하음) 漢南(한남) 咸陽(함양) 海州(해주) 和順(화순) 黃州(황주) 興海(흥해)
秋 추	9	江陵(강릉) 陽智(양지) 全州(전주) 秋溪(추계) 咸興(함흥)
追 추	13	開城(개성)

성씨	획수	본관
鄒 추	17	
卓 탁	8	光山(광산) 光州(광주) 廣州(광주) 南陽(남양) 安山(안산)
濯 탁	18	井邑(정읍)
彈 탄	15	晋州(진주) 海州(해주)
太 태	4	南原(남원) 密陽(밀양) 永順(영순) 通川(통천) 坡平(파평) 俠溪(협계) 峽溪(협계)
宅 택	6	槐山(괴산)
判 판	7	東萊(동래) 巴陵(파릉) 海州(해주)
彭 팽	12	新平(신평) 龍岡(용강) 浙江(절강)
片 편	4	南陽(남양) 陽州(양주) 浙江(절강)
平 평	5	忠州(충주)
包 포	5	豊德(풍덕)
表 표	9	陽州(양주) 新昌(신창)
標 표	15	臨津(임진)
馮 풍	12	慶州(경주) 詩山(시산) 臨朐(임구) 長湍(장단)
皮 피	5	槐山(괴산) 丹陽(단양) 洪川(홍천)
被 피	11	廣州(광주) 唐津(당진) 陽川(양천) 坡州(파주)
畢 필	11	大興(대흥) 拜音(배음) 驪州(여주)
弼 필	12	大興(대흥) 全州(전주)
下 하	3	南陽(남양) 安陰(안음)
何 하	7	乳石(유석) 林述(임술)
河 하	9	江華(강화) 南陽(남양) 水原(수원) 安陰(안음) 晋陽(진양) 晋州(진주)
夏 하	10	大邱(대구) 達城(달성) 海州(해주)
漢 한	15	達城(달성) 忠州(충주)

성 씨	획수	본 관
韓 한	17	嘉山(가산) 嘉州(가주) 谷山(곡산) 金山(금산) 金海(김해) 湍州(단주) 端川(단천) 大興(대흥) 沔川(면천) 保安(보안) 扶安(부안) 安邊(안변) 楊州(양주) 楊川(양천) 淸州(청주) 忠州(충주) 平山(평산) 韓山(한산) 漢陽(한양) 鴻山(홍산)
咸 함	9	江陵(강릉) 江華(강화) 楊根(양근)
合 합	6	喬桐(교동)
海 해	11	靈巖(영암) 金海(김해)
許 허	11	金海(김해) 水原(수원) 詩山(시산) 梁州(양주) 楊川(양천) 春川(춘천) 泰仁(태인) 河陽(하양) 咸昌(함창)
赫運 혁운	30	
玄 현	5	星州(성주) 順天(순천) 延州(연주) 昌寧(창녕) 昌原(창원) 川寧(천녕)
刑 형	6	槐山(괴산)
邢 형	13	班城(반성) 晋州(진주) 幸州(행주)
荊 형	14	安心(안심)
好 호	6	大邱(대구) 海州(해주)
扈 호	11	羅州(나주) 白川(배천) 保安(보안) 新平(신평) 牙山(아산) 楊根(양근) 全州(전주)
胡 호	11	加平(가평) 牙山(아산) 巴陵(파릉)
洪 홍	10	開寧(개령) 開城(개성) 慶州(경주) 南陽(남양) 缶溪(부계) 缶林(부림) 牙山(아산) 押海(압해) 野城(야성) 鹽州(염주) 義城(의성) 豊山(풍산) 豊川(풍천) 咸昌(함창) 洪州(홍주) 懷仁(회인)
化 화	4	伏龍(복룡) 晋陽(진양)
和 화	8	同福(동복) 寶城(보성)

성 씨	획수	본 관
花 화	10	天安(천안)
華 화	14	長楊(장양)
桓 환	10	陰竹(음죽)
黃 황	12	江華(강화) 慶州(경주) 管城(관성) 德山(덕산) 沔川(면천) 扶安(부안) 尙州(상주) 星州(성주) 郢州(영주) 紆州(우주) 長水(장수) 齊安(제안) 昌原(창원) 平海(평해) 豊德(풍덕) 杭州(항주) 黃州(황주) 懷德(회덕) 檜山(회산)
皇甫 황보	16	永川(영천) 黃州(황주)
后 후	6	唐寅(당인) 晋州(진주) 淮陽(회양)
黑齒 흑치	27	
昕 흔	8	醴泉(예천)

♣

다. 관향 지명(貫鄕 地名) 및 성씨(姓氏)

예

지명	행정구역

■ 가주(嘉州) 평북 가산 별호(平北 嘉山 別號) → 평안북도 가산군의 별칭

■ 가산(嘉山) 평북 박천 속지(平北 博川 屬地) → 평안북도 박천군에 속한 지명

■ 가은(加恩) 경북 문경 속읍(慶北 聞慶 屬邑) → 경상북도 문경군에 속한 읍 지명

■ 곤양(昆陽) 경남 사천 속면(慶南 泗川 屬面) → 경상남도 사천시에 속한 면 지명

■ 계림(鷄林) 경북 경주 구호(慶北 慶州 舊號) → 경상북도 경주시의 구 지명

■ 당악(唐岳) 평남 중화 고호(平南 中和 古號) → 평안남도 중화군의 옛날 지명

■ 진양(晉陽) 경남 진주 동호(慶南 晉州 同號) → 경상남도 진주시의 같은 지명

■ 우리 민족의 뿌리로 여긴 성씨 본관에 대해 워낙 방대하여 자료조사에 한계가 있었으므로, 혹 부족하거나 변동사항이 있어 연락 주시면 본관 수정 자료에 참고하고자 합니다.

다. 관향 지명 및 성씨

지명	행정 구역	관적(貫籍) 및 관향 성씨 (貫鄕 姓氏)
[ㄱ]		
가리 (加利)	경북 성주 속지 (慶北 星州 屬地)	이(李)
가산 (嘉山)	평북 박천 속지 (平北 博川 屬地)	이(李). 장(張). 한(韓)
가은 (加恩)	경북 문경 속읍 (慶北 聞慶 屬邑)	변(邊)
가주 (嘉州)	평북 가산 별호 (平北 嘉山 別號)	한(韓)
가평 (加平)	경기 가평 (京畿 加平)	간(簡). 김(金). 이(李). 호(胡)
가흥 (嘉興)	전남 진도 속지 (全南 珍島 屬地)	김(金). 조(曺)
간성 (杆城)	강원 간성 (江原 杆城)	김(金). 최(崔)
갈양 (渴陽)		방(龐)
감천 (甘泉)	경북 안동 속지 (慶北 安東 屬地)	문(文). 전(全)
갑향 (甲鄕)	전남 담양 속지 (全南 潭陽 屬地)	승(昇)
강남 (江南)		수(水)
강동 (江東)	평남 평양시 강동군 속지	김(金). 이(李)
강령 (康翎)	경기 옹진 속지 (京畿 甕津 屬地)	강(康). 영(永)
강릉 (江陵)	강원 강릉 (江原 江陵)	김(金). 단(段). 만(萬). 문(文). 박(朴). 수(水). 어(魚). 왕(王). 유(劉). 진(陳). 창(昌). 초(楚). 최(崔). 추(秋). 함(咸)
강서 (江西)	평남 강서군 속지	김(金). 조(趙)
강성 (江城)	산청 궐지 속지 (山淸 闕支 屬地)	문(文)
강양 (江陽)	경남 합천 구호 (慶南 陝川 舊號)	김(金). 이(李)
강음 (江陰)	황해 금천 속지 (黃海 金川 屬地)	김(金). 단(段). 송(宋)
강주 (剛州)	경북 영주 별호 (慶北 榮州 別號)	우(禹)

지명	행정 구역	관적(貫籍) 및 관향 성씨 (貫鄕 姓氏)
강진 (康津)	전남 강진 (全南 康津)	김(金). 박(朴). 안(安). 유(兪). 이(李). 장(張). 조(趙)
강화 (江華)	경기 강화 (京畿 江華)	계(季). 김(金). 골(骨). 노(魯). 만(萬). 박(朴). 봉(奉). 석(席). 성(成). 어(魚). 위(韋). 이(李). 진(震). 천(千). 최(崔). 하(河). 함(咸). 황(黃)
개령 (開寧)	경북 금릉 속면 (慶北 金陵 屬面)	김(金). 문(文). 심(尋). 임(林). 홍(洪)
개성 (開城)	황해 개성 (黃海 開城)	고(高). 공(公). 기(奇). 김(金). 길(吉). 내(乃). 노(路). 동(董). 만(萬). 반(班). 방(方). 방(龐). 백(白). 수(守). 야(夜). 연(延). 염(廉). 왕(王). 이(李). 전(錢). 주(朱). 총(寵). 추(追). 천(千). 최(崔). 홍(洪)
거제 (巨濟)	경남 거제 (慶南 巨濟)	반(潘). 왕(王)
거창 (居昌)	경북 거창 (慶北 居昌)	사(史). 신(愼). 유(劉). 이(李). 장(章). 창(昌)
거평 (居平)	전남 나주 속지 (全南 羅州 屬地)	사공(司空). 사마(司馬)
견주 (見州)	경기 양주 속지 (京畿 楊州 屬地)	김(金)
결성 (結城)	충남 홍성 속면 (忠南 洪城 屬面)	김(金). 문(文). 반(潘). 장(張). 이(李).
결성 (結聖)	충남 홍성 구호 (忠南 洪城 舊號)	이(李)
경녕 (慶寧)		두(杜)
경산 (京山)	경북 성주 속지 (慶北 星州 屬地)	김(金). 박(朴). 배(裵). 이(李)
경산 (慶山)	경북 경산 (慶北 慶山)	김(金). 녹(綠). 전(全)
경주 (慶州)	경북 경주 (慶北 慶州)	간(干). 강(姜). 경(庚). 계(契). 김(金). 노(盧). 박(朴). 방(邦). 배(裵). 봉(鳳). 빙(冰). 사(史). 석(昔). 설(偰). 설(薛). 섭(葉). 손(孫). 승(僧). 온(溫)

지명	행정 구역	관적(貫籍) 및 관향 성씨 (貫鄕 姓氏)
경주 (慶州)	경북 경주 (慶北 慶州)	유(劉). 윤(尹). 이(李). 임(林). 장(將). 전(全). 정(鄭). 주(珠). 최(崔). 풍(馮). 홍(洪). 황(黃)
경흥 (慶興)	함북 경흥 (咸北 慶興)	어(魚)
계림 (鷄林)	경북 경주 구호 (慶北 慶州 舊號)	김(金). 전(全). 최(崔)
계양 (桂陽)	경기 부평 구호 (京畿 富平 舊號)	금(琴). 목(睦)
고령 (高靈)	경남 고령 (慶南 高靈)	김(金). 박(朴). 신(申). 신(辛). 유(兪). 이(李)
고부 (古阜)	전북 정읍 속지 (全北 井邑 屬地)	김(金). 이(李). 최(崔)
고봉 (高峰)	경기 고양 구호 (京畿 高陽 舊號)	고(高)
고산 (高山)	전북 완주 구호 (全北 完州 舊號)	가(價). 김(金)
고성 (高城)		박(朴)
고성 (固城)	경남 고성 (慶南 固城)	김(金). 남(南). 도(道). 등(登). 박(朴). 반(班). 이(李). 정(鄭). 제(諸)
고양 (高陽)	경기 고양시 덕양구 속지	김(金)
고주 (高州)	함남 고원 구호 (咸南 高原 舊號)	장(張)
고죽 (孤竹)	황해 해주 별호 (黃海 海州 別號)	최(崔)
고창 (高敞)	전북 고창 (全北 高敞)	오(吳). 윤(尹)
고흥 (高興)	전남 고흥 (全南 高興)	류(柳)
곡강 (曲江)	경북 포항시 흥해읍 속지	최(崔)
곡부 (曲阜)	중국 산동 속지 (中國 山東 屬地)	공(孔)
곡산 (谷山)	황해도 곡산 (黃海道 谷山)	강(康). 노(盧). 연(延). 척(拓). 한(韓)
곡성 (谷城)	전남 곡성 (全南 谷城)	빙(冰). 신(申). 임(任)
곤미 (昆湄)	전남 영암 속지 (全南 靈巖 屬地)	종(種)
곤산 (昆山)	경남 사천 속지 (慶南 泗川 屬地)	배(裵)
곤양 (昆陽)	경남 사천 속면 (慶南 泗川 屬面)	배(裵). 정(鄭)

지명	행정 구역	관적(貫籍) 및 관향 성씨 (貫鄕 姓氏)
공산 (公山)	충남 공주 별호 (忠南 公州 別號)	모(毛). 안(安). 정(鄭)
공주 (公州)	충남 공주 (忠南 公州)	김(金). 모(毛). 박(朴). 보(甫). 이(李). 창(昌)
공촌 (公村)	경기 수원 별호 (京畿 水原 別號)	섭(葉)
과천 (果川)	경기 시흥 속면 (京畿 始興 屬面)	상(尙). 임(任)
관산 (冠山)	충북 옥천 구호 (忠北 沃川 舊號)	전(錢)
관성 (管城)	충북 옥천 구호 (忠北 沃川 舊號)	육(陸). 황(黃)
광녕 (廣寧)	중국 양주 (中國 梁州)	고(高). 묵(墨)
광동 (廣東)	중국성명 (中國省名)	진(陳)
광릉 (廣陵)	전북 남원 속지 (全北 南原 屬地)	석(石). 석말(石抹). 독고(獨孤)
광산 (光山)	전남 광주 속지 (全南 光州 屬地)	김(金). 노(盧). 석(釋). 승(承). 이(李). 탁(卓)
광양 (光陽)	전남 광양 (全南 光陽)	김(金). 이(李). 최(崔)
광주 (廣州)	경기 광주 (京畿 廣州)	구(具). 김(金). 노(魯). 동(董). 만(萬). 모(毛). 박(朴). 방(邦). 석(石). 소(素). 수(守). 안(安). 용(龍). 원(元). 이(李). 음(陰). 정(鄭). 천(千). 최(崔). 탁(卓). 피(被)
광주 (光州)	전남 광주 (全南 光州)	강(姜). 노(盧). 반(潘). 반(班). 범(范). 선(宣). 승(承). 이(李). 정(程). 정(鄭). 채(蔡). 탁(卓)
광천 (廣川)	중국(中國)	동(董). 모(毛)
광평 (廣平)	경북 성주 별호 (慶北 星州 別號)	이(李). 전(田)
괴산 (槐山)	충북 괴산 (忠北 槐山)	강(强). 김(金). 물(物). 방(邦). 백(白). 율(律). 점(占). 종(宗). 지(智). 직(直). 최(崔). 택(宅). 피(皮). 형(刑)
괴주 (槐州)	충북 괴산 구호 (忠北 槐山 舊號)	지(智)

지명	행정 구역	관적(貫籍) 및 관향 성씨 (貫鄕 姓氏)
교동 (喬桐)	경기 강화 속면 (京畿 江華 屬面)	뇌(雷). 인(印). 전(田). 합(合)
교하 (交河)	경기 파주 속면 (京畿 坡州 屬面)	김(金). 노(盧)
구례 (求禮)	전남 구례 (全南 求禮)	김(金). 손(孫). 장(張)
구산 (龜山)	경남 함안 속지 (慶南 咸安 屬地)	박(朴)
구진 (丘珍)	전남 장성 별호 (全南 長城 別號)	박(朴)
군위 (軍威)	경북 군위 (慶北 軍威)	나(羅). 박(朴). 방(方). 서(徐). 오(吳). 사공(司空)
금구 (金溝)	전북 김제 속면 (全北 金堤 屬面)	온(溫). 이(李). 장(張)
금릉 (金陵)	경북 김천 구호 (慶北 金泉 舊號)	김(金)
금산 (金山)	경북 금릉 구호 (慶北 金陵 舊號)	김(金). 유(兪). 한(韓)
금산 (錦山)	충남 금산 (忠南 錦山)	김(金)
금성 (錦城)	전남 나주 구호 (全南 羅州 舊號)	김(金). 나(羅). 범(范). 정(鄭)
금천 (金川)	전남 남원 속지 (全南 南原 屬地)	김(金). 박(朴)
금천 (衿川)	서울시 금천구	강(姜). 계(桂). 고(高). 김(金). 장(莊)
금천 (錦川)		김(金)
금화 (金華)	전남 순천(낙안군) 속지	김(金)
기계 (杞溪)	경북 영일 속면 (慶北 迎日 屬面)	유(兪). 윤(尹). 이(李). 익(益)
기성 (岐城)	경남 거제 고호 (慶南 巨濟 古號)	반(潘)
기장 (機張)	부산 동래 속지 (釜山 東萊 屬地)	이(李). 전(全)
길안 (吉安)	경북 안동 속면 (慶北 安東 屬面)	임(林)
김녕 (金寧)	경남 김해 속지 (慶南 金海 屬地)	김(金)
김제 (金堤)	전북 김제 (全北 金堤)	김(金). 조(趙)
김포 (金浦)	경기 김포 (京畿 金浦)	견(堅). 공(公). 공(空). 김(金). 옹(翁). 이(李). 장(蔣). 정(鄭)
김해 (金海)	경남 김해 (慶南 金海)	김(金). 동(董). 모(毛). 배(裵). 배(裴). 송(宋). 수(水). 양(梁). 장(張). 촉(燭). 한(韓). 해(海). 허(許)

지명	행정 구역	관적(貫籍) 및 관향 성씨 (貫鄕 姓氏)
김화 (金化)	강원도 철원 김화	경(京). 고(高). 김(金). 시(柴). 양(陽)

[ㄴ]

지명	행정 구역	관적(貫籍) 및 관향 성씨 (貫鄕 姓氏)
나성 (羅城)	전남 나주 별호 (全南 羅州 別號)	전(全)
나주 (羅州)	전남 나주 (全南 羅州)	간(干). 갈(葛). 김(金). 나(羅). 내(奈). 박(朴). 방(邦). 범(范). 손(孫). 송(宋). 양(梁). 연(連). 오(吳). 이(李). 임(林). 장(張). 전(全). 정(丁). 정(鄭). 주(朱). 진(陳). 최(崔). 호(扈). 독고(獨孤).
낙안 (樂安)	전남 승주 속면 (全南 昇州 屬面)	김(金). 오(吳). 이(李)
난포 (蘭浦)	경남 남해 구호 (慶南 南海 舊號)	박(朴)
남양 (南陽)	경기 화성 속면 (京畿 華城 屬面)	간(干). 간(簡). 갈(葛). 김(金). 도(陶). 방(房). 서(徐). 소(邵). 송(宋). 우(祐). 전(田). 탁(卓). 편(片). 하(河). 하(下) 홍(洪).
남원 (南原)	전남 남원 (全南 南原)	갈(葛). 군(君). 김(金). 남(南). 박(朴). 동(董). 방(房). 승(昇). 양(梁). 양(楊). 윤(尹). 진(晋). 태(太). 독고(獨孤). 장리(墻籬). 제갈(諸葛)
남주 (南州)	황해 남천 별호 (黃海 南川 別號)	박(朴)
남천 (南川)	황해 평산 속읍 (黃海 平山 屬邑)	박(朴)
남평 (南平)	전남 나주 속면 (全南 羅州 屬面)	김(金). 문(文). 반(潘). 서(徐). 이(李). 조(曺). 남궁(南宮)
남포 (藍浦)	충남 보령 속면 (忠南 保寧 屬面)	김(金). 백(白)
남해 (南海)	경남 남해 (慶南 南海)	김(金). 백(白). 진(陳)
낭산 (郎山)	전북 익산 속면 (全北 益山 屬面)	오(吳)
낭야 (瑯琊)	중국 산동성 (中國 山東省)	정(鄭)
낭주 (郎州)	전남 영암 고호 (全南 靈岩 古號)	최(崔)

지명	행정 구역	관적(貫籍) 및 관향 성씨 (貫鄕 姓氏)
노성 (魯城)	충남 논산 속면 (忠南 論山 屬面)	박(朴)
노안 (老安)	전남 나주 속면 (全南 羅州 屬面)	김(金)
능성 (陵城)		문(文)
능성 (綾城)	전남 화순 속지 (全南 和順 屬地)	구(具). 김(金). 문(文). 조(曺). 주(朱)
능향 (陵鄕)	전북 정읍 속지 (全北 井邑 屬地)	시(柴)
능주 (綾州)	전남 화순 속면 (全南 和順 屬面)	구(具). 김(金)
능창 (陵昌)		빈(賓)
니산 (尼山)	충남 논산 속지 (忠南 論山 屬地)	박(朴). 안(安). 이(李)

[ㄷ]

지명	행정 구역	관적(貫籍) 및 관향 성씨 (貫鄕 姓氏)
단성 (丹城)	강원 김화 속지 (江原 金化 屬地)	독(獨). 문(文). 이(李)
단양 (丹陽)	충북 단양 (忠北 丹陽)	독(獨). 우(禹). 이(李). 장(張). 지(池). 피(皮)
단주 (湍州)	경기 장단 별호 (京畿 長湍 別號)	한(韓)
단천 (湍川)		한(韓)
단화 (端和)		곡(谷)
달성 (達城)	경북 달성 (慶北 達城)	김(金). 배(裵). 빈(彬). 빈(賓). 서(徐). 수(洙). 하(夏). 한(漢)
담양 (潭陽)	전북 담양 (全北 潭陽)	고(高). 국(國). 국(鞠). 김(金). 빈(彬). 이(李). 전(田)
당성 (唐城)	경기 남양 구호 (京畿 南陽 舊號)	서(徐)
당악 (唐岳)	평남 중화 고호 (平南 中和 古號)	김(金)
당악 (棠岳)	경남 남해 별호 (慶南 南海 別號)	김(金)
당은 (唐恩)	경기 당성 구호 (京畿 唐城 舊號)	
당인 (唐寅)		후(后)
당진 (唐津)	충남 당진 (忠南 唐津)	박(朴). 피(被)

지명	행정 구역	관적(貫籍) 및 관향 성씨 (貫鄕 姓氏)
대구 (大邱)	대구 (大邱)	갈(葛). 김(金). 배(裵). 빈(彬). 서(徐). 하(夏). 호(好)
대동 (大同)		류(柳). 배(裵). 소(召)
대령 (大寧)	황해 해주 별호 (黃海 海州 別號)	최(崔)
대산 (大山)	경남 김해 속지 (慶南 金海 屬地)	대(大)
대원 (大元)		노(路)
대원 (大原)		방(龐)
대전 (大田)	대전 (大田)	왕(王)
대청 (大淸)		좌(左)
대흥 (大興)	충남 예산 속면 (忠南 禮山 屬面)	단(段). 이(李). 백(白). 필(弼). 필(畢). 한(韓)
덕산 (德山)	충남 예산 속면 (忠南 禮山 屬面)	김(金). 송(宋). 윤(尹). 이(李). 황(黃)
덕수 (德水)	경기 풍덕 구호 (京畿 豊德 舊號)	김(金). 원(員). 이(李). 장(張)
덕원 (德源)	함남 원산 구호 (咸南 元山 舊號)	박(朴)
덕은 (德恩)	충남 은진 구호 (忠南 恩津 舊號)	이(李)
덕진 (德津)		박(朴)
덕창 (德昌)	평북 박천 별호 (平北 博川 別號)	진(陳)
덕천 (德川)		방(邦)
덕풍 (德豊)	충남 예산 속지 (忠南 禮山 屬地)	윤(尹)
도강 (道康)	전남 강진 속지 (全南 康津 屬地)	김(金). 이(李)
도안 (道安)	충북 괴산 속면 (忠北 槐山 屬面)	이(李)
도천 (道川)	경북 청도 구호 (慶北 淸道 舊號)	최(崔)
동계 (洞溪)		이(李)
동래 (東萊)	부산 속구 (釜山 屬區)	김(金). 정(鄭). 판(判)
동복 (同福)	전남 화순 속면 (全南 和順 屬面)	강(姜). 선(宣). 오(吳). 화(和)
동성 (童城)	경기 김포 속지 (京畿 金浦 屬地)	노(盧). 이(異)
동성 (童星)		부(附)

지명	행정 구역	관적(貫籍) 및 관향 성씨 (貫鄕 姓氏)
동성 (東城)	경남 사천 구호 (慶南 泗川 舊號)	이(李)
동주 (東州)	강원 철원 구호 (江原 鐵原 舊號)	간(竿). 최(崔). 서문(西門)
동주 (洞州)	황해 서흥 구호 (黃海 瑞興 舊號)	안(安)
동창 (東昌)	중국 (中國)	왕(王)
두릉 (杜陵)	전북 만경 별호 (全北 萬頃 別號)	두(杜)
두모 (豆毛)		책(冊)
두산 (杜山)	전북 만경 별호 (全北 萬頃 別號)	두(杜)
두원 (荳原)	전남 고흥 속면 (全南 高興 屬面)	오(吳)
등주 (登州)	함북 안변 구호 (咸北 安邊 舊號)	김(金). 동(董). 종(鍾). 최(崔)

[ㄹ]

지명	행정 구역	관적(貫籍) 및 관향 성씨 (貫鄕 姓氏)
롱서 (隴西)	황해 서흥 별호 (黃海 瑞興 別號)	비(丕). 이(李)

[ㅁ]

지명	행정 구역	관적(貫籍) 및 관향 성씨 (貫鄕 姓氏)
마령 (馬靈)		가(價)
마전 (麻田)		어(於)
만경 (萬頃)	전북 김제 속면 (全北 金堤 屬面)	노(盧). 종(宗)
면천 (沔川)	충남 당진 속면 (忠南 唐津 屬面)	곡(曲). 박(朴). 변(卞). 복(卜). 예(芮). 한(韓). 황(黃)
명곡 (楡谷)	경북 달성 속지 (慶北 達城 屬地)	은(殷)
모평 (牟平)		갈(碣)
모압 (毛押)		종(宗)
목천 (木川)	충남 천원 속면 (忠南 天原 屬面)	돈(頓). 마(馬). 상(尙). 우(于). 장(張)
무령 (武靈)	전남 영광 구호 (全南 靈光 舊號)	정(丁)
무송 (茂松)	전북 무장 고호 (全北 茂長 古號)	유(庾). 윤(尹)
무안 (務安)	전남 무안 (全南 務安)	박(朴). 방(邦). 유(兪)
무장 (茂長)	전북 고창 속면 (全北 高敞 屬面)	김(金)

지명	행정 구역	관적(貫籍) 및 관향 성씨 (貫鄕 姓氏)
무주 (茂朱)	전북 무주 (全北 茂朱)	김(金)
문경 (聞慶)	경북 문경 (慶北 聞慶)	방(芳). 백(白). 변(邊). 송(宋). 전(錢)
문등 (文登)		수(壽)
문의 (文義)	충남 청원 속면 (忠南 淸原 屬面)	박(朴)
문주 (文州)	함남 문천 구호 (咸南 文川 舊號)	박(朴)
문천 (文川)	함남 문천 (咸南 文川)	공(公)
문화 (文化)	황해 신천 속면 (黃海 信川 屬面)	김(金). 류(柳). 영고(令孤)
밀성 (密城)	경남 밀양 별호 (慶南 密陽 別號)	박(朴)
밀양 (密陽)	경남 밀양 (慶南 密陽)	김(金). 노(魯). 당(唐). 대(大). 박(朴). 방(房). 변(卞). 빈(賓). 상(相). 손(孫). 수(洙). 승(昇). 양(楊). 어(魚). 오(午). 이(異). 조(趙). 태(太)

[ㅂ]

지명	행정 구역	관적(貫籍) 및 관향 성씨 (貫鄕 姓氏)
반남 (潘南)	전남 나주 속면 (全南 羅州 屬面)	박(朴)
반성 (班城)	경남 진양 속면 (慶南 晋陽 屬面)	옥(玉). 형(邢)
발해 (渤海)		대(大)
배음 (拜音)	충북 청주 (忠北 淸州)	필(畢)
배천 (白川)	황해 연백 속면 (黃海 延白 屬面)	강(姜). 김(金). 류(柳). 유(劉). 이(伊). 조(趙). 호(扈)
백제 (百濟)		부여(夫餘)
백주 (白州)	황해 배천 구호 (黃海 白川 舊號)	유(劉)
벽진 (碧珍)	경북 성주 속면 (慶北 星州 屬面)	이(李)
병산 (屛山)	경북 의성 속지 (慶北 義城 屬地)	손(孫)
보령 (保寧)	충남 보령 (忠南 保寧)	김(金). 문(文). 정(鄭)
보성 (保城)	전남 보성 별호 (全南 寶城 別號)	이(李)
보성 (寶城)	전남 보성 (全南 寶城)	선(宣). 오(吳). 전(全). 화(和)

지명	행정 구역	관적(貫籍) 및 관향 성씨 (貫鄕 姓氏)
보안 (保安)	전북 부안 속면 (全北 扶安 屬面)	임(林). 한(韓). 호(扈)
복성 (福城)	전남 보성 속지 (全南 寶城 屬地)	국(鞠). 장(章)
보은 (報恩)	충북 보은 (忠北 報恩)	김(金). 이(李)
보주 (甫州)	경북 예천 별호 (慶北 醴泉 別號)	임(林)
복룡 (伏龍)		화(化)
복주 (福州)	경북 안동 구호 (慶北 安東 舊號)	진(陳)
복흥 (福興)	전북 순창 속면 (全北 淳昌 屬面)	서(徐). 송(宋)
복흥 (復興)		오(伍)
봉산 (鳳山)	전북 고산 별칭 (全北 高山 別稱)	곽(郭). 김(金). 박(朴). 이(李). 지(智)
봉성 (鳳城)	전북 구례 속칭 (全北 求禮 俗稱)	온(溫). 장(張)
봉성 (峯城)	경기 파주 고호 (京畿 坡州 古號)	서(徐). 야(夜)
봉주 (鳳州)		김(金). 지(智)
봉화 (奉化)	경북 봉화 (慶北 奉化)	금(琴). 김(金). 몽(蒙). 정(鄭)
부계 (缶溪)	경북 군위 속면 (慶北 軍威 屬面)	예(芮). 홍(洪)
부림 (缶林)	경북 군위 속지 (慶北 軍威 屬地)	홍(洪)
부령 (富寧)		동(童)
부령 (扶寧)	전북 부안 구호 (全北 扶安 舊號)	김(金). 손(孫)
부안 (扶安)	전북 부안 (全北 扶安)	경(慶). 김(金). 이(李). 임(林). 장(張). 조(趙). 최(崔). 한(韓). 황(黃)
부여 (扶餘)	충남 부여 (忠南 扶餘)	김(金). 서(徐). 이(李). 임(林). 전(全)
부유 (富有)	전남 순천 속지 (全南 順天 屬地)	심(沈)
부윤 (富潤)	전북 김제 속지 (全北 金堤 屬地)	승(勝). 조(趙). 남궁(南宮)
부평 (富平)	인천 북구 속지 (仁川 北區 屬地)	김(金). 류(柳). 사(舍). 이(李)
부흥 (復興)	황해 배천 구호 (黃海 白川 舊號)	오(伍)
북청 (北淸)		노(路)
분성 (盆城)	경남 김해 구호 (慶南 金海 舊號)	김(金). 배(裵)
비옥 (比屋)		원(袁)

지명	행정 구역	관적(貫籍) 및 관향 성씨 (貫鄕 姓氏)
비안 (比安)	경북 의성 속면 (慶北 義城 屬面)	김(金). 나(羅). 박(朴). 손(孫). 원(袁)
비인 (庇仁)	충남 서천 속면 (忠南 舒川 屬面)	임(林)

[ㅅ]

지명	행정 구역	관적(貫籍) 및 관향 성씨 (貫鄕 姓氏)
사량 (沙梁)	경기 수원 속지 (京畿 水原 屬地)	견(堅)
사릉 (社陵)		두(枓)
사천 (泗川)	경남 사천 (慶南 泗川)	김(金). 목(睦). 박(朴). 육(陸). 이(李)
사천 (沙川)		경(耿)
삭녕 (朔寧)	경기 연천 속면 (京畿 漣川 屬面)	신(申). 최(崔)
삼가 (三嘉)	경남 합천 속면 (慶南 陜川 屬面)	삼(森). 오(吳)
삼계 (森溪)	전남 영광 속지 (全南 靈光 屬地)	주(周)
삼기 (三岐)	경남 합천 별호 (慶南 陜川 別號)	
삼척 (三陟)	강원 삼척 (江原 三陟)	김(金). 박(朴). 심(沈). 이(李). 진(陳)
삼화 (三和)	평남 용강 속지 (平南 龍岡 屬地)	김(金). 박(朴)
상곡 (上谷)	중국 하북성 속지	마(麻)
상당 (上黨)	충북 청주 고호 (忠北 淸州 古號)	고(高)
상산 (常山)	충북 진천 속지 (忠北 鎭川 屬地)	임(林)
상산 (商山)	경북 상주 별호 (慶北 尙州 別號)	김(金). 박(朴). 이(李)
상산 (商山)	중국 섬서 속지 (中國 陜西 屬地)	
상원 (祥原)	평남 중화 속면 (平南 中和 屬面)	김(金). 이(李). 최(崔)
상음 (霜陰)		김(金)
상주 (尙州)	경북 상주 (慶北 尙州)	견(甄). 김(金). 노(盧). 박(朴). 방(方). 엄(嚴). 이(李). 주(周). 최(崔). 황(黃)
상질 (尙質)	전북 흥덕 구호 (全北 興德 舊號)	장(張)
쌍부 (雙阜)	경기 수원 속지 (京畿 水原 屬地)	송(宋). 신(愼)
서경 (西京)	평남 평양 구호 (平南 平壤 舊號)	정(鄭)
서령 (西寧)	충남 서산 구호 (忠南 瑞山 舊號)	류(柳)

지명	행정 구역	관적(貫籍) 및 관향 성씨 (貫鄕 姓氏)
서림 (西林)	충남 서천 구호 (忠南 舒川 舊號)	이(李)
서산 (西山)	백제도하 (百濟都下)	진(眞)
서산 (瑞山)	충남 서산 (忠南 瑞山)	김(金). 류(柳). 모(毛). 송(宋). 이(李). 정(鄭)
서성 (瑞城)		최(崔)
서원 (西原)	충북 청주 구호 (忠北 淸州 舊號)	갈(葛). 기(起). 돈(敦). 온(溫)
서원 (瑞原)	경기 파주 구호 (京畿 坡州 舊號)	염(廉)
서제 (書濟)		도(都)
서주 (胥州)		김(金)
서천 (舒川)	충남 서천 (忠南 舒川)	이(李)
서촉 (西蜀)	중국 사천성	명(明)
서화 (瑞和)		최(崔)
서흥 (瑞興)	황해 서흥 (黃海 瑞興)	김(金)
석천 (石淺)	교하지방 구호	야(夜)
선산 (善山)	경북 선산 (慶北 善山)	곽(郭). 궉(鴌). 길(吉). 김(金). 류(柳). 문(文). 박(朴). 백(白). 임(林)
선성 (宣城)	경북 예안 고호 (慶北 禮安 古號)	김(金)
선의 (旋義)	제주 속지 (濟州 屬地)	종(鍾)
설성 (雪城)	경기 음죽 고호 (京畿 陰竹 古號)	김(金). 동(董)
성산 (星山)	경북 성주 속지 (慶北 星州 屬地)	도(都). 배(裵). 여(呂). 이(李). 전(全)
성주 (星州)	경북 성주 (慶北 星州)	김(金). 도(都). 배(裵). 배(裴). 석(石). 시(施). 여(呂). 우(遇). 이(李). 전(全). 초(楚). 현(玄). 황(黃)
성천 (成川)	평남 성천 (平南 成川)	김(金)
소주 (蘇州)	중국 강소 속지 (中國 江蘇 屬地)	가(賈)
송림 (松林)		문(門)
송화 (松禾)	황해 송화 (黃海 松禾)	장(張)

지명	행정 구역	관적(貫籍) 및 관향 성씨 (貫鄕 姓氏)
수다 (水多)		방(邦)
수령 (遂寧)	전남 장흥 속지 (全南 長興 屬地)	위(魏)
수성 (隋城)	경기 수원 별호 (京畿 水原 別號)	이(李). 최(崔)
수성 (壽城)	경북 대구 속지 (慶北 大邱 屬地)	나(羅). 빈(賓). 장(張). 조(曺)
수안 (遂安)	황해 수안 (黃海 遂安)	계(桂). 김(金). 이(李)
수안 (守安)	경기 김포 고호 (京畿 金浦 古號)	
수원 (水原)	경기 수원 (京畿 水原)	견(堅). 공(貢). 김(金). 동(董). 방(房). 백(白). 염(廉). 엽(葉). 요(姚). 이(李). 최(崔). 하(河). 허(許)
수주 (樹州)	경기 부평 구호 (京畿 富平 舊號)	김(金). 최(崔)
수주 (隨州)	평북 정주 속지 (平北 定州 屬地)	김(金)
순창 (淳昌)	전북 순창 (全北 淳昌)	궉(鴌). 김(金). 박(朴). 설(薛). 옹(邕). 이(李). 임(林). 조(趙)
순천 (順天)	전남 순천 (全南 順天)	김(金). 도(陶). 박(朴). 이(李). 장(張). 최(崔). 현(玄)
순흥 (順興)	경북 영풍 속지 (慶北 榮豊 屬地)	김(金). 박(朴). 안(安)
승평 (昇平)		김(金)
시산 (詩山)	전북 정읍 태인 구호 (全北 井邑 泰仁 舊號)	풍(馮). 허(許)
시흥 (始興)	경기 시흥 (京畿 始興)	김(金)
신계 (新溪)		선(鮮)
신광 (神光)	경북 경주 속지 (慶北 慶州 屬地)	진(陳)
신녕 (新寧)	경북 영천 속면 (慶北 永川 屬面)	윤(尹)
신안 (新安)	경북 성주 속지 (慶北 星州 屬地)	주(朱)
신안 (新安)	중국(中國)	
신창 (新昌)	충남 아산 속면 (忠南 牙山 屬面)	노(盧). 맹(孟). 방(方). 표(表)
신천 (信川)	황해 신천 (黃海 信川)	강(康). 강(姜). 김(金). 신(申). 이(李)

지명	행정 구역	관적(貫籍) 및 관향 성씨 (貫鄕 姓氏)
신평 (新平)	충남 당진 속면 (忠南 唐津 屬面)	계(季). 김(金). 송(宋). 이(李). 임(林). 팽(彭). 호(扈)
신풍 (新豊)	충남 공주 속면 (忠南 公州 屬面)	최(崔)
[ㅇ]		
아산 (牙山)	충남 아산 (忠南 牙山)	김(金). 신(申). 이(李). 장(蔣). 조(趙). 창(倉). 최(崔) 호(胡). 홍(洪)
아선 (牙善)	평남 함종 별호 (平南 咸從 別號)	임(任)
아주 (鵝州)	경남 거제 속지 (慶南 巨濟 屬地)	신(申)
안강 (安康)	경북 월성 속읍 (慶北 月城 屬邑)	김(金). 노(盧). 소(邵). 안(安)
안노 (安老)	전남 영암 속지 (全南 靈岩 屬地)	김(金)
안동 (安東)	경북 안동 (慶北 安東)	강(姜). 고(高). 권(權). 김(金). 노(盧). 동(董). 문(文). 박(朴). 손(孫). 이(李). 임(林). 장(張). 전(全). 조(曺). 최(崔)
안변 (安邊)	함남 안변 (咸南 安邊)	상(桑). 한(韓)
안산 (安山)	경기 안산 (京畿 安山)	김(金). 송(宋). 안(安). 이(李). 임(林). 탁(卓)
안성 (安城)	경기 안성 (京畿 安城)	경(耿). 경(敬). 김(金). 박(朴). 이(李)
안심 (安心)		형(荊)
안악 (安岳)	황해도 안악 (黃海道 安岳)	김(金). 양(楊). 이(李)
안음 (安陰)	경남 안의 구호 (慶南 安義 舊號)	임(林). 하(河). 서문(西門)
안의 (安義)	경남 함양 속면 (慶南 咸陽 屬面)	임(林). 주(周)
안정 (安定)	경북 영풍 속면 (慶北 榮豊 屬面)	김(金). 나(羅)
안평 (安平)		이(李)
안주 (安州)	강원 이천 속지 (江原 伊川 屬地)	범(凡). 전(田)
안협 (安峽)	강원 안협 (江原 安峽)	손(孫)

지명	행정 구역	관적(貫籍) 및 관향 성씨 (貫鄕 姓氏)
압해 (押海)	전남 무안 속면 (全南 務安 屬面)	강(江). 고(固). 박(朴). 정(丁). 주(朱). 홍(洪)
야로 (冶爐)	경남 합천 속면 (慶南 陜川 屬面)	송(宋)
야성 (冶城)	경남 합천 별호 (慶南 陜川 別號)	송(宋)
야성 (野城)	경북 영덕 속지 (慶北 盈德 屬地)	김(金). 박(朴). 정(丁). 정(鄭). 주(朱). 홍(洪)
약목 (若木)	경북 칠곡 속면 (慶北 漆谷 屬面)	류(柳)
양근 (楊根)	경기 양평 속면 (京畿 楊平 屬面)	김(金). 부(傅). 용(龍). 진(晋). 함(咸). 호(扈)
양근 (陽根)		경(耿)
양산 (梁山)		김(金). 방(房). 이(李). 진(陳)
양산 (陽山)		이(李)
양산 (楊山)		이(李)
양성 (陽城)	경기 안성 속지 (京畿 安城 屬地)	이(李)
양주 (楊州)	경기 양주 (京畿 楊州)	김(金). 낭(浪). 노(魯). 소(召). 송(宋). 승(承). 양(梁). 윤(尹). 이(李). 정(貞). 정(鄭). 조(趙). 진(陳). 최(崔). 한(韓)
양주 (揚州)	중국(中國)	낭(浪)
양주 (陽州)		편(片). 표(表)
양주 (梁州)		허(許)
양지 (陽智)	경기 용인 양지 (京畿 龍仁 陽智)	추(秋)
양천 (陽川)	서울 강서 속지 (서울 江西 屬地)	승(承). 윤(尹). 최(崔). 피(被). 허(許)
양택 (陽澤)		김(金)
양평 (楊平)	경기 양평 (京畿 楊平)	김(金)
언양 (彦陽)	경남 울주 속지 (慶南 蔚州 屬地)	김(金). 박(朴)
여미 (餘美)	충남 당진 속지 (忠南 唐津 屬地)	곽(郭). 여(餘)
여산 (礪山)	전북 익산 속면 (全北 益山 屬面)	송(宋). 창(昌). 창(倉). 채(采)

지명	행정 구역	관적(貫籍) 및 관향 성씨 (貫鄕 姓氏)
여수 (麗水)	전남 여수 (全南 麗水)	박(朴)
여양 (驪陽)	충남 홍성 속지 (忠南 洪城 屬地)	진(陳)
여주 (驪州)	경기 여주 (京畿 驪州)	개(介). 견(堅). 김(金). 박(朴). 위(韋). 윤(尹). 이(李). 필(畢)
여흥 (驪興)	경기 여주 별호 (京畿 驪州 別號)	민(閔). 박(朴). 장(張). 조(趙)
연곡 (連谷)		순(荀)
연기 (燕岐)	충남 연기 (忠南 燕岐)	김(金). 위(魏). 장(萇)
연백 (延白)		노(蘆). 승(勝). 앙(仰). 정(鄭)
연산 (燕山)	충북 청원 속지 (忠北 淸原 屬地)	박(朴)
연산 (連山)	충남 논산 속면 (忠南 論山 屬面)	서(徐)
연성 (燕城)	충남 연기 별호 (忠南 燕岐 別號)	김(金)
연안 (延安)	황해 배천 속면 (黃海 白川 屬面)	고(高). 김(金). 내(乃). 단(段). 류(柳). 명(明). 송(宋). 유(劉). 은(殷). 이(李). 인(印). 전(田). 차(車)
연일 (延日)	경북 영일 속면 (慶北 迎日 屬面)	김(金). 노(盧). 승(承). 오(吳). 정(鄭)
연주 (延州)	평북 운산 구호 (平北 雲山 舊號)	현(玄)
연주 (燕州)		김(金)
연풍 (延豊)	충북 괴산 속면 (忠北 槐山 屬面)	김(金). 애(艾). 이(李). 이(伊). 최(崔)
연천 (連川)		정(井)
열산 (烈山)	강원 간성 속지 (江原 杆城 屬地)	마(麻)
염주 (鹽州)	황해 연안 구호 (黃海 延安 舊號)	서(徐). 홍(洪)
영가 (永嘉)	경북 안동 별호 (慶北 安東 別號)	장(張)
영광 (靈光)	전남 영광 (全南 靈光)	국(鞠). 김(金). 노(盧). 류(柳). 빈(賓). 전(田). 정(丁)
영덕 (盈德)	경북 영덕 (慶北 盈德)	김(金). 이(李). 정(鄭). 최(崔)
영동 (永同)	충북 영동 (忠北 永同)	고(固). 김(金). 장(張). 공손(公孫).
영산 (靈山)	경남 창녕 속면 (慶南 昌寧 屬面)	김(金). 문(文). 신(辛). 안(安)

지명	행정 구역	관적(貫籍) 및 관향 성씨 (貫鄕 姓氏)
영산 (永山)		김(金)
영성 (靈城)	전남 영광 구호 (全南 靈光 舊號)	정(丁)
영순 (永順)	경북 문경 속면 (慶北 聞慶 屬面)	태(太)
영암 (靈岩)	전남 영암 (全南 靈岩)	김(金). 박(朴). 조(曺). 종(鍾). 최(崔)
영암 (靈巖)	전남 영암 (全南 靈巖)	김(金). 해(海)
영양 (英陽)	경북 영양 (慶北 英陽)	김(金). 남(南)
영양 (穎陽)	중국(中國)	동(董). 천(千)
영원 (寧遠)	평남 영원 (平南 寧遠)	오(吳)
영월 (寧越)	강원 영월 (江原 寧越)	김(金). 신(辛). 엄(嚴). 옥(玉)
영일 (迎日)	경북 영일 (慶北 迎日)	정(鄭)
영유 (永柔)	황해도 풍천 (黃海道 豊川)	김(金)
영정 (永定)	경북 풍기 별호 (慶北 豊基 別號)	정(鄭)
영주 (瀛州)	전북 고부 고호 (全北 古阜 古號)	이(李)
영주 (郢州)		황(黃)
영주 (榮州)	경북 영주 (慶北 榮州)	김(金). 동(董). 민(閔). 애(艾). 우(禹)
영주 (永州)		김(金)
영천 (寧川)	전북 임실 속지 (全北 任實 屬地)	이(李)
영천 (永川)	경북 영천 (慶北 永川)	김(金). 동(董). 영(榮). 윤(尹). 이(李). 장(張). 정(鄭). 최(崔). 황보(皇甫)
영춘 (永春)	충북 단양 속면 (忠北 丹陽 屬面)	진(秦)
영평 (永平)	전남 나주 속면 (全南 羅州 屬面)	마(麻)
영풍 (永豊)		만(萬)
영해 (寧海)	경북 영덕 속면 (慶北 盈德 屬面)	김(金). 동(董). 박(朴). 방(房). 신(申). 이(李).
영흥 (永興)	함북 영흥 (咸北 永興)	김(金). 방(邦). 이(李). 조(趙). 척(拓). 최(崔)
예산 (禮山)	충남 예산 (忠南 禮山)	연(連). 이(李). 장(張). 전(田)
예안 (禮安)	경북 안동 속면 (慶北 安東 屬面)	김(金). 우(禹). 이(李)

지명	행정 구역	관적(貫籍) 및 관향 성씨 (貫鄕 姓氏)
예천 (醴泉)	경북 예천 (慶北 醴泉)	권(權). 김(金). 방(邦). 윤(尹). 임(林). 정(鄭). 흔(昕)
오천 (烏川)	경북 영일 속면 (慶北 迎日 屬面)	김(金). 정(鄭)
옥과 (玉果)	전남 곡성 옥과 (全南 谷城 玉果)	김(金)
옥구 (沃溝)	전북 옥구 (全北 沃溝)	고(高). 송(宋). 임(林). 장(張)
옥산 (玉山)	경북 경산 속지 (慶北 慶山 屬地)	장(張). 전(全)
옥성 (玉城)	경북 상주 속지 (慶北 尙州 屬地)	김(金)
옥야 (沃野)	전북 전주 속지 (全北 全州 屬地)	임(林)
옥주 (玉州)	전남 영광 속지 (全南 靈光 屬地)	조(曺)
옥천 (玉川)	경북 경산 속지 (慶北 慶山 屬地)	김(金). 옹(邕). 조(趙)
옥천 (沃川)	충북 옥천 (忠北 沃川)	기(起). 김(金). 목(睦). 육(陸). 전(全)
온양 (溫陽)	충남 아산 속읍 (忠南 牙山 屬邑)	방(方). 방(房). 온(溫). 이(李). 정(鄭)
옹진 (甕津)	인천 옹진 (仁川 甕津)	구(瞿). 김(金). 이(李). 정(鄭)
완산 (完山)	전북 전주 구호 (全北 全州 舊號)	김(金). 이(李). 전(全). 최(崔)
요동 (遼東)	중국 섬서성 양군 (中國)	묵(墨)
요양 (遼陽)	중국 요녕 속현 (中國 遼寧 屬縣)	자(慈)
용강 (龍岡)	평남 함종 구호 (平南 咸從 舊號)	최(崔). 팽(彭)
용궁 (龍宮)	경북 예천 속면 (慶北 醴泉 屬面)	곡(曲). 김(金). 서(徐). 이(李). 전(全). 최(崔)
용담 (龍潭)	전북 진안 속면 (全北 鎭安 屬面)	고(高). 광(廣). 김(金)
용성 (龍城)	경기 수원 구호 (京畿 水原 舊號)	김(金). 노(盧). 송(宋). 차(車)
용안 (龍安)	전북 익산 속면 (全北 益山 屬面)	김(金). 이(李)
용인 (龍仁)	경기 용인 (京畿 龍仁)	석(昔). 이(李). 진(秦)
용주 (龍州)	평북 용천 구호 (平北 龍川 舊號)	최(崔)
용천 (龍川)	평북 용천 (平北 龍川)	이(李). 장(張)
우계 (羽溪)	강원 강릉 속지 (江原 江陵 屬地)	이(李)
우록 (友鹿)	대구시 달성군 가창면 속지	김(金)

지명	행정 구역	관적(貫籍) 및 관향 성씨 (貫鄕 姓氏)
우봉 (牛峰)	황해 금천 구호 (黃海 金川 舊號)	김(金). 박(朴). 이(李). 전(田). 천(天). 최(崔)
우주 (紆州)	전북 완주 속지 (全北 完州 屬地)	황(黃)
운남 (雲南)	평남 덕천 속지 (平南 德川 屬地)	강(康). 대(對)
운봉 (雲峰)	전북 남원 속면 (全北 南原 屬面)	김(金). 박(朴)
운제 (雲梯)		수(水)
울산 (蔚山)	울산 (蔚山)	김(金). 박(朴). 오(吳). 이(李)
울진 (蔚珍)	경북 울진 (慶北 蔚珍)	임(林). 장(張)
웅천 (熊川)	경남 창원 속면 (慶南 昌原 屬面)	김(金). 주(朱)
원주 (原州)	강원 원주 (江原 原州)	김(金). 동(董). 변(邊). 원(元). 이(李). 최(崔)
원천 (原川)	강원 원주 별호 (江原 原州 別號)	이(李)
원평 (原平)	경기 파주 별호 (京畿 坡州 別號)	야(夜)
월성 (月城)	경북 월성 (慶北 月城)	김(金). 박(朴). 배(裵). 석(昔). 손(孫). 이(李)
유곡 (楡谷)	경북 성주 속지 (慶北 星州 屬地)	은(殷)
유석 (乳石)		하(何)
유성 (儒城)		미(未)
유주 (儒州)	황해 문화 구호 (黃海 文化 舊號)	김(金)
육창 (陸昌)	전남 영광 속지 (全南 靈光 屬地)	류(柳)
윤양 (尹陽)		천(千)
은산 (殷山)	평남 순천 구호 (平南 順川 舊號)	박(朴)
은율 (殷栗)	황해도 은율 (黃海道 殷栗)	구(邱). 국(國). 국(鞠). 김(金)
은진 (恩津)	충남 논산 속면 (忠南 論山 屬面)	김(金). 송(宋). 임(林)
은천 (銀川)		이(伊)
은풍 (殷豊)	경북 풍기 구호 (慶北 豊基 舊號)	박(朴). 신(申). 오(吳)
음성 (陰城)	충북 음성 (忠北 陰城)	박(朴). 채(蔡)

지명	행정 구역	관적(貫籍) 및 관향 성씨 (貫鄕 姓氏)
음죽 (陰竹)	경기 이천 속지 (京畿 利川 屬地)	이(李). 익(翌). 환(桓)
의령 (宜寧)	경남 의령 (慶南 宜寧)	고(高). 구(仇). 김(金). 남(南). 동(董). 서(徐). 심(沈). 여(余). 옥(玉). 왕(王)
의성 (義城)	경북 의성 (慶北 義城)	김(金). 나(羅). 빈(賓). 송(宋). 오(吳). 정(丁). 홍(洪)
의안 (義安)	경남 창원 구호 (慶南 昌原 舊號)	정(鄭)
의주 (義州)		김(金). 을(乙)
의창 (義昌)	경북 흥해 구호 (慶北 興海 舊號)	박(朴)
의흥 (義興)	경북 군위 속면 (慶北 軍威 屬面)	김(金). 박(朴). 예(芮)
이안 (利安)	경남 함양 속지 (慶南 咸陽 屬地)	임(林)
이천 (利川)	경기 이천 (京畿 利川)	김(金). 서(徐). 선(宣). 신(申). 지(知)
이천 (伊川)	강원 이천 (江原 伊川)	김(金). 사(舍). 서(徐). 사마(司馬)
익곡 (翼谷)		만(萬)
익산 (益山)	전북 익산 (全北 益山)	김(金). 소(邵). 이(李). 임(林)
익화 (益和)	경기 양평 구호 (京畿 楊平 舊號)	김(金)
익흥 (益興)	강원 원주 구호 (江原 原州 舊號)	이(李)
인동 (仁同)	경북 칠곡 속면 (慶北 漆谷 屬面)	김(金). 류(柳). 문(門). 유(兪). 장(張)
인산 (仁山)	경북 경산 속면 (慶北 慶山 屬面)	조(曺)
인제 (麟蹄)	강원 인제 (江原 麟蹄)	박(朴). 이(李)
인천 (仁川)	인천 (仁川)	경(庚). 공(貢). 문(門). 이(李). 채(蔡)
일선 (一善)	경북 선산 구호 (慶北 善山 舊號)	김(金)
일직 (一直)	경북 안동 속면 (慶北 安東 屬面)	손(孫). 순(荀)
임강 (臨江)		경(卿). 이(李)
임구 (臨朐)	중국 산동 속현 (中國 山東 屬縣)	풍(馮)
임술 (林述)		하(何)
임실 (任實)	전북 임실 (全北 任實)	강(康). 김(金). 박(朴)
임진 (臨津)	경기 장단 속면 (京畿 長湍 屬面)	김(金). 표(標)

지명	행정 구역	관적(貫籍) 및 관향 성씨 (貫鄕 姓氏)
임천 (林川)	충남 부여 속면 (忠南 扶餘 屬面)	백(白). 순(舜). 순(荀). 양(梁). 이(李). 적(翟). 조(趙). 척(拓)
임파 (臨坡)	전북 옥구 속면 (全北 沃溝 屬面)	이(李). 임(林). 진(陳)
임피 (臨陂)	전북 옥구 속면 (全北 沃溝 屬面)	김(金)
임하 (臨河)	경북 안동 속면 (慶北 安東 屬面)	임(林)

[ㅈ]

지명	행정 구역	관적(貫籍) 및 관향 성씨 (貫鄕 姓氏)
자산 (慈山)	평남 순천 속면 (平南 順天 屬面)	궁(宮)
장기 (長鬐)	경북 영일 속지 (慶北 迎日 屬地)	오(吳). 이(李). 정(鄭)
장단 (長湍)	경기 장단 (京畿 長湍)	김(金). 미(未). 풍(馮)
장련 (長連)		장(莊). 장(張)
장사 (長沙)	전북 고창 속지 (全北 高敞 屬地)	유(兪)
장성 (長城)	전남 장성 (全南 長城)	김(金). 박(朴). 서(徐). 이(李). 전(全). 창(昌). 창(倉)
장수 (長水)	전북 장수 (全北 長水)	이(李). 황(黃)
장양 (長楊)		화(華)
장연 (長淵)	황해도 장연 (黃海道 長淵)	김(金). 노(盧). 문(文). 변(邊)
장흥 (長興)	전남 장흥 (全南 長興)	고(高). 마(馬). 류(柳). 오(吳). 우(祐). 운(雲). 위(魏). 이(李). 임(任). 정(鄭). 조(曺). 주(周)
장풍 (長豊)		시(時)
재령 (載寧)	황해도 재령 (黃海道 載寧)	강(康). 미(米). 이(李)
재양 (載陽)		우(祐)
적성 (赤城)	전북 순창 속면 (全北 淳昌 屬面)	백(白)
적성 (積城)	경기 연천 속지 (京畿 漣川 屬地)	김(金)
전의 (全義)	충남 연기 속면 (忠南 燕岐 屬面)	이(李)

지명	행정 구역	관적(貫籍) 및 관향 성씨 (貫鄕 姓氏)
전주 (全州)	전북 전주 (全北 全州)	강(姜). 견(甄). 경(庚). 김(金). 도(都). 동(童). 류(柳). 마(馬). 박(朴). 변(邊). 선(宣). 심(沈). 애(艾). 연(燕). 연(連). 오(吳). 운(芸). 유(劉). 이(李). 임(林). 장(張). 전(全). 정(鄭). 주(朱). 최(崔). 추(秋). 필(弼). 호(扈)
절강 (浙江)	중국성명 (中國省名)	서(徐). 시(施). 장(張). 팽(彭). 편(片)
정산 (定山)	충남 청양 속면 (忠南 靑陽 屬面)	김(金). 나(羅). 전(田). 정(鄭)
정선 (旌善)	강원 정선 (江原 旌善)	묘(苗). 문(文). 박(朴). 왈(日). 이(李). 전(全). 丁(정).
정읍 (井邑)		김(金). 탁(濯)
정주 (貞州)	경기 풍덕 구호 (京畿 豊德 舊號)	김(金). 류(柳). 박(朴). 연(燕). 이(李) 정(鄭). 최(崔)
제남 (濟南)	중국 산동 속지 (中國 山東 屬地)	왕(王)
제안 (齊安)	황해 황주 구호 (黃海 黃州 舊號)	황(黃)
제천 (堤川)	충북 제천 (忠北 堤川)	방(邦). 안(安)
제주 (濟州)	제주 (濟州)	고(高). 김(金). 부(夫). 양(梁). 양(良). 좌(左). 진(秦). 초(肖)
조양 (兆陽)	전남 보성 속지 (全南 寶城 屬地)	임(林)
조종 (朝宗)	경기 가평 속지 (京畿 加平 屬地)	신(申). 이(李)
조주 (潮州)	중국 광동성 속지	석(石)
주천 (酒泉)	강원 영월 속면 (江原 寧越 屬面)	안(安). 윤(尹). 조(趙)
죽산 (竹山)	경기 안성 속지 (京畿 安城 屬地)	박(朴). 송(宋). 안(安). 윤(尹). 음(陰). 전(全)
죽주 (竹州)	경기 죽산 별호 (京畿 竹山 別號)	최(崔)
중봉 (中奉)		김(金). 이(李)
중원 (中原)		자(慈)

지명	행정 구역	관적(貫籍) 및 관향 성씨 (貫鄕 姓氏)
중화 (中和)	평남 중화 (平南 中和)	김(金). 양(楊). 이(李)
지례 (知禮)	경북 금릉 속면 (慶北 金陵 屬面)	장(張). 전(錢)
지평 (砥平)	경기 양평 속지 (京畿 楊平 屬地)	이(李)
직산 (稷山)	충남 천원 속면 (忠南 天原 屬面)	백(白). 조(趙). 최(崔)
진강 (鎭江)		만(萬). 소(蘇). 정(井). 증(曾).
진도 (珍島)	전남 진도 (全南 珍島)	김(金)
진보 (眞寶)	경북 청송 속면 (慶北 靑松 屬面)	이(李). 조(趙)
진산 (珍山)	충남 금산 속면 (忠南 錦山 屬面)	김(金). 최(崔)
진성 (晋城)		선(先)
진성 (眞城)	경북 청송 진보 속지 (慶北 靑松 진보)	이(李)
진안 (鎭安)	전북 진안 (全北 鎭安)	배(裵). 이(李). 장(張)
진양 (晋陽)	경남 진주 동호 (慶南 晋州 同號)	정(鄭). 하(河). 화(化)
진원 (珍原)	전남 장성 속면 (全南 長城 屬面)	박(朴). 오(吳). 전(田)
진위 (振威)	경기 평택 속면 (京畿 平澤 屬面)	김(金). 이(李)
진잠 (鎭岑)	충남 대덕 속지 (忠南 大德 屬地)	김(金)
진주 (晋州)	경남 진주 (慶南 晋州)	강(姜). 강(康). 강(疆). 김(金). 낭(浪). 동(董). 류(柳). 모(牟). 박(朴). 사(謝). 소(蘇). 이(李). 임(任). 장(張). 정(鄭). 진(秦). 최(崔). 탄(彈). 하(河). 형(邢). 후(后). 동방(東方)
진천 (鎭川)	충북 진천 (忠北 鎭川)	김(金). 미(彌). 송(宋). 임(林). 장(張)
진택 (眞宅)		이(李)
진해 (鎭海)	경남 진해 (慶南 鎭海)	김(金)

[차]

차성 (車城)	부산 기장 구호 (釜山 機張 舊號)	이(李)

지명	행정 구역	관적(貫籍) 및 관향 성씨 (貫鄕 姓氏)
창녕 (昌寧)	경남 창녕 (慶南 昌寧)	김(金). 성(成). 이(李). 장(張). 조(曺). 주(周). 창(昌). 현(玄)
창성 (昌城)		방(方)
창원 (昌原)	경남 창원 (慶南 昌原)	감(甘). 공(孔). 괴(槐). 구(具). 구(仇). 김(金). 동(董). 박(朴). 순(荀). 유(兪). 정(丁). 정(鄭). 현(玄). 황(黃)
창주 (昌州)	평북 창성 구호 (平北 昌城 舊號)	신(申)
창평 (昌平)	전남 담양 속면 (全南 潭陽 屬面)	김(金). 승(昇). 이(李). 조(曺)
처인 (處仁)	경기 용인 속지 (京畿 龍仁 屬地)	엽, 섭(葉)
채운 (彩運)	충남 논산 속면 (忠南 論山 屬面)	양(梁). 양(良)
천녕 (川寧)	경기 여주 속지 (京畿 驪州 屬地)	견(堅). 방(房). 유(兪). 이(李). 장(張). 최(崔). 현(玄)
천안 (天安)	충남 천안 (忠南 天安)	김(金). 박(朴). 신(申). 전(全). 종(鍾). 화(花)
철성 (鐵城)	경남 고성 구호 (慶南 固城 舊號)	박(朴). 이(李)
철원 (鐵原)	강원 철원 (江原 鐵原)	김(金). 문(文). 방(芳). 방(邦). 송(宋). 주(周). 최(崔)
청도 (淸道)	경북 청도 (慶北 淸道)	김(金). 노(盧). 백(白). 조(曺)
청부 (靑鳧)	경북 청송 구호 (慶北 靑松 舊號)	장(蔣)
청산 (靑山)	충북 옥천 속면 (忠北 沃川 屬面)	김(金). 정(鄭)
청송 (靑松)	경북 청송 (慶北 靑松)	김(金). 박(朴). 심(沈). 이(李). 장(張). 최(崔)
청안 (淸安)	충북 괴산 속면 (忠北 槐山 屬面)	이(李)
청양 (靑陽)		김(金)
청주 (淸州)	충북 청주 (忠北 淸州)	갈(葛). 경(慶). 곽(郭). 궉(鴌). 근(斤). 김(金). 당(唐). 돈(敦). 동(董). 동(童). 사(史). 손(孫). 송(宋). 승(僧). 양(楊).

지명	행정 구역	관적(貫籍) 및 관향 성씨 (貫鄕 姓氏)
청주 (淸州)	충북 청주 (忠北 淸州)	온(溫). 왕(王). 용(龍). 운(雲). 이(李). 정(鄭). 좌(左). 준(俊). 초(楚). 최(崔). 한(韓). 東方(동방)
청풍 (淸風)	충북 제천 속지 (忠北 堤川 屬地)	김(金). 장(庄)
청하 (淸河)	경북 영일 속면 (慶北 迎日 屬面)	동(董)
청해 (靑海)	함남 북청 구호 (咸南 北靑 舊號)	동(董). 이(李)
초계 (草溪)	경남 합천 속면 (慶南 陜川 屬面)	김(金). 변(卞). 정(鄭). 주(周). 최(崔)
추계 (秋溪)	경기 용인 속지 (京畿 龍仁 屬地)	최(崔). 추(秋)
초산 (楚山)	전북 정읍 구호 (全北 井邑 舊號)	이(李)
축산 (竺山)	경기 용궁 구호 (京畿 龍宮 舊號)	김(金)
춘양 (春陽)	경북 봉화 속읍 (慶北 奉化 屬邑)	김(金)
춘천 (春川)	강원 춘천 (江原 春川)	김(金). 박(朴). 허(許)
충주 (忠州)	충북 충주 (忠北 忠州)	감(甘). 강(康). 강(剛). 강(强). 견(堅). 김(金). 노(盧). 노(路). 노(魯). 동(童). 매(梅). 박(朴). 석(石). 수(輸). 승(承). 안(安). 양(梁). 어(魚). 요(姚). 용(龍). 유(劉). 이(李). 이(伊). 지(池). 최(崔). 평(平). 한(漢). 한(韓)
칠원 (漆原)	경남 함안 속면 (慶南 咸安 屬面)	김(金). 윤(尹). 제(諸)
[ㅌ]		
탐진 (耽津)	전남 강진 구호 (全南 康津 舊號)	안(安). 유(兪). 최(崔)
태산 (泰山)	전북 태인 구호 (全北 泰仁 舊號)	박(朴). 전(田)
태안 (泰安)	충남 서산 속읍 (忠南 瑞山 屬邑)	가(賈). 박(朴). 송(宋). 실(實). 이(李)
태원 (太原)	충북 충주 별호 (忠北 忠州 別號)	가(賈). 김(金). 방(邦). 선(鮮). 안(安). 이(李). 이(伊)

지명	행정 구역	관적(貫籍) 및 관향 성씨 (貫鄕 姓氏)
태원 (太原)	중국 산서성 속지 (中國 山西省 屬地)	김(金). 노(路). 방(龐). 안(安). 이(李). 이(伊). 장(張). 조(趙). 선우(鮮于)
태인 (泰仁)	전북 정주 구호 (全北 井州 舊號)	경(景). 박(朴). 백(白). 송(宋). 시(柴). 은(殷). 종(宗). 최(崔). 허(許)
토산 (兎山)	황해 금천 속지 (黃海 金川 屬地)	고(高). 궁(弓). 김(金). 몽(蒙). 전(錢)
통주 (通州)	강원 통천 별호 (江原 通川 別號)	김(金). 양(楊)
통진 (通津)	경기 김포 속지 (京畿 金浦 屬地)	석(席). 이(李). 전(全). 종(宗)
통천 (通川)	강원 통천 (江原 通川) (이북)	김(金). 최(崔). 태(太)
[ㅍ]		
파릉 (巴陵)	중국 호남 속지 (中國 湖南 屬地)	초(楚). 판(判). 호(胡)
파주 (坡州)	경기 파주 (京畿 坡州)	김(金). 맹(盟). 맹(孟). 방(邦). 순(舜). 염(廉). 윤(尹). 피(被)
파평 (坡平)	경기 파주 속지 (京畿 坡州 屬地)	김(金). 공(孔). 도(都). 사(史). 염(廉). 윤(尹). 태(太)
팔거 (八莒)	경북 칠곡 구호 (慶北 漆谷 舊號)	도(都). 전(全)
팔계 (八谿)	경남 초계 구호 (慶南 草溪 舊號)	정(鄭)
평강 (平康)	강원 평강 (江原 平康)	전(全). 진(秦). 채(蔡)
평당 (平當)	경기 파주 별호 (京畿 坡州 別號)	서(徐)
평산 (平山)	황해도 평산 (黃海道 平山)	김(金). 박(朴). 소(邵). 신(申). 유(庾). 윤(尹). 이(李). 조(趙). 차(車). 한(韓)
평양 (平壤)	평남 평양 (平南 平壤)	김(金). 노(盧). 박(朴). 이(李). 조(趙)
평원 (平原)		과(瓜). 채(蔡)
평주 (平州)	황해 평산 고호 (黃海 平山 古號)	박(朴)
평창 (平昌)	강원 평창 (江原 平昌)	김(金). 별(別). 이(李)
평택 (平澤)	경기 평택 (京畿 平澤)	김(金). 박(朴). 임(林). 전(田)

지명	행정 구역	관적(貫籍) 및 관향 성씨 (貫鄕 姓氏)
평해 (平海)	경북 울진 속면 (慶北 蔚珍 屬面)	구(丘). 김(金). 반(班). 손(孫). 영(永). 오(吳). 정(鄭). 황(黃)
포산 (苞山)	경북 청도 속지 (慶北 淸道 屬地)	곽(郭)
포천 (抱川)		방(房). 백(栢)
풍기 (豊基)	경북 영주 속읍 (慶北 榮州 屬邑)	김(金). 방(邦). 정(鄭). 주(周). 진(秦)
풍덕 (豊德)	경기 개풍 구호 (京畿 開豊 舊號)	김(金). 단(段). 두(枓). 소(素). 신(莘). 종(鍾). 포(包). 황(黃)
풍산 (豊山)	경북 안동 속면 (慶北 安東 屬面)	김(金). 류(柳). 심(沈). 지(智). 홍(洪)
풍암 (楓巖)		공손(公孫)
풍양 (豊壤)	경기 남양주 속지(京畿 南楊州 屬地)	도(陶). 조(趙)
풍천 (豊川)	황해 송화 속지 (黃海 松禾 屬地)	국(國). 김(金). 내(來). 노(盧). 임(任). 최(崔). 홍(洪)
풍촌 (豊村)		임(任)

[ㅎ]

하남 (河南)	중국 낙양 별호 (中國 洛陽 別號)	정(程)
하동 (河東)	경남 하동 (慶南 河東)	동(董). 정(鄭). 조(趙)
하빈 (河濱)	경북 달성 속면 (慶北 達城 屬面)	이(李)
하양 (河陽)	경북 경산 속면 (慶北 慶山 屬面)	문(文). 허(許)
하음 (河陰)	경기 강화 속지 (京畿 江華 屬地)	김(金). 봉(奉). 역(力). 이(李). 전(田). 종(鍾). 최(崔)
학성 (鶴城)	강원 주천 별호 (江原 酒泉 別號)	이(李). 정(鄭)
한남 (漢南)	경기 수원 별호 (京畿 水原 別號)	김(金). 최(崔)
한산 (韓山)	충남 서천 속면 (忠南 舒川 屬面)	김(金). 단(端). 사(謝). 이(李). 정(程). 조(趙). 한(韓)
한양 (漢陽)	서울 구호 (서울 舊號)	기(起). 명(明). 부(夫). 애(艾). 영(靈). 조(趙). 초(楚). 한(韓)

지명	행정 구역	관적(貫籍) 및 관향 성씨 (貫鄕 姓氏)
함녕 (咸寧)	경북 함창 별호 (慶北 咸昌 別號)	
함박 (咸博)	경북 청도 속지 (慶北 淸道 屬地)	김(金)
함안 (咸安)	경남 함안 (慶南 咸安)	윤(尹). 이(李). 조(趙). 주(周)
함양 (咸陽)	경남 함양 (慶南 咸陽)	김(金). 박(朴). 여(呂). 오(吳). 이(李). 최(崔)
함열 (咸悅)	전북 익산 속면 (全北 益山 屬面)	궁(宮). 남궁(南宮)
함종 (咸從)	평남 강서 속면 (平南 江西 屬面)	어(魚)
함창 (咸昌)	경북 상주 속읍 (慶北 尙州 屬邑)	김(金). 전(全). 허(許). 홍(洪)
함평 (咸平)	전남 함평 (全南 咸平)	김(金). 노(魯). 모(牟). 어(魚). 오(吳). 이(李). 정(鄭)
함풍 (咸豊)	전남 함평 구호 (全南 咸平 舊號)	노(魯). 임(任). 정(鄭)
함흥 (咸興)	함남 함흥 (咸南 咸興)	김(金). 배(裵). 오(吳). 운(雲). 이(李). 추(秋)
협계 (俠溪)	황해 신계 구호 (黃海 新溪 舊號)	태(太)
합천 (陜川)	경남 합천 (慶南 陜川)	김(金). 마(麻). 이(李). 주(周)
합포 (合浦)	경남 창원 속지 (慶南 昌原 屬地)	감(甘)
항주 (杭州)	중국 절강 속지 (中國 浙江 屬地)	황(黃)
해남 (海南)	전남 해남 (全南 海南)	김(金). 윤(尹). 이(李). 정(鄭)
해미 (海美)	충남 서산 속읍 (忠南 瑞山 屬邑)	강(姜). 곽(郭). 백(白)
해안 (解顔)	경북 달성 속지 (慶北 達城 屬地)	백(白)
해주 (海州)	황해 해주 (黃海 海州)	간(竿). 경(景). 김(金). 노(盧). 박(朴). 방(邦). 석(石). 오(吳). 왕(王). 욱(郁). 윤(尹). 이(李). 자(慈). 정(鄭). 최(崔). 탄(彈). 판(判). 하(夏). 호(好)
해평 (海平)	경북 구미 속면 (慶北 龜尾 屬面)	길(吉). 김(金). 윤(尹)
해풍 (海豊)	경기 개풍 구호 (京畿 開豊 舊號)	김(金)

지명	행정 구역	관적(貫籍) 및 관향 성씨 (貫鄕 姓氏)
행주 (幸州)	경기 고양 속지 (京畿 高陽 屬地)	기(奇). 기(箕). 김(金). 방(邦). 은(殷). 형(邢)
현풍 (玄風)	경북 달성 속면 (慶北 達城 屬面)	곽(郭). 김(金). 윤(尹)
협계 (峽溪)	황해 신계 속면 (黃海 新溪 屬面)	배(裵). 태(太)
혜성 (槥城)	충남 면천 구호 (忠南 沔川 舊號)	박(朴)
홍산 (鴻山)	충남 부여 속면 (忠南 扶餘 屬面)	순(荀). 양(凉). 용(龍). 한(韓)
홍양 (洪陽)	충남 홍주 별호 (忠南 洪州 別號)	조(趙)
홍주 (洪州)	충남 홍성 구호 (忠南 洪城 舊號)	김(金). 복(卜). 석(石). 송(宋). 용(龍). 이(李). 홍(洪)
홍천 (洪川)	강원 홍천 (江原 洪川)	용(龍). 이(李). 피(皮)
화개 (花開)	경남 하동 속면 (慶南 河東 屬面)	김(金)
화산 (花山)	경기 옹진 속지 (京畿 甕津 屬地)	이(李)
화순 (和順)	전남 화순 (全南 和順)	김(金). 배(裵). 오(吳). 최(崔)
화원 (花園)	경북 대구 속지 (慶北 大邱 屬地)	석(石)
황간 (黃澗)	충북 영동 속면 (忠北 永同 屬面)	견(甄). 전(全)
황려 (黃驪)	경기 여주 구호 (京畿 驪州 舊號)	민(閔)
황리 (黃利)	경기 여주 별호 (京畿 驪州 別號)	김(金)
황산 (黃山)	충남 연산 구호 (忠南 連山 舊號)	서(徐)
황원 (黃原)	전남 해남 속지 (全南 海南 屬地)	종(宗)
황조 (荒調)		요(尿)
황주 (黃州)	황해도 황주 (黃海道 黃州)	김(金). 동(董). 변(邊). 최(崔). 황(黃). 황보(皇甫)
회덕 (懷德)	충남 대덕 속면 (忠南 大德 屬面)	송(宋). 이(李). 임(任). 황(黃)
회령 (會寧)	전남 보성 속지 (全南 寶城 屬地)	고(高)
회산 (檜山)	경남 창원 별호 (慶南 昌原 別號)	감(甘). 황(黃)
회성 (檜城)		임(林)
회양 (淮陽)		이(李). 후(后)

지명	행정 구역	관적(貫籍) 및 관향 성씨 (貫鄕 姓氏)
회인 (懷仁)	충북 보은 속지 (忠北 報恩 屬地)	홍(洪)
회진 (會津)	전남 나주 속지 (全南 羅州 屬地)	임(任)
횡성 (橫城)	강원 횡성 (江原 橫城)	고(高). 조(趙)
효령 (孝靈)	경북 군위 속면 (慶北 軍威 屬面)	사공(司空)
휘주 (徽州)	중국 안휘 속지 (中國 安徽 屬地)	요(姚)
흥덕 (興德)	전북 고창 속면 (全北 高敞 屬面)	김(金). 장(張). 진(陳)
흥성 (興城)	전북 고창 속면 (全北 高敞 屬面)	장(張)
흥양 (興陽)	전남 고흥 구호 (全南 高興 舊號)	류(柳). 오(吳). 이(李). 장(張). 조(趙)
흥해 (興海)	경북 영일 속면 (慶北 迎日 屬面)	김(金). 배(裵). 장(張). 최(崔)
희천 (熙川)	자강도 희천 (慈江道 熙川)	김(金)

♣

라. 동 • 서양 연대표

干支	西紀	檀紀	朝鮮	明	年數	干支	西紀	檀紀	朝鮮	明	年數
甲子	1384	3717	高麗 禑10	洪武17	639	甲午	1414	3747	太宗14	永樂 12	609
乙丑	1385	3718	11	18	638	乙未	1415	3748	15	13	608
丙寅	1386	3719	12	19	637	丙申	1416	3749	16	14	607
丁卯	1387	3720	13	20	636	丁酉	1417	3750	17	15	606
戊辰	1388	3721	14	21	635	戊戌	1418	3751	18	16	605
己巳	1389	3722	昌王	22	634	己亥	1419	3752	世宗 1	17	604
庚午	1390	3723	恭讓 2	23	633	庚子	1420	3753	2	18	603
辛未	1291	3724	3	24	632	辛丑	1421	3754	3	19	602
壬申	1392	3725	朝鮮	25	631	壬寅	1422	3755	4	20	601
癸酉	1393	3726	太祖 2	26	630	癸卯	1423	3756	5	21	600
甲戌	1394	3727	3	27	629	甲辰	1424	3757	6	22	599
乙亥	1395	3728	4	28	628	乙巳	1425	3758	7	洪熙	598
丙子	1396	3729	5	29	627	丙午	1426	3759	8	宣宗	597
丁丑	1397	3730	6	30	626	丁未	1427	3760	9	宣德 2	596
戊寅	1398	3731	7	31	625	戊申	1428	3761	10	3	595
己卯	1399	3732	定宗 1	惠帝	624	己酉	1429	3762	11	4	594
庚辰	1400	3733	2	建文 2	623	庚戌	1430	3763	12	5	593
辛巳	1401	3734	太宗 1	3	622	辛亥	1431	3764	13	6	592
壬午	1402	3735	2	4	621	壬子	1432	3765	14	7	591
癸未	1403	3736	3	太宗	620	癸丑	1433	3766	15	8	590
甲申	1404	3737	4	永樂 2	619	甲寅	1434	3767	16	9	589
乙酉	1405	3738	5	3	618	乙卯	1435	3768	17	10	588
丙戌	1406	3739	6	4	617	丙辰	1436	3769	18	英宗	587
丁亥	1407	3740	7	5	616	丁巳	1437	3770	19	正統 2	586
戊子	1408	3741	8	6	615	戊午	1438	3771	20	3	585
己丑	1409	3742	9	7	614	己未	1439	3772	21	4	584
庚寅	1410	3743	10	8	613	庚申	1440	3773	22	5	583
辛卯	1411	3744	11	9	612	辛酉	1441	3774	23	6	582
壬辰	1412	3745	12	10	611	壬戌	1442	3775	24	7	581
癸巳	1413	3746	13	11	610	癸亥	1443	3776	25	8	580

干支	西紀	檀紀	朝鮮	明	年數
甲子	1444	3777	世宗26	正統 9	579
乙丑	1445	3778	27	10	578
丙寅	1446	3779	28	11	577
丁卯	1447	3780	29	12	576
戊辰	1448	3781	30	13	575
己巳	1449	3782	31	14	574
庚午	1450	3783	32	景帝	573
辛未	1451	3784	文宗 1	景泰 2	572
壬申	1452	3785	2	3	571
癸酉	1453	3786	端宗 1	4	570
甲戌	1454	3787	2	5	569
乙亥	1455	3788	3	6	568
丙子	1456	3789	世祖 1	7	567
丁丑	1457	3790	2	英宗	566
戊寅	1458	3791	3	天順 2	565
己卯	1459	3792	4	3	564
庚辰	1460	3793	5	4	563
辛巳	1461	3794	6	5	562
壬午	1462	3795	7	6	561
癸未	1463	3796	8	7	560
甲申	1464	3797	9	8	559
乙酉	1465	3798	10	憲宗	558
丙戌	1466	3799	11	成化 2	557
丁亥	1467	3800	12	3	556
戊子	1468	3801	13	4	555
己丑	1469	3802	睿宗	5	554
庚寅	1470	3803	成宗 1	6	553
辛卯	1471	3804	2	7	552
壬辰	1472	3805	3	8	551
癸巳	1473	3806	4	9	550
甲午	1474	3807	成宗 5	成化 10	549
乙未	1475	3808	6	11	548
丙申	1476	3809	7	12	547
丁酉	1477	3810	8	13	546
戊戌	1478	3811	9	14	545
己亥	1479	3812	10	15	544
庚子	1480	3813	11	16	543
辛丑	1481	3814	12	17	542
壬寅	1482	3815	13	18	541
癸卯	1483	3816	14	19	540
甲辰	1484	3817	15	20	539
乙巳	1485	3818	16	21	538
丙午	1486	3819	17	22	537
丁未	1487	3820	18	23	536
戊申	1488	3821	19	孝宗	535
己酉	1489	3822	20	弘治 2	534
庚戌	1490	3823	21	3	533
辛亥	1491	3824	22	4	532
壬子	1492	3825	23	5	531
癸丑	1493	3826	24	6	530
甲寅	1494	3827	25	7	529
乙卯	1495	3828	燕山 1	8	528
丙辰	1496	3829	2	9	527
丁巳	1497	3830	3	10	526
戊午	1498	3831	4	11	525
己未	1499	3832	5	12	524
庚申	1500	3833	6	13	523
辛酉	1501	3834	7	14	522
壬戌	1502	3835	8	15	521
癸亥	1503	3836	9	16	520

干支	西紀	檀紀	朝鮮	明	年數
甲子	1504	3837	燕山 10	弘治 17	519
乙丑	1505	3838	11	18	518
丙寅	1506	3839	中宗 1	武宗	517
丁卯	1507	3840	2	正德 2	516
戊辰	1508	3841	3	3	515
己巳	1509	3842	4	4	514
庚午	1510	3843	5	5	513
辛未	1511	3844	6	6	512
壬申	1512	3845	7	7	511
癸酉	1513	3846	8	8	510
甲戌	1514	3847	9	9	509
乙亥	1515	3848	10	10	508
丙子	1516	3849	11	11	507
丁丑	1517	3850	12	12	506
戊寅	1518	3851	13	13	505
己卯	1519	3852	14	14	504
庚辰	1520	3853	15	15	503
辛巳	1521	3854	16	16	502
壬午	1522	3855	17	世宗	501
癸未	1523	3856	18	嘉靖 2	500
甲申	1524	3857	19	3	499
乙酉	1525	3858	20	4	498
丙戌	1526	3859	21	5	497
丁亥	1527	3860	22	6	496
戊子	1528	3861	23	7	495
己丑	1529	3862	24	8	494
庚寅	1530	3863	25	9	493
辛卯	1531	3864	26	10	492
壬辰	1532	3865	27	11	491
癸巳	1533	3866	28	12	490

干支	西紀	檀紀	朝鮮	明	年數
甲午	1534	3867	中宗 29	嘉靖 13	489
乙未	1535	3868	30	14	488
丙申	1536	3869	31	15	487
丁酉	1537	3870	32	16	486
戊戌	1538	3871	33	17	485
己亥	1539	3872	34	18	484
庚子	1540	3873	35	19	483
辛丑	1541	3874	36	20	482
壬寅	1542	3875	37	21	481
癸卯	1543	3876	38	22	480
甲辰	1544	3877	39	23	479
乙巳	1545	3878	仁宗	24	478
丙午	1546	3879	明宗 1	25	477
丁未	1547	3880	2	26	476
戊申	1548	3881	3	27	475
己酉	1549	3882	4	28	474
庚戌	1550	3883	5	29	473
辛亥	1551	3884	6	30	472
壬子	1552	3885	7	31	471
癸丑	1553	3886	8	32	470
甲寅	1554	3887	9	33	469
乙卯	1555	3888	10	34	468
丙辰	1556	3889	11	35	467
丁巳	1557	3890	12	36	466
戊午	1558	3891	13	37	465
己未	1559	3892	14	38	464
庚申	1560	3893	15	39	463
辛酉	1561	3894	16	40	462
壬戌	1562	3895	17	41	461
癸亥	1563	3896	18	42	460

干支	西紀	檀紀	朝鮮	明	年數
甲子	1564	3897	明宗 19	嘉靖 43	459
乙丑	1565	3898	20	44	458
丙寅	1566	3899	21	45	457
丁卯	1567	3900	22	穆宗	456
戊辰	1568	3901	宣祖 1	隆慶 2	455
己巳	1569	3902	2	3	454
庚午	1570	3903	3	4	453
辛未	1571	3904	4	5	452
壬申	1572	3905	5	6	451
癸酉	1573	3906	6	神宗	450
甲戌	1574	3907	7	萬曆 2	449
乙亥	1575	3908	8	3	448
丙子	1576	3909	9	4	447
丁丑	1577	3910	10	5	446
戊寅	1578	3911	11	6	445
己卯	1579	3912	12	7	444
庚辰	1580	3913	13	8	443
辛巳	1581	3914	14	9	442
壬午	1582	3915	15	10	441
癸未	1583	3916	16	11	440
甲申	1584	3917	17	12	439
乙酉	1585	3918	18	13	438
丙戌	1586	3919	19	14	437
丁亥	1587	3920	20	15	436
戊子	1588	3921	21	16	435
己丑	1589	3922	22	17	434
庚寅	1590	3923	23	18	433
辛卯	1591	3924	24	19	432
壬辰	1592	3925	25	20	431
癸巳	1593	3926	26	21	430

干支	西紀	檀紀	朝鮮	明	年數
甲午	1594	3927	宣祖 27	萬曆 22	429
乙未	1595	3928	28	23	428
丙申	1596	3929	29	24	427
丁酉	1597	3930	30	25	426
戊戌	1598	3931	31	26	425
己亥	1599	3932	32	27	424
庚子	1600	3933	33	28	423
辛丑	1601	3934	34	29	422
壬寅	1602	3935	35	30	421
癸卯	1603	3936	36	31	420
甲辰	1604	3937	37	32	419
乙巳	1605	3938	38	33	418
丙午	1606	3939	39	34	417
丁未	1607	3940	40	35	416
戊申	1608	3941	41	36	415
己酉	1609	3942	光海 1	37	414
庚戌	1610	3943	2	38	413
辛亥	1611	3944	3	39	412
壬子	1612	3945	4	40	411
癸丑	1613	3946	5	41	410
甲寅	1614	3947	6	42	409
乙卯	1615	3948	7	43	408
丙辰	1616	3949	8	44	407
丁巳	1617	3950	9	45	406
戊午	1618	3951	10	46	405
己未	1619	3952	11	47	404
庚申	1620	3953	12	光宗	403
辛酉	1621	3954	13	熹宗	402
壬戌	1622	3955	14	天啓 2	401
癸亥	1623	3956	仁祖 1	3	400

干支	西紀	檀紀	朝鮮	明	年數
甲子	1624	3957	仁祖 2	天啓 4	399
乙丑	1625	3958	3	5	398
丙寅	1626	3959	4	6	397
丁卯	1627	3960	5	7	396
戊辰	1628	3961	6	毅宗	395
己巳	1629	3962	7	崇禎 2	394
庚午	1630	3963	8	3	393
辛未	1631	3964	9	4	392
壬申	1632	3965	10	5	391
癸酉	1633	3966	11	6	390
甲戌	1634	3967	12	7	389
乙亥	1635	3968	13	8	388
丙子	1636	3969	14	9	387
丁丑	1637	3970	15	10	386
戊寅	1638	3971	16	11	385
己卯	1639	3972	17	12	384
庚辰	1640	3973	18	13	383
辛巳	1641	3974	19	14	382
壬午	1642	3975	20	15	381
癸未	1643	3976	21	16	380
甲申	1644	3977	22	17	379
乙酉	1645	3978	23	福王	378
丙戌	1646	3979	24	唐王	377
丁亥	1647	3980	25	永明	376
戊子	1648	3981	26	永曆 2	375
己丑	1649	3982	27	3	374
庚寅	1650	3983	孝宗 1	4	373
辛卯	1651	3984	2	5	372
壬辰	1652	3985	3	6	371
癸巳	1653	3986	4	7	370

干支	西紀	檀紀	朝鮮	明 清	年數
甲午	1654	3987	孝宗 5	8	369
乙未	1655	3988	6	9	368
丙申	1656	3989	7	10	367
丁酉	1657	3990	8	11	366
戊戌	1658	3991	9	12	365
己亥	1659	3992	10	13	364
庚子	1660	3993	顯宗 1	14	363
辛丑	1661	3994	2	15	362
壬寅	1662	3995	3	清	361
癸卯	1663	3996	4	聖祖	360
甲辰	1664	3997	5	康熙 3	359
乙巳	1665	3998	6	4	358
丙午	1666	3999	7	5	357
丁未	1667	4000	8	6	356
戊申	1668	4001	9	7	355
己酉	1669	4002	10	8	354
庚戌	1670	4003	11	9	353
辛亥	1671	4004	12	10	352
壬子	1672	4005	13	11	351
癸丑	1673	4006	14	12	350
甲寅	1674	4007	15	13	349
乙卯	1675	4008	肅宗 1	14	348
丙辰	1676	4009	2	15	347
丁巳	1677	4010	3	16	346
戊午	1678	4011	4	17	345
己未	1679	4012	5	18	344
庚申	1680	4013	6	19	343
辛酉	1681	4014	7	20	342
壬戌	1682	4015	8	21	341
癸亥	1683	4016	9	22	340

干支	西紀	檀紀	朝鮮	清	年數
甲子	1684	4017	肅宗 10	康熙 23	339
乙丑	1685	4018	11	24	338
丙寅	1686	4019	12	25	337
丁卯	1687	4020	13	26	336
戊辰	1688	4021	14	27	335
己巳	1689	4022	15	28	334
庚午	1690	4023	16	29	333
辛未	1691	4024	17	30	332
壬申	1692	4025	18	31	331
癸酉	1693	4026	19	32	330
甲戌	1694	4027	20	33	329
乙亥	1695	4028	21	34	328
丙子	1696	4029	22	35	327
丁丑	1697	4030	23	36	326
戊寅	1698	4031	24	37	325
己卯	1699	4032	25	38	324
庚辰	1700	4033	26	39	323
辛巳	1701	4034	27	40	322
壬午	1702	4035	28	41	321
癸未	1703	4036	29	42	320
甲申	1704	4037	30	43	319
乙酉	1705	4038	31	44	318
丙戌	1706	4039	32	45	317
丁亥	1707	4040	33	46	316
戊子	1708	4041	34	47	315
己丑	1709	4042	35	48	314
庚寅	1710	4043	36	49	313
辛卯	1711	4044	37	50	312
壬辰	1712	4045	38	51	311
癸巳	1713	4046	39	52	310

干支	西紀	檀紀	朝鮮	清	年數
甲午	1714	4047	肅宗 40	康熙 53	309
乙未	1715	4048	41	54	308
丙申	1716	4049	42	55	307
丁酉	1717	4050	43	56	306
戊戌	1718	4051	44	57	305
己亥	1719	4052	45	58	304
庚子	1720	4053	46	59	303
辛丑	1721	4054	景宗 1	60	302
壬寅	1722	4055	2	61	301
癸卯	1723	4056	3	世宗	300
甲辰	1724	4057	4	雍正 2	299
乙巳	1725	4058	英祖 1	3	298
丙午	1726	4059	2	4	297
丁未	1727	4060	3	5	296
戊申	1728	4061	4	6	295
己酉	1729	4062	5	7	294
庚戌	1730	4063	6	8	293
辛亥	1731	4064	7	9	292
壬子	1732	4065	8	10	291
癸丑	1733	4066	9	11	290
甲寅	1734	4067	10	12	289
乙卯	1735	4068	11	13	288
丙辰	1736	4069	12	高宗	287
丁巳	1737	4070	13	乾隆 2	286
戊午	1738	4071	14	3	285
己未	1739	4072	15	4	284
庚申	1740	4073	16	5	283
辛酉	1741	4074	17	6	282
壬戌	1742	4075	18	7	281
癸亥	1743	4076	19	8	280

干支	西紀	檀紀	朝鮮	淸	年數
甲子	1744	4077	英祖 20	乾隆 9	279
乙丑	1745	4078	21	10	278
丙寅	1746	4079	22	11	277
丁卯	1747	4080	23	12	276
戊辰	1748	4081	24	13	275
己巳	1749	4082	25	14	274
庚午	1750	4083	26	15	273
辛未	1751	4084	27	16	272
壬申	1752	4085	28	17	271
癸酉	1753	4086	29	18	270
甲戌	1754	4087	30	19	269
乙亥	1755	4088	31	20	268
丙子	1756	4089	32	21	267
丁丑	1757	4090	33	22	266
戊寅	1758	4091	34	23	265
己卯	1759	4092	35	24	264
庚辰	1760	4093	36	25	263
辛巳	1761	4094	37	26	262
壬午	1762	4095	38	27	261
癸未	1763	4096	39	28	260
甲申	1764	4097	40	29	259
乙酉	1765	4098	41	30	258
丙戌	1766	4099	42	31	257
丁亥	1767	4100	43	32	256
戊子	1768	4101	44	33	255
己丑	1769	4102	45	34	254
庚寅	1770	4103	46	35	253
辛卯	1771	4104	47	36	252
壬辰	1772	4105	48	37	251
癸巳	1773	4106	49	38	250

干支	西紀	檀紀	朝鮮	淸	年數
甲午	1774	4107	英祖 50	39	249
乙未	1775	4108	51	40	248
丙申	1776	4109	52	41	247
丁酉	1777	4110	正祖 1	42	246
戊戌	1778	4111	2	43	245
己亥	1779	4112	3	44	244
庚子	1780	4113	4	45	243
辛丑	1781	4114	5	46	242
壬寅	1782	4115	6	47	241
癸卯	1783	4116	7	48	240
甲辰	1784	4117	8	49	239
乙巳	1785	4118	9	50	238
丙午	1786	4119	10	51	237
丁未	1787	4120	11	52	236
戊申	1788	4121	12	53	235
己酉	1789	4122	13	54	234
庚戌	1790	4123	14	55	233
辛亥	1791	4124	15	56	232
壬子	1792	4125	16	57	231
癸丑	1793	4126	17	58	230
甲寅	1794	4127	18	59	229
乙卯	1795	4128	19	60	228
丙辰	1796	4129	20	仁宗	227
丁巳	1797	4130	21	嘉慶 2	226
戊午	1798	4131	22	3	225
己未	1799	4132	23	4	224
庚申	1800	4133	24	5	223
辛酉	1801	4134	純祖 1	6	222
壬戌	1802	4135	2	7	221
癸亥	1803	4136	3	8	220

干支	西紀	檀紀	朝鮮	清	年數
甲子	1804	4137	純祖 4	嘉慶 9	219
乙丑	1805	4138	5	10	218
丙寅	1806	4139	6	11	217
丁卯	1807	4140	7	12	216
戊辰	1808	4141	8	13	215
己巳	1809	4142	9	14	214
庚午	1810	4143	10	15	213
辛未	1811	4144	11	16	212
壬申	1812	4145	12	17	211
癸酉	1813	4146	13	18	210
甲戌	1814	4147	14	19	209
乙亥	1815	4148	15	20	208
丙子	1816	4149	16	21	207
丁丑	1817	4150	17	22	206
戊寅	1818	4151	18	23	205
己卯	1819	4152	19	24	204
庚辰	1820	4153	20	25	203
辛巳	1821	4154	21	宣宗	202
壬午	1822	4155	22	道光 2	201
癸未	1823	4156	23	3	200
甲申	1824	4157	24	4	199
乙酉	1825	4158	25	5	198
丙戌	1826	4159	26	6	197
丁亥	1827	4160	27	7	196
戊子	1828	4161	28	8	195
己丑	1829	4162	29	9	194
庚寅	1830	4163	30	10	193
辛卯	1831	4164	31	11	192
壬辰	1832	4165	32	12	191
癸巳	1833	4166	33	13	190

干支	西紀	檀紀	朝鮮	清	年數
甲午	1834	4167	純祖 34	14	189
乙未	1835	4168	憲宗 1	15	188
丙申	1836	4169	2	16	187
丁酉	1837	4170	3	17	186
戊戌	1838	4171	4	18	185
己亥	1839	4172	5	19	184
庚子	1840	4173	6	20	183
辛丑	1841	4174	7	21	182
壬寅	1842	4175	8	22	181
癸卯	1843	4176	9	23	180
甲辰	1844	4177	10	24	179
乙巳	1845	4178	11	25	178
丙午	1846	4179	12	26	177
丁未	1847	4180	13	27	176
戊申	1848	4181	14	28	175
己酉	1849	4182	15	29	174
庚戌	1850	4183	哲宗 1	30	173
辛亥	1851	4184	2	文宗	172
壬子	1852	4185	3	咸豊 2	171
癸丑	1853	4186	4	3	170
甲寅	1854	4187	5	4	169
乙卯	1855	4188	6	5	168
丙辰	1856	4189	7	6	167
丁巳	1857	4190	8	7	166
戊午	1858	4191	9	8	165
己未	1859	4192	10	9	164
庚申	1860	4193	11	10	163
辛酉	1861	4194	12	11	162
壬戌	1862	4195	13	穆宗	161
癸亥	1863	4196	14	同治 2	160

干支	西紀	檀紀	朝鮮	清	年數
甲子	1864	4197	高宗 1	同治 3	159
乙丑	1865	4198	2	4	158
丙寅	1866	4199	3	5	157
丁卯	1867	4200	4	6	156
戊辰	1868	4201	5	7	155
己巳	1869	4202	6	8	154
庚午	1870	4203	7	9	153
辛未	1871	4204	8	10	152
壬申	1872	4205	9	11	151
癸酉	1873	4206	10	12	150
甲戌	1874	4207	11	13	149
乙亥	1875	4208	12	德宗	148
丙子	1876	4209	13	光緒 2	147
丁丑	1877	4210	14	3	146
戊寅	1878	4211	15	4	145
己卯	1879	4212	16	5	144
庚辰	1880	4213	17	6	143
辛巳	1881	4214	18	7	142
壬午	1882	4215	19	8	141
癸未	1883	4216	20	9	140
甲申	1884	4217	21	10	139
乙酉	1885	4218	22	11	138
丙戌	1886	4219	23	12	137
丁亥	1887	4220	24	13	136
戊子	1888	4221	25	14	135
己丑	1889	4222	26	15	134
庚寅	1890	4223	27	16	133
辛卯	1891	4224	28	17	132
壬辰	1892	4225	29	18	131
癸巳	1893	4226	30	19	130

干支	西紀	檀紀	朝鮮	清	年數
甲午	1894	4227	31	光緒 20	129
乙未	1895	4228	32	21	128
丙申	1896	4229	建陽	22	127
丁酉	1897	4230	光武 1	23	126
戊戌	1898	4231	2	24	125
己亥	1899	4232	3	25	124
庚子	1900	4233	4	26	123
辛丑	1901	4234	5	27	122
壬寅	1902	4235	6	28	121
癸卯	1903	4236	7	29	120
甲辰	1904	4237	8	30	119
乙巳	1905	4238	9	31	118
丙午	1906	4239	10	32	117
丁未	1907	4240	純宗	33	116
戊申	1908	4241	隆熙 2	34	115
己酉	1909	4242	3	宣統 1	114
庚戌	1910	4243	倭政 1	2	113
辛亥	1911	4244	2	3	112
壬子	1912	4245	3	中華	111
癸丑	1913	4246	4	民國	110
甲寅	1914	4247	5	3	109
乙卯	1915	4248	6	4	108
丙辰	1916	4249	7	5	107
丁巳	1917	4250	8	6	106
戊午	1918	4251	9	7	105
己未	1919	4252	10	8	104
庚申	1920	4253	11	9	103
辛酉	1921	4254	12	10	102
壬戌	1922	4255	13	11	101
癸亥	1923	4256	14	12	100

干支	西紀	檀紀	大韓民國	中	年數	干支	西紀	檀紀	大韓民國	中	年數
甲子	1924	4257	倭政 15	13	99	甲午	1954	4287	建國 7	43	69
乙丑	1925	4258	16	14	98	乙未	1955	4288	8	44	68
丙寅	1926	4259	17	15	97	丙申	1956	4289	9	45	67
丁卯	1927	4260	18	16	96	丁酉	1957	4290	10	46	66
戊辰	1928	4261	19	17	95	戊戌	1958	4291	11	47	65
己巳	1929	4262	20	18	94	己亥	1959	4292	12	48	64
庚午	1930	4263	21	19	93	庚子	1960	4293	13	49	63
辛未	1931	4264	22	20	92	辛丑	1961	4294	14	50	62
壬申	1932	4265	23	21	91	壬寅	1962	4295	15	51	61
癸酉	1933	4266	24	22	90	癸卯	1963	4296	16	52	60
甲戌	1934	4267	25	23	89	甲辰	1964	4297	17	53	59
乙亥	1935	4268	26	24	88	乙巳	1965	4298	18	54	58
丙子	1936	4269	27	25	87	丙午	1966	4299	19	55	57
丁丑	1937	4270	28	26	86	丁未	1967	4300	20	56	56
戊寅	1938	4271	29	27	85	戊申	1968	4301	21	57	55
己卯	1939	4272	30	28	84	己酉	1969	4302	22	58	54
庚辰	1940	4273	31	29	83	庚戌	1970	4303	23	59	53
辛巳	1941	4274	32	30	82	辛亥	1971	4304	24	60	52
壬午	1942	4275	33	31	81	壬子	1972	4305	25	61	51
癸未	1943	4276	34	32	80	癸丑	1973	4306	26	62	50
甲申	1944	4277	35	33	79	甲寅	1974	4307	27	63	49
乙酉	1945	4278	光復 1	34	78	乙卯	1975	4308	28	64	48
丙戌	1946	4279	2	35	77	丙辰	1976	4309	29	65	47
丁亥	1947	4280	3	36	76	丁巳	1977	4310	30	66	46
戊子	1948	4281	建國 1	37	75	戊午	1978	4311	31	67	45
己丑	1949	4282	2	38	74	己未	1979	4312	32	68	44
庚寅	1950	4283	3	39	73	庚申	1980	4313	33	69	43
辛卯	1951	4284	4	40	72	辛酉	1981	4314	34	70	42
壬辰	1952	4285	5	41	71	壬戌	1982	4315	35	71	41
癸巳	1953	4286	6	42	70	癸亥	1983	4316	36	72	40

干支	西紀	檀紀	大韓民國	中	年數
甲子	1984	4317	建國 37	73	39
乙丑	1985	4318	38	74	38
丙寅	1986	4319	39	75	37
丁卯	1987	4320	40	76	36
戊辰	1988	4321	41	77	35
己巳	1989	4322	42	78	34
庚午	1990	4323	43	79	33
辛未	1991	4324	44	80	32
壬申	1992	4325	45	81	31
癸酉	1993	4326	46	82	30
甲戌	1994	4327	47	83	29
乙亥	1995	4328	48	84	28
丙子	1996	4329	49	85	27
丁丑	1997	4330	50	86	26
戊寅	1998	4331	51	87	25
己卯	1999	4332	52	88	24
庚辰	2000	4333	53	89	23
辛巳	2001	4334	54	90	22
壬午	2002	4335	55	91	21
癸未	2003	4336	56	92	20
甲申	2004	4337	57	93	19
乙酉	2005	4338	58	94	18
丙戌	2006	4339	59	95	17
丁亥	2007	4340	60	96	16
戊子	2008	4341	61	97	15
己丑	2009	4342	62	98	14
庚寅	2010	4343	63	99	13
辛卯	2011	4344	64	100	12
壬辰	2012	4345	65	101	11
癸巳	2013	4346	66	102	10

干支	西紀	檀紀	大韓民國	中	年數
甲午	2014	4347	建國 67	103	9
乙未	2015	4348	68	104	8
丙申	2016	4349	69	105	7
丁酉	2017	4350	70	106	6
戊戌	2018	4351	71	107	5
己亥	2019	4352	72	108	4
庚子	2020	4353	73	109	3
辛丑	2021	4354	74	110	2
壬寅	2022	4355	75	111	1
癸卯	2023	4356	76	112	
甲辰	2024	4357	77	113	
乙巳	2025	4358	78	114	
丙午	2026	4359	79	115	
丁未	2027	4360	80	116	
戊申	2028	4361	81	117	
己酉	2029	4362	82	118	
庚戌	2030	4363	83	119	
辛亥	2031	4364	84	120	
壬子	2032	4365	85	121	
癸丑	2033	4366	86	122	
甲寅	2034	4367	87	123	
乙卯	2035	4368	88	124	
丙辰	2036	4369	89	125	
丁巳	2037	4370	90	126	
戊午	2038	4371	91	127	
己未	2039	4372	92	128	
庚申	2040	4373	93	129	
辛酉	2041	4374	94	130	
壬戌	2042	4375	95	131	
癸亥	2043	4376	96	132	

♣

인명용 한자사전 _ 획수별

초판 인쇄 – 2022년 4월 1일
초판 발행 – 2022년 4월 8일

편저자 – 洪 性 智

발행인 – 金 東 求

발행처 – 명 문 당(창립 1923년 10월 1일)
서울시 종로구 윤보선길 61(안국동)
우체국 010579-01-000682
전 화 (02) 733-3039, 734-4798
FAX (02) 734-9209
Homepage www.myungmundang.net
E-mail mmdbook1@hanmail.net
등록 1977.11.19. 제1-148호

■

* 낙장 및 파본은 교환해 드립니다.

* 정가 28,000원

ISBN 979-11-91757-42-2 03720